Die Stagsegel einer Viermastbark (Schoten vereinfacht)

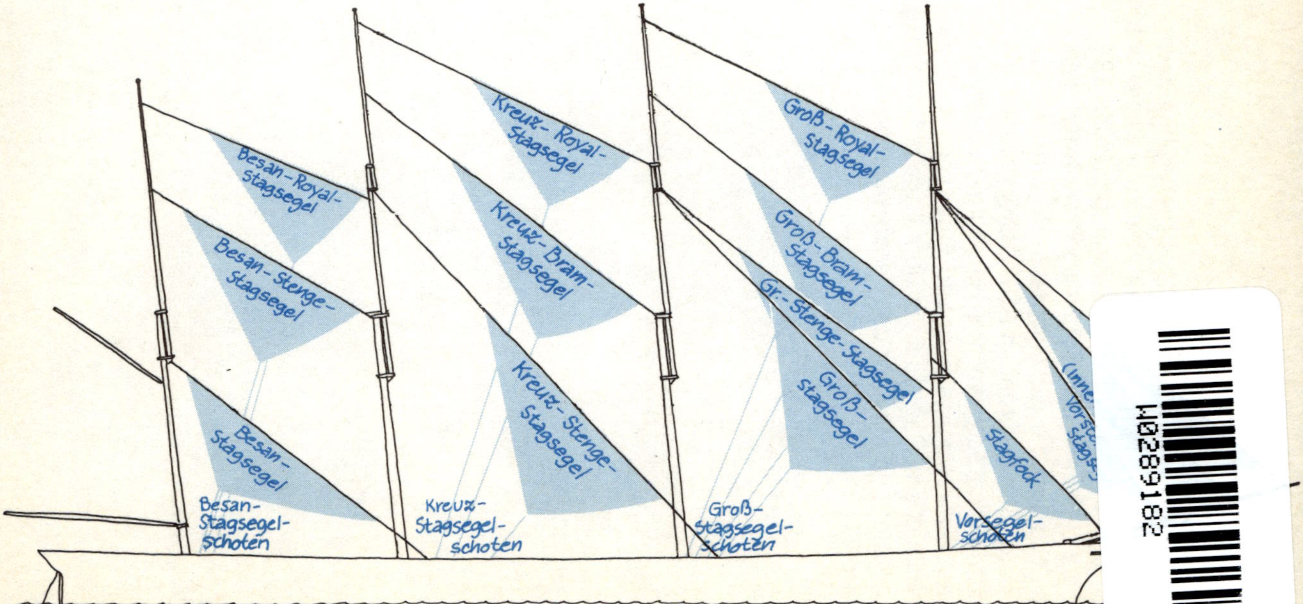

Über den Autor

Davis J. Harbord ist seit dem 12. Lebensjahr aktiver Wassersportler, zuerst im Kajak, dann auf Segelbooten. A-, B- und C-Schein, Seeoffiziershauptprüfung 1941. Fuhr auf U-Booten und Torpedobooten. Nach dem Kriege Studium der Geschichte an der Universität Hamburg, Sportreferent im ASTA, Gründer des Akademischen Seglervereins Hamburg, Regatten- und Fahrtensegler. Verlagslektor und Autor von Jugendbüchern, Sachbüchern über Segeln. Redakteur, Ideen-Autor und Mitautor der Seeabenteuer-Serie „Seewölfe“.

Davis J. Harbord

SEEFAHRT A-Z

Schiffe, Seefahrer, Seemannschaft, Tips für die Praxis

Illustrationen von Bernd Tölzel

Lexikon

CIP-Kurztitelaufnahme der Deutschen Bibliothek

Harbord, Davis J.:
Seefahrt A–Z: Schiffe, Seefahrer, Seemannschaft; Tips für d. Praxis / Davis J. Harbord. [Ill.: Bernd Tölzel]. – München : F. Schneider, 1987.
(S-Lexikon)
ISBN 3-505-09664-4

NE: HST

Schneider-Buch

8000 München 40 · Frankfurter Ring 150

Titelbild: Bavaria (3), Zefa
Umschlaggestaltung: Adolf Bachmann, Reischach
Illustrationen: Bernd Tölzel, Salem-Grasbeuren
Lektorat: Michael Eppinger
Herstellung: Josef Loher
Satz und Druck: Augsburger Druck- und Verlagshaus GmbH, Augsburg
Das Bildmaterial wurde uns freundlicherweise zur Verfügung gestellt von: Autoflug (2), Deutsche Gesellschaft zur Rettung Schiffbrüchiger (1), Deutsches Museum München (4), Roger Garwood (1), Wilhelm Kopp (1), Süddeutscher Verlag (34), Bernd Tölzel (24), Zefa (28)
ISBN: 3 505 09664-4
Bestell-Nr.: 9664

Vorwort

Seefahrt – das ist eine abenteuerliche Geschichte! Wann sie begonnen hat, wissen wir nicht. Niemand schrieb auf, zu welchem Zeitpunkt das erste Segel gesetzt wurde. Erst diese Erfindung zur Ausnutzung der Windkraft ermöglichte den Menschen, weite Distanzen über See zurückzulegen. Und dann dauerte es Jahrhunderte, die Welt – über unbekannte Meere fahrend – zu erforschen.
In diesem langem Zeitraum entwickelte sich die Seefahrt – vom Einbaum oder Floß über das Segelschiff und maschinengetriebene Fahrzeug bis hin zum Riesentanker mit Atomenergie-Anlage, deren „Brennstoff" für eine 300 000-Seemeilen-Reise ausreicht. Theoretisch könnte der Tanker etwas mehr als 13mal um den Äquator fahren. Und das in einem Stück!
Verlag und Autor unternahmen das Wagnis, das Abenteuer der Seefahrt in einem Lexikon unterzubringen: in einem Abc der Seemannschaft mit ihren bildlichen Begriffen wie Bullauge, Eselshaupt, Hahnepot oder Kielschwein, mit kurzen Legenden berühmter Seefahrer, mit verschiedenen Details über Manöver unter Segeln und vielem mehr. Dem Abc folgt ein Kapitel über Schiffe und Schiffstypen durch die Jahrhunderte. Und den Abschluß bildet ein Kapitel mit Tips für die Praxis für jene, die es aufs Wasser hinauszieht – als Fahrten- oder Regattasegler.
Bei der Fülle des Materials war eine Auswahl zu treffen. Es galt – um in der seemännischen Sprache zu bleiben –, Ballast abzuwerfen und das Schiff namens SEEFAHRT A–Z zu „leichtern". Wir geben gerne zu, daß wir unser Augenmerk auf die Darstellung der Schiffe richteten, denn sie sind es ja, mit denen Seefahrt betrieben wird. Mit ihnen erfüllte sich der Mensch seinen Traum, hinter die fernen Horizonte schauen zu können. Es war – und ist immer wieder – ein Abenteuer!

Davis J. Harbord

Foto: Süddt. Verlag

Aak, auch Aake genannt: ein langer Schlepp- oder Segelkahn zum Lastentransport auf großen Flüssen wie Rhein, Ruhr oder Neckar. Am Niederrhein und in Friesland wurde der Begriff „Aak“ für ganz andere Fahrzeuge verwendet. Man sprach dort z. B. von Aalaaken – schnellen Segelschiffen –, die bis etwa 1930 lebende Aale vom Festland nach London transportierten. Als Yacht ist heute an der Nordseeküste die sogenannte → Lemmeraak sehr beliebt.

Abbacken: Der Ausdruck wird von der Back abgeleitet, einem zusammenklappbaren Tisch in den Mannschaftsräumen eines Schiffes. An der Back wird gegessen, und zwar aus dem Backsgeschirr. Wird es abgeräumt, um gesäubert und verstaut zu werden, spricht man von abbakken. Das Gegenteil ist aufbacken.

Abbringen: ein auf Grund geratenes Fahrzeug wieder flottmachen. Dies geschieht durch Krängen (Kippen), Leichtern (Entladen) oder Abschleppen, wie es auf untenstehender Zeichnung zu sehen ist.

Abdecken: Jedes Segel bildet an seiner Leeseite (wohin der Wind weht) eine Verwirbelungszone – den sogenannten Abdeckungskegel –, der die Länge der dreifachen Masthöhe erreichen kann. Ein Segelschiff, das in den Abdeckungskegel eines in → Luv segelnden Schiffes

Drei Schlepper versuchen ein aufgelaufenes Schiff von einer Untiefe zu ziehen

gerät, wird also abgedeckt, erhält keinen Wind mehr bzw. gestörten Wind und sackt dadurch zurück. Die Redewendung „den Wind aus den Segeln nehmen“ ist daraus entstanden.

Abdrehen: die Richtungsänderung eines Schiffes, um eine → Kollision zu vermeiden oder einer Gefahr auszuweichen.

Abdrift: der Winkel zwischen dem gesteuerten und dem tatsächlich gefahrenen → Kurs. Dieser Winkel ist eine Folge des Winddrucks auf den über der Wasserlinie liegenden Rumpfteil eines Schiffes. Bei Segelfahrzeugen ist die Abdrift am größten, wenn sie → am Wind segeln.

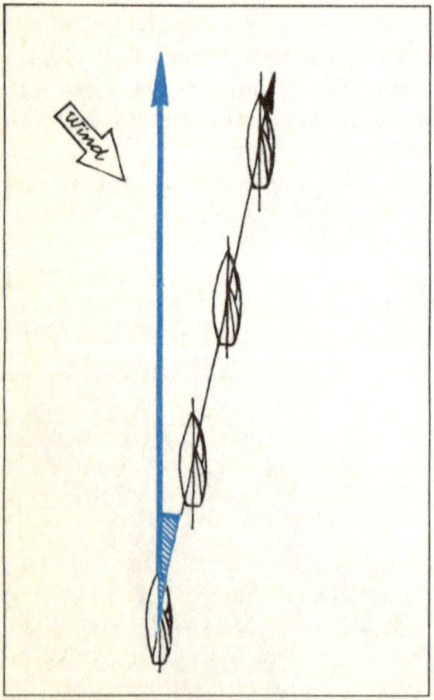

Die Abdrift bei einem am Wind segelnden Fahrzeug

Diese Yacht verändert ihren Kurs, indem sie vom Wind abfällt

Abendwache: der Wachtörn an Bord eines Schiffes von 20.00 bis 24.00 Uhr.

Abfallen: die Kursänderung eines Segelschiffs auf den Wind bezogen. Man fällt ab, wenn man vom Wind weggeht. Das Gegenteil ist → anluven.

Abfangen: allgemeiner Ausdruck für das Sichern eines Gegenstandes oder einer Last.

Abfieren: ein Tau los- und dahin gehenlassen, wohin es von irgendeiner Kraft gezogen wird.

Abflauen: das „Einkriechen“, also Schwächerwerden des Windes.

Abhalten: 1. das gleiche wie abfallen, also vom Wind weggehen, 2. den Kurs eines Schiffes ändern, um einem Hindernis auszuweichen, 3. Abhalter nennt man ein Tau, das an oder unter einer Last angeschlagen (befestigt) wird, um zu verhindern, daß beim Heißen (Hochziehen) der Last die Schiffsbordwand beschädigt wird.

Ablandig: Wind, der vom Land aufs Wasser weht. Das Gegenteil ist auflandig.

Ablaufen: 1. ein Schiff vom Stapel laufen lassen, 2. das Fallen bzw. Ebben des Wassers im Küstengebiet, 3. vor stürmischer See ablaufen, und zwar durch ständiges Kursändern, indem man einen parallelen Kurs zu den Wellenkämmen steuert und nur bei extrem hohen Wellen von achtern das Schiff vor die Welle bringt, die dann unter dem Schiff durchläuft.

Ablegen: das Lösen eines Schiffes von der Pier, der Anlegestelle oder dem Kai, um in freies Wasser zu gelangen.

Ablenkung, auch → Deviation genannt: beim → Kompaß der Winkel zwischen Kompaß-Nord und mißweisend magnetisch Nord. Die Deviation wird durch den → Schiffsmagnetismus hervorgerufen und ändert sich mit dem → Kompaßkurs.

Abmustern: den Dienst an Bord aufkündigen.

Abpallen: ein Schiff auf Land mittels Balken, Kanthölzern oder eines Holzgerüstes abstützen, z. B. um daran zu arbeiten oder zur Winterlagerung.

Abreiten: das Abwettern eines Schiffes bei Sturm. Dabei wird ein Schiff mit einem ausgefahrenen Anker oder → Treibanker mit dem Bug gegen den Wind gelegt und so viel Kette oder Trosse gesteckt, daß die Bewegungen des Schiffes ohne zu rucken aufgefangen werden und es weich die Wellen abreitet.

Abscheren: 1. das Verlassen des eingeschlagenen Kurses, z. B. beim Fahren im Verband oder um sich von einem anderen Schiff frei zu halten, 2. beim seitlichen Schleppen das Abhalten von der Bordwand des Schleppers durch entsprechende Ruderlage.

Abschlagen: ein Segel von seiner → Spiere (Rah, Gaffel, Baum) lösen und abnehmen.

Absegeln: 1. einen Mast durch zu viel Segeltuch bei starkem Wind überbelasten und zu Bruch bringen. Schafft man es ohne Bruch, dann „segelt man dem Teufel ein Ohr ab“. 2. Meist feuchtfröhlicher Abschluß der Segelsaison im Herbst, wobei die Yachten und Boote eines Vereins noch eine letzte gemeinsame Fahrt unternehmen, bevor sie ins Winterlager gebracht werden. Im Frühjahr findet dann das Ansegeln statt.

Absetzen: 1. den Kurs des Schiffes auf der → Seekarte eintragen bzw. festlegen, 2. das Abdrücken eines Bootes von der Anlegestelle mittels des Bootshakens.

Abstagen: einen Mast nach vorn und achtern mit einem → Stag und beidseits mit → Wanten so abfangen, nämlich sichern, daß er fixiert ist und fest steht.

Abtakeln: das Entfernen von Tauwerk, Rahen und Spieren eines Segelschiffs, wenn es z. B. in einer Werft überholt werden soll. Im anderen Sinne spricht man von abtakeln, wenn ein Schiff im Gefecht niedergekämpft und unter Umständen entmastet wurde.

Abwind: durch Segel abgelenkter Wind, der ungünstig auf die Leeseite eines anderen Seglers wirkt und damit dessen Vortriebskraft erheblich stört.

Abwracken: ein altes Schiff verschrotten.

Achteraus: Bezeichnung für das, was hinter einem Schiff liegt.

Achteraussacken: langsames Rückwärtsfahren eines Schiffes, sei es mit eigener Kraft (Motor oder Riemen) oder mit dem Wind. Es stellt meist den Beginn eines Ankermanövers dar.

Achterdeck: der hintere Teil des → Oberdecks.

Achterlastig: Bezeichnung für die → Trimmlage eines Schiffes, wenn es achtern tiefer liegt als vorn. Das Gegenteil ist vorlastig. Achter- bzw. Vorlastigkeit können die Segeleigenschaften eines Bootes stark beeinflussen. Ein achterlastiger Segler hat eine → leegierige, ein vorlastiger eine → luvgierige Tendenz. Im ersteren Fall drückt der Wind das leichtere Vorschiff nach Lee, im letzteren wird das Achterschiff herumgedrückt, so daß der Bug nach Luv giert. Diese Gesetzmäßigkeit nutzt heute der → Windsurfer aus, der sein Brett nur mittels Gewichtsverlagerung und Veränderung der Segelstellung steuert.

Achterleine: Leine oder Trosse zum Vertäuen und Festmachen des Achterschiffs. Gleichzeitig wird der Bug des Schiffes mit der Vorleine vertäut. Vorleine und meist zwei Achterleinen sind üblich, wenn z. B. ein Boot oder eine Yacht zwischen Steg und einem Pfahl vertäut wird.

Achterlich: auf einem Schiff der Sektor von → querab bis → achteraus. Man segelt mit achterlichem Wind, wenn er aus diesem Bereich weht.

Achterliek: die hintere Kante eines dreieckigen oder → Gaffelsegels, häufig gewölbt geschnitten und besonders verstärkt, meist mit einem Tau, dem → Liektau. Das Achterliek muß vom Segelmacher so geschnitten sein, daß es weder zu lose noch zu straff gespannt ist, was in jedem Fall die Luftströmung am Segel stören würde. Um ein Umklappen des konkav geschnittenen Achterlieks eines Großsegels zu vermeiden, näht der Segelmacher senkrecht zum Achterliek Taschen auf die Segelbahnen, welche die stützenden → Segellatten aufnehmen. Im Hohlsaum des Achterlieks befindet sich eine Regulierleine, mit der man die Wölbung des Segels einstellen oder verändern kann.

Achtern: alles, was hinter der Mittschiffslinie liegt.

Achterschiff: Teil des Schiffes hinter dem Großmast.

Achterspring: die Festmacherleine, die beim Vertäuen parallel zur Pier vom Heck aus schräg nach vorn zum

Poller an Land führt und in Verbindung mit der → Vorspring verhindert, daß sich das Schiff bei ungünstigem Wind oder Strömung in Längsrichtung bewegt.

Achterstag: jenes → Stag, das vom Masttopp zum Achterschiff führt und verhindern soll, daß der Mast bei von achtern einwirkenden Kräften nach vorn kippt. Als umgekehrte Sicherung dient das → Vorstag.

Achtersteven: der hintere Abschluß des Rumpfes, wo die beiden Seitenplanken zusammenstoßen. Der Achtersteven bildet als senkrechter hinterer Balken den Abschluß des Schiffes. An ihm wird das → Ruderblatt aufgehängt. Der Achtersteven entfällt, wenn die Seitenplanken nicht spitz aufeinander zulaufen, sondern an einen sogenannten → Spiegel stoßen.

Achtknoten: wird in Form einer Acht gesteckt und bildet dichtgesetzt eine Verdickung, die verhindert, daß eine Leine aus einem → Auge oder einem → Block ausrauschen kann. Dieser Knoten gehört an das Ende jeder → Schot.

Der Achtknoten am Ende einer Schot

Admiral: der Oberbefehlshaber zur See im Range eines kommandierenden Generals. Bei den meisten Kriegsmarinen gibt es drei Abstufungen: Konteradmiral, Vizeadmiral, Admiral. In der deutschen kaiserlichen und späteren Kriegsmarine gab es über dem Admiral noch den Generaladmiral (nur in der Kriegsmarine) und den Großadmiral. Früher führte dasjenige Schiff, auf dem sich der kommandierende Admiral befand, während der Dauer seines Kommandos eine besondere quadratische Flagge (Kommandoflagge) am Topp (Spitze) des Mastes: am Großmast (dem mittleren), wenn der Kommandierende ein Admiral, am Fockmast (dem vorderen), wenn er ein Vizeadmiral, und am Kreuzmast (dem hinteren), wenn er ein Konteradmiral war.

Admiralität: bei den meisten Marinen die oberste Marinebehörde (Marine-Ministerium), die für Operationen, Kommandierungen usw. zuständig ist.

Admiralitätsanker: ein Normalanker, auch Stockanker genannt, der früher oft auf Segelschiffen, kleineren Fahrzeugen und Beibooten benutzt wurde. Der Schaft des Normalankers hat an seinem oberen Ende eine ovale Durchbohrung, durch die der ebenfalls ovale Wulst an dem gebogenen Ende des Stocks hindurchgesteckt wird. Der herausnehmbare Stock ermöglicht eine bequeme Lagerung des Ankers an Deck.

Admiral's Cup: nach dem britischen Admiral Sir Miles Wyatt benannter und aus dem Jahre 1925 stammender Wettkampfpokal, der seit 1957 in jedem ungeraden Jahr unter Nationalmannschaften (aus drei Yachten bestehend) ausgesegelt wird, die an

Rennen um jeden Preis?

Das Fastnet-Rennen um den Admiral's Cup 1979 wurde zu einer Tragödie: Man sprach von einer „Todesregatta". Im Orkan ertranken zwanzig Segler, dreiundzwanzig Yachten wurden aufgegeben. Stefan Lehnert, mehrfacher Teilnehmer am Admiral's Cup, ging den Ursachen nach und schrieb in der „Yacht" Nr. 19 vom 12. September 1979: „...In unserer technikhörigen Seglerwelt mit Hydraulikanlagen, Coffeegrindern und modernster Elektronik scheinen viele von uns vergessen zu haben, daß sie sich mit einer Naturgewalt auseinandersetzen, die unbeherrschbar ist. Der Respekt und die Furcht vor den Elementen ist vielen Seglern durch die Verwendung modernster Technik verlorengegangen. Alle denkbaren Sicherheitsvorschriften und Führerscheine, stabile Schiffe und gute Ausrüstung, all dieses kann nur Vorbedingung für eine sichere Reise sein – es darf aber nie dazu verleiten, daß wir uns in einer unheilvollen Sicherheit wiegen. Diese wird auf See nie vollständig erreicht werden.
Wie klein und unscheinbar jeder einzelne ist, wird meist erst klar, wenn man, fernab vom rettenden Hafen, verlassen von der Technik, von einem Sturm überrascht wird. Dann nämlich kann keine Regattaleitung mit Abbruch beistehen, kein Service die Technik und damit des Seglers Welt wieder in Ordnung bringen. Jetzt gilt es, sich mit den Naturgewalten zu arrangieren, anstatt ihnen zweifelhafte Ziele abzutrotzen.
Um sich Hochseesegler zu nennen, kann es nicht genügen, eine Wende, eine Halse und vielleicht sogar ein Cunningham im rechten Augenblick zu bedienen. Neben der erforderlichen psychischen und physischen Kondition müssen wir alle uns bemühen, auch Seemannschaft und Respekt vor den Naturgewalten selbst wieder zu erlangen und anderen zu vermitteln. Das gilt für alle, Regatta- und Tourensegler gleichermaßen."

vier Wettfahrten teilnehmen: dem Channel Race (235 sm), dem Rennen um den Britannia Cup rund um die Insel Wight (52 sm) oder auf Regattabahnen auf dem Solent (30 bis 35 sm), dem Rennen um den New Yorker Yacht-Club-Cup auf dem Solent (30 bis 35 sm) und schließlich dem Fastnet Race, der bedeutendsten europäischen Hochseeregatta, die eine Länge von 605 sm hat und von Cowes (Isle of Wight) an der Südküste Englands entlang nach Lands End, von dort zum Fastnet Rock (Irland), dann zurück zum Bishop Rock (Scilly-Inseln) und von dort ins Ziel nach Plymouth führt. Durch die Abwechslung von offener See und geschützten Gewässern, starken Gezeitenströmen und in der Regel hartem Wetter ist diese Regatta eine äußerst harte Prüfung für die Yachten und ihre Crews. Jede Team-Yacht erhält für die ersegelten Plätze eine Anzahl Punkte. Jene Nation gewinnt, deren drei Yachten in den vier Wettfahrten die meisten Punkte erreicht haben. 1973, 1983 und 1985 gewannen die Mannschaften der Bundesrepublik Deutschland den Cup.

Ahming: auch Ahm genannt, meist in Fuß eingeteiltes Maß an den Seiten des → Vor- und → Achterstevens, das dort als Markierung angebracht ist. Daran kann man den Tiefgang des Schiffes ablesen. Gemessen wird von der Unterkante des Kiels.

„Ahoi!“ Heute nicht mehr üblicher Anruf eines Schiffes oder Bootes.

Albuquerque, Alfonso d': portugiesischer Seefahrer, Vizekönig von Portugiesisch-Indien, 1453–1515. Segelte 1503 nach Ostindien, um im Gebiet des den Portugiesen befreundeten Königs von Kotschin (Malabar), wo Vasco da → Gama ein Jahr zuvor eine portugiesische Faktorei gegründet hatte, eine Festung zu erbauen. 1506 begleitete er Tristan da Cunha auf einer Expedition nach der Ostküste von Afrika, trennte sich aber von ihm und eroberte die Insel Ormus am Eingang des Persischen Golfes, die damals Stapelplatz aller Waren des Ostens war. 1511 nahm er Malakka, das Zentrum des chinesischen und arabischen Warenaustausches, baute es aus und machte es zum festen Stützpunkt der Portugiesen. Er sicherte die portugiesische Herrschaft in Ostindien, unternahm 1513 einen Feldzug gegen Arabien, bestürmte vergeblich Aden und bemächtigte sich noch einmal der Insel Ormus, die sich wieder der Portugiesen entledigt hatte. Nunmehr wurde sie zum Hauptstützpunkt der Portugiesen in Asien. Er starb 1515 auf seinem Schiff auf der Reede vor Goa.

„Alle Mann an Deck!“ Kommando, um alle dienstfähigen Besatzungsmitglieder an Deck zu rufen, wenn augenblicklich ihr gesamter Einsatz für ein Manöver erforderlich ist.

„Alles wohl!“ Die Antwort der einzelnen Posten auf den Zuruf des wachhabenden Offiziers, um ihre Wachsamkeit zu bezeugen (üblich auf den Segelkriegsschiffen des 19. Jahrhunderts).

Altersklassen: ehemalige Rennyachtenklassen, wie z. B. die

→ Schärenkreuzer, die kaum noch gebaut werden und auch keinen → Meßbrief mehr erhalten.

America: legendäre amerikanische Schoneryacht, die 1851 einen überlegenen Sieg gegen 16 englische Yachten bei einer Regatta um die Insel Wight heraussegelte. Die Yacht gewann den → America's Cup, und zwar mit einem Vorsprung von 18 Minuten vor der zweiten Yacht! Die AMERICA hatte eine Länge über Alles von 31 m, eine Länge über der Wasserlinie von 27,50 m, eine Breite über Alles von 6,70 m und einen Tiefgang von 3,35 m (→ Hauptabmessungen). Ihre Segelfläche betrug 487 m^2. Auf der AMERICA wurden Baumwollsegel gefahren, die besonders flach geschnitten waren – im Gegensatz zu den bauchigen, schweren und aus Hanf gewebten Segeln der Engländer. Die Yacht wurde 1945 abgewrackt.

America's Cup: Die 69 cm hohe und vier Kilogramm schwere bodenlose Kanne aus Silber wurde 1851 von der englischen Königin Victoria für eine Regatta vor Cowes/England gestiftet und erhielt ihren Namen von der Schoneryacht → AMERICA, die diese Regatta gewonnen hatte. Im Jahre 1983, nachdem die Amerikaner in 132 turbulenten Cup-Jahren alle Herausforderer unangefochten geschlagen hatten, entführten erstmals die Australier die „bodenlose Kanne". Der amerikanische Verlierer war Dennis Conner, Skipper und Steuermann eines → Zwölfers, einer Bootsklasse, mit der der Kampf um die Kanne seit Ende des zweiten Weltkrieges ausgetragen wird. Demselben Dennis Conner gelang Anfang 1987 mit seinem Zwölfer STARS & STRIPES die Revanche vor der australischen Westküste. Er gewann die erforderlichen vier Wettfahrten (von insgesamt sieben

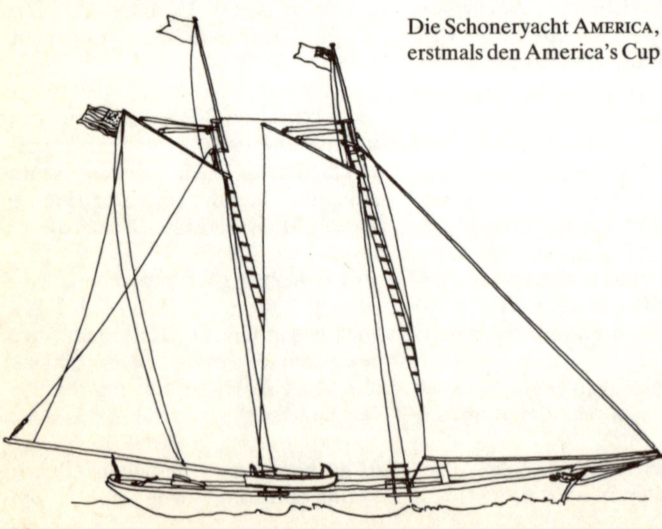

Die Schoneryacht AMERICA, die 1851 erstmals den America's Cup gewann

Foto: Roger Garwood/Yacht

Die aufwendigste Sporttrophäe der Welt: der America's Cup

möglichen Wettfahrten) gegen den Pokalverteidiger Iain Murray, den Skipper des australischen Zwölfers KOOKABURRA III. Murray kündigte eine neue Herausforderung für 1990 an, denn die Regatten um den America's Cup werden nur alle drei Jahre ausgetragen. Sie werden auf einem Dreieckskurs ausgesegelt, wobei die drei Begrenzungstonnen des Dreiecks mehrmals gerundet werden müssen. Das ergibt eine Strecke von ca. 24,1 sm.

Am-Wind-Kurs: das Absegeln eines Kurses, bei dem das Segelschiff am Wind liegt, das heißt, es empfängt den Wind von schräg voraus (→ Segelstellungen).

Am Wind segeln, auch beim Wind oder hoch am Wind segeln: bedeutet, den Wind so vorlich (von vorn) zu nehmen, daß der Winkel zwischen eigener Kursrichtung und Windrichtung möglichst klein wird, aber doch noch groß genug ist, um Vorausgeschwindigkeit zu entwikkeln. Ein Segelschiff segelt also am Wind, wenn dieser von vorlicher als querab einfällt. Aus dem Am-Wind-Segeln ergibt sich das → Kreuzen, das heißt, ein Zickzack-Segeln gegen die Windrichtung. Wenn ein Segelschiff genau im Wind – mit der Schiffsspitze in Windrichtung – liegt, kann es keine Vortriebskraft entwikkeln. Die Segel killen (flattern) dann.

Anbrassen: die → Rahen nach der einen oder anderen Seite aus der Querrichtung mehr in die Längsschiffsrichtung holen, um am Wind zu segeln. Das Gegenteil bezeichnet man mit aufbrassen. Beides wird nur auf Rahseglern ausgeführt. Die Brassen, mit denen die Rahen geschwenkt werden, sind Taue an den Rahnocken (Enden der Rah), die ein Schwenken in horizontaler Richtung ermöglichen. Sie tragen jeweils die Namen des betreffenden Segels: z. B. Fockbrassen. Jedes Rahsegel hat also zwei Brassen. Wird die eine Brasse dichtgeholt, muß natürlich die andere gefiert (lose gegeben) werden. Je nach Kurs und Wind heißen die Brassen Luv- bzw. Leebrassen.

An den Wind gehen: eine Kursänderung mehr an den Wind heran vornehmen, wobei die Segel dichter geholt werden müssen.

Anderthalbmaster: ein Segelschiff, bei dem der achtere Mast niedriger als der vordere Mast ist. Als → Ketsch oder → Yawl bekannte Segelyachten sind Anderthalbmaster.

Andirken: den → Großbaum eines Segelbootes mittels der → Dirk so anheben, daß das Segel entlastet wird. Die Dirk verläuft von der Mastspitze zur → Nock des Großbaums. Wenn ein Großsegel vom Mast und vom Baum abgeschlagen wird, muß der Baum angedirkt werden. Kleinere Segeljollen haben keine Dirk. Bei ihnen ruht dann der Baum auf einer sogenannten Baumstütze oder in einer metallenen Baumgabel, die im Boot aufgestellt wird.

Anemometer: ein Gerät, mit dem die Windgeschwindigkeit gemessen wird.

Anheuern: Dienst auf einem Schiff nehmen, auch anmustern.

Anker: das Hauptstück des sogenannten Ankergeschirrs, das dazu dient, ein Fahrzeug auf freiem Wasser über dem Grund festzuhalten oder zu fixieren, so daß es nicht abtreiben kann. Seiner Beschaffenheit nach soll er sich mit seinen Flunken (Pflugen) bei Zug in den Grund eingraben und das Schiff somit fixieren. Es wurden verschiedene Ankerformen entwickelt. Der Pflugscharanker (1) verfügt über große Haltekraft bei geringem Gewicht, ist aber an Deck eines Schiffes schlecht zu stauen. Beim Danforth-Anker (3) ist der Stock mit den daran befindlichen

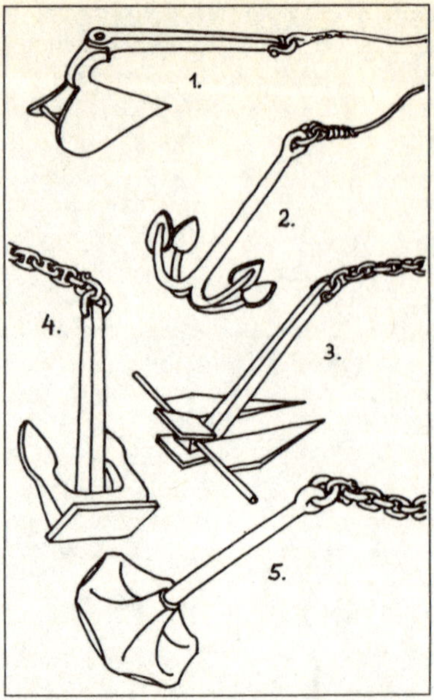

1. Pflugscharanker, 2. Draggen, 3. Danforth-Anker, 4. Patentanker, 5. Pilzanker

Flunken drehbar im Kreuz gelagert. Ein Draggen (2) hat keinen Stock, dafür aber drei, vier oder fünf Arme, die als Flunken ausgebildet sind. Er wird gern auf Jollen verwendet. Ist er als Klappdraggen konstruiert, bei dem die Flunken gegen den Schaft geklappt werden, kann er gut verstaut werden. Ein Heckanker ist meist ein leichter Anker, der vom Achterschiff aus eingesetzt wird, um das → Gieren zu verhindern oder das Achterschiff festzuhalten. Ein Kattanker ist handlich, ohne Stock und hat nur einen Arm mit Flunke. Er kann beim Festmachen am Ufer verwendet werden, indem man die Flunke in den Boden rammt. Der Pilzanker (5) hat eine schalenförmige Flunke, in deren Mitte der Schaft ansetzt. Das Ganze ähnelt einem Pilz. Er verfügt über große Haltekräfte, wühlt sich nur schwer los und wird daher zur Verankerung von → Feuerschiffen benutzt. Außerdem verfängt er sich nicht so leicht wie Anker mit Armen und Flunken. Beim Patentanker (4) bestehen beide Arme mit ihren Flunken aus einem Schmiedestück. Dieses Stück ist drehbar bis zu einem bestimmten Winkel nach beiden Seiten am Kreuz befestigt, so daß sich beide Flunken zugleich eingraben. Bei dieser Konstruktion ist kein Stock erforderlich. Der Schaft kann daher in eine → Ankerklüse gehievt werden, bis sich die Flunken gegen die Klüse legen. Der Stockanker (→ Admiralitätsanker) als einer der ältesten klassischen Ankertypen ist meist mit dem beiklappbaren Stock ausgeführt.

Ankerball: ein schwarzer Signalball, der von allen ankernden Fahrzeugen bei Tage gut sichtbar auf dem Vorschiff gesetzt werden muß.

Ankerboje: eine kleine Tonne aus Holz, Eisen oder Kunststoff, die mit einem sogenannten Bojenreep am Anker befestigt ist und den Zweck hat, die Lage des Ankers anzuzeigen. Das ist einmal wichtig, um andere Schiffe auf Ankerkette und Anker hinzuweisen, und zum anderen, um den Anker wiederzufinden, wenn die Ankertrosse oder Ankerkette gebrochen sein sollte.

Ankergeschirr: die Gesamtheit aller Geräte und Einrichtungen, die zum Ankern notwendig sind: Anker, Ankerkette oder Ankertrosse, Ankerboje, Ankerball.

Ankergrund: der Platz auf dem Seeboden, auf dem geankert wird. Die Bodenbeschaffenheit des Ankergrundes ergibt sich zumeist aus den → Seekarten. Mittels eines → Lotes kann man auch selbst eine Bodenprobe heraufholen. Das Lot – ein Senkblei – hat an seinem unteren Ende eine Aushöhlung, in die zum Zweck der Bodenprobe Talg oder Fett geschmiert wird. Kiesel oder Steinchen setzen sich in dem Fett fest und vermitteln ein ungefähres Bild des Ankergrundes. Sand, Schlick, weicher Ton oder Lehm gelten als der beste Ankergrund. Weniger gut sind steiniger Boden, Morast oder Boden mit Krautbewuchs.

Ankerkette: Kette, an die der Anker angesteckt (befestigt) wird. Sie setzt sich aus einer Anzahl sogenannter Kettenlängen zusammen, die jeweils 27,50 m (15 → Faden à 1,83 m) oder auch 25 m lang sind. Eine Kettenlänge besteht aus einer ungeraden Anzahl von Kettengliedern, die Schaken genannt werden. Als Verbindungsglieder zwischen den Kettenlängen dienen Patentschäkel – das sind metallene Bügel, die mittels eines Bolzens geschlossen werden können. Leichte Ketten bestehen zumeist aus Schaken ohne Steg in der Mitte. Schwere Ketten weisen einen Quersteg zur Verstärkung auf. Letztere sind insgesamt stärker und bilden weniger leicht sogenannte Kinken (Verschlingungen) als eine Ankerkette mit offenen Schaken gleicher Dicke. Um zu wissen, wieviel Kette gesteckt ist, markiert man jede Verbindung zwischen den Kettenlängen: z. B. nach einer Kettenlänge eine rot angemalte Schake, nach zwei Längen zwei usw. Die Ankerkette wird mit dem → Ankerspill eingehievt und fällt in den Kettenkasten. Die Faustregel besagt, daß die Kettenlänge beim Ankern das Drei- bis Fünffache der jeweiligen Wassertiefe betragen soll. Dadurch vermeidet man, daß ein direkter schräger Zug vom Schiff auf den Anker einwirkt und dieser unter Umständen aus dem Ankergrund herausgebrochen wird.

Ankerklüse: Öffnung in der Bordwand vorn am Bug, durch welche die Ankerkette oder Trosse läuft. An der Außenhaut ist die Klüse mit einem Blei- oder Stahlwulst ausgefüttert – dem sogenannten Klüsenbart. Er ist fast halbrund geformt, so daß Kette oder Trosse ohne Widerstand glatt durch die Klüse laufen können.

Anker lichten: den Anker aus dem Ankergrund brechen und einhieven.

Ankern: das Ankermanöver, um ein Schiff vor Anker zu legen. Wichtig dabei sind der Ankerplatz (im Leeschutz einer Küste), der → Ankergrund und die Wassertiefe, nach der sich die Kettenlänge richtet (das Drei- bis Fünffache der Wassertiefe). In Gezeitengewässern muß der Tidenhub (→ Gezeiten) hinzugerechnet werden. Ein Segelschiff geht zum Ankern in den Wind. Das Kommando „Fallen Anker!“ erfolgt, wenn das Schiff achteraus zu sacken beginnt. Die Segel werden erst geborgen, wenn der Anker gefaßt hat.

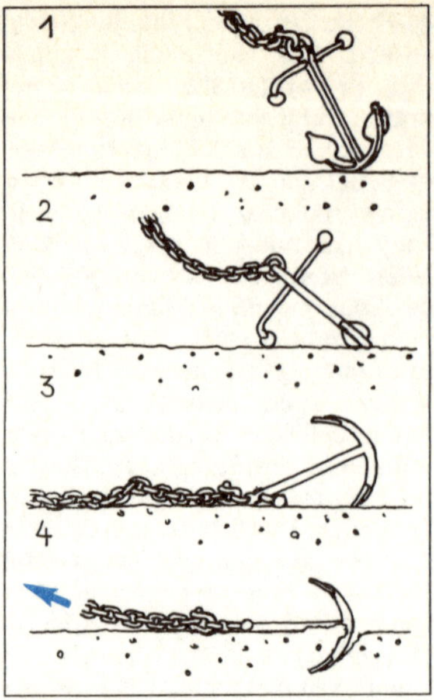

Die 4 Phasen beim Ankern mit dem Admiralitätsanker

Dies ist der Fall, wenn sich bestimmte Peilungen zu auffälligen Landmarken (Baumgruppen, Kirchturmspitzen usw.) nicht mehr verändern. Besteht die Gefahr, daß ein Anker bei aufkommendem stärkerem Wind nicht mehr hält, wird mehr Kette gesteckt (Erweitern der Kettenlänge), oder es wird ein zweiter Anker ausgebracht. Beim Ankeraufgehen wird die Trosse oder Kette mit Hand oder Spill (→ Ankerspill) eingehievt, wodurch sich das Fahrzeug auf den Anker zubewegt, bis die Trosse oder Kette „auf und nieder“ (senkrecht) steht und beim weiteren Hieven nun aus dem Grund bricht. Die Wirkungsweise des Normalankers (→ Admiralitätsanker) zeigt die Zeichnung. Der Anker legt sich zunächst mit beiden Armen oder Flunken auf den Grund, was durch die schwere untere Hälfte bewirkt wird. Stock und Schaft stehen dabei schräg nach oben in Richtung der ausgefahrenen Ankerkette (1). Infolge der Schwerkraft fällt der Stock mit dem umgebogenen Ende auf den Ankergrund (2) und bewirkt ein Kanten des Ankers, so daß nunmehr der Stock flach auf dem Grund liegt und die Flunken aufrecht stehen (3). Jetzt gräbt sich, sobald Zug auf die Kette kommt, die untere Flunke in den Ankergrund (4).

Ankerring: der Ring oben am Ankerschaft, an dem die Ankerkette oder Ankertrosse befestigt wird.

Ankerschaft: der gerade Teil des Ankers zwischen Ankerstock und Ankerarmen.

Ankerspill: eine Art Winde zum Hieven des Ankers – heute meist mit maschinellem Antrieb. Man unterscheidet Gangspille und Bratspille. Das Gangspill ist eine aufrecht stehende Ankerwinde, das Bratspill liegt horizontal. Zur Zeit der Segelschiffe wurde das Ankerspill von Hand bedient. Gedreht wurde es, indem sich die Männer gegen die aus dem Spillkopf ragenden Spillspaken stemmten und so das Spill in Bewegung setzten.

Ankerstock: durchläuft den Ankerschaft im oberen Teil und bildet mit den Armen einen rechten Winkel.

Ankertrosse: Trosse, die auf kleineren Fahrzeugen (und in früheren Zeiten – die Ankerkette gibt es erst ab etwa 1830) statt einer Ankerkette benutzt wird. Als geeignetes Material erwies sich die Faser des Manilahanfes. Heute wird Perlon verwendet.

Ankerwache: Auf ankernden Schiffen zieht eine Ankerwache auf, deren Aufgabe es ist, durch ständige Kontrollpeilungen festzustellen, ob der Anker noch hält (oder das Schiff treibt); in befahrenen Gewässern achtet sie darauf, daß es nicht zu Kollisionen kommt.

Anlaufen: 1. Ein Schiff läuft einen Hafen an, der aber nicht sein Bestimmungshafen ist, sondern ein Zwischenhafen, in dem es kurzfristig verbleibt, um Proviant, Trinkwasser usw. zu übernehmen. 2. Das langsame Heranfahren an ein anderes Schiff z.B. zu einem Schleppmanöver.

Anlegen: das Manöver, mit dem ein maschinengetriebenes Fahrzeug oder Segelschiff an eine Pier, Landungsbrücke, Boje, Steg oder Pfahl gebracht wird. Segelschiffe müssen immer gegen den Wind anlegen, und zwar so, daß sie vorher den Bug in den Wind drehen und mit auslaufender Fahrt den Anlegeplatz erreichen. Dabei wird der Vortrieb durch den entgegenstehenden Wind gestoppt. Ein sauberes Anlegemanöver hängt vom richtigen Abschätzen der Windstärke, des Wellenganges und der Kenntnis über die bremsende Wirkung des Schiffskörpers ab. Ein schlanker Schiffsrumpf gleitet im Auslauf länger als ein gedrungener, völliger Rumpf, bei dem die Masse bremsend wirkt.

Anliegen: 1. Die Frage „Was liegt an?“ bedeutet soviel wie: „Was ist los?“ 2. Ein Kurs liegt an, wenn der → Rudergänger den befohlenen Kurs eingesteuert hat. 3. Mit einem Segelschiff liegt man ein Ziel an, wenn man es, ohne zu → kreuzen oder irgendeinem Hindernis ausweichen zu müssen, direkt ansteuern kann.

Anluven: Ein Segelschiff luvt an, wenn es höher (dichter) an den Wind geht. Dabei verkleinert sich naturgemäß der Winkel zwischen Kurs und Windrichtung. Zum Anluven werden die → Schoten dichter genommen. Das Gegenteil ist → abfallen.

Anreihen: mittels der sogenannten Reihleine ein Segel an einer → Spiere befestigen. In das Segel sind z. B. an seiner vorderen Kante, dem Vorliek, kleine Löcher – sogenannte → → Gatchen – eingenäht, zumeist mit einer Metallumbördelung, die man in diesem Fall Rundkausch nennt. Die Gatchen liegen in einem bestimmten Abstand untereinander. In das oberste Gatchen wird die Reihleine eingespleißt und z. B. am Mast nun von oben nach unten immer durch ein Gatchen weitergeführt, wobei die Reihleine jeweils um den Mast herumgenommen wird. Ganz unten wird die Reihleine dann fixiert. Auf diese Weise wird das Segel an den Mast angereiht.

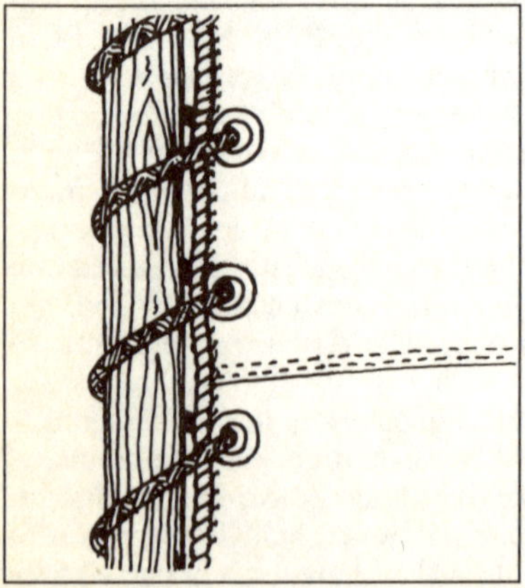

Das Anreihen des Segels mit der Reihleine an einer Spiere

Anschäkeln: Zum Anschäkeln benutzt man den → Schäkel, einen metallenen Rundbügel, dessen offene Seite mit dem Schäkelbolzen geschlossen wird. Durch das Anschäkeln werden Ketten, Drahtseile, → Fallen, → Schoten usw. miteinander oder mit einem festen Gegenstand verbunden.

Anschlagen: soviel wie befestigen. Auch das → Anreihen ist ein Anschlagen. Zumeist wird dieser Ausdruck beim Befestigen der Segel an Gaffel, Baum oder Rah benutzt. Ein Segel wird also angeschlagen. Das Gegenteil ist das → Abschlagen eines Segels.

Ansegeln: gemeinsames Segeln eines Clubs oder Vereins zu Beginn der Segelsaison im Frühjahr nach Überholung der Boote und Schiffe (→ Absegeln).

Anstecken: das Befestigen oder Verbinden von Tauen oder Leinen miteinander oder auch an einen Gegenstand (Trosse – Anker).

Ansteuern: den Kurs auf einen bestimmten Punkt – z. B. eine Tonne

Foto: Süddt. Verlag

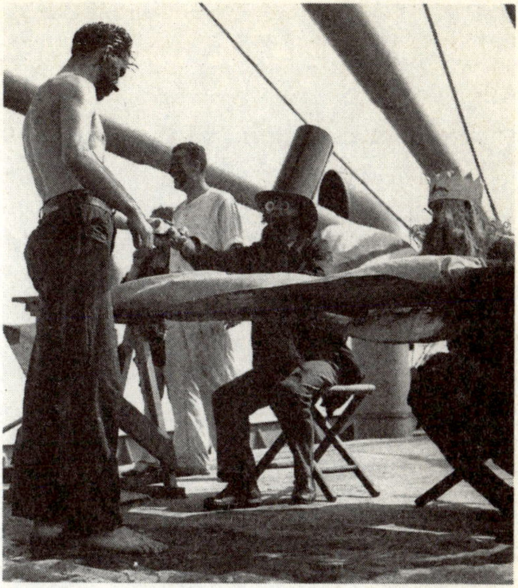

Neptuns Sekretär überreicht dem Täufling das Taufzertifikat

(Ansteuerungstonne vor einem Hafen oder einer Flußeinfahrt) – so nehmen, daß er genau voraus liegt.

Äquator: Großkreis im Kreissystem der Erde, der sie in zwei gleiche Halbkugeln teilt. Mit Nordbreite bezeichnet man alle Orte nördlich des Äquators, die Orte zwischen Äquator und Südpol haben Südbreite. Der Äquator hat die Breite null Grad. Ihm parallel verlaufen die Breitengrade bzw. Breitenparallele. Ihre Richtung ist Ost-West. Je weiter sie vom Äquator entfernt liegen, desto kleiner sind sie. Die Äquatorebene steht senkrecht zur Rotationsachse der Erde. Äquator und Breitenparallele wiederum werden rechtwinklig von den Meridiankreisen – den Längengraden – geschnitten. Die Meridiankreise sind größte Kreise auf der Erdoberfläche und laufen durch beide Pole. Der Null-Meridian ist jener, auf dem die Sternwarte von Greenwich in England liegt. Vom Null-Meridian ausgehend erhalten die anschließenden Meridiane – je nachdem, ob sie östlich oder westlich von Greenwich liegen – die Bezeichnung Ost oder West. Aufgrund dieses Kreissystems kann auf der Erdoberfläche die Lage eines Ortes – aber auch ein Schiffsort – bezeichnet werden. Der Äquator hat einen Umfang von ca. 40076,6 km.

Äquatortaufe: ein Brauch aus der alten Segelschiffszeit. Jeder, der den Äquator zum ersten Male passiert, wird „getauft“, das heißt, er wird mit allerlei handfestem Schabernack, Salzwassermixturen und höllischen Getränken traktiert und durchgewalkt, bis Neptun, sein Hofstaat und

Aus dem Logbuch des weiland Seekadetten K. P. F.

„... Nacheinander werden die Täuflinge aufgerufen. Zuerst passieren die Sonderfälle und Spezialbehandlungen die Reihen der Trabanten, nicht ohne einige mehr oder weniger deftige Schläge einzustecken, um dann vor Neptun hinzustolpern und als erstes dessen holder Gattin die Füße zu küssen. Sodann wird dem Normaldelinquenten zunächst eine Läuterungspille verabreicht – eigroß und von Männerhand in den Schlund gedrückt. Bemühte er sich, das Ding wieder loszuwerden, wurde ihm noch eine verabreicht. Und diesmal darf er gleich mit Anti-Läster-Tinktur nachspülen. Wenn die höllische Kugel immer noch nicht rutscht, wird ihm eine Sektflasche an die Lippen gehalten, deren Inhalt sich allerdings als Seewasser entpuppt. Das Rezept der beiden lukullischen Außenseiter ist natürlich geheim, deutlich zu erkennen waren jedoch Pfeffer, Salz, Curry, Suppenwürfelextrakt, Essig und Öl. Als Bindemittel diente wahrscheinlich Pattex. Die Tinktur bestand zum Hauptteil aus Senf.

Nachdem sich der Küchenmeister davon überzeugt hat, daß die Pille ihren Weg ins Innere, einer Zeitbombe gleich, angetreten hat, wird der Bedauernswerte zum Eingang des „Windsacks“ gestoßen. Ein Segeltuchschlauch, 50 cm im Durchmesser, etwa 8 m lang, an den Enden und in der Mitte mit Eisenringen auseinandergehalten, harrt seiner. Je ein Trabant steht an einem der beiden Enden und sorgt mit dem Wasserschlauch für die richtige Kühlung im Innern des Windsacks. Von einem Schlag mit dem Tampen und den vollen sieben Atü unserer Bord-Feuerlöschleitung getroffen, schießt der Täufling in den Sack. Die Trabanten unterdessen dreschen mit ihren Schlauchstücken munter auf die sich abzeichnenden Wölbungen des Windsacks ein ...“

seine Trabanten den auf diese Weise Geschundenen in den ehrenwerten Kreis der Getauften aufnehmen. Der Brauch wird auch mit Linientaufe bezeichnet – die Linie ist in diesem Fall der Äquator.

Arbeiten: 1. die Bewegungen eines Schiffes im Seegang, wie z. B. Stampfen und Schlingern, 2. die Bewegungen eines Schiffes und seiner Teile gegeneinander im schweren Seegang. Dieses Arbeiten kann – vor allem bei alten Holzschiffen – zu gefährlichen Leckstellen oder Bruch führen.

Armada: Bezeichnung der spanischen Kriegsflotte, im historischen Sinn jene Flotte Philipps II. von Spanien, die 1588 gegen England segelte und in verschiedenen Gefechten sowie schweren Stürmen fast völlig aufgerieben wurde. Die geplante Invasion Englands wurde zu einer totalen Niederlage für die Spanier.

Astrolabium: eins der ersten Navigationsgeräte zur Höhenwinkelmessung von Gestirnen. Es wurde bereits von den Arabern im 10. Jahrhundert hergestellt und vor allem von den spanischen und portugiesischen Seefahrern bis in das 17. Jahrhundert benutzt. Es besteht aus einer Metallscheibe oder Metallkapsel, die frei aufgehängt wird. Der äußere erhabene Ring ist in 360 Grade unterteilt. Wichtigstes Teil zur Messung ist ein Radiallineal in Form eines Zeigers mit zwei Lochvisieren. Die Spitzen des Zeigers ruhen auf der Gradskala, so daß durch Peilungen der Winkel zwischen Horizont

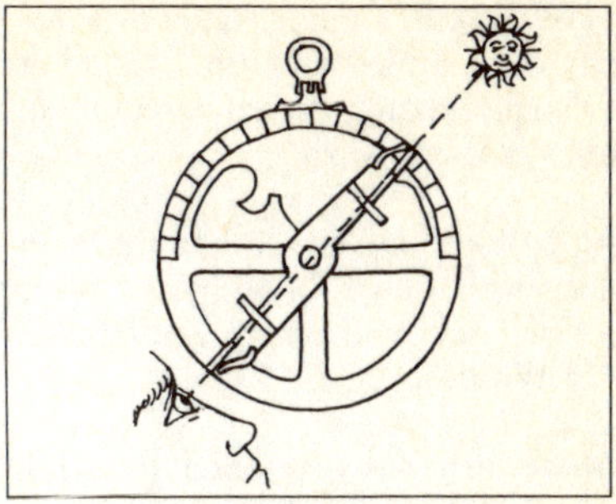

Das Astrolabium zur Höhenwinkelmessung von Gestirnen

und Gestirn gemessen und abgelesen werden kann. Das heute verfeinerte Nachfolgeinstrument des Astrolabiums ist der → Sextant.

Astronomische Navigation: die Standortbestimmung eines Schiffes auf hoher See, und zwar mittels des Sextanten, mit dem die Gestirnshöhe über dem Horizont gemessen wird. Mindestens zwei Gestirne werden „geschossen", um den Standort des Schiffes, der im Schnittpunkt zweier sogenannter Standlinien liegt, zu ermitteln.

Aufbauten: die über dem → Oberdeck befindlichen und von Schiffsseite zu Schiffsseite reichenden umbauten Teile eines Schiffes, wie Brücke, Achterkajüte usw.

Aufbrassen: die Rahen eines Rahseglers mittels der → Brassen mehr in die Querschiffsrichtung drehen (→ Anbrassen).

Aufbringen: 1. die Montage der Stengen (oberste Mastteile) am

Mast, 2. das Kapern eines Schiffes, das dann Prise wird und mit einer Prisenbesatzung in den eigenen Hafen verbracht wird.

Aufbrisen: ein Zunehmen des Windes. Wird dieses Zunehmen stärker, spricht man von einem Auffrischen des Windes.

Aufentern: das fixe Hochklettern in die Takelage, und zwar über die → Wanten, die mittels der → Webeleinen als Sprossen (wie bei einer Strickleiter) dienen.

Auffieren: das Lockern bzw. Nachgeben einer Leine, eines Taus, einer Schot usw. Man spricht auch einfach nur von fieren.

Aufgeien: das Kürzen bzw. Heraufholen eines Rahsegels, indem es mit den Geitauen oder Geien zur Mitte oder zu den Nocken der Rah von unten nach oben geschürzt und zusammengezogen wird. Man geit die Segel auf, wenn man die Fahrt des Schiffes vermindern oder stoppen will. Aufgegeite Segel entwickeln keine Vortriebskraft mehr.

Auf Grund: Ein Schiff sitzt auf Grund, wenn es Grundberührung hat und festgekommen ist, so daß es seine Lage nicht mehr verändern kann und somit nicht mehr „in Fahrt" ist. Man sagt auch, es sitzt „hoch und trocken" oder ist z. B. im Watt „trockengefallen".

Aufheißen, auch aufholen: das Hochziehen eines Gegenstandes an Bord, z. B. eines Segels, einer Last oder eines Beibootes.

Aufklaren: 1. das Besserwerden des Wetters, 2. an Deck oder an Bord Ordnung schaffen. Der Aufklarer ist ein aus der Besatzung abkommandierter Mann, der für den Kommandanten bzw. Ersten Offizier als Putzer tätig ist (meist auf Kriegsschiffen).

Aufkommen: 1. Ein Schiff kommt auf, wenn es sich einem anderen von achtern nähert und dann überholt. 2. Das Ruder nach einem Rudermanöver wieder mittschiffs legen oder die Drehbewegung des Schiffes abfangen, wenn das Ruder nach Backbord oder Steuerbord gelegt worden war. Das Kommando an den → Rudergänger lautet in diesem Fall: „Komm auf!"

Auflandig: vom Wasser zum Land hin wehender Wind. Bei Sturm gefährlich, wenn sich ein Schiff nicht von der Küste freiarbeiten kann.

Auflanger: Teile der → Spanten (Schiffsquerrippen).

Auflaufen: mit dem Kiel den Grund berühren, also auf Grund geraten.

Auflaufendes Wasser: im Gezeitenwechsel das Zurückfluten des Wassers zum Land, insgesamt also die Zeit der Flut.

Aufriggen, auch auftakeln: bei einem Segelschiff das Aufrichten der Masten und das Anbringen von Spieren, Wanten und Stagen sowie des laufenden → Gutes.

Aufriß: zeichnerische Ansicht von der Seite eines Schiffes.

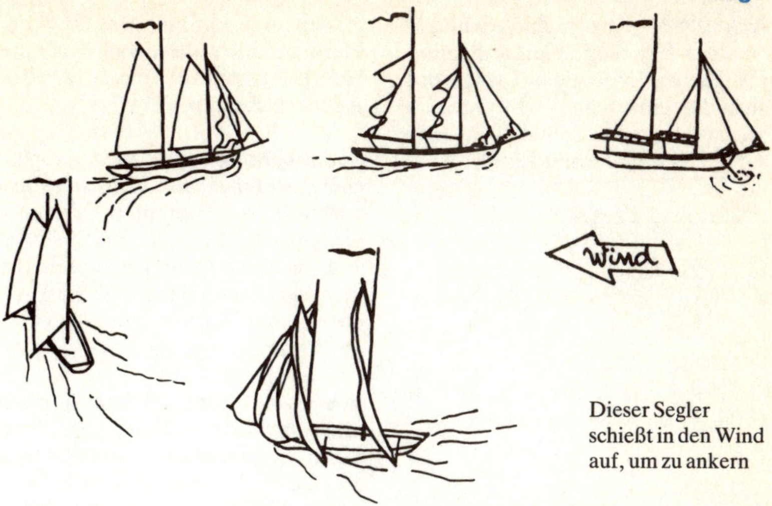

Dieser Segler schießt in den Wind auf, um zu ankern

Aufschießen: ein Tau oder eine Leine so zusammenlegen, daß es saubere Buchten (Schleifen) bildet. Dies geschieht immer von innen nach außen.

Aufschießer: das Drehen eines Segelschiffs in den Wind, um die Fahrt zu vermindern – üblich vor dem → Ankermanöver, beim Anlegen an die Boje oder den Steg (→ Anlegen).

Aufslippen: ein Schiff zur Reparatur oder zur Überwinterung mit einem auf Schienen laufenden Slipwagen an Land ziehen.

Auftakeln: → Aufriggen. Das Gegenteil ist → abtakeln.

Auftoppen, auch Antoppen: das schräge Aufwärtsholen von Rahen oder Bäumen aus ihrer normalen, meist waagerechten Position.

Auftuchen: das Zusammenlegen von Segeln und Festbinden an Rah oder Baum mit → Zeisingen.

Auf und nieder: seemännischer Ausdruck für senkrecht. Eine Ankerkette steht z. B. auf und nieder, wenn sie nicht mehr durchhängt oder schräg ins Wasser weist, sondern sich senkrecht unter der → Ankerklüse befindet. Das ist ihre Position kurz vor dem Ausbrechen des Ankers aus dem Grund.

Auge: 1. jedwede geknüpfte oder gespleißte Öffnung oder Schlinge am Ende eines Taus, 2. die Öffnung beim sogenannten Augbolzen, der mit einem Gewinde ins Holz geschraubt wird und dessen freies Ende zu einem Auge ausgebildet ist. Durch dieses Auge kann ein Tau laufen, oder es kann Schäkel, Spannschrauben, Blöcke usw. aufnehmen und fixieren.

Augspleiß: eine nicht geknotete, sondern fest eingespleißte Schlinge (Auge) am Ende eines Taus, wobei sich die einzelnen → Kardeele so gegenseitig bekneifen, daß das Auge sich nicht mehr lösen kann.

Der Augspleiß mit dem fest eingespleißten Auge am Ende eines Taus

Ausbooten: das An-Land-Bringen von Personen mit einem Beiboot, wenn z. B. ein Schiff vor Anker liegt.

Ausbrechen: Bezeichnung für das Lösen des Ankers aus dem Ankergrund.

Ausbringen: einen Gegenstand – z. B. einen Anker, ein Boot, eine → Gangway –, der mit dem Schiff verbunden bleibt, außerhalb des Schiffes bringen.

Aus dem Ruder laufen: Ein Schiff läuft aus dem Ruder, wenn es dem Steuerdruck nicht mehr gehorcht. Das geschieht bei zuwenig Fahrt im Schiff oder bei schwerer, rollender See von achtern, was die Gefahr des Querschlagens bewirken kann.

Ausfahren: Ein Anker wird ausgefahren, wenn er nicht unmittelbar vom Schiff aus fallen gelassen wird, sondern mit einem Beiboot zu einem bestimmten Platz verbracht und dort in den Ankergrund gesenkt wird. Meist geschieht dies, wenn man aus Sicherheitsgründen einen zweiten Anker ausbringt.

Ausgleichsklassen, auch Ausgleicher: nicht nach den Konstruktionsvorschriften bestimmter Rennklassen gebaute Yachten, die dennoch an Regatten teilnehmen können, indem sie ihrem Rennwert entsprechend eine Zeitvergütung erhalten (→ Rating).

Ausguck: Beobachtungsposten auf erhöhter Stelle (→ Mars), der alle in Sicht kommenden Gegenstände melden muß. Auf größeren Schiffen war und ist es – trotz Radar – üblich, von vier Ausgucks jeweils einen Sektor von 90 Grad beobachten zu lassen, also den 1. Sektor von Steuerbord voraus bis Steuerbord querab, den 2. Sektor von Steuerbord querab bis Steuerbord achteraus, den 3. Sektor von Backbord achteraus bis Backbord querab und den 4. Sektor von Backbord querab bis Backbord voraus. Auf diese Weise ist das Gebiet rings um das Schiff sichtmäßig „abgedeckt“.

Ausholen: das Recken (Straffen) einer Segelkante – des → Lieks –, um das Segel bauchiger oder flacher einzustellen. Dies geschieht mit dem Ausholer – einer → Talje oder einer mechanischen Vorrichtung, mit der das Liek gestreckt wird.

Ausladen: das gleiche wie löschen, also eine Ladung aus dem Schiff an Land befördern, was zumeist mit Hilfe der Bordkräne und der Ladebäume geschieht.

Auslaufen: in See gehen. Aber auch das Langsamerwerden eines Segelschiffes nach dem → Aufschießer.

Ausleger: kleinerer Parallelrumpf bei den Segelfahrzeugen der Pazifik-Insulaner, z. B. bei der Proa, deren schlanker Rumpf zur Erhöhung der Stabilität mit dem kleineren Auslegerrumpf verbunden ist.

Ausösen: Wasser aus einem Boot schöpfen. Dazu dient das Ösfaß, die Pütz oder schlicht eine hölzerne Schöpfkelle.

Ausrauschen: das unerwartete, plötzliche Auslaufen eines Taus oder einer Leine aus einem Block, einem Augbolzen usw., das nur ein → Achtknoten stoppen kann. Auch eine Ankerkette kann ausrauschen, wenn die Stoppervorrichtung versagt.

Ausreffen: ein durch Reffs verkleinertes Segel wieder vergrößern. Auf den alten Segelschiffen wurden die Segel bei stürmischen Winden mittels sogenannter → Reffbändsel, die horizontal dicht an dicht auf das Tuch genäht waren, um eine bestimmte Breite (Reff) eingebunden und somit verkürzt. Heute gibt es mechanische Reffvorrichtungen, bei denen die Unterkante (Unterliek) des Segels einfach um den Baum gewickelt wird. Ausgerefft wird dann, wenn der Wind wieder abflaut. Das Gegenteil ist das Reffen der Segel.

Ausreiten: das Gewicht der Besatzung auf kleinen Booten möglichst weit nach Luv bringen, damit das Boot auf ebenem Kiel liegt. Das weite Hinauslehnen, bei dem nur die Unterschenkel auf dem Seitendeck liegen, ist sehr ermüdend. Die Ausreitgurte, unter welche die Füße gehakt werden, bieten eine gute Lösung. Sie werden so eingestellt, daß Ober- und Unterschenkel die Katheten eines Dreiecks bilden. Die Spitze des Dreiecks stellen die Knie dar, die sich über der Mitte des Seitendecks befinden. Der Körper ruht dann auf zwei Punkten. Der Gewichtstrimm kann variiert werden, indem man den Körper mehr oder weniger streckt. Bei den heutigen Gleitjollen und auch einigen Kielschiffen reitet der → Vorschotmann das Boot aus, indem er ins → Trapez steigt. Es gibt auch Gleitjollen, bei denen der Steuermann auf einem Gleitsitz nach Luv rutscht, um das Boot auszureiten.

Der Steuermann sitzt auf der Luvkante seines Bootes, um es möglichst aufrecht zu segeln

Ausscheiden: eine Tätigkeit abbrechen, aufhören. Auf Kriegsschiffen wird das „Ausscheiden vom Dienst!“ ausgesungen.

Ausscheren: 1. Kursänderung, um einem Hindernis auszuweichen. Auch wenn ein Schiff aus dem Ruder läuft, schert es aus. 2. Beim Fahren im Verband (Flotte, Flottille) das Verlassen der Marschposition. 3. Das Herausnehmen eines Endes (Schot, Fall) aus einem Block oder Auge. Das Gegenteil ist einscheren.

Ausschießen: plötzlicher rechtsdrehender Wind. Das Gegenteil ist → krimpen.

Ausschiffen: Güter oder Passagiere von Bord bringen.

Außenballast: außen unter dem Rumpf eines Schiffes angebrachter Ballast, z. B. ein → Ballastkiel. Das Gegenteil ist der → Innenballast.

Außenbords: außerhalb des Schiffes. Das Gegenteil: binnenbords.

Außenhaut: im allgemeinen der äußere Abschluß eines Schiffsrumpfes, also seine äußere Hülle, die aus Holz, Metall oder Kunststoff sein kann.

Außenklüver: bei Segelschiffen mit drei oder mehr → Vorsegeln das vorderste Segel. Es ist meist dreieckkig, lang und schmal und wird mit dem Außenklüverfall geheißt, wobei sein → Unterliek über dem → Klüverbaum steht und das → Vorliek am Außenklüverstag fixiert wird.

Außenklüverbaum: die Verlängerung des → Klüverbaums, also jener Spiere, die über den → Bugspriet hinaussteht.

Aussetzen: ein Beiboot vom Deck über Bord heißen und neben einer Schiffsseite aufs Wasser niederlassen.

Aussingen: das fortlaufende Ausrufen der Wassertiefe, die der Lotgast (→ Gast) mit dem → Handlot mißt. Auch das Ausrufen sonstiger Beobachtungen oder allgemeiner Befehle im Borddienst wie zum Beispiel: „Ruhe im Schiff!" – „Licht aus!" – „Geister und Nachtwächter auf Station!"

Austörnen: das Klarieren einer Leine, eines Taus oder einer Kette bei sogenannter Kinkenbildung (→ Kinken) oder Vertörnung, wobei sich das Material entgegen seiner Drehung verworfen hat.

Auswandern: die langsame Verschiebung eines gesichteten Objekts, z. B. einer Mastspitze an der Kimm (am Horizont).

Ausweben: das Befestigen der → Webeleinen an den Wanten mittels des → Webeleinsteks. Dazu gehört auch ein Annähen an den äußeren Wanten.

Ausweichregeln: eine Gruppe von Regeln gemäß der → Seestraßen-Ordnung für die Ausweichpflicht von Schiffen, die möglicherweise auf → Kollisionskurs liegen. Bei diesen Regeln gilt ganz allgemein der Grundsatz, daß das unbeweglichere oder gefährdetere Fahrzeug → Wegerecht hat, so z. B. der → Kabelleger vor allen anderen Schiffen. Allgemein müssen Maschinenfahrzeuge – da sie schneller manövrieren können – Segelfahrzeugen ausweichen. Dieses Prinzip gilt auch bei den Ausweichregeln für Segelboote untereinander, bei denen z. B. Raumwinder den Amwindern ausweichen müssen.

Aviso: schnelles, kleines Segelkriegsschiff, das früher für Depeschendienste und Aufklärung eingesetzt wurde.

„Aye, aye!“ Vor allem im englischen Sprachgebrauch die übliche Entgegnung auf eine Anordnung oder einen Befehl. Es bedeutet soviel wie: „Verstanden!“

Azimut: Angabe zur Lagebestimmung eines Gestirns. Um die Lage eines Gestirns am Himmelsgewölbe festzulegen, braucht man seinen Winkelabstand vom Horizont. Dieser Winkelabstand wird Höhe genannt. Sie ist null Grad, wenn das Gestirn genau im Horizont steht (vom Beobachter aus gesehen), und sie ist 90 Grad, wenn sich das Gestirn im Zenit befindet. Weiterhin braucht man auch die Himmelsrichtung, in der das Gestirn steht. Hierzu wird der ganze Horizont ringsherum von Süden über Westen in 360 Grade eingeteilt. Man nennt diese zweite Angabe der Lage eines Gestirns das Azimut. Es kann von Norden oder Süden aus gezählt werden. Im zweiten Fall ist null Grad, wenn das Gestirn gerade im Süden seine Kulmination (seinen höchsten Stand) erreicht. Steht es beispielsweise genau im Westen, dann beträgt das Azimut 90 Grad, im Osten ist es 270 Grad. Höhe und Azimut geben uns also an, wo wir ein Gestirn am Himmel anzutreffen haben.

Back: 1. ein über dem üblichen Oberdeck im Vorderteil des Schiffes von Bord zu Bord reichender Aufbau, auch Halbdeck genannt, 2. ein Segel steht „back“, wenn der Wind von der falschen Seite hineinweht, also nicht, um Vortriebskraft zu entwickeln, sondern um bremsend zu wirken. Mit dem Backhalten eines Vorsegels kann ein Segelschiff auch schneller zum → Wenden gebracht werden, 3. ein hölzerner Eßnapf, 4. ein zusammenklappbarer Tisch im Mannschaftsdeck, an dem dann die Backschaft (→ Backschafter) sitzt.

Backbord: von achtern nach vorn – in Fahrtrichtung – gesehen die linke Seite eines Schiffes. Diese linke Seite bezieht sämtliche Teile des Schiffes bis zur gedachten Mittschiffslinie ein. Dementsprechend werden diese Teile auch benannt. Der Kutter auf der Backbordseite heißt Backbordkutter, der Anker Backbordanker usw. Auch auf die Besatzung werden die Schiffsseiten angewandt. Backbordwache und Steuerbordwache nennt man die beiden Wachen in einem Zweiwachensystem. Die Mitglieder der Backbordwache essen, wohnen und schlafen auf der Backbordseite, die der Steuerbordwache auf der Steuerbordseite des Schiffes.

Bei Nacht verdeutlicht ein rotes Licht die Backbordseite eines Schiffes (grün die Steuerbordseite).

Backbordbug: Ein Schiff segelt über Backbordbug, wenn seine Segel auf der Backbordseite stehen, der Wind also von der Steuerbordseite her einfällt. Eine alte Regel bezeichnet den Backbordbug als den „vornehmen Bug". Denn ein Schiff, das über Steuerbordbug segelt, mußte und muß auch heute noch einem über Backbordbug segelnden Schiff ausweichen.

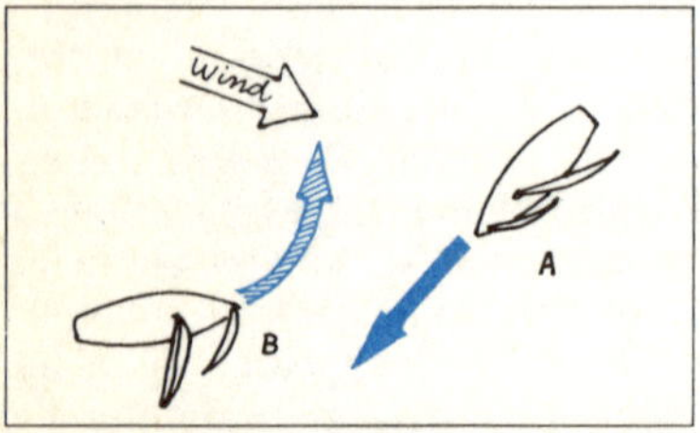

A segelt über Backbordbug, B segelt über Steuerbordbug und muß ausweichen

Backbordhalsen: ein aus der Zeit der Rahsegler stammender Ausdruck, der besagt, über welchen Bug (Seite) ein Schiff segelt. Beim Rahsegel wird die untere Luvecke mit Hals bezeichnet, die untere Lee-Ekke mit Schot. Mit dem Hals wird das Segel nach vorn geholt, mit der Schot nach achtern. Ein Schiff, das mit Backbordhalsen segelt, liegt also über Steuerbordbug. Ein Schiff über Backbordbug segelt dementsprechend mit Steuerbordhalsen. Backbordhalsen ist somit das Gegenteil von Backbordbug.

„Backbord Ruder!" bzw. „Ruder Backbord!" Das Kommando an den → Rudergänger, das Schiff nach Backbord zu steuern. Das Kommando bezieht sich auf die Stellung des Ruders, nicht der Pinne (Hebelarm zur Bedienung des Steuerruders). Bei Fahrt voraus und Backbord gelegtem Ruder drückt das anströmende Wasser gegen das nach links (Backbord) weisende Ruder und bewirkt so das Drehmoment: Das Heck wird nach rechts (Steuerbord) geschoben, der Bug schwingt nach links (Backbord). Das Kommando „Hart Backbord!" bedeutet eine Ruderlage bis zum Anschlag.

Backbordschoten: das gleiche wie Backbordbug. Ein Schiff, das mit Backbordschoten segelt, hat den Wind von der Steuerbordseite, Segel und Schoten befinden sich auf der Backbordseite. Die Begriffe Backbordschoten und Backbordhalsen bzw. Steuerbordschoten und Steuerbordhalsen sind beim heutigen Segelsport unüblich geworden. Man spricht allgemein von Backbordbug bzw. Steuerbordbug, wenn man die Position eines Schiffes zum Wind bestimmt.

Backbrassen: die Luvbrassen (→ Brassen) eines Rahseglers so weit anholen, daß der Wind von vorn auf die Segel fällt. Es ist dies eine Möglichkeit, den Rahsegler zum Stoppen zu bringen.

„Backen und Banken!" In der Bordroutine der Befehl zum Essenfassen und zum Aufstellen der Bakken (Tische) und Bänke, die außerhalb der Mahlzeiten zwischen den

Decksbalken oder auch an den Innenwänden beigeklappt verstaut sind.

Backschafter: Die Eßgemeinschaft an einer Back wird Backschaft genannt. Für sie sorgt der abgeteilte Backschafter, der das Essen von der Kombüse abholt und für das Auf- und → Abbacken zuständig ist.

Backsgasten, auch Backsgäste: diejenigen Seeleute, die bei Manövern ihren Posten auf der Back haben. Das Ankermanöver wird z. B. von den Backsgasten durchgeführt.

Backskiste: truhenähnlicher Stauraum unter festen Bänken.

Backspiere: eine schwenkbare Spiere (Rundholz) außenbords am Vorschiff, an der auf Reede oder im Hafen die Beiboote vertäut werden. Dabei wird die Backspiere so ausgebaumt, daß sie querab vom Schiff steht. In See lagert sie in Bügeln längs der Bordwand.

Backstag, auch Bugstag: früher ein Tau, das den → Bugspriet zur Seite hin sicherte. Heute bei bestimmten Yachten ein Draht, der vom Mast schräg nach achtern auf das Seitendeck verläuft und den Mast nach vorn und zur Seite hin abstagt (sichert). Stets wird beim Segeln nur das jeweilige Luvbackstag durchgesetzt, während das Leebackstag – um dem Segel nicht im Wege zu sein – lose gefahren wird.

Backstagswind, auch Backstagsbrise genannt: Wind aus dem achterlichen Sektor, der das Schiff unter einem Winkel von 45 Grad trifft. Wenn ein Schiff z. B. bei Südwind Nordost- oder Nordwestkurs steuert, dann segelt es mit Backstagswind. Er ist für Rahsegler der günstigste Wind, da er auf die größte Segelfläche trifft. Schräg von achtern einfallender Wind wird auch raumer Wind genannt.

Badegäste: im ironischen Sinne früher alle jene Mitglieder der Offiziersmesse, die keine Seeleute waren: Ärzte, Zahlmeister, Geistliche usw. Heute ein „Mitfahrer" auf einer Yacht, der keine seemännische Funktion an Bord ausführt.

Baffin, William: englischer Seefahrer und Entdecker, 1584–1622. Nahm 1612 an einer Expedition nach Grönland teil und suchte 1615 nach der Nordwest-Passage. Segelte durch die Hudson-Straße in die Hudson-Bai. Nach ihm wurde die große Insel benannt, welche die Hudson-Straße im Norden begrenzt. 1616 unternahm er einen zweiten Versuch, um die Nordwest-Passage zu finden. Er erforschte die nach ihm benannte Baffin-Bai und entdeckte mehrere Sunde im Nordpolarmeer, die er u. a. Jones-Smith- und Lancaster-Sund nannte. Nach diesen Fahrten wandte sich Baffin Asien zu und befuhr im Auftrag der „East Indian Company" das Rote Meer und den Persischen Golf. 1622 half er dem Schah von Persien, die Portugiesen aus Ormus zu vertreiben. Dabei wurde er tödlich verwundet. Baffin war der erste Seefahrer, der versuchte, die Ausdehnung der Ozeane nach Längengraden mit Hilfe der Himmelskörper zu bestimmen.

Bagien: bei → Vollschiffen das unterste Segel des Kreuzmastes (hinterster Mast des Vollschiffs).

Bahn: 1. Teil des Segels. Das Segel besteht nicht aus einem Stück, sondern ist in Bahnen aufgeteilt, die aneinandergenäht sind. Rahsegel (rechteckig geschnitten) haben Bahnen, die senkrecht zur Rah verlaufen. Bei modernen Dreieckssegeln auf Jollen und Yachten verlaufen sie senkrecht zur Sehne des → Achterlieks. 2. Regattabahn – Strecke, die bei einer Regatta abgesegelt wird.

Bake: ein Gerüst als Landmarke oder feststehendes Seezeichen an Land oder im Flachwasser zur Kennzeichnung eines → Fahrwassers, einer Untiefe u. ä. Je nach dem → Toppzeichen oder dem Zweck spricht man von Spitzbake, Kugelbake, Kabelbake usw.

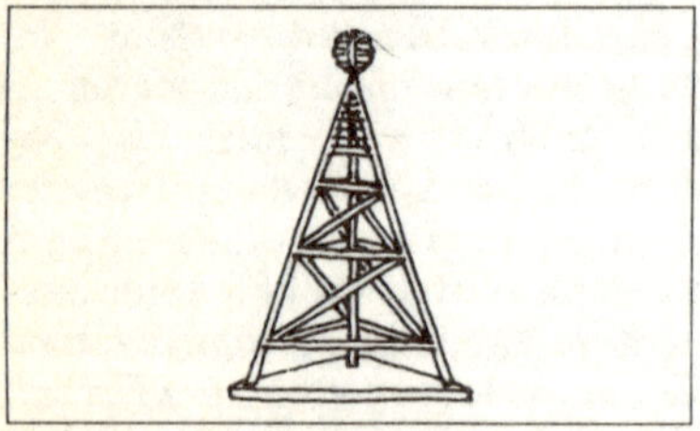

Die Bake als Landmarke oder feststehendes Seezeichen

Balanceruder: Ruder, bei dem sich ein Teil des → Ruderblatts (10 bis 15 Prozent) vor der Drehachse, dem → Ruderkoker, befindet. Bei Vorausfahrt ist der Druck auf diesen Teil beinahe genauso groß wie der auf den größeren Teil hinter dem Ruderkoker. Dadurch erfordert das Ruderlegen weniger Kraftaufwand. Außerdem wirken nur geringe Torsionskräfte (Verwindung) auf den Ruderkoker ein.

Balboa, Vasco Nuñez de: spanischer Entdecker und Konquistador, 1475–1519. Er segelte 1500 nach Westen, ließ sich in Hispaniola (Santo Domingo) nieder – als Pflanzer –, schloß sich später A. de Ojeda, einem spanischen Abenteurer, an und begleitete ihn auf dessen Eroberungszug in Mittelamerika. 1510 erfolgte auf sein Betreiben die Gründung der Kolonie Darien im östlichen Teil der Landbrücke Mittelamerikas. 1513 führte er eine Expedition über den Isthmus und sah als erster Europäer den Pazifik. Er nannte ihn die „Südsee“, die er für Spanien in Besitz nahm. 1514–1516 stieß er in verschiedenen Expeditionen und Fahrten in den Pazifik vor. 1519 wurde er auf Anordnung Pedrarias Davilas, der zum Gouverneur von Darien ernannt worden war, wegen angeblicher Verschwörung gegen die spanische Krone angeklagt und enthauptet.

Balje: die Hälfte einer Tonne.

Balken, auch Decksbalken: die quer im Schiff liegenden Hölzer, auf denen die → Decksplanken ihrer Länge nach ruhen.

Balkenknie: die Unterlage eines Decksbalkens.

Balkweger: dickere Planken an den inneren Seiten des Schiffes, die von vorn bis hinten reichen und auf denen die Decksbalken ruhen.

Foto: Süddt. Verlag

Thor Heyerdahls Balsa KON-TIKI

Ball: ein rundlicher Signalkörper, der bei Tag gesetzt wird, zum Beispiel der → Ankerball, der bei einem ankernden Schiff deutlich sichtbar sein muß.

Ballast: Material mit hohem spezifischem Gewicht (Eisen), das im untersten Raum eines Schiffes untergebracht wird, um die Stabilität zu verbessern. Die mittelalterlichen Galeonen führten als Ballast meistens Steine oder Sand mit.

Ballastkiel: → Kiel eines Segelfahrzeugs, der zum größten Teil aus Ballast (Blei, Eisen oder Beton) besteht. Dieser wird so tief wie möglich im Kiel angebracht, um einen tiefen Schwerpunkt und somit eine große → Querstabilität zu erhalten.

Ballon: im heutigen Yachtsport ein dreieckiges, sehr bauchig geschnittenes Vorsegel, das bei achterlichen bis raumen Winden gefahren wird.

Balsa: 1. westindisches Korkholz, die leichteste aller bekannten Holzarten. Es wird heute für Rettungsflöße und zur Herstellung von Bootsbausperrholz verwendet. 2. Im indianisch-spanischen Sprachgebrauch bedeutet das Wort Balsa soviel wie Floß. Balsas der alten Peruaner unternahmen unter Segeln Handels- und Kriegsfahrten, vermutlich sogar bis zu den polynesischen Inseln. Heyerdahls KON-TIKI war ein Balsafloß, mit dem er 1947 seine Pazifikreise unternahm (siehe S. 206).

Bändsel: kurzes, dünnes Stück Tauwerk, das etwa einen Umfang bis zu zwei Zentimetern hat.

Bank: eine Stelle im Wasser, an der durch Ablagerung oder Anschwemmung (Sand, Kies) der Grund höher ist als in der Umgebung – insofern eine → Untiefe. Im Küstengebiet ist sie durch Hinweiszeichen markiert.

Baratterie (Begriff aus dem Seerecht): Betrug oder Übervorteilung seitens des Kapitäns oder der Mannschaft gegenüber der Reederei. Dazu gehören auch Diebstahl von Ladungen, Schmuggel und Versicherungsbetrug bei Strandung oder Schiffsverlust.

Barents, Willem: holländischer Seefahrer, 1550–1597. Er unternahm mehrere Expeditionen auf der Suche nach einer Nordost-Passage, um einen Weg nördlich um Asien herum nach China zu finden. 1596 entdeckte er die Bäreninsel und Spitzbergen im nördlichen Eismeer. Er gelangte bis 80° 11′ nördlicher Breite, umschiffte darauf das Kap Nassau auf Nowaja Semlja und wurde dort mit seinen Schiffen vom Eis eingeschlossen. Aus Treibholz erbauten er und seine Leute auf Nowaja Semlja eine Notunterkunft, um zu überwintern. Als die Schiffe auch im nächsten Sommer nicht vom Eis frei wurden, traten sie mit den übriggebliebenen Booten am 14. Juni 1597 die gefährliche Rückreise an, auf der Barents am 20. Juni starb. Seine Mannschaft erreichte unter Strapazen Kola und kehrte dann nach Holland zurück. Im September 1871 fand der norwegische Kapitän Elling Karlsen das Winterquartier von Barents und die erhalten gebliebene Hütte mit allem Inventar sowie die Aufzeichnungen eines Teilnehmers. Nach Barents wurde die Barentssee (nördliches Eismeer) benannt.

Bark: ein Dreimast-Segelschiff (Fockmast, Großmast, Besanmast), dessen Fock- und Großmast rahgetakelt (→ Rahtakelung) und dessen → Besanmast schonergetakelt ist (keine Rahsegel). Die GORCH FOCK der Bundesmarine ist eine Bark.

Barkasse: 1. früher das größte Beiboot eines Kriegsschiffes, ausgerüstet mit zwei Masten, um ein Großsegel und eine Fock (Rahsegel) zu fahren. Teilweise wurden die Barkassen auch noch mit einem → Klüverbaum vorn am Bug versehen, um noch ein drittes Segel, den → Klüver, aufzunehmen. 2. Manövrierfähiges und seetüchtiges Motorboot für den Verkehr im Hafen und auf Reede, meist mit einem überdachten Fahrstand versehen. 3. Metallkessel zum Essenfassen.

Barkentine, auch Schonerbark oder Barkschoner genannt: ein Dreimastsegler mit Fockmast, Großmast und Besanmast, von denen nur der vordere Mast, der Fockmast, vollgetakelt ist, das heißt → Rahsegel führt. Großmast und Besanmast sind mit → Schratsegeln getakelt. Man spricht in diesem Fall auch von → Gaffelsegeln, die in Schiffslängsrichtung gefahren werden.

Barkhölzer, auch Berghölzer: auf alten Holzschiffen verstärkte Plankengänge auf den Außenseiten oberhalb der → Wasserlinie.

Barograph: ein Barometer, das selbsttätig die Luftdruckschwankungen der Atmosphäre auf einem fortlaufenden Papierstreifen aufzeichnet.

Barometer: Instrument zur Messung des Luftdrucks. Das Ablesen des Barometers an Bord ist wichtig für das Erkennen der Wetterlage. Der Barometerstand wird täglich oder bei Veränderung in das → Logbuch eingetragen.

Barre: angeschwemmte Sandablagerungen vor Flußmündungen und Hafeneinfahrten.

Barrings: von Bord zu Bord reichende über dem Oberdeck oder Aufbaudeck angebrachte Decksbalken zur seefesten Lagerung von Beibooten.

Bart: 1. Bewuchs am Unterwasserschiff, der sich vor allem früher bei ungekupferten hölzernen Schiffen ansetzte und lange Fäden bildete, 2. breite, abgerundete Kante am unteren Rand der → Ankerklüse, um ein Abnutzen der Ankerkette zu vermindern.

Basse, auch Drehbasse genannt: eins der ersten Schiffsgeschütze (Hinterlader), das bereits als sogenannte Peterara im 15. Jahrhundert nachweisbar ist. Die Drehbasse war ein leichtes Geschütz, das mit seinen beiden Schildzapfen in einer eisernen Gabel, einem Schwanenhals, hing. Diese Gabel stand mit ihrem Stiel im Deck oder in der Bordwand und war nach allen Seiten drehbar. Das Rohr war ebenfalls in der Höhe verstellbar.

Batterie: auf Kriegsschiffen eine zusammengefaßte Anzahl von Geschützen, z. B. Backbord- oder Steuerbordbatterie.

Batteriedeck: allgemein jedes Deck, auf dem sowohl auf der Backbord- als auch auf der Steuerbordseite Geschütze aufgestellt sind.

Bauch: die Wölbung eines Segels. Ein Segel bezeichnet man als bau-

Foto: Archiv Tölzel

Barkentine um 1920

chig geschnitten, wenn es eine starke Wölbung aufweist. Tiefe und Sitz des Bauches spielen eine erhebliche Rolle für die Wirksamkeit des Segels. Ein bauchiges Segel zieht z. B. bei einem Kurs vor dem Wind (Wind von achtern) besser als ein flach geschnittenes Segel, das wiederum besser für Am-Wind-Kurse geeignet ist als bauchige (→ Am Wind segeln).

Bauchgordinge: die Taue, mit denen beim → Aufgeien das Unterliek des Segels zu den Rahen hochgezogen wird.

Baum: im Gegensatz zur querstehenden → Rah ein längsschiffs verlaufendes Rundholz (Spiere), an dem das Unterliek (die Unterkante) eines Segels befestigt wird. Je nach dem betreffenden Segel spricht man von Klüverbaum, Großbaum, Besanbaum usw.

Baumfock: eine → Fock, deren Unterliek nicht wie üblich lose, sondern an einem Baum – dem Fockbaum – gefahren wird.

Baumschere, bzw. Baumstütze: scherenartig oder senkrecht aufgestellte Stütze auf dem Achterdeck oder im → Cockpit eines Segelboots, auf der Baum und/oder → Gaffel ruhen, wenn keine Segel gesetzt sind.

Baumwolle: eine Faser aus der Frucht der Baumwollpflanze, die für Segel und Tauwerk verwendet wird. Heute weitgehend durch Kunststofffasern ersetzt, die widerstandsfähiger und unempfindlicher sind.

Beaufort-Skala: Windstärkenskala, die 1805 von dem englischen Admiral und Kartographen Sir Francis Beaufort vorgeschlagen und eingeführt wurde (siehe Tabelle). Die Skala reicht von Windstärke null (Windstille) bis Windstärke zwölf (Orkan). Wegen der Geschwindigkeiten tropischer Orkane wurde die Skala im Jahre 1949 dann bis Windstärke 17 erweitert.

Befeuerung: das Aufstellen von Orientierungshilfen für die Navigation oder zur Markierung von → Fahrwassern, → Untiefen oder anderen Hindernissen. Erstmals in Gebrauch bei der frühen ägyptischen, phönikischen und griechischen Schiffahrt. Berühmt und bekannt ist „das siebte Weltwunder", der Leuchtturm auf der Insel Pharos bei Alexandrien, erbaut 300–279 v. Chr. in drei Stockwerken – 170 m hoch! Im europäischen Mittelalter war die Befeuerung zunächst eine Sache der interessierten Schiffsführer, später auch der Hafenstädte, die Feuertürme errichteten, auf denen man ein großes Feuer entzündete, wenn man Schiffe erwartete. Hamburg baute 1286 einen Turm auf der Watteninsel Neuwerk (Novum opus). 1576 und 1602 blinkten Borkum und Wangerooge mit ihrem Leuchtfeuer. 1630 folgte Helgoland. Den ersten nachweislichen Leuchtturm in der Ostsee errichtete Lübeck bereits 1222 auf Falsterbo, dem 1226 einer in Travemünde folgte. Heute ist die Befeuerung Angelegenheit des Bundesverkehrsministeriums und der nachgeordneten Behörden. Die Befeuerung wurde zu einem System mit Betonnung, Feuerschiffen

Beaufort-Skala	Bezeichnung deutsch	Bezeichnung englisch	Mittlere Windstärke in m/sec	Mittlere Windstärke in kn	Bezeichnung in der Wetterkarte
0	Windstille	calm	0–0,2	0–1	
1	Leiser Zug	light air	0,9	2	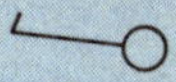
2	Leichte Brise	slight breeze	2,5	5	
3	Schwache Brise	gentle breeze	4,4	9	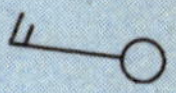
4	Mäßige Brise	moderate breeze	6,7	13	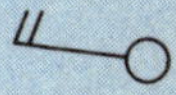
5	Frische Brise	fresh breeze	9,3	18	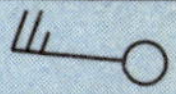
6	Starker Wind	strong breeze	12,3	24	
7	Steifer Wind	moderate gale	15,5	30	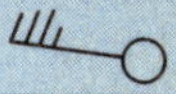
8	Stürmischer Wind	fresh gale	19	37	
9	Sturm	strong gale	22,6	44	
10	Schwerer Sturm	whole gale	26,5	52	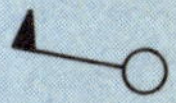
11	Orkanartiger Sturm	storm	30,6	60	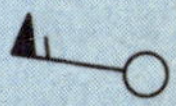
12	Orkan	hurricane	34,8	68	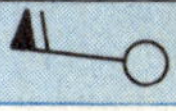

und Leuchttürmen, Radio- und Radarbaken usw. Die Befeuerung wird zunehmend international vereinheitlicht. Aus dem Leuchtfeuerverzeichnis bzw. der Seekarte erhält die Schiffsführung die notwendigen Informationen über die Befeuerung der verschiedenen Fahrwasser.

Behaim, Martin: deutscher Seefahrer und Kosmograph, 1459–1507. Wanderte 1481 nach Portugal aus und wurde Mitglied der Lissaboner „Juntas dos Mathematicos“, einer Gesellschaft, die sich mit Mathematik, Nautik und Sternenkunde befaßte. Wahrscheinlich lernte er dort Kolumbus kennen. Von 1484–1486 begleitete er den portugiesischen Seefahrer Diego Coao auf einer Entdeckungsreise entlang der Westküste Afrikas und gelangte bis nahe an

Foto: Deutsches Museum München

Martin Behaim

das Kap der Guten Hoffnung. Nach der Rückkehr wurde er von König Johann II. zum Ritter des Christusordens geschlagen. Zwischen 1491 und 1493 verweilte er in Nürnberg und fertigte einen Globus an, der die erste konkrete Bestandsaufnahme der portugiesischen Erkundungen in Richtung Südafrika und das Kap darstellt. Behaims Verdienste liegen im Bereich der Nautik und der Kartographie.

Beiboot: kleines, leichtes Ruderboot, zum Teil mit Besegelung, das zum Bord-Land-Verkehr, als Rettungsboot, zum Ausbringen eines Ankers usw. benutzt wird.

Beidrehen: Manöver, mit dem das → Beiliegen eingeleitet und ausgeführt wird. Auf großen Segelschiffen werden die Segel so gegeneinander gestellt, daß die Wirkung des Hinter-Quartiers (alle hinter der Drehachse des Schiffes befindlichen Segel) die des Vorder-Quartiers (alle vor der Drehachse des Schiffes befindlichen Segel) aufhebt und das Schiff stehenbleibt oder kaum noch Fahrt macht. Das Beidrehen wird am Wind segelnd ausgeführt – meist, um eine Warteposition einzunehmen.

Beiliegen: ein Schiff bei Sturm so zu Wind und Seegang legen, daß die Gefahr von Beschädigungen so gering wie möglich gehalten wird. Dieses Manöver wird mit dem → Beidrehen eingeleitet. Mit Sturmbesegelung (verkleinerter Segelfläche) wird das Schiff hoch an den Wind gebracht, so daß er weit vorlich einfällt und das Schiff mit kaum Fahrt voraus nach Lee abdriftet. Dabei bildet es in Luv auf dem Wasser eine Verwirbelungszone – ein Querkielwasser –, das heranrollende Brecher wirksam auffängt und dadurch dem Schiff eine stabilere Lage gibt.

Beim Wind: gleichbedeutend mit → am Wind. Ein Schiff segelt beim

Der Zweimaster hat beigedreht, seine Segel stehen so, daß sie keine Vortriebskraft entwickeln

Wind, wenn es mit dichtgeholten → Schoten gegen den Wind aufkreuzt.

Beisegel: im heutigen Yachtgebrauch allgemein jene Segel, die statt der Arbeitssegel (Großsegel und Fock) oder zusätzlich zu ihnen gefahren werden. → Sturmfock und → Trysegel werden bei Sturm statt der Arbeitssegel gesetzt. → Genua, → Spinnacker, → Ballon usw. werden zusätzlich zu den Arbeitssegeln gefahren.

Bekalmen: Ein Segelschiff ist bekalmt, wenn es sich im Windschatten einer Küste oder eines anderen Segelschiffes befindet. Der Ausdruck bezog sich ursprünglich auf einen Segler, der in ein Gebiet der Kalmen (Windstillen) geraten war. Heute ist er weniger gebräuchlich. Man spricht von → abdecken.

Bekleeden, auch Bekleiden: ein Konservieren von Drahttauwerk und Tauwerk allgemein, indem es mit Segeltuchstreifen umwickelt wird. Es schont Stellen, die besonderer Beanspruchung ausgesetzt sind, und bietet vor allem bei Drahttauwerk Schutz gegen vorstehende Drahtspitzen (→ Fleischhaken). Das Bekleeden umfaßt mehrere Arbeitsgänge: 1. das Trensen, wobei die Rillen (Keepen) im Tauwerk mit geteerten Bändseln, sogenannten Hüsings, ausgefüllt werden, 2. das Teeren, wobei das Tau mit Tran, Talg oder Teer konserviert wird, 3. das Schmarten, bei dem man altes Segeltuch, Schmarting genannt, um das Tau wickelt, 4. das Bekleeden als letzter Arbeitsgang, wobei wiederum Hüsings oder ein haltbares Garn (Schiemannsgarn) mit einer hölzernen „Kleedkeule“ dicht und fest um alles gewickelt wird.

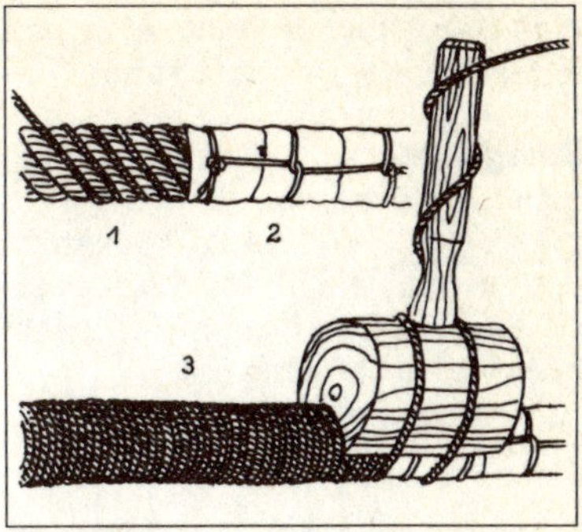

1. das Trensen, 2. das Schmarten, 3. das Bekleeden

Bekneifen: soviel wie einklemmen, abklemmen. Alle seemännischen Knoten (Steke) beruhen darauf, daß sich Tauwerk selbst bekneift. Das Prinzip des Bekneifens besteht darin, daß – gleichviel bei welchem Knoten – bei Zug oder Belastung der eine Teil der Leine oder Trosse den anderen abklemmt.

Belegen: eine Trosse oder Leine so auf einer Klampe oder einem Poller festsetzen, daß sie nicht mehr ausrauscht, aber doch ohne viel Aufwand wieder gelöst werden kann. Dazu wird erst ein Rundtörn um Klampe oder Poller gelegt, dann einige Achttörns und schließlich – wenn nötig – ein → Kopfschlag darüber.

Belegklampe: ein Beschlag aus Holz, Metall oder Kunststoff in Form eines kleinen, langgestreckten

Ambosses, um den und über den Tauwerk belegt werden kann.

Belegnagel, auch Coffeynagel genannt: ein hölzerner oder metallener Pflock mit verdicktem Handgriff, dessen Stiel durch das Loch einer → Nagelbank gesteckt wird. An ihm belegt man Tauwerk.

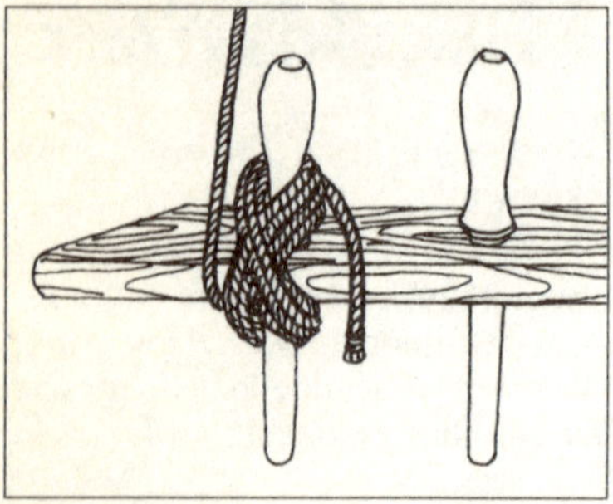

Zwei Belegnägel, an denen Tauwerk belegt wird

Belegpoller: Doppelpoller – meist aus Metall –, bei dem die beiden senkrechten Zylinder von oben gesehen eine abgeplattete Verdickung aufweisen, die ein Abrutschen des Tauwerks verhindert.

Beplankung: Bauweise, bei der die Außenhaut eines Schiffes aus längsschiffs verlaufenden Planken, den Plankengängen, besteht. Beim → Karweelbau liegen die Plankengänge stumpf nebeneinander, so daß eine glatte Außenhaut gebildet wird. Beim → Klinkerbau überlappen sich die Planken wie Dachziegel. Bei Stahlkonstruktionen spricht man ebenfalls von Plankengängen.

Bergen: 1. das Herunternehmen und Festmachen der Segel, 2. ein in Seenot befindliches Schiff oder ein im Wasser treibendes Objekt in Sicherheit bringen.

Bergfahrt: die Fahrt stromaufwärts in der Flußschiffahrt. Talfahrt ist die Fahrt stromab.

Bergleine, auch Sorgleine genannt: eine Leine, mit der allgemein etwas gesichert werden soll, so z. B. die Leine des → Sicherheitsgurtes. Eine Bergleine nennt man auch das Tau, das in → Buchten rings um ein Beiboot oder Schlauchboot angebändselt ist, so daß sich ein Schiffbrüchiger daran festhalten kann.

Bergungsschiff: ein speziell für den Bergungsdienst gebautes Fahrzeug, in der Regel zum Bergen und Schleppen ausgerüstet, so mit mächtigen Bordkränen, Schleppwinden, starken Pumpwerken zum Herauspumpen des Wassers aus gesunkenen Fahrzeugen, Ventilatoren zum Hineintreiben von Luft oder Spezialanlagen zur Herstellung chemischer Stoffe für die leichtere Hebung von Wracks und Einrichtungen zum autogenen Schweißen unter Wasser. Die Bergungsschiffe haben ferner eigene Werkstätten, Taucherstationen und medizinische Einrichtungen. Starke Feuerlöschpumpen gehören ebenfalls zur Ausstattung dieser robusten und seetüchtigen Fahrzeuge.

Bering, Vitus: dänischer Seefahrer und Entdecker, 1680–1741. Von Peter d. Gr. als Seekapitän der neu gebildeten russischen Marine in Kronstadt angestellt, erhielt er die Leitung einer Expedition ins Meer

Foto: Süddt. Verlag

Bergungsschiffe schleppen eine Bohrinsel

von Kamtschatka. Bering untersuchte 1725 die nördliche Spitze Sibiriens und durchfuhr später die nach ihm benannte Beringstraße. Er bewies damit endgültig, daß Asien nicht mit Amerika zusammenhängt. Bei einer weiteren Expedition an die Nordwestküste Amerikas wurde er auf die Insel Awatscha verschlagen, die seinen Namen erhielt, nachdem er dort an Erschöpfung gestorben war.

Bermudatakelung, auch Marconi- oder → Hochtakelung genannt: Der letztere Ausdruck ist heute gebräuchlich. Ursprünglich eine Takelungsart, die erstmals im 19. Jahrhundert auf den Bermudas verwendet wurde.

Besan: auf allen Schiffen mit mehreren Masten das längsschiffs ausgebrachte und zum Manövrieren höchst wichtige Hintersegel. Es ist ein → Schratsegel (dreieckig oder trapezförmig).

Besanbaum: Spiere, an der das → Unterliek des Besans ausgespannt bzw. befestigt wird.

Besangaffel: Spiere, die beim trapezförmigen Besan dessen → Oberliek ausspannt und fixiert.

Besanmast: der hinterste Mast bei Segelschiffen mit mehreren Masten. Bei Vollschiffen auch Kreuzmast genannt. In diesem Fall führt er → Rahsegel, keine → Schratsegel.

Der Besan ist das Hintersegel auf allen Schiffen mit mehreren Masten

„Besanschot an!“ In der Segelschiffszeit der Ruf zur Rumausteilung nach schwerer Arbeit. Im eigentlichen Sinne war das Durchholen der Besanschot (→ Schot) der Abschluß eines Halsemanövers, so daß sich ein Umtrunk anbot.

Beschläge: Sammelname für viele, relativ kleine Ausrüstungsteile eines Segelschiffs oder einer Yacht an und über Deck. Teilweise werden sie nach dem Teil benannt, an dem sie angebracht sind: z. B. Ruderbeschlag, Mastbeschlag usw.

Beschlagen: soviel wie Segel festmachen.

Besteck: der mit navigatorischen Mitteln bestimmte und nach geographischer Breite und Länge festgelegte Schiffsstandort, der auf der Seekarte eingezeichnet wird. Man unterscheidet: 1. das gegißte Besteck, das aus gefahrenem Kurs und zurückgelegtem Weg ermittelt wird, 2. das terrestrische Besteck, das sich aus Peilungen von Landmarken und Seezeichen ergibt, und 3. das astronomische Besteck, das man aus Beobachtungen bestimmter Himmelsgestirne und einer daraus resultierenden Berechnung erhält.

Betakeln: → Takling aufsetzen.

Betings: auf den früheren Segelschiffen am Fuß des → Bugspriets angebrachte, sehr massive Balken, verstärkt durch einen Querbalken, an denen die Ankerketten oder Kabeltaue festgemacht wurden, wenn das Schiff vor Anker lag. Später ersetzt durch die Ankerwinde.

Betonnung: Markierung von Fahrrinnen, Untiefen, Hindernissen und dergleichen mit Bojen, Tonnen, Baken usw.

Bewuchs: das Festwachsen von Algen, Muscheln, Seepocken und anderen maritimen Lebewesen am Unterwasserschiff, das vor allem für die langsam fahrenden Schiffe früherer Jahrhunderte ein ernstes Problem für die Sicherheit und Fahrtüchtigkeit war. Zum Teil mußten die Schiffe dann an Land aufgesetzt werden, um den Bewuchs abkratzen zu können. Hölzerne Schiffe wurden gegen den Bewuchs mit Kupferplatten beschlagen. Heute verhindern gifthaltige, bewuchshemmende Mittel das Festwachsen von Unterwasserorganismen, was – mit Recht – die Umweltschützer auf den Plan ruft.

Bilge: der Raum an der tiefsten Stelle eines Schiffes. Eine nasse oder mit Wasser gefüllte Bilge zeigt an, daß das Schiff an irgendeiner Stelle undicht ist und eine Leckage hat.

Binnen: soviel wie innen. Es wird in vielen Wortverbindungen wie Binnenhafen, binnenbords, Binnenmeer usw. benutzt.

Blatt: der flache oder schaufelartige Teil eines → Riemens, der beim Pullen durchs Wasser gezogen wird.

Blauer Peter: Flagge „P“ des Internationalen Signalbuchs (blau mit einem in der Mitte befindlichen weißen Rechteck). Wird in einem Hafen auf einem Schiff gesetzt, das innerhalb der nächsten 24 Stunden ausläuft.

Gewinner des Blauen Bandes

Schiff	Jahr	Geschw. in kn	BRT	Land
Artic	1852	13,2	2860	USA
Persia	1856	13,75	3300	Großbritannien
Scotia	1872	15,2	3871	Großbritannien
Servia	1881	17	7400	Großbritannien
Umbria	1881	19	8100	Großbritannien
City of Paris	1885	20	10 500	Großbritannien
Teutonic	1889	20,35	9984	Großbritannien
Campania	1891	21,2	12 952	Großbritannien
Lucania	1893	22	13 000	Großbritannien
Kaiser Wilhelm d. Gr.	1895	22,5	14 300	Deutsches Reich
Deutschland	1897	23,3	16 500	Deutsches Reich
Kaiser Wilhelm II.	1900	24	19 000	Deutsches Reich
Mauretania	1907	26	31 938	Großbritannien
Mauretania	1929	26,85	31 938	Großbritannien
Bremen	1929	27,83	51 656	Deutsches Reich
Europa	1930	27,91	49 746	Deutsches Reich
Bremen	1933	28,51	51 656	Deutsches Reich
Rex	1933	28,92	51 062	Italien
Normandie	1935	30,31	82 779	Frankreich
Queen Mary	1936	30,63	81 237	Großbritannien
Normandie	1937	30,99	82 779	Frankreich
Normandie	1937	31,2	82 779	Frankreich
Queen Mary	1938	31,69	81 237	Großbritannien
United States	1952	35,59	53 329	USA

Blaues Band: Auszeichnung für das jeweils schnellste Fahrgastschiff auf der Nordatlantikroute zwischen dem Ambrose-Leuchtfeuer vor New York und den Scilly-Inseln am Eingang des Ärmelkanals. Zunächst symbolisch verstanden, dann ab 1875 als seidener blauer Wimpel im Topp des Vormastes von der jeweiligen Gewinnerin geführt. Seit 1935 wird das Blaue Band auch in Form eines Pokals („North Atlantic Blue Ribbon Challenge Trophy") verliehen. Bewerber und tragisches Opfer der begehrten Trophäe war auch die TITANIC, die am 14. April 1912 mit einem Eisberg kollidierte und sank (siehe S. 288/289).

Blaufeuer: eine Signalfackel mit hellblauem Feuer. Sie bedeutet: Ich wünsche einen Lotsen!

Foto: Süddt. Verlag

Die United States (oben) ist seit 1952 Trägerin des Blauen Bandes

Blenden: meist Stahlplatten, die bei schwerem Wetter vor den → Bullaugen und Fenstern eines Schiffes angebracht werden, um ein Eindringen von Seewasser durch Seeschlag zu verhindern.

Blinde: ein kleines → Rahsegel, das auf den Segelschiffen des 16. und 17. Jahrhunderts unter dem → Bugspriet gesetzt wurde.

Blinder Passagier: heimlicher Mitfahrer an Bord eines Schiffes, der für die Seereise nichts bezahlt hat – also „ohne Fahrschein" mitfährt.

Blinkfeuer: eine der Arten eines Leuchtfeuers. Das Aufblinken – weiß oder farbig – muß mindestens 2 Sekunden lang erfolgen. Abkürzung: Blk.

Blitzfeuer: Leuchtfeuer, das im Unterschied zum Blinkfeuer kurze, blitzartige Blinke aussendet. Das Aufblitzen muß kürzer als 2 Sekunden sein. Abkürzung: Blz.

Blizzard: an der nordamerikanischen Ostküste auftretender orkanartiger Schneesturm aus nördlichen Richtungen.

Block: dient in Verbindung mit Tauwerk dazu, die Richtung einer Kraft zu ändern und/oder Kraft zu sparen. Es gibt Blöcke aus Holz, Eisen, Messing oder Kunststoff mit ein oder mehreren Scheiben, die um stählerne Bolzen drehbar zwischen den Backen des Gehäuses gelagert sind. Zur besseren Führung des durchlaufenden Tauwerks sind die Scheiben rundum ausgekehlt. Das Blockwerk an Bord eines Segelschiffs dient zum Arbeiten mit dem laufenden Gut, wie z. B. den Schoten und Fallen.

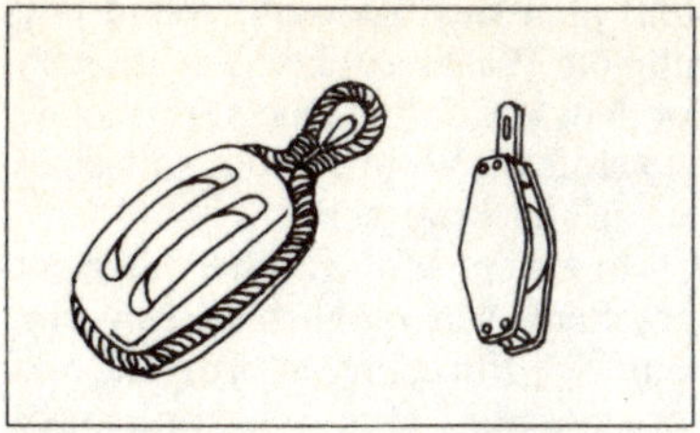

Links ein zweischeibiger Block, rechts ein einscheibiger Block

Blockade: die Sperrung eines Hafens oder einer Bucht durch Kriegsschiffe.

Blockadebrecher: ein Schiff, das die Blockade durchbricht und dann meist auf eigene Faust Kaperkrieg gegen das feindliche Land führt.

Bö: plötzlich und hart einsetzender Windstoß, der oft vorher an der Kräuselung und Verfärbung des Wassers zu erkennen ist. Sogenannte Fallböen treten in Gebirgen und an Steilküsten auf.

Boden: der unterste im Wasser befindliche Teil des Schiffskörpers.

Bodenplanken: die im Boden des Schiffes angebrachten Planken der Außenhaut.

Bodenwrangen: die unteren → Querverbände im Schiffsrumpf.

Boeier: rund gebauter, flachbodiger, niederländischer Frachtensegler, der heute als Yacht beliebt und verbreitet ist. Seine Länge variiert zwischen 6 und 13 Metern. Typisch für ihn sind die beiden breiten → Seitenschwerter sowie die fast gleiche runde Form von Bug und Heck. Der Boeier führt Großsegel, Fock und Klüver.

Bohrmuscheln, fälschlicherweise Bohrwürmer genannt: Muschelar-

Foto: Archiv Tölzel

Boeier-Yacht mit Seitenschwertern

ten, besonders in tropischen Gewässern, die sich am hölzernen Unterwasserschiff festsetzen und die Planken durchlöchern.

Boje: Schwimmkörper, der im allgemeinen verankert ist. Bojen dienen als Seezeichen (Tonnen), als Festmacher für Yachten, als Markierungszeichen für Anker usw. Sie haben die verschiedensten Formen und sind meist aus Metall hergestellt.

Boje-über-Bord-Manöver: Es entspricht in jeder Phase dem Ernstfall – dem → Mann-über-Bord-Manöver – und gehört zum festen Bestandteil jeder seglerischen Ausbildung. Auch ein Skipper (Schiffs- oder Bootsführer) kann über Bord gehen, dann muß jedes Mitglied seiner Besatzung in der Lage sein, eigenverantwortlich das Rettungsmanöver auszuführen. Das heißt, das Boje-über-Bord-Manöver kann – eben wegen des Ernstfalles – von jedem Segler gar nicht oft genug durchexerziert werden. Das Manöver wird wie folgt gefahren:

1. Mit einer Segelyacht. Mit dem Ruf „Boje über Bord!" („Mann über Bord!") wird eine Boje über Bord geworfen, die den Schiffbrüchigen simuliert (im Ernstfall Rettungsring oder die heute auf Yachten übliche orangefarbene Rettungsboje).

a) Die Yacht segelt mit halbem Wind. Sie fällt sofort ab, geht vor den Wind, halst, luvt an bis zum Am-Wind-Kurs und schießt in der Nähe der Boje so in den Wind, daß sie in Lee übernommen werden kann. b) Die Yacht segelt am Wind, fällt sofort ab und fährt das Manöver mit einer Halse wie bei a). Andererseits könnte sie auch sofort wenden, müßte dann in einem Kreis abfallen und aufschießen. Diese Möglichkeit besteht aber nur bei wenig Wind und ruhigem Wasser. c) Die Yacht segelt vor dem Wind, luvt an bis zur Wende und läuft am Wind bis zum Aufschießer an die Boje heran.

2. Mit einem Motorboot. Das Boot so schnell wie möglich in Luv von dem Schiffbrüchigen bringen und dort stoppen. Den Schiffbrüchigen über die Seite ins Boot holen. Gelingt dies nicht, dann bei abgestelltem Motor über den → Spiegel versuchen.

3. Tips für den Ernstfall: Lasse einen aus der Besatzung den Schiffbrüchigen ununterbrochen im Auge behalten. Führe das Manöver so aus, daß die Yacht in Luv des Schiffbrüchigen zum Stehen kommt. Der Wind treibt das Schiff auf ihn zu und gibt ihm einen gewissen Schutz. Falls deine Maschine läuft, sorge dafür, daß die drehenden Propeller nicht in die Nähe des Schiffbrüchigen gelangen. Niemals achteraus auf ihn zufahren!

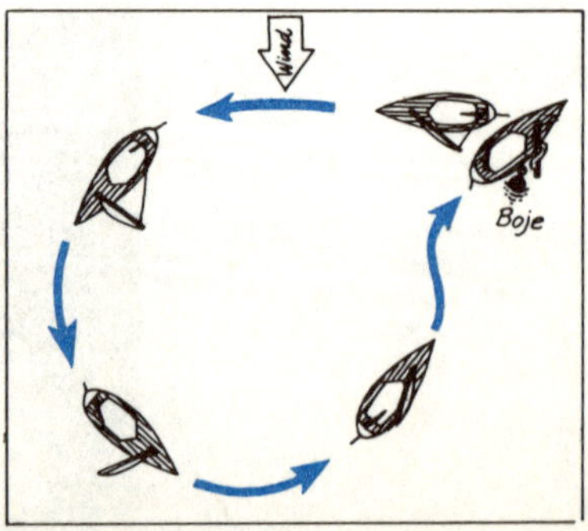

Die Jolle ist bei diesem Manöver von ihrem Kurs abgefallen, in den Wind gegangen und übernimmt die Boje in Lee

Foto: Süddt. Verlag

Bootsdeck mit Rettungsbooten

Die meisten Propeller drehen auch im Leerlauf, darum bei Schiffbrüchigen, wenn möglich, den Motor stoppen. Sorge dafür, daß Hilfsmittel zur Hand sind, um den Schiffbrüchigen auf das hochgelegene Deck zu hieven, denn er selbst kann bereits geschwächt oder unterkühlt sein. Hilfsmittel sind Badeleiter, Rettungsfloß, Leine mit eingeknoteten Schleifen, ein → Fall mit eingepicktem Gurt usw.

Bombarde: seit dem 14. Jahrhundert an Bord bestimmter Schiffe montiertes kurzrohriges Steilfeuergeschütz, ähnlich einem Mörser.

Bonnet: ein zur Vergrößerung des Segels dienender Segeltuchstreifen, der mit einer Leine am Unterliek des Segels befestigt wird. Heute nicht mehr üblich.

Boot: Kollektivbezeichnung für ein kleineres Wasserfahrzeug, das mit Paddel, Riemen, Segel oder Außenbordmotor fortbewegt wird.

Bootsdeck: Deck über dem → Oberdeck eines (heutigen) Schiffes. Auf ihm werden die Rettungsboote gelagert.

Bootshaken, auch Peekhaken genannt: eine hölzerne Stange mit eiserner Spitze und Haken zum Abstoßen oder Festhalten eines Bootes, Auffischen von Leinen, Feststellen der Wassertiefe usw.

Bootsmann: der Boß an Deck, der bei allen Marinen der Welt die Decksaufsicht führt, die seemännischen Arbeiten beaufsichtigt und für Laden und Löschen verantwortlich ist.

Bootsmannsnaht: wird angewandt, um einen glatten Riß im Segel oder einer Persenning provisorisch zu vernähen.

Bootsmannspfeife: eine „Flöte" der seemännischen Unteroffiziere, mit der bestimmte Befehle angekündigt werden.

Bootsmannsstuhl: ein Brett an zwei → Stroppen, von dem aus Arbeiten in der Takelage oder außenbords durchgeführt werden.

Bora: kalter, zum Teil böiger Fallwind an den Ostküsten der Adria.

Bord: eigentlich nur der oberste Rand des Schiffsrumpfes. Der Begriff ist aber weiter gefaßt. Er bezieht sich auf das ganze Schiff. Man geht an Bord, von Bord usw.

Bordmittel: alles, was an Bord ohne fremde Hilfe und mit eigenen Materialien repariert wird, bezeichnet man in der seemännischen Sprache als mit Bordmitteln wieder instand gesetzt.

Botter: ein flachbodiges, etwa bis zur Hälfte eingedecktes niederländisches Fischerboot, das früher auf der Zuidersee eingesetzt wurde. Heute zur Yacht umgerüstet und beliebt. Die wesentlichen Merkmale sind die beiden Seitenschwerter, ein Vorsteven mit starkem Fall, ein völliges Vorschiff und ein niedriges, spitz zulaufendes Achterschiff. Die Länge variiert zwischen 12 und 14 Metern. Der Botter wird mit Klüver, Fock und Großsegel gefahren.

Bougainville, Louis Antoine de: französischer Seefahrer, 1729–1811. Unternahm mit der Fregatte LA BOUDEUSE und der L'ETOILE von St. Malo aus eine Reise um die Welt – die erste, die von den Franzosen ausgeführt wurde (15. Dezember 1766–16. März 1769). Er durchsegelte die Magellanstraße, deren Durchfahrt 52 Tage dauerte, und entdeckte vier Inseln, die heute Tehai heißen und zur Poumotou-Gruppe gehören. Auf weiterem Westkurs erreichte er die Samoa-Inseln, die Großen Kykladen und eine Inselgruppe, die er die Louisaden taufte. Dann fand er einen Durchgang zwischen den Salomonen und den Bismarck-Inseln, erforschte die nördliche Küste von Neuguinea und kehrte über Borneo und das Kap der Guten Hoffnung nach St. Malo zurück.

Brackwasser: halbsalziges Wasser in den Flußmündungen.

Bram: Vorsilbe zur Bezeichnung der zweiten, obersten Verlängerung der Masten und der dort befindlichen Teile der Takelage, wie Bramstenge, Brambrassen, Bramfall, Bramrah usw. Bramgasten sind die zur Bedienung der Bramsegel bestimmten Seeleute.

Bramsegel: die dritten Rahsegel, von unten gezählt, häufig unterteilt in Unterbram- und Oberbramsegel. Sie befinden sich über den → Marssegeln.

Bramstenge: bei rahgetakelten Masten die zweite Verlängerung des Mastes über der → Marsstenge.

Brander, „Höllenbrenner“: mit Brennmaterialien und explosiven Stoffen beladene, meist außer Dienst gestellte Schiffe, die früher brennend auf einen feindlichen Flottenverband oder im Hafen liegende Schiffe zugesteuert oder getrieben wurden, um diese zu zerstören. Die Auflösung der spanischen → Armada gelang 1588 durch den Einsatz von acht englischen Brandern.

Brandung: das Brechen der Wellen an Küsten, Ufern, Klippen und Untiefen in verschiedener Breite, Höhe und Stärke. Sie entsteht, sobald der Boden bei flacher werdendem Wasser die anlaufende Wellenbewegung bremst, so daß sich die Wassermassen zusammenschieben, auftürmen und überschlagen. Dabei unterscheidet man die Klippenbrandung an Steilküsten, wo die Wellen mit sehr großem Druck aufprallen – wie vor der Bretagne, Cornwall, Schottland, Feuerland oder Westkanada –, und die Strandbrandung an flachen Küsten, wie an der deutschen und niederländischen Nordseeküste oder an vielen Uferstrichen Afrikas und Australiens.

Brassen: Taue, die an den beiden Nocken (Enden) der Rahen befestigt sind. Mit ihnen kann das jeweilige Rahsegel von Deck aus horizontal geschwenkt und in die gewünschte Segelstellung gebracht werden. Die Brassen werden nach den ihnen zugehörigen Segeln benannt: Fockbrassen, Großbrassen, Brambrassen, Marsbrassen usw. Man unterscheidet jeweils Luv- und Leebrassen. Am Wind wird angebraßt; soll der Wind von der falschen Seite einfallen, wird backgebraßt; rundgebraßt wird, wenn das Schiff auf den anderen Bug geht. Beim Vierkantbrassen stehen die Rahen querschiffs.

Bratspill: eine meist hölzerne Winde mit waagerechter Achse (wie bei einem Bratenspieß) zum Hieven des

Foto: Süddt. Verlag

Brandung an der Nordsee

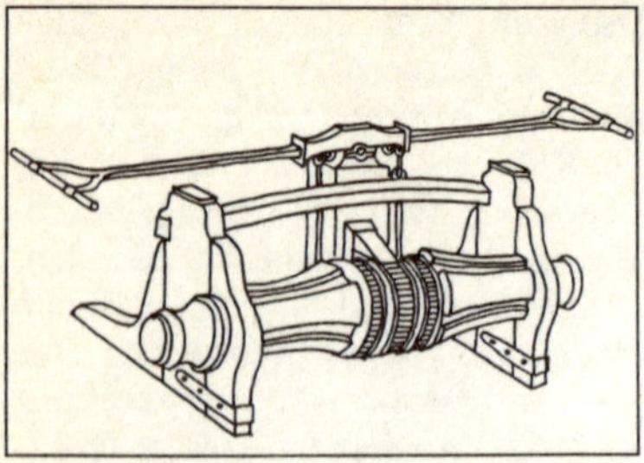
Ein Bratspill mit waagerechter Achse

Ankers. Sie war auf den alten Segelschiffen üblich und stand vor dem Fockmast. Die Welle oder Achse wurde mit eingesetzten Spillspaken (→ Spake) gedreht – dies im Gegensatz zum → Gangspill in senkrechter Position.

Brechen: 1. das Reißen von Ketten oder Tauen bei zu hoher Beanspruchung, 2. das Sichüberschlagen von Wellenkämmen (Brecher), 3. beim Aufholen des Ankers bricht dieser aus dem Ankergrund.

Breite: 1. Eine in Graden und Minuten eingeteilte geographische Koordinate. Sie dient zur Bestimmung eines Schiffsortes und gibt seine Entfernung vom Äquator an, gemessen auf der Erdkugel. Es ist dasjenige Bogenstück des Ortsmeridians, das vom Äquator bis zum Breitenparallel des betreffenden Ortes läuft. Die geographische Breite wird vom Äquator aus in Richtung zum Nord- bzw. Südpol von 0 bis 90 Grad gezählt. 2. Die Schiffsbreite, gemessen an ihrer breitesten Stelle.

Breitenparallel, auch Breitenkreis oder Breitengrad: die zum Erdäquator parallel laufenden Nebenkreise. Sie werden kleiner mit zunehmender Entfernung vom Äquator.

Eine Brigg von 1864 mit zwei vollgetakelten Masten – in diesem Fall ohne das Vorroyalsegel am Vormast und das Großroyalsegel am Großmast, die bei größeren Briggs ganz oben gesetzt werden

Foto: Archiv Tölzel

Die Brigantine
Wilhelm Pieck
(DDR)

Breitenunterschied: Bogenstück eines Meridians (Längenkreis) zwischen den Breitenparallelen zweier Orte.

Breitfock: ein rechteckiges → Vorsegel, das auf Kursen vor dem Wind auf verschiedenen Seglern an einer Rah gefahren wurde. Heute ist es veraltet bzw. durch den → Spinnaker ersetzt.

Brigantine, auch Schonerbrigg genannt: ein Zweimast-Segelschiff, von dessen beiden Masten nur der vordere vollgetakelt (d. h. rahgetakelt) ist. Der Begriff taucht erstmals Ende des 17. Jahrhunderts auf, und zwar für Zweimaster mit Rahsegeln. Diese Schiffe wurden in den Kriegsflotten im Post- und Depeschendienst eingesetzt. Im 18. Jahrhundert wandelte sich die Takelung – am Fockmast wurden Rahsegel, am Großmast Gaffelsegel gefahren.

Brigg: ein Segler mit zwei vollgetakelten Masten, also ein reiner Rahsegler, der als Vorsegel den Außenklüver, den Klüver und ein Vorstengestagsegel führte, am Fockmast die Fock, das Voruntermarssegel, das Vorobermarssegel, das Vorbramsegel und das Vorroyalsegel und am Großmast das Großsegel, das Großuntermarssegel, das Großobermarssegel, das Großbramsegel, das Großroyalsegel sowie als Gaffelsegel das sogenannte Briggsegel. Briggs bei den Marinen waren mit je sechs oder mehr Kanonen auf jeder Seite armiert und wurden in der Kaperfahrt, im Konvoi- und Kurierdienst eingesetzt.

Brise: ein gleichmäßig wehender Wind. Benennung je nach Stärke: leichte Brise, frische Brise, steife Brise.

Brook: alle Taue, die verhindern, daß bewegliche Gegenstände an Bord wegrutschen oder sich lösen. Bei einem Geschütz (auf Kriegssegelschiffen) verhinderte z. B. das Brooktau ein Ausbrechen nach dem abgefeuerten Schuß und fing den Rücklauf ab. Mit Zurrbrooken werden Rettungsboote festgelascht.

Brücke: der Kommandostand eines Schiffes, auf dem sich Kapitän, Wachoffizier sowie das Brückenpersonal (Rudergänger, Posten, Maschinentelegraph, Signalgasten, Läufer usw.) während der Fahrt aufhalten. Die äußeren Enden einer Brücke heißen Brückennocken, das Deck selbst ist das Brückendeck.

Brüllende Vierziger, „the roaring forties“: die Breitengrade um 40 Grad Süd, in denen meistens die berüchtigten steifen bis stürmischen Westwinde wehen.

Brutto-Raumgehalt: der in Brutto-Registertonnen (BRT, 1 Registertonne = 2,83 m^3) vermessene Gesamtinhalt des Schiffsraumes unter dem Hauptdeck (bzw. Vermessungsdeck) und der von Bord zu Bord reichenden Aufbauten.

Bucht: 1. ein kleinerer oder größerer Einschnitt im Verlauf der Küste, 2. die Biegung (Schleife, Törn, Schlinge) eines Taus. Ein Tau oder eine Leine wird bei Nichtgebrauch in sauberen Buchten aufgeschossen, 3. die quer zum Schiff verlaufende leichte Wölbung (Balkenbucht) des Decks, so daß das Wasser besser abfließen kann.

Buddelschipp: ein Schiff in einer Flasche, Bastelarbeit der Seeleute, wobei ein Rumpf mit Masten und Takelage durch den Flaschenhals praktiziert und mit einem einzigen Zug aufgeriggt wird.

Der Bastler zieht an den Zwirnsfäden, um sein Schiff in der Flasche aufzurichten

Bug: der vorderste Schiffsteil, auch → Vorsteven genannt, der die verschiedensten Formen haben kann.

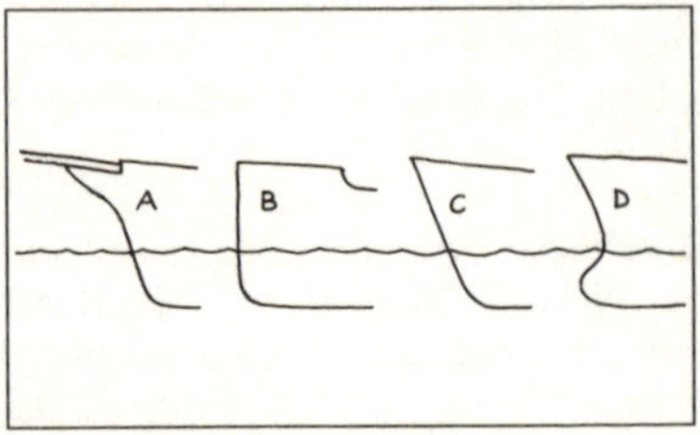

A = Klipperbug, B = gerader Bug, C = ausfallender Bug, D = Wulstbug

Buganker: im Unterschied zum → Heckanker der auf dem Vorschiff befindliche Anker, der auch am häufigsten benutzt wird.

Bugkorb: eine Art Kanzel in Form eines robusten Rohrgestells über dem Bug, das an die Seereling anschließt und der Sicherheit dient, wenn auf dem Vorschiff gearbeitet wird. Hauptsächlich verwendet auf seegehenden Yachten.

Bugsee: die Bugwelle zu beiden Seiten des Schiffes.

Bugsieren: ein Schiff mit einem oder mehreren Schleppern verholen, schleppen oder manövrieren.

Bugspriet: ein Rundholz (Spiere), das in schräg aufsteigender Richtung über den Bug hinausragt und an dem die Vorsegel angeschlagen und ausgespreizt werden. Manchmal dient er gleichzeitig zur besseren Fixierung (Verstagung) des vorderen Mastes oder als Aufhängung für den Buganker.

Buhne, auch Stack genannt: rechtwinklig zur Stromrichtung angelegter Damm. Ein System von Buhnen sorgt dafür, daß das Flußbett Tiefe und Lage beibehält. Auf dem Ende einer Buhne steht eine → Bake oder Pricke, um bei Hochwasser die verdeckte Buhne zu markieren.

Bukanier: ursprünglich die Bezeichnung für jene Jäger, die im 17. Jahrhundert in den westindischen Gewässern, speziell auf Hispaniola (Haiti) und dem benachbarten Tortuga, auf die Jagd nach Wildrindern und Wildschweinen gingen, das Fleisch („Boucan“) nach der Methode der Eingeborenen räucherten und an die Seeräuber verkauften oder gegen Waffen und Munition eintauschten.
Da sie dann ebenfalls auf Seeraub ausgingen, verlor der Name Bukanier seinen ursprünglichen Sinn und wurde zum Begriff für den westindischen Seeräuber und Freibeuter (siehe S. 56).

Bulb: soviel wie Wulst, gebräuchlich in Zusammensetzungen wie Bulbkiel, Bulbsteven usw.

Bulien: ein Tau, mit dem das Luvseitenliek eines Rahsegels nach vorn geholt wird, wenn das Schiff am Wind segelt. Es dient also dem → Trimmen des betreffenden Segels.

Bullauge, auch engl. bulleye genannt: rundes (aufklappbares) Fenster mit dickem Glas, das in die Außenhaut oder die Aufbauten eines Schiffes eingesetzt wird, um Licht und Luft hereinzulassen. Es muß wasserdicht sein, um auch Seeschlag zu widerstehen.

Bullentalje: Leine oder Talje auf einer Segelyacht, die beim Segeln vor dem Wind (→ Vor-Wind-Kurs) ein plötzliches Überkommen des Baums verhindern soll.

Bumboot: ein Händler- oder Marketenderboot, das an die Mannschaften von auf Reede liegenden Schiffen Waren verkauft.

Bunker: Räume an Bord von Seeschiffen zur Aufnahme von festen oder flüssigen Treibstoffen. Das Bunkern ist die Übernahme von Brennstoffen, aber auch von Wasser und anderen Vorräten in die Bunker.

Bünn: Stauraum vor allem auf Fischereifahrzeugen, der durch Löcher in der Außenhaut mit dem Seewasser in Verbindung steht und in dem die Fischfangbeute lebend befördert werden kann.

Um die Beute geprellt...

Von einem bösen Streich des Piraten Henry Morgan seinen Leuten gegenüber erzählt John Steinbeck in seinem Roman „Eine Handvoll Gold – das wilde Leben des Henry Morgan“: „Die Bukaniere zogen aus dem zerstörten Panama ab. Sie trugen den ganzen Schatz auf Mauleseln mit sich über die Landenge. Als sie endlich nach Chagres kamen, waren sie erschöpft. Trotzdem wurde der nächste Tag für die Verteilung der Beute bestimmt. Um dieses Geschäft zu erleichtern, wurde der ganze Schatz auf ein Schiff gebracht, auf die große Galeone, die von einem Herzog geführt worden war, ehe die Piraten sie kaperten. Von diesem Zentrum aus sollte jeder seinen Teil bekommen. Kapitän Morgan war in guter Laune. Der Zug sei zu Ende, sagte er zu seinen Leuten, und es sei Zeit, es sich gutgehen zu lassen. Er ließ vierzig Fässer Rum an die Küste rollen.

Frühmorgens öffnete ein schlaftrunkener Pirat die geröteten Augen und blickte aufs Meer. Wo die Galeone geankert hatte, sah er Wasser. Er weckte seine Kameraden, und im Augenblick war der Strand voll enttäuschter Männer, die angestrengt und aufgeregt den Horizont absuchten. Die Galeone war während der Nacht in See gestochen und hatte den Reichtum Panamas mitgenommen. Die Bukanier bekamen Wutanfälle. Sie wollten sofort die Verfolgung aufnehmen, sie wollten ihren Kapitän einholen und foltern. Aber wie sollten sie ihn verfolgen? Die anderen Schiffe waren wertlos. Einige lagen auf dem sonnigen Strande, mit großen Löchern in den Seiten; von anderen waren die Masten beinahe durchgesägt.

Schreie und wilde Flüche erfüllten die Luft. Im Namen der Rache schworen sie alle aufs neue Bruderschaft. Sie dachten sich die grausamsten Arten der Vergeltung aus. Aber dann zerstreuten sie sich langsam. Einige verhungerten, andere wurden von den Indianern zu Tode gemartert, die übrigen fingen die Spanier und erdrosselten sie; ja sogar England knüpfte, um die öffentliche Moral zu schützen, einige von ihnen auf...“

Cabot, John: genuesischer Seefahrer in englischen Diensten, 1450–1498. Cabot ließ sich zunächst in der englischen Handelsstadt Bristol nieder und soll sich an verschiedenen Fahrten in die Levante beteiligt haben. Er glaubte, man könne Indien und China über die Nordwest-Passage erreichen und erhielt von Heinrich VII. den Auftrag, in den noch unbekannten amerikanischen Norden vorzustoßen, um die Passage zu finden. Cabot verließ 1497 Bristol und erreichte Neufundland oder Neuschottland, das er für England in Besitz nahm. Nachdem er die Kap-Breton-Insel umsegelt hatte, kehrte er nach England zurück und wurde als der wahre Entdecker Amerikas gefeiert. Gleich darauf unternahm er eine zweite Reise westwärts, erkundete die Ost- und Westküste Grönlands und gelangte an der Küste von Labrador entlang nach Neuschottland, wahrscheinlich sogar bis zur Delaware-Bai im Süden. Über diese zweite Fahrt liegen keine Unterlagen vor. Sein Sohn *Sebastian Cabot* (1477–1557) nahm an den Fahrten teil und gehörte später zu jenen, die die Ausweitung des Handels mit Rußland und die Suche nach einer Nordost-Passage betrieben.

Cabral, Pedro Alvares: portugiesischer Seefahrer und Entdecker, 1460–1520. Er war Befehlshaber einer großen, gut bestückten portugiesischen Flotte, die im März 1500 in See ging und in einer umfangreichen Handelsmission nach Indien segeln sollte. Cabral geriet bei der Fahrt über den Südatlantik zu weit nach Westen und entdeckte Brasilien. Dann umsegelte er das Kap der Guten Hoffnung, geriet in einen Sturm und verlor vier seiner Karavellen. Im September erreichte er Kalikut und stieß auf eine verworrene politische Situation. Er beschoß die Stadt – ein Racheakt, weil kurz vor seiner Ankunft dort Portugiesen von Moslems ermordet worden waren. Damit setzte er sich durch und konnte seinen Reiseauftrag erfüllen: die in Europa so begehrten Gewürze einzukaufen, die bisher über lange und damit teure Landwege nach Europa gelangt waren. Das Monopol über die Gewürzrouten hatten zur damaligen Zeit die Araber. Mit Cabrals Reise änderte sich das. Er kehrte im Juli 1501 mit sechs Schiffen und reicher Gewürzladung nach Lissabon zurück.

Cadet: internationale Jugendbootklasse, ein → Knickspanter, der sowohl in Holz als auch Polyester gebaut wird. Der Vorsteven ist nicht scharf geschnitten, sondern zeigt einen hohen schmalen Spiegel. Neben Großsegel und Fock kann auf der kleinen Zwei-Mann-Jolle auch ein Spinnaker gefahren werden. Das → Klassenzeichen ist ein C im Großsegel. Länge über Alles: 3,22 m, Breite: 1,27 m, Gewicht: 70,00 kg, Segelfläche: 5,20 m^2.

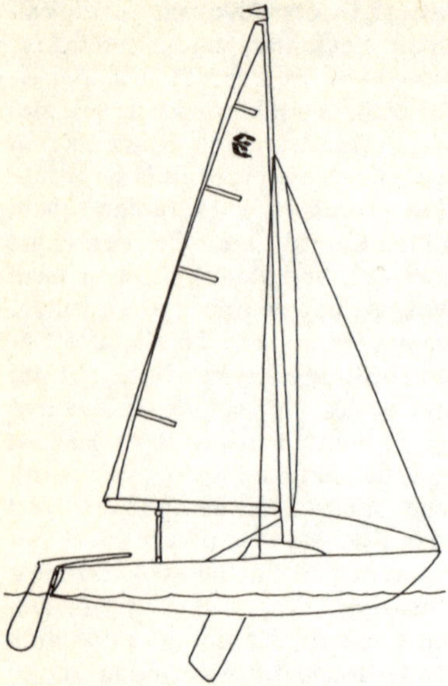

Seitenriß der Conger-Jolle

Cargo: Bezeichnung für die Schiffsladung.

Catboot: Segelbootstyp (meist Jolle) mit nur einem Segel, dem Großsegel, und einem aufholbaren Schwert. Sogenannte Einhandjollen wie Olympia-Jolle oder → Finn-Dinghy oder → Laser-Jolle sind Catboote. Die Cat-Takelung ist dementsprechend eine Takelung, bei der nur ein Segel hinter dem Mast geführt wird.

Chartern: das Mieten eines Schiffes.

Chichester, Sir Francis: englischer Einhand-Weltumsegler, 1909–1972. Er arbeitete in Neuseeland in einer Mine, dann als Landwirt und im Forstwesen. 1929 kehrte er nach England zurück, richtete einen Flugdienst ein und bildete sich selbst zum Piloten aus. Er kaufte eine zweimotorige Maschine und gab ihr den Namen GIPSY MOTH. Mit ihr flog er von England nach Australien, baute sie zu einem Wasserflugzeug um und stürzte mit ihr bei einem Schaufliegen ab – und überlebte mit 13 Knochenbrüchen! 1953 erwarb er seine erste seegehende Regattayacht und taufte sie GIPSY MOTH II. 1960 nahm er am ersten Einhand-Transatlantikrennen teil und passierte als erster – eine Woche vor dem zweiten! – die Ziellinie. Am 27. August 1966 lief er mit der GIPSY MOTH IV nach Australien aus. Er hatte ein dreifaches Ziel: 1. Weltumsegelung in Rekordzeit für eine Yacht, 2. die durchschnittliche Reisedauer der Woll-Klipper zu erreichen und 3. weiter und schneller zu segeln als alle früheren Einhandsegler. Die seelische Kraft und das Durchhaltevermögen von Chichester wurden auf eine äußerst harte Probe gestellt. Nachdem er 80 Tage unterwegs gewesen war, traf ihn das Pech, daß seine Windfahnensteuerung ausfiel. Mit viel Improvisation gelang ihm die Reparatur. Nach 107 Tagen erreichte er völlig erschöpft Sydney. 47 Tage später waren er und sein Schiff wiederhergestellt und bereit zur Weiterfahrt. Nach einigen Tagen geriet die GIPSY MOTH IV an den Rand eines Orkans und kenterte fast durch. Nach einer gefahrvollen Fahrt rund um Kap Hoorn gelangte er in ruhigere Gewässer. 119 Tage nach seiner Abfahrt aus Sydney lief Chichester am 28. Mai 1967 in den Hafen von Plymouth ein und wurde für seine Rekordleistung von der englischen Königin zum Ritter geschlagen. 1972 nahm er noch einmal an einer Transatlantikregatta teil, mußte aber schwerkrank abbrechen und starb in Plymouth.

Chronometer: eine Präzisionsuhr an Bord, die für die Durchführung und Auswertung astronomischer Beobachtungen gebraucht wird. Sie ist kardanisch aufgehängt und zeigt die Mittlere Greenwicher Zeit an.

Cockpit, auch Plicht genannt: der nicht eingedeckte Teil eines Bootes oder einer Yacht, von dem aus das Fahrzeug meist gesteuert wird. Wenn der Cockpitboden (bei einer Yacht) oberhalb der Wasserlinie liegt, werden zumeist → Lenzrohre in den hinteren Ecken angebracht, die unterhalb der Wasserlinie nach draußen treten. Auf diese Weise wird eingedrungenes Wasser direkt nach draußen gelenzt. Man spricht in diesem Fall von einem selbstlenzenden Cockpit.

Conger: sehr stabile nationale Jollenklasse für Binnengewässer und Küstenfahrt mit kleiner Kajüte und großem Cockpit. Das → Klassenzeichen sind zwei übereinandergestellte C. Länge über Alles: 5,30 m, Breite: 1,80 m, Gewicht: 230 kg, Segelfläche: 12,00 m^2.

Consolfunkfeuer: ein Funknavigationsverfahren zur Ermittlung des Schiffsstandortes.

Containerschiff: Spezialfrachtschiff, mit dem Güter in transportablen, standardisierten Behältern (Containern) befördert werden. Die

Foto: Süddt. Verlag

Containerschiff am Container-Umschlag im Hamburger Hafen

Konstruktion und Ausführung der Ladeluken entspricht der Größe der Container, die Ausnutzung der Laderäume ist mit den Containern optimal. Die Container können auch an Deck gestaut werden. Die Geschwindigkeit von Containerschiffen übersteigt zumeist 20 kn, die Tragfähigkeit erreicht 10 000 bis 15 000 t.

Contender: internationale Ein-Mann-Jolle mit Trapezeinrichtung – eine hundertprozentige Rennmaschine, die höchstes seglerisches Können verlangt. Das Boot hat ein besonders flaches, selbstlenzendes → Cockpit. Das → Klassenzeichen sind drei waagerechte Balken übereinander. Länge: 4,88 m, Breite: 1,44 m, Gewicht: 104 kg, Segelfläche: 10,9 m^2.

Seitenriß und Draufsicht der Einmannjolle Contender

Convoy, auch Konvoi: ein Geleitzug, der durch bewaffnete Schiffe abgesichert wird. Erstmals von den Spaniern im 16. Jahrhundert gegen Piratenangriffe angewandt. In den beiden letzten Weltkriegen fuhren Geleitzüge, um die U-Boot-Gefahr zu vermindern. Im Verlauf des 2. Weltkriegs erfolgte auch die Absicherung durch Flugzeuge.

Cook, James: englischer Seefahrer und Entdecker, 1728–1779. Er kartierte 1759 den St.-Lorenz-Strom von der See her bis nach Quebec. Von 1762 bis 1767 unternahm er Erkundungsfahrten an den Küsten von Neufundland und Labrador. 1768–1771 segelte er mit der ENDEAVOUR zu astronomischen Beobachtungen in die Südsee und landete auf Tahiti, wo er den Venusdurchgang beobachtete. Er erforschte die Gesellschaftsinseln, umsegelte Neuseeland, kartierte dessen Küsten und entdeckte, daß eine Meerenge die Nord- und die Südinsel voneinander trennen. Darauf kartierte er die Ostküste Australiens und nahm das Land für England in Besitz. Über Batavia und das Kap der Guten Hoffnung kehrte er nach England zurück. Auf einer zweiten Reise von 1772–1775 mit der RESOLUTION und der ADVENTURE überquerte er den südlichen Polarkreis, mußte wegen des Eises aber umkehren, besuchte die Osterinsel, die Marquesas-, die Gesellschafts- und die „Freundlichen" Inseln, segelte zu den Neuen Hebriden, entdeckte die Norfolk-Insel und Neukaledonien, erkundete Tierra del Fuego und segelte über den Südatlantik zurück nach England. Bei seiner dritten Reise mit der RESOLUTION und der DISCOVERY, zu der er 1776 aufbrach, wurde er auf Hawaii von Eingeborenen getötet.

Cortez, Hernando: spanischer Entdecker, Seefahrer und Konquistador, 1485–1547. Er wanderte 1504 auf die westindische Insel Hispaniola aus und nahm 1511 an der Eroberung Kubas teil. 1519 wurde er von Velasquez, dem spanischen Gouverneur von Kuba, mit der Leitung einer Expedition zur Eroberung Mexikos beauftragt. Er segelte an die Küste von Yukatan und gründete Veracruz, die erste Kolonie in Neu-Spanien. Danach brachte er die aztekische Hauptstadt Tenochtitlan in seine Gewalt, indem er den König Montezuma gefangennahm. Infolge eines Aufstands mußte er mit seinen Männern fliehen, kehrte jedoch 1521 zurück, belagerte und zerstörte rücksichtslos die aztekische Hauptstadt und gründete auf den Ruinen die Hauptstadt Neu-Spaniens – Mexico City. 1524–1525 unternahm er eine Expedition nach Honduras und sicherte das Gebiet für Spanien. 1536 leitete er eine weitere Expedition, durch welche die erste spanische Kolonie in Nieder-Kalifornien gegründet wurde. Cortez starb in Spanien.

Crew: 1. Besatzung oder Mannschaft eines Schiffes, 2. bei den Kriegsmarinen die Angehörigen eines Offiziersjahrgangs.

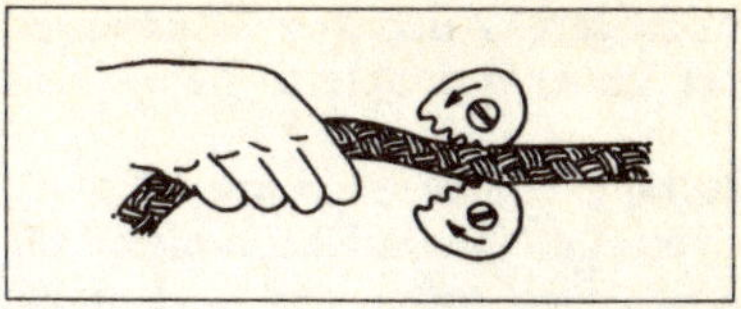

Die Curry-Klemme zum Festsetzen einer Schot

Cunningham-Kausch: ein Vorliekstrecker, mit dem man das Segelprofil je nach den Windverhältnissen günstig verändern kann.

Curry-Klemme: ein Schotbeschlag, den Dr. Manfred Curry, ein Arzt und Regattasegler, erfand. Die Klemme besteht aus zwei beweglichen Backen, die drehbar sind und sich gegeneinander pressen, wenn eine Schot hindurchgeführt wird. Sie wird damit festgesetzt. Ein Ruck nach oben gegen die Zugrichtung genügt, um die Schot zu lösen.

Dacron: eine synthetische Polyesterfaser, aus der die heutigen (Yacht-)Segel hergestellt sind. Sie haben gegenüber den früheren Baumwollsegeln den Vorteil, formbeständiger und damit reckfrei zu sein. Ihre Vortriebskraft ist durch eine glatte und windundurchlässige Oberfläche größer als bei Baumwollsegeln. Auch sind sie kaum einer Verrottung unterworfen.

Dalben: eine Pfahlgruppe von drei, sieben und mehr Pfählen, die schräg gegeneinander geneigt und durch Querhölzer miteinander verbunden sind. Sie sind in den Seegrund gerammt und dienen zum Festmachen der Schiffe sowie als Seezeichen und zum Schutz von Hafenanlagen.

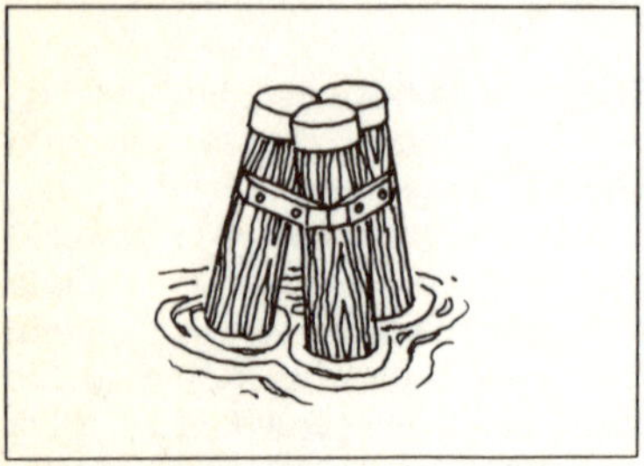

Hier eine Pfahlgruppe mit drei Pfählen

Dampfer: früher der Ausdruck für ein dampfangetriebenes Schiff (Kohlefeuerung). Heute spricht man allgemein von Maschinenfahrzeugen.

Dampfertrack: jahreszeitlich bedingte beste Überfahrtroute zwischen zwei Häfen.

Davit: kranähnliche Vorrichtung an Bord von Schiffen, um Rettungsboote, Beiboote usw. zu Wasser zu lassen bzw. aufzuhieven. Dazu sind gewöhnlich zwei Davits notwendig. Die Davits sind ausschwenkbar, um das auszusetzende oder aufzuholende Boot frei von der Bordwand zu halten.

Daycruiser, wörtlich Tageskreuzer, auch Weekender genannt: ein modernes Sportmotorboot mit meist nicht mehr als zwei Kojen und einem WC. Der Wohnkomfort ist beschränkt.

Dechsel: eine Axtart des Schiffszimmermanns mit rundem oder flachem Blatt, bei der die Schneide quer zum Stiel steht. Diese Queraxt fand früher beim Bau von Holzschiffen für das Zurichten von Spanten, Seitenschwertern usw. Verwendung.

Deck: die horizontal liegenden Plankenbedeckungen der verschiedenen Schiffsräume, die bei Holzschiffen auf den Deckbalken ruhen. Bei den früheren Segelschiffen sprach man von Zwei-, Drei- und Vierdeckern. Ihrem Zweck entsprechend erhielten die Decks Namen wie Batteriedeck, Backdeck, Achterdeck, Zwischendeck, Oberdeck, Brückendeck usw.

Deckladung: eine Ladung, die nicht in den Laderäumen, sondern oben an Deck gestaut und verschifft wird, z. B. wegen Brandgefahr durch das Ladegut.

Deckpeilung: Peilung ohne Kompaß, bei der ein näher gelegenes und ein weiter entferntes Objekt in einer Linie (in Deckung) gesehen werden. Diese einfache, aber sehr exakte Peilung wird u. a. bei Richtbaken von Hafeneinfahrten und Fahrrinnen angewendet.

Decksbeschläge: Ausrüstungsteile, die auf dem oder an Deck befestigt sind, wie Klampen, Seerelings-

Foto: Zefa

Daycruiser in voller Fahrt

stützen, Tankdeckel usw. Sie sollen auf Segelschiffen keine scharfen Kanten aufweisen und müssen so angebracht sein, daß sich Tauwerk nicht an ihnen verfangen kann.

Deckshaus: für sich auf Deck gebauter Raum (z. B. Ruderhaus), der nicht von Bord zu Bord reicht.

Decksnaht: die Fuge zwischen den Decksplanken. Sie wird bei Undichtigkeit mit einer Dichtungsmasse abgedichtet (kalfatert).

Decksplanken: die längsschiffs auf den Decksbalken verlegten Planken bei Holzschiffen, wobei die Decksbalken wiederum im Spantabstand angeordnet sind und querschiffs verlaufen.

Decksriß: Zeichnung, die eine Aufsicht des Decks darstellt, auf der die Umrisse der Aufbauten, Decksöffnungen und auf Deck angebrachten Ausrüstungsgegenstände angegeben sind.

Deich: Erddamm an Küsten und Ufern von Flüssen und Seen, um das

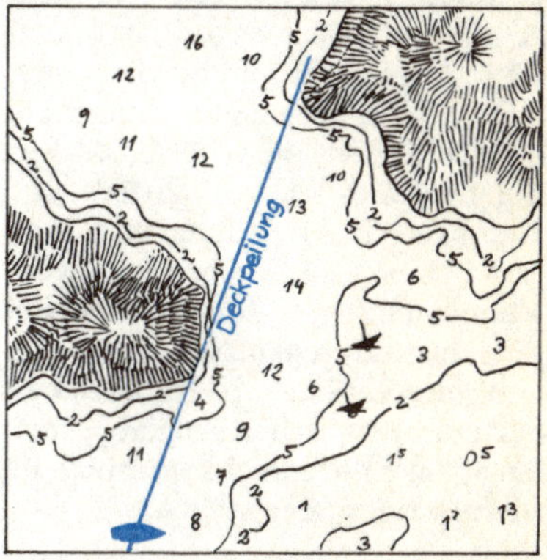

Bei dieser Peilung werden die beiden Landspitzen in einer Linie gesehen: sie liegen in Deckung

dahinterliegende Land vor Überflutung zu schützen.

Deklination: die durch den Erdmagnetismus hervorgerufene Ablenkung einer Magnetnadel (→ Mißweisung).

Deplacement: Wasserverdrängung, das Volumen der durch den Schiffsrumpf verdrängten Wassermenge in m^3 (Tonnen) oder dm^3 (Liter, Kilogramm), die der Tragfähigkeit eines Schiffes entspricht.

Depression: ein Begriff aus der Wetterkunde, gleichbedeutend mit Tiefdruck.

Derrick: ein Ladebaum in Form einer starken, auftoppbaren und schwenkbaren Spiere, mit der die Ladegüter an Bord genommen werden.

Deutscher Segler-Verband: 1888 gegründeter Dachverband der deutschen Segelclubs und Segelvereine, Sitz in Hamburg. Sein Aufgabenbereich umfaßt die segelsportlichen Belange wie Wett-, Fahrten- und Jugendsegeln, Erteilung von Führerscheinen, Klasseneinteilungen, Vermessungen, Interessenvertretung in und gegenüber nationalen und internationalen Verbänden – auch in olympischen Angelegenheiten – und Öffentlichkeitsarbeit im Interesse des Segelsports.

Deutsches Hydrographisches Institut: eine Bundesoberbehörde des Bundesverkehrsministeriums mit Sitz in Hamburg 4, Bernhard-Nocht-Straße 78, und Außendienststellen in Bremen, Bremerhaven, Cuxhaven, Duisburg, Emden, Flensburg, Kiel-Holtenau, Lübeck und Wilhelmshaven. Aufgabenbereich des DHI: Herstellung und Herausgabe amtlicher Seekarten und amtlicher nautischer Veröffentlichungen, Prüfung nautischer Geräte und Geräte der Schiffsausrüstung, Seevermessungsdienst, Gezeiten-, Windstau-, Eisnachrichten- und Sturmflutwarndienst, Zeitdienst, Verbreitung nautischer Warnnachrichten, Überwachung des Meerwassers auf Radioaktivität und sonstige schädliche Umwelteinflüsse, Förderung der Seeschiffahrt und -fischerei durch entsprechende Forschungen.

Deviation: Kompaßfehler als Folge des → Schiffsmagnetismus. Sie wird als Abweichungswinkel zwischen mißweisend Nord und Kompaß-Nord angegeben (mißweisend Nord = Ablenkung der Kompaßnadel von der rechtweisenden Nordrichtung, Kompaß-Nord = die vom Kompaß angezeigte Nordrichtung). Ein Kompaß muß, um so genau wie möglich anzuzeigen, → kompensiert werden. Die nach dem Kompensieren (Ausgleichen) verbliebenen Fehler werden in der Deviationstabelle festgehalten. Dabei wird bei verschiedenen Kursen der Kompaßfehler aufgeschrieben. Die Deviation ist vom Kurs abhängig, den das Schiff steuert, sowie von der Gegend, in der es sich befindet.

Dhau, auch Dau oder Dhaw: ein arabisches Segelfahrzeug mit glattem, gebogenem Rumpf, schrägem Vorsteven und fast senkrechtem Achtersteven, an dem das von einer Pinne bewegte Steuerruder befestigt ist. Die Dhau hat ein oder zwei Masten, an denen an langen Rahruten trapezförmige → Lateinersegel gefahren werden. Diese Besegelung

Eine Dhau mit zwei Masten und den trapezförmigen Lateinersegeln, die an langen Rahruten gesetzt werden

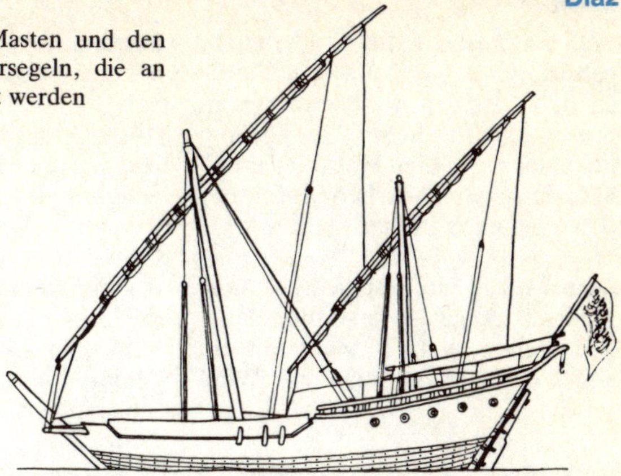

mit den langen Rahen ist schwer zu bedienen, aber hervorragend für die Monsunwinde des Indischen Ozeans geeignet. Die Länge einer Dhau beträgt etwa 25–35 m, ihre maximale Tragfähigkeit 200 t.

Diagonalbauweise: Bauart bei Holzschiffen, bei denen die Außenhaut aus zwei Lagen besteht, die so angebracht sind, daß die Planken der einen Lage zu denen der anderen über Kreuz liegen. Beide Lagen bilden mit den senkrecht stehenden Spanten jeweils einen Winkel von 45 Grad.

Diamantknoten: ein Zierknoten am Abschluß eines Tampens (siehe Zeichnung).

Diaz, Bartolomeo: portugiesischer Seefahrer und Entdecker, 1450 – 1500. Zu einer waghalsigen Fahrt (1487–1488) brach er mit zwei kleinen Schiffen im Auftrag König Johanns II. nach Süden auf, um die Westküste Afrikas zu erkunden. Er suchte einen Seeweg nach Indien, um den Gewürzhandel zu erschließen und das arabische Monopol zu brechen. Diaz gelang es, das Kap der Guten Hoffnung zu umsegeln – er nannte es das Kap der Stürme – und an der Ostküste Afrikas weiter vorzustoßen. Wegen Meuterei seiner Mannschaften mußte er jedoch umkehren. 1497 segelte er mit Vasco da → Gama bis zu den Kapverdischen Inseln, und 1500 begleitete er → Ca-

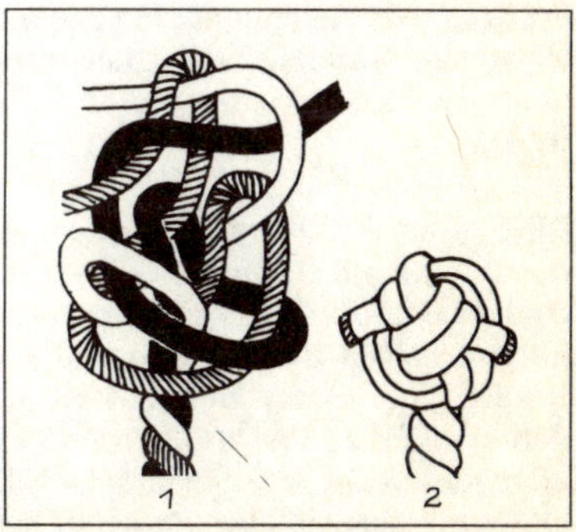

1. das Knüpfen des Diamantknotens,
2. der fertige Zierknoten

bral auf dessen Fahrt nach Indien, gehörte jedoch zu jenen Unglücklichen, die auf den vier Karavellen im Sturm sanken. Seine Umsegelung des Kaps der Guten Hoffnung eröffnete den portugiesischen Seefahrern den Weg nach Indien.

Dicht: 1. Ein Schiff ist dicht, wenn es keine Leckagen (wasserdurchlässigen Stellen) hat. 2. Man holt ein Segel dicht, wenn man am Wind segelt.

Dickschiff: ironische Bezeichnung des Seemanns für ein größeres Schiff.

Diesig: soviel wie dunstig, verschwommen.

Dinghy, auch Dingi: kleines Beiboot, das unter Umständen mit einem Segel versehen werden kann. Als Klassenbezeichnung heute üblich z.B. beim 12-Fuß-Dinghy oder → Finn-Dinghy, einer Ein-Mann-Olympiaklasse.

Dippen: Flaggengruß zwischen Schiffen, die einander begegnen, wobei die Nationalflagge halb niedergeholt und wieder vorgeheißt wird.

Dirk: eine Art Kranleine, die von der Baumnock (Ende eines Baums) zum Masttopp und von dort nach unten zum Mastfuß verläuft und dazu dient, den Baum zu entlasten, so daß er nicht an Deck fällt, wenn er nicht mehr vom Segel gehalten wird. Das Durchsetzen der Dirk, wobei die Baumnock angehoben wird, nennt man andirken.

Distanz: in der Navigation eine Entfernung, ausgedrückt in Seemeilen.

Dock: Anlage auf Schiffswerften zur Reparatur oder für den Neubau von Schiffen, die dabei trockengesetzt werden. Man unterscheidet zwei Grundarten: das Trockendock und das Schwimmdock. Das Trockendock ist ein durch Docktore verschließbares Bassin, das geflutet und gelenzt werden kann. Das eingeschwommene Schiff senkt sich beim Lenzen auf die Kielpallungen, die es beim Trockenfallen dann abstützen. Umgekehrt schwimmt es beim Fluten wieder auf. Trockendocks werden überwiegend für den Neubau von Schiffen verwendet. Das Schwimmdock ist ein pontonförmiger Schwimmkörper mit ein- oder beidseitig angebrachten Hochtanks. Das Schiff wird über das durch Fluten abgesenkte Dock eingeschwommen und durch Lenzen des Docks trockengesetzt. Man benutzt es meist für die Reparatur von Schiffen.

Doldrums: in den Äquatorgebieten jene Zonen, in denen Windstillen und schwache umlaufende Winde vorherrschen. Man nennt sie auch Kalmen oder Mallungen.

Dollbord: ein hölzerner → Balkweger, der gegen die obere Innenkante der obersten Planke eines offenen Bootes gesetzt wird und zusammen mit ihr das Dollbord bildet. Im Dollbord befinden sich die Dollen für die Riemen.

Dolle, auch Rudergabel oder Zepter: gabelförmige Halterung, die als Auflage- und Drehpunkt für einen

Foto: Süddt. Verlag

Trockendock der AG Weser in Bremen

→ Riemen dient. Es gibt verschiedene Ausführungen in Bronze, Kupfer, Stahl oder Kunststoff, manchmal mit einem → Bändsel oder einer kleinen Kette gesichert bzw. wegklappbar. Eine einfache Dolle kann auch nur aus zwei Holzpflöcken bestehen, die im Dollbord stecken (häufig bei Fischerbooten).

Donkey: Hilfskessel, der während der Liegezeit in einem Hafen in Betrieb ist und den notwendigen Dampf für Ladewinden und andere Maschinen erzeugt.

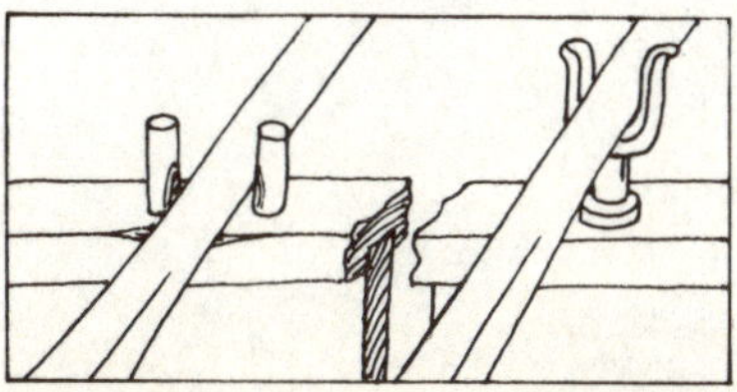

Das Dollbord als oberer Abschluß der Bordseite eines Bootes

Doppelblock: ein → Block mit zwei Scheiben.

Doppelender: ein Boot – z. B. das Kanu –, dessen Querachse symmetrisch gebaut ist, so daß es vorwärts und rückwärts fahren kann, ohne daß man es wenden muß.

Doppelfock: zwei gleich große dreieckige Segel, die an beiden Seiten des Mastes geheißt und ausgebaumt werden. Man fährt sie auf langen Distanzen, wenn der Wind gleichmäßig von achtern weht.

Doppelkieler: Segelboot, das statt des mittleren → Ballastkiels zwei

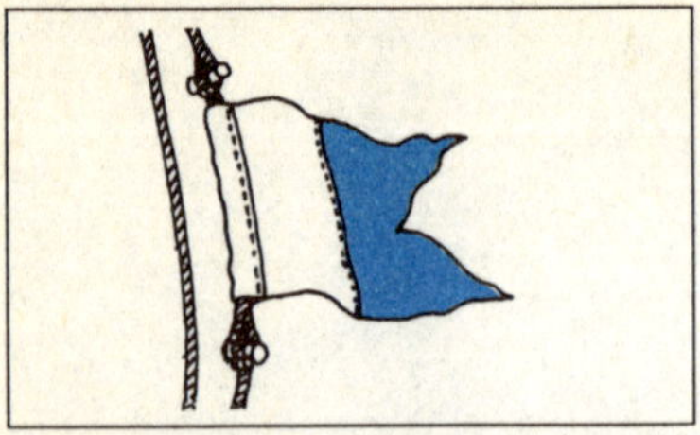

Ein Doppelstander – hier die weiß-blaue Buchstabenflagge A des internationalen Flaggenalphabets

Seitenkiele mit je der Hälfte des Ballastes trägt. Die beiden Kiele haben Flossenform und sind an der → Kimm untergebracht.

Doppelrumpfboot: ein Wasserfahrzeug mit zwei Rümpfen (→ Katamaran), die durch Stege oder eine Brücke miteinander verbunden sind.

Doppelstander: eine Flagge, deren hinterer Teil dreieckig ausgeschnitten ist, so daß die Enden zwei Spitzen bilden. Die Buchstabenflaggen A und B im internationalen Flaggenalphabet sind Doppelstander.

Doppeltes Jolltau: eine → Talje, bestehend aus zwei einscheibigen Blöcken, davon einer mit → Hundsfott. Mit dem Hundsfottblock als festem Block beträgt die Zugkraft die Hälfte der Last zuzüglich der Reibung der Scheiben. Ein doppeltes Jolltau wird als Fock- und Klüverfall auf großen Yachten und als → Klau- und Piekfall bei Gaffeltakelungen verwendet.

Doppelung: die Verstärkung an den Ecken oder den Stellen eines Segels, die besonderer Belastung ausgesetzt sind.

Dory: flachbodiges, offenes Ruderboot der Neufundlandfischer zum Angeln auf hoher See. Die Boote sind so gebaut, daß sie an Deck eines Fischereifahrzeuges übereinander gestapelt werden können.

Drachenboot: 1. das Langschiff der Wikinger (siehe S. 320), 2. internationale Drei-Mann-Kielbootklasse, die von 1948 bis 1972 auch olympische Klasse war – ursprünglich als Typ eines kleinen → Schärenkreuzers zum Regattasegeln wie zum Fahrtensegeln gedacht, bis es reines Regattaboot wurde. Früher in Holz, heute mehr in Kunststoff gebaut, seetüchtig, mit großer Stabilität. Länge über Alles: 8,90 m, Breite: 1,96 m, Gewicht: 1700 kg, Segelfläche: 26,60 m^2. Das → Klassenzeichen ist ein D im Großsegel.

Foto: Archiv Tölzel

Drachen-Kielboot hart am Wind

Draggen: ein stockloser, meist vierarmiger, kleiner Anker, der insbesondere zum Suchen von über Bord gegangenen Gegenständen oder zum Aufnehmen von Kabeln, Ketten usw. verwendet wird.

Drahttauwerk: gehört zum stehenden und zum Teil auch laufenden Gut eines Segelschiffes, und zwar aus Stahldraht, der zu den verschiedenen Zwecken entweder sehr fest oder mehr oder weniger geschmeidig in den verschiedensten Stärken geschlagen wird.

Drake, Sir Francis: englischer Seefahrer, Freibeuter und Weltumsegler, 1540 (?) – 1596. Er segelte erstmals 1567 in die Karibik, um spanische Schiffe zu plündern, und wiederholte das auf einer zweiten Reise 1571/72, wobei er auch an den Isthmus von Panama gelangte, ihn in einem Landeunternehmen überquerte und spanische Maultiertransporte, die von Panama zur Ostküste an die Karibik gebracht wurden, überfiel und ausplünderte. 1577 brach er mit einem kleinen Schiffsverband nach Süden auf, wieder auf Kaperfahrt, aber mit weiter gesteckten Zielen als die Karibik. Er segelte an der Ostküste Südamerikas entlang, ließ im Süden – bevor er durch die Magellan-Straße nach Westen vorstieß – einen Meuterer hinrichten, verlor seine Schiffe bis auf eines. Dennoch begann er unverdrossen einen Beutezug entlang der Westküste Südamerikas hinauf nach Norden über die kalifornische Küste hinaus. Dann kehrte er, beutebeladen, über den Indischen Ozean 1580 nach England zurück und wurde von seiner Königin zum Ritter geschlagen. Er war der erste Weltumsegler (→ Magellan wurde auf seiner Reise erschlagen). Drake hatte an der Vernichtung der Armada großen Anteil. Bei einem weiteren Unternehmen 1595/96 in der Karibik erkrankte er an der Ruhr und starb. Die Spanier konnten aufatmen.

Dreadnought, „Fürchtenichts“: ein Großkampfschiff (siehe S. 350).

Drehkreis: Durchmesser des kleinsten Vollkreises, den ein Schiff fahren kann, abhängig von der Form des Unterwasserschiffes und von der Form und Größe des Ruders. Die Größe des Drehkreises spielt eine erhebliche Rolle bei Hafenmanövern oder Manövern auf engstem Raum. Ein Doppelschraubenschiff kann nahezu auf dem Teller drehen, indem die eine Schraube vorwärts und die andere rückwärts läuft.

Drehreep: sehr starkes Tau, Stahldrahttau oder Kette zum Heißen oder Fieren der schweren Mars- und Bramrahen, die zum Teil auch um ihre Längsachse gedreht werden können.

Dreidecker: die Segelkriegsschiffe des 17. und 18. Jahrhunderts mit drei Decks, in denen die → Batterien untergebracht waren (siehe S. 334).

Dreieckskurs: im heutigen Rennsegelsport eine Regattabahn in Form eines Dreiecks, dessen Ecken durch Bojen markiert sind und bei einer Regatta gerundet werden müssen. Das Dreieck wird so ausgelegt, daß die Yachten Kreuzkurse, Raumkurse und Vor-dem-Wind-Kurse (→ Segelstellungen) absegeln müssen.

Dreimaster: 1. allgemeine (aber unseemännische) Bezeichnung für ein Segelschiff mit drei Masten; → Vollschiff oder → Bark sind in der Regel Dreimaster, 2. spaßhafte Bezeichnung für den dreieckigen Filzhut der früheren Seeoffiziere.

Dreimeilenzone: die bei Niedrigwasser gemessene Hoheitsgrenze eines Staates nach See zu. Sie beträgt drei Seemeilen (5556 m). Aus verschiedenen Gründen (Fischereirechte) beanspruchen einige Staaten eine Erweiterung der Hoheitsgrenze.

Drempel, auch Trempel: Holzumrahmung bei den Geschützpforten der Segelkriegsschiffe, die verhinderte, daß Wasser zwischen Außenhaut und Inhölzern eindrang.

Drift, auch Trift: Meeresströmung, die durch ständige Windeinwirkung hervorgerufen wird, wie z.B. die Westwinddrift. Ferner der Weg, den ein treibender Gegenstand (Eisscholle, Holz, Flaschenpost usw.) im Wasser zurücklegt.

Drifter: ein Beisegel aus leichtem Tuch, das als → Vorsegel bei leichtem Wind auf Yachten gesetzt wird.

Dromone: Kriegsschiff der Byzantiner, das erstmals im 6. Jahrhundert n. Chr. und dann drei bis vier Jahrhunderte lang im Mittelmeer eingesetzt wurde. Dieser Galeerentyp wurde von Riemen bzw. Segeln angetrieben. Er war ca. 50 m lang und hatte mindestens zwei Ruderreihen. Bug, Mitte und Heck waren als Kampftürme ausgestaltet. Armiert waren die Dromonen z. T. mit Wurfmaschinen, die eine Reichweite bis zu 1500 m hatten. Der Bug war mit einem Rammsporn versehen, der bei den späteren Dromonen zu einer Enterbrücke umgewandelt wurde.

Dschunke: chinesisches Segelfahrzeug mit meist zwei bis drei → Pfahlmasten, an denen Mattensegel gefahren werden, die auf der ganzen Fläche mit Leisten versteift und an den Rändern mit einem durchgehenden Saum versehen sind. Das ermöglicht ein Flachspannen der Segel wie bei modernen Yachten. Die Dschunken hatten bereits im frühen Mittelalter ein einzelnes Heckruder sowie durch wasserdichte Schotten abgetrennte Abteilungen. Der Rumpf der Dschunken ist flach und breit und an den Enden hochgezogen.

Ducht: Sitzplanke in einem offenen Boot. Sie dient als Ruderbank und bildet gleichzeitig einen Querverband. Wird der Mast durch eine Ducht geführt, dann spricht man von einer Segel- oder Mastducht.

Dümpeln: das durch Seegang, Dünung, Schwell usw. hervorgerufene unregelmäßige Schaukeln eines Schiffes, das keine Fahrt läuft oder vor Anker liegt.

Dünung: Wellenbewegung auf dem offenen Meer, die nicht durch eine unmittelbare Windeinwirkung hervorgerufen wird, sondern erst nach dem Abflauen eines Sturms auftritt.

Die südchinesische Dschunke mit drei Masten und den mit Leisten verstärkten Mattensegeln

Durch den Wind gehen: Ein Schiff wendet, wenn es mit dem Bug durch den Wind dreht, also die Windseite wechselt. Die ursprüngliche Windseite, also die Luvseite, wird zur Leeseite. Beim Wenden geht ein Segelschiff durch den Wind.

Durchholen: eine durchhängende Leine (z.B. Schot) dichter nehmen, bis keine Lose mehr vorhanden ist und die Leine auf Zug kommt.

Durchkentern: extreme Art des Kenterns, bei der der Mast nicht mehr auf dem Wasser liegt, sondern senkrecht nach unten zeigt. Im flachen Gewässer besteht dann die Gefahr des Mastbruchs.

Durchsetzen: eine Leine so weit durchholen, daß sie völlig steifsteht. Sie wird dann belegt.

Düse: in der Yachtsprache die Strömungsverengung in dem Schlitz zwischen Vorsegel und Großsegel, wodurch die Vortriebskraft erhöht wird.

Dwars: in der seemännischen Sprache soviel wie querab, also rechtwinklig zur Schiffsachse. Eine Dwarssee trifft von der Seite auf ein Schiff.

Dwarslinie: eine Formation bei der Geschwaderfahrt, bei der die Schiffe

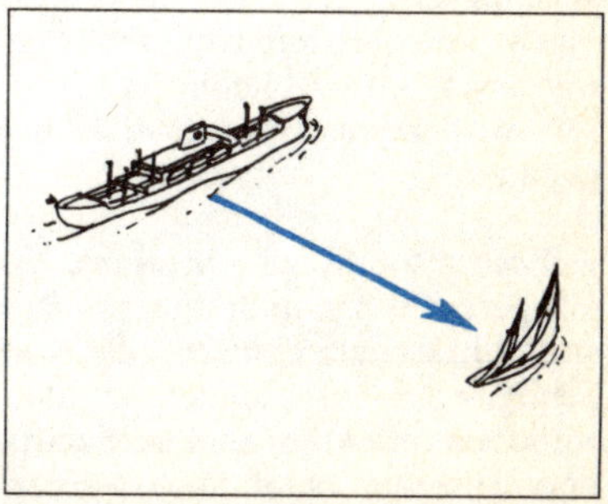

Dwars – die Querabrichtung: der Segler liegt querab vom Motorschiff

seitwärts gestaffelt sind und alle auf gleicher Höhe und gleichem Kurs liegen. Das Gegenteil ist die → Kiellinie.

Dweil: ein Deckschrubber, an dessen Stielende ein Bündel Tauwerkfasern befestigt ist.

Dyas: nationale Klasse des DSV (→ Deutscher Segler-Verband), ein Zwei-Mann-Kielboot, das mit Trapez ausgerüstet ist und Regatten bestreitet. Länge über Alles: 7,15 m, Breite: 1,95 m, Gewicht: 580 kg, Segelfläche: 22 m^2. Das → Klassenzeichen ist ein geschlitztes, schrägliegendes Dreieck.

Ebbe: das Fallen des Wasserspiegels, und zwar in dem Zeitraum vom Hochwasser bis zum nächsten Niedrigwasser. Das Ablaufen des Wassers wird dementsprechend Ebben genannt.

Echolot: Gerät zur Messung der Wassertiefe. Es mißt die Laufzeit von Ultraschallimpulsen, die vom Schiffsboden ausgesendet, am Meeresboden reflektiert und am Schiffsboden wieder empfangen werden. Aus dieser Zeit wird die Tiefe berechnet.

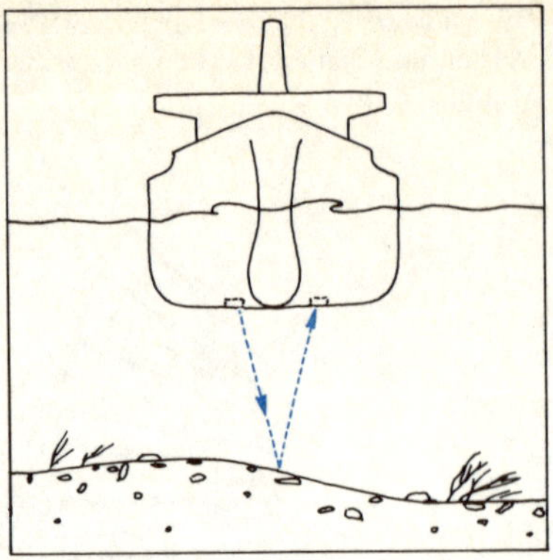

Das Messen der Wassertiefe mit dem Echolot

Einbaum: primitives Wasserfahrzeug, das durch Ausbrennen oder Aushauen des Holzes aus einem einzigen Baumstamm hergestellt wird.

Einbinden: das Verkleinern der Segelfläche (reffen) durch Einbinden der → Reffbändsel, die parallel zur Unterkante des Segels in einer oder mehreren Reihen angenäht sind.

Eindampfen: ein Ablegen mit der Maschine, wobei nur noch die vordere → Spring belegt ist. Bei langsamer Vorausfahrt und entsprechender Ruderlage wird das Heck von der Pier gedrückt, während das Vorschiff noch durch die Spring fixiert ist. Sobald das Heck im freien Wasser liegt, kann die Spring losgeworfen werden, und das Fahrzeug verläßt mit Rückwärtsfahrt den Liegeplatz.

Einhandjolle, auch Einmannjolle: Regattaklasse von offenen Booten, die bei Regatten nur mit einer Person bemannt werden. → Olympia-jolle, → Finn-Dinghy, Moth und → Laser sind z. B. Einhandjollen.

Einhandsegler: segelt allein, ohne Besatzung. Ein Finn-Segler ist z. B. ein Einhandsegler, aber üblicherweise bezieht sich heute diese Bezeichnung vor allem auf Segler, die „einhand“ eine Yacht um die Welt segeln oder allein an den Transatlantik-Regatten teilnehmen.

Einheitsklassen: Klassenboote, die in Größe, Form, Gewicht, Baumaterial und Besegelung nahezu identisch sein müssen und daher bis ins Detail an die Bauvorschriften ihrer Klasse gebunden sind. Damit entfällt zwar das Experimentieren, dafür gewährleistet aber das Einheitsprinzip gleiche sportliche Voraussetzungen bei Regatten. Einheitsklassen sind Drachen, Star, Soling, 470er, 420er, Laser usw.

Einholen: 1. das Niederholen einer Flagge, z. B. bei der abendlichen → Flaggenparade, 2. das Anbordholen von Festmacherleinen, Trossen, Schleppleinen usw., 3. das Zurücknehmen ausgefahrener Geschütze auf Segelkriegsschiffen, um die Stückpforten zu schließen.

Einklarieren: das Erledigen von Zoll- und Hafenformalitäten beim Einlaufen in einen fremden Hafen. Gegenteil: ausklarieren.

Einkriechen: das Abflauen des Windes.

Einlaufen: von See kommend in einen Hafen einfahren. Gegenteil: auslaufen.

Einschäkeln: etwas mit einem → Schäkel (Bügel) verbinden, z. B. den Kopf eines Segels mit dem → Fall, den Anker mit der Kette, eine → Schot mit dem → Block usw.

Einscheren: eine Leine durch einen → Block stecken und hindurchziehen. Auch das Einnehmen der Marschposition in einem Verband.

Einschiffen: Fahrgäste an Bord nehmen (auch Truppen). Gegenteil: ausschiffen.

Einsetzen: ein Beiboot vom Wasser an Bord hieven und an Deck auf seinem Platz festzurren. Gegenteil: aussetzen.

Eintonner: Segelyacht der → Tonnerklassen. Die Bezeichnung Eintonner hat heute nichts mehr mit der Tonnage dieser Yacht zu tun. Sie ist auf Yachten zu Ende des letzten Jahrhunderts zurückzuführen, die eine Tonne Kielgewicht hatten. Heute werden Tonneryachten (Zweitonner, Eintonner, Halbtonner usw.) nach ihrem Rennwert (→ Rating) eingestuft, wobei bestimmte Grenzwerte nach internationalen Regeln festgelegt sind.

Eintypklassen: Bootsklassen, die zunächst von einer Werft nach eigenen Plänen in Serie hergestellt werden und nach Anerkennung durch den Deutschen Segler-Verband (DSV) den Status der Eintypklasse erhalten. Sie können zu einer → nationalen Klasse aufsteigen, wenn eine Klassenvereinigung besteht und von diesem Bootstyp mehr als hundert Boote gebaut wurden.

Eisbrecher: Spezialschiff mit verstärkten Spanten und Platten in der Wasserlinie, das über einen starken Antrieb verfügt (siehe S. 358).

Ekliptik: die Bahn, welche die Sonne im Laufe von 12 Monaten durch die 12 Tierkreissternbilder zieht. Sie ist um 23½ Grad gegen den Himmelsäquator geneigt.

Elmsfeuer: büschelförmiges, rötlich-violettes Licht auf Mastspitzen und Rahnocken, das bei gewittriger Atmosphäre auftreten kann und auf elektrische Spitzenentladung zurückzuführen ist. Früher war das Elmsfeuer bei den Seeleuten Anlaß zu allen möglichen Deutungen, wie Schiffsuntergang, Tod eines Kameraden, Feuer an Bord usw.

Embargo: 1. von einem Staat aus politischen Gründen durchgeführte Beschlagnahme eines Schiffes samt seiner Ladung, 2. von einem Staat verhängte Ausfuhrsperre bestimmter Waren in ein anderes Land (z. B. Waffenembargo).

Ende: Bezeichnung für ein Stück Tauwerk. Das Tauende heißt Tampen.

„Enter auf!“ Erstes Kommando bei jedem Segelmanöver auf Rah- und größeren Schiffen.

Entern: 1. in die Takelage hinauf- bzw. hinunterklettern (abentern), 2. der Nahkampf bei früheren Seegefechten, wobei das Enterkommando auf das feindliche Schiff klettern mußte, um dessen Besatzung zu überwältigen.

Erik der Rote: norwegischer Seefahrer, Entdecker und Staatengründer, ca. 940 bis ca. 1010. Er war ursprünglich von Norwegen nach Island ausgewandert, wurde dort geächtet und verließ die Insel wieder als Führer einer Flotte von 25 Schiffen, auf denen an die 500 Männer, Frauen und Kinder mit ihm nach Westen zogen. Sie erreichten neues Land, das sie Grönland nannten (Grünes Land). Erik der Rote verwandte drei Jahre zur Erkundung der dortigen Küsten. Dann kehrte er nach Island zurück, um die große Auswandererexpedition zu organisieren und zu führen. Zwei Siedlungen wurden gegründet, die Bevölkerung nahm zu. Um 1010 starb Erik auf Grönland. Annähernd 500 Jahre lang bestand diese grönländische Gesellschaft, dann müssen klimatische Veränderungen das Gemeinwesen zerstört haben. *Leif*, Eriks Sohn, hatte ebenfalls Erkundungen (nach Süden) unternommen und dabei das „Markland“ – wahrscheinlich Neufundland – entdeckt.

Eselshaupt: schwere hölzerne, später auch eiserne Spangen, die dazu

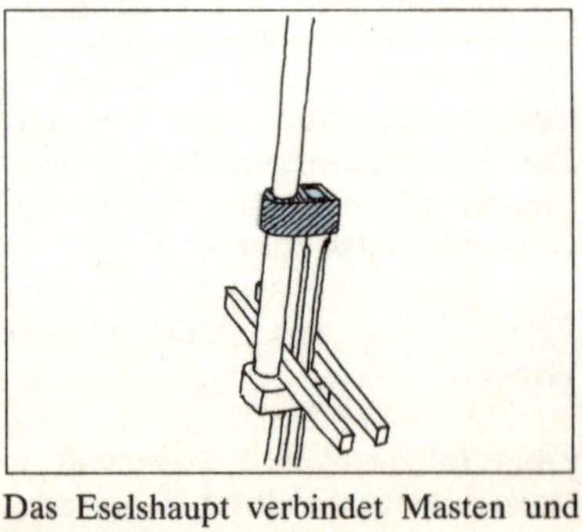

Das Eselshaupt verbindet Masten und Stengen

Ein Ewer um 1867, der in der Fischerei und der Frachtfahrt eingesetzt wurde

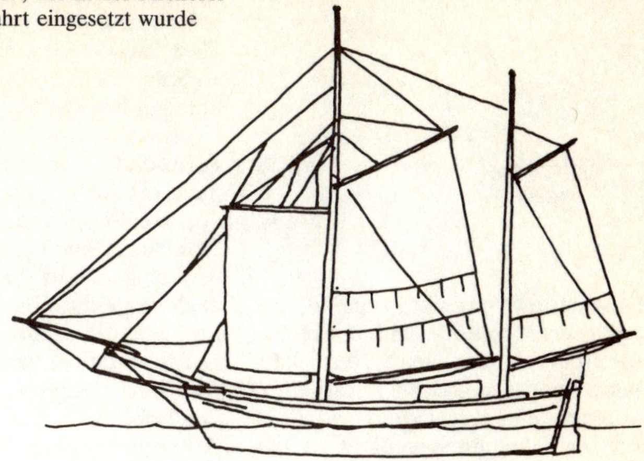

dienen, Masten und Stengen miteinander zu verbinden. Am Eselshaupt sind verschiedene Augbolzen zum Anschlagen von Blöcken und Wanten befestigt.

Etesien: trockene, monsunartige Nord- bis Nordwestwinde zwischen April und Oktober im östlichen Mittelmeer.

Etmal: 1. die von einem Schiff in der Zeit vom Mittag des einen Tages bis zum Mittag des nächsten Tages zurückgelegte Strecke, 2. die Dauer eines astronomischen Tages von Mittag zu Mittag.

„Eule fangen“: Der Begriff stammt aus der Segelschiffszeit. Ein Rudergänger „fängt eine Eule“, wenn er beim Am-Wind-Kurs nicht aufpaßt und das Schiff in den Wind oder gar durch den Wind geht. Das kann beim → Schralen des Windes passieren.

Ewer: ein seit Ende des 17. Jahrhunderts nachweisbares Segelfahrzeug für die Fischerei und die Frachtfahrt, speziell an der Nordseeküste, Elbe und Weser. Der Ewer war ein flach gebautes („Schlickrutscher“), 15 bis 20 m langes, vorn und achtern spitzes Fahrzeug, ausgerüstet mit zwei, anderthalb oder einem Mast. Der → Vorsteven war gerundet. Im Laufe seiner Entwicklung bis ins 19. Jahrhundert erfolgte der Wechsel von der → Rahsegel- zur → Gaffelsegeltakelung, die Einführung des → Besanmastes und des Kielschwerts (→ Schwert) anstelle der sonst so typischen → Seitenschwerter. Ebenso erhielten die einst spitzgattigen Ewer nach 1800 ein etwa herzförmiges Spiegelheck (→ Spiegel), das ähnlich den mittelalterlichen Kauffahrern mit Fenstern ausgestattet wurde, die man wiederum mit Schnitzwerk ringsum verzierte (siehe auch S. 222).

Fabrikschiff: ein Fang- und gleichzeitig Verarbeitungsschiff der Hochseefischerei, das heißt, der Fang wird bereits an Bord verarbeitet, verpackt und eingefroren bzw. konserviert. Dementsprechend ist das Schiff mit allen erforderlichen Anlagen ausgerüstet.

Faden: englisches Längenmaß für Tiefenangaben auf englischen Seekarten sowie Längenangaben für Tauwerk, Ankerketten usw. 1 Faden = 6 englische Fuß = 1,8288 m.

Fahren: 1. Ein Tau, ein Ende fährt durch einen → Block oder ein → Auge. 2. Ein Schiff fährt die Segel, die es gesetzt hat. 3. Ein Seemann fährt zur See, ist also ein Fahrensmann.

Fahrgastschiff: nach den behördlichen Bestimmungen ein Schiff, das für die Beförderung von mehr als zwölf Personen eingerichtet und ausgerüstet ist. Man unterscheidet Hochsee- und Binnen-Fahrgastschiffe. Die Fahrgastlinienschiffahrt wurde mit der Konkurrenz des Luftverkehrs rückläufig. Heute werden Fahrgastschiffe für Kreuzfahrten (attraktive Urlaubsreisen) eingesetzt.

Fahrrinne: natürliche oder künstlich geschaffene Rinne in einem großen, aber flachen Gewässer. Sie ist als → Fahrwasser mit Tonnen oder Stangen markiert.

Fährschiff: allgemeine Bezeichnung für Schiffe, die für den Transport von Eisenbahnzügen und Kraftfahrzeugen auf kürzere Entfernungen eingerichtet sind. Sie werden auch Trajektschiffe (Eisenbahnfähren) genannt. Beförderte Kraftfahrzeuge werden in der Regel auf mehrere Decks verteilt. Fährschiffe haben hohe Aufbauten, in denen sich Aufenthalts- und Erfrischungsräume für die Fahrgäste befinden. Das schwedische Fährschiff STENA GERMANICA, das zwischen Kiel und Göteborg verkehrt, kann z. B. 1400 Personen und 200 Kraftfahrzeuge an Bord nehmen. Es ist mit zwei MAN-Motoren von 8640 PS Gesamtleistung ausgerüstet und läuft 23,5 kn (siehe auch S. 78).

Fahrt: 1. die Schiffsgeschwindigkeit, ausgedrückt in Seemeilen pro Stunde (sm/h) und bezeichnet als Knoten (kn): 1 sm/h = 1 kn. Gemessen wird die Geschwindigkeit mit dem → Log. 2. Kommando für die Fahrstufe eines maschinengetriebenen Fahrzeugs: z. B. „halbe Fahrt", „volle Fahrt", „langsame Fahrt zurück" usw. 3. Fahrt durchs Wasser – die Fahrt, die ein Schiff in strömenden Gewässern durchs Wasser macht, im Unterschied zu der Fahrt über Grund, die, bedingt durch Strom und Wind, anders sein kann als die Fahrt durchs Wasser. Ein Schiff, das z. B. 5 kn Fahrt durchs Wasser macht, jedoch gegen einen

Foto: Süddt. Verlag

Fährschiff STENA GERMANICA

Strom von 3 kn fährt, läuft eine Fahrt über Grund von 2 kn.

Fahrtensegeln: im Bereich des Binnen-, Küsten- und Seesegelns ein Wasserwandern oder Tourensegeln über kürzere oder längere Strecken. Voraussetzungen dazu sind die entsprechenden Segelführerscheine des DSV sowie seetüchtige, kentersichere und geräumige Fahrtenyachten. Gegensatz: Regattasegeln.

Fahrtwind: bei völliger Windstille ein Gegenwind, der durch die Fahrt eines Schiffes erzeugt wird – stark spürbar auf schnellfahrenden Motorbooten. Herrscht aber Wind, den man gemeinhin als → wahren Wind bezeichnet, dann beeinflußt er den Fahrtwind und lenkt ihn ab. In diesem Fall spricht man von → scheinbarem Wind, dessen Komponenten Fahrtwind und wahrer Wind sind.

Fahrwasser: Fahrrinne mit tiefem Wasser für die Schiffahrt. Das Fahrwasser ist durch → Seezeichen begrenzt und markiert. Von einem Haupt- und einem Nebenfahrwasser spricht man, wenn das Fahrwasser durch einen Mittelgrund (Untiefe) größeren Ausmaßes in zwei Arme gespalten wird.

Fahrwasserzeichen dienen dazu, die Steuerbord- bzw. Backbordfahrwasserseite sowie die Mitte eines Fahrwassers zu markieren. Dabei ist von See her einlaufend immer linker Hand die Backbord- und rechter Hand die Steuerbordseite eines Fahrwassers. Auf der Backbordseite befinden sich zur Markierung rote Seezeichen mit weißen arabischen Ziffern, auf der Steuerbordseite dagegen schwarze Seezeichen mit weißen großen Buchstaben. Die Zählung beginnt von See her mit 1 bzw. A. Schwarz-rot senkrecht gestreifte Seezeichen markieren die Fahrwassermitte und können auf beiden Seiten passiert werden. Bei Dunkelheit dient die Fahrwasserbefeuerung

Das Fähr-Unglück von Zeebrügge

Am 6. März 1987, um 19.50 Uhr, kenterte die britische Kanalfähre HERALD OF FREE ENTERPRISE kurz nach dem Auslaufen aus dem Hafen von Zeebrügge. 409 Passagiere und Besatzungsmitglieder überlebten die Katastrophe, über 130 Menschen fanden aus dem Inneren keinen Fluchtweg und ertranken. Entgegen den Sicherheitsvorschriften waren die Bugklappen beim Auslaufen noch geöffnet und die Tanks im Bug noch geflutet – eine Maßnahme, die das Einfahren von Kraftfahrzeugen in die Parkdecks erleichtern soll. Die Fähre war buglastig, das Wasser konnte durch die offenen Bugtore in das untere Parkdeck eindringen – und damit in den Rumpf, der nicht in wasserdichte Schotten eingeteilt war.

Die HERALD OF FREE ENTERPRISE gehörte zu den sogenannten Roll-on-Roll-off(Ro-Ro)-Fähren: Lkws oder Pkws fahren an dem einen Ende in die mehrspurigen tunnelartigen Fahrzeugdecks ein (Roll-on) und auf der anderen Seite beim Entladen (Roll-off) wieder hinaus. Wasserdichte Schotten zwischen den Fahrzeugdecks würden das Be- und Entladen verlangsamen und die wirtschaftliche Wettbewerbsfähigkeit mindern.

Eine weitere Ursache für das Fährunglück sehen Experten in der Tatsache, daß die Fährschiffe bei geringem Tiefgang immer höhere Decksaufbauten erhalten und dadurch instabil bzw. topplastig werden. Bei einem Tiefgang von 5,70 m hatte die HERALD OF FREE ENTERPRISE eine Gesamthöhe vom Kiel bis zum Schornstein von rd. 33 m. Sie war 132 m lang, 22,70 m breit und hatte eine Vermessung von rd. 8000 BRT. Sie konnte 1300 Passagiere und 63 Lkws oder 350 Pkws aufnehmen.

dem Erkennen des Fahrwassers. Dabei markieren zwei oder vier weiße Blinke, Blitze, Unterbrechungen oder ununterbrochenes → Funkelfeuer die Backbordseite und ein oder drei weiße Blinke, Blitze, Unterbrechungen oder unterbrochenes Funkelfeuer die Steuerbordseite des Fahrwassers.

Fall: 1. jedes Tau oder jede Leine, die zum Aufheißen bzw. Niederholen eines Segels dient. Dabei werden die Fallen nach den ihnen zugehörigen Segeln benannt: Großfall für das Großsegel, Fockfall für die Fock, Klüverfall für den Klüver usw. Um ein Recken des Falles zu vermeiden – durch das ein vorgeheißtes Segel durchhängen würde –, werden heute auf den meisten Segelfahrzeugen Drahtfallen gefahren, an die ein Stück Tau als Vorlauf gespleißt ist. Ist das Segel vorgeheißt, wird das Fall über einer Klampe belegt. Fallen benutzt man auch zur Bedienung des Schwerts oder des Ruderblatts. 2. Mit Fall bezeichnet man die Neigung eines Mastes nach vorn bzw. hinten. Der Mastfall spielt beim → Trimmen eine Rolle. Auf Kursen vor dem Wind erhält der Mast einen leichten Fall nach vorn. Auf Am-Wind-Kursen wird er etwas nach hinten geneigt.

Fallreep: früher ein Reep (Tau) oder eine Jakobsleiter (Strickleiter), um an Bord eines Schiffes zu klettern. Dann wurde mit Fallreep jenes Tau bezeichnet, das als Handlauf zum Festhalten an der Fallreepstreppe diente. Heute bezeichnet man als Fallreep allgemein jene Treppe, die im Hafen (seltener auf See) oder vor

Das Fallreep – die Schiffstreppe, über die man bequem an und von Bord gehen kann

Anker auf Reede an der Steuerbordseite eines Schiffes ausgebracht wird. Sie führt längs der Bordwand schräg nach oben an Deck und ermöglicht ein besseres An- und Ablegen von Beibooten sowie ein bequemeres Besteigen oder Verlassen des Schiffes.

Fallreepsknoten: ein Zierknoten am Ende des Fallreepshandlaufes, der dort eine Verdickung bildet und

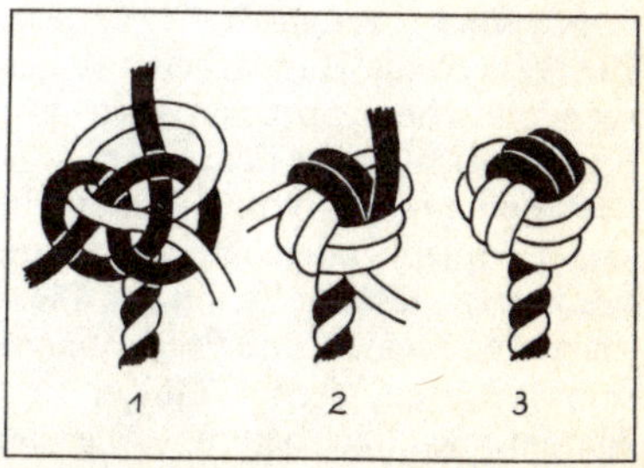

Der Fallreepsknoten mit seinen drei Knüpfphasen

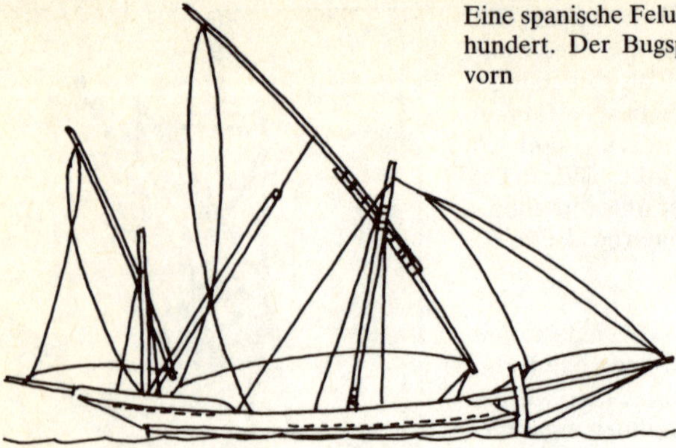

Eine spanische Feluke aus dem 18. Jahrhundert. Der Bugspriet ragt weit nach vorn

somit ein Ausrauschen aus dem → Auge des Stützpfostens verhindert.

Fallwind: Wind, der aus einem hohen kalten Hinterland auf das wärmere Wasser weht und die gefährlichen Fallböen mit sich bringt. Fallwinde sind z. B. die → Bora auf der Adria, der → Mistral im Rhônetal und der Schirokko im westlichen Mittelmeer vor der nordafrikanischen Küste.

Fallwinsch: eine Winde auf größeren Yachten, die ein leichteres Vorheißen der Segel ermöglicht.

Fancywork (englisch, wörtlich: Zierwerk, feine Handarbeit): In der seemännischen Sprache wird mit Fancywork alles das bezeichnet, was der Seemann auf Windjammern in seiner Freizeit anfertigte, wozu im besonderen jegliche Arten von Zierknoten an Messer- und Pfeifenbändseln gehörten, ferner Gürtel und Matten, Schnitzarbeiten sowie die Herstellung von Schiffsmodellen und → Buddelschiffen.

Fangleine: allgemeine Bezeichnung der Vorleine oder Festmacherleine am Vorsteven von Beibooten.

Feluke: ein Mittelmeersegler, der bereits Ende des 17. Jahrhunderts entstand und vermutlich ursprünglich gerudert wurde. Typisch sind seine zwei, meist etwas nach vorn geneigten → Pfahlmasten, an denen an langen Rahruten dreieckige → Lateinersegel gefahren wurden. Ferner fallen die beiden Spriets auf – ein langer → Bugspriet, an dem die Fock ausgespreizt wurde, und ein → Papageienstock zum Ausspreizen des → Besansegels. Feluken wurden als Handelssegler eingesetzt, aber auch aufgrund ihrer Wendigkeit und Schnelligkeit als Zollschiffe, zum Schmuggeln, zum Sklaventransport und zur Piraterie.

Fender: Anlegepolster oder Schutzkissen, das Beschädigungen an der Außenhaut eines Schiffes beim Bord-an-Bord-Liegen oder im Hafen verhindern soll. Es gibt verschiedene Ausführungen wie → Wielings, Korksäcke, Holzbalken, alte

Autoreifen (unschön) oder moderne Kissen mit Schaumgummifüllung. Auf einigen Yachten läuft ein Gummifender um das Schiff. Während der Fahrt werden Fender binnenbords genommen!

Festfeuer: ein Leuchtfeuer, das ohne Unterbrechung mit weißem oder farbigem Licht von gleichbleibender Stärke scheint.

Festmachen: ein Fahrzeug an einer Pier, einem Kai, Steg, Poller oder sonstigem Festpunkt vertäuen. Um nicht vom Strom oder Wind von seinem Platz abgetrieben zu werden, wird ein Schiff gewöhnlich mit zwei Trossen (Vor- und Achterleine) sowie zwei Springs (Vor- und Achterspring) festgemacht. Die Springs verhindern ein Hin- und Herbewegen des Schiffes in Längsrichtung. Zur zusätzlichen Sicherung können zwei Querleinen (vordere und achtere Querleine) ausgebracht werden, die nach querab zur Pier führen. Man bevorzugt zum Festmachen Tauwerk, das sich reckt (Manila oder Perlon), um bei einem plötzlichen Einrucken ein Abfedern zu gewährleisten. Seeschiffe werden meistens mit Stahldrahttauen vertäut. Die Festmacher haben zumeist ein eingespleißtes → Auge, das schnell über einen Poller gelegt werden kann.

Feudel: ein Putztuch oder Wischlappen für Reinschiffarbeiten.

Feuer: Licht oder Lichter von Seezeichen usw., die zur Navigation bei Nacht dienen.

Feuer in Linie: gedachte Linie, die sich über zwei Feuer an Land und See erstreckt und das Navigieren erleichtert. Es besteht aus dem → Oberfeuer und dem → Unterfeuer.

Feuerschiff: mit einem weitreichenden Feuer ausgestattetes Schiff, das an einem festen Platz vor der Küste verankert ist. Es ist zumeist rot angestrichen, sein Name steht in großen weißen Buchstaben auf beiden Bordseiten (z. B. ELBE 1, BORKUMRIFF usw.). Seiner Bestimmung nach ist das Feuerschiff ein schwimmender Leuchtturm, erfüllt aber auch weitere Aufgaben wie Messungen von Wind, Meeresströmungen, Lufttemperatur und Luftfeuchtigkeit. Feuerschiffe verwendet man in stark befahrenen Seegebieten, zur Kennzeichnung von Kreuzungs-

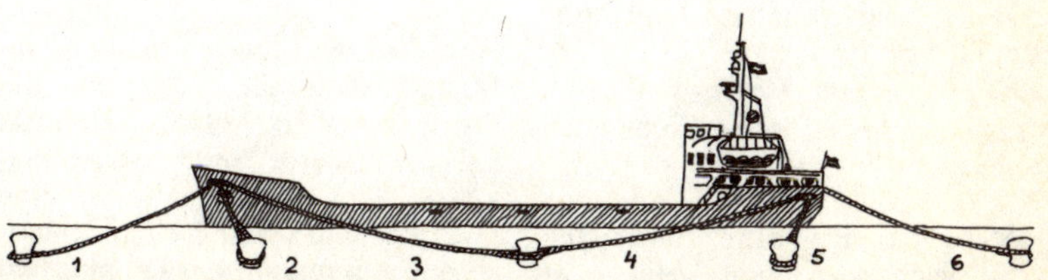

Leinen zum Vertäuen eines Schiffes: 1. Vorleine, 2. vordere Querleine, 3. Vorspring, 4. Achterspring, 5. achtere Querleine, 6. Achterleine

Foto: Süddt. Verlag

Feuerschiff ELBE I

punkten, Fahrwassern und Untiefen. Neben dem Leuchtfeuer ist es mit Nebelsignalapparaten ausgestattet. Es muß solide konstruiert und gebaut sein. Das erste Feuerschiff der Welt wurde 1732 vor der Themsemündung verankert. Vor der Elbmündung wurde erst ab 1816 ein ständiges Feuerschiff unterhalten. 1818 stellten die Bremer ebenfalls ein Feuerschiff in Dienst. Heute werden die Feuerschiffe durch unbemannte, ferngeschaltete Leuchttürme auf See ersetzt, die auf Pfeilern und tief in den Meeresboden gerammten Pfosten ruhen (siehe auch S. 88).

Fieren: das langsame Nachlassen oder Nachgeben einer Leine oder Kette, auch das Herunterlassen von Lasten und Beibooten.

Fingerlinge: meist zwei metallene Zapfen an der Vorderkante des Steuers, die in zwei am → Achtersteven eines Bootes befestigte Ösen beweglich eingehängt werden.

Finkennetze: auf Segelschiffen früherer Zeit hölzerne Kästen oberhalb und längs der Reling, in denen tagsüber die Hängematten gestaut wurden. Auf Segelkriegsschiffen dienten sie gleichzeitig als Kugelfang.

Finn-Dinghy: internationale Ein-Mann-Regattajolle, die für die Olympischen Spiele 1952 in Helsinki entworfen wurde. Seitdem Olympiaklasse. Das Finn-Dinghy ist eine Gleitjolle und verlangt einen athletischen Steuermann, viel Training und ausgezeichnete Seemannschaft. Länge über Alles: 4,50 m, Breite:

1,51 m, Gewicht: 145 kg, Segelfläche: 10,00 m^2. Das → Klassenzeichen im Segel ist eine Doppelwelle.

Fischen: angebrochene oder gesplitterte Holzmasten oder Spieren durch Verstärkungen (umbändselte Latten an der Bruchstelle) und Bandagen notdürftig reparieren, um einen weiteren Bruch zu vermeiden.

Fischermann: ein → Stagsegel, das bei einer → Ketsch oder einem → Schoner an einem Stag zwischen den Toppen geführt wird.

Fitt: stumpfer, kegelförmiger Hartholzdorn, der beim Spleißen (verflechten) von schwerem Tauwerk benutzt wird, um die → Kardeele auseinanderzudrücken.

Flach: eine Untiefe, Barre oder Bank.

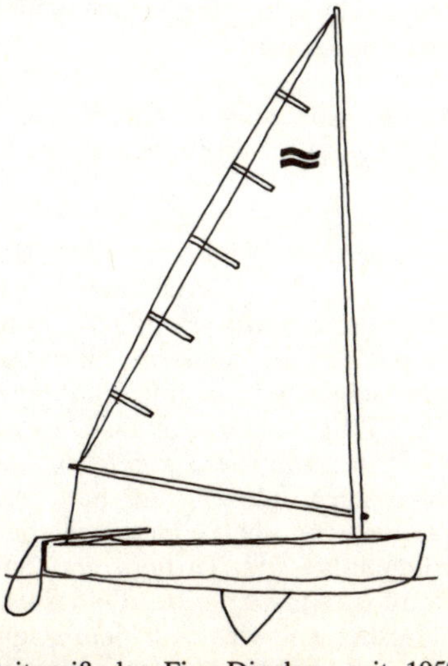

Seitenriß des Finn-Dinghys, seit 1952 Olympiaklasse

Flackerfeuer: das Geben von (Not-) Signalen mit einem Flackerlicht, z. B. mit einer Fackel oder ölgetränktem Material.

Flagge: verschiedenfarbiges, rechteckiges Stück Tuch mit bestimmten Mustern und einem bestimmten Länge-Breiten-Verhältnis. In der Seefahrt haben die Flaggen verschiedene Bedeutungen. Die Nationalflagge (Bundesflagge: Schwarz-Rot-Gold liegend), auch Nationale genannt, zeigt die Staatsangehörigkeit eines Schiffes. Die Reedereiflagge (farbig, eventuell mit dem Signum am Schornstein übereinstimmend) kennzeichnet die Zugehörigkeit eines Schiffes zu einer bestimmten → Reederei. Die Signalflaggen (verschiedenfarbig und unterschiedlich gemustert) dienen als Verständigungsmittel von Schiff zu Schiff oder Schiff zu Land. Eine Flagge wird an der Flaggleine gesetzt oder niedergeholt. „Die Flagge streichen" bedeutet bei einem Gefecht, daß ein Schiff sich ergibt.

Flaggenführung: durch Vorschriften und Dienstanweisungen geregelte Maßnahmen zum Setzen und Führen einer Flagge.

Flaggengala: das Schmücken eines Schiffes mit Signalflaggen und Signalwimpeln, meist vom Achtersteven über den Masttopp bis zum Vorsteven. Die Reihenfolge kann willkürlich sein. Eine Flaggengala – man sagt auch „über die Toppen flaggen" – wird bei festlichen Anlässen veranstaltet. (Bild siehe S. 84.)

Flaggengruß: → Dippen

Foto: Süddt. Verlag

Die EUROPA hat über die Toppen geflaggt

Flaggenparade: allgemeines Zeremoniell des morgendlichen Flaggesetzens und abendlichen Niederholens in Häfen, in denen Kriegsschiffe, Yachten usw. liegen. Gesetzt werden die Flaggen vom 1. Mai bis zum 30. September jeweils morgens um 8.00 Uhr, in der übrigen Zeit um 9.00 Uhr. Niedergeholt werden die Flaggen abends bei Sonnenuntergang.

Flaggschiff: das Führungsschiff eines Flottenverbandes, das durch die Admiralsflagge gekennzeichnet ist.

Flaschenpost: eine Übermittlung von Nachrichten in einer fest verschlossenen Flasche, die über Bord geworfen wird und von Wind oder Strom versetzt irgendwo antreibt. Sie diente zum Feststellen von Meeresströmungen, aber auch bei Seenotfällen.

Flaute: Windstille.

Flautenschieber: mehr scherzhafte Bezeichnung für den Außenbordhilfsmotor bei Segelfahrzeugen. Er dient dazu, dem Boot bei Flaute oder sonstiger Behinderung Vortrieb zu geben.

Fleischhaken: gebrochene oder nicht versteckte Einzeldrähte beim Drahttauwerk, die herausstehen und gefährliche Verletzungen hervorrufen können.

Fleute: holländischer Segelschiffstyp im 16./17. Jahrhundert (siehe S. 332).

Flibustier: Seeräuber, speziell Bezeichnung für die Freibeuter Westindiens (Karibik) im 17./18. Jahrhundert. Die meisten Flibustier stammten aus England, Frankreich und Holland, die sich zu Banden zusammenschlossen, gegen Spanien Kaperkrieg führten und eine Art Seeräuberrepublik bildeten, die ihre Stützpunkte auf Tortuga und San Domingo (Haiti) hatte. Der Name Flibustier soll sich von dem englischen „fly-boats“ bzw. französischen „flibots“ ableiten – kleinen, flachgehenden Schiffen, mit denen sie anfangs in den Küstengewässern auf Raub ausgingen (→ Bukanier).

Fliegend: Ein Segel ist fliegend gesetzt, wenn es nicht an einem → Stag fixiert ist, z. B. der → Spinnaker.

Flieger: dreieckiges Segel, das oberhalb und vor → Klüver und → Fock auf kuttergetakelten Seglern gefahren wird.

Flögel: ein Windsack mit der Funktion einer Windfahne, die die Richtung des Windes anzeigt. Er ist auf dem Masttopp angebracht und besteht aus einem Trichter aus leichtem Segeltuch in Form eines abgeschnittenen Kegels. Die größere Öffnung ist an einen Metallring genäht, der auf einem Stift drehbar gelagert ist. Der Windsack steht auch bei Sturm ruhig und stabil, im Gegensatz zu einem Wimpel, der hin und her schlägt.

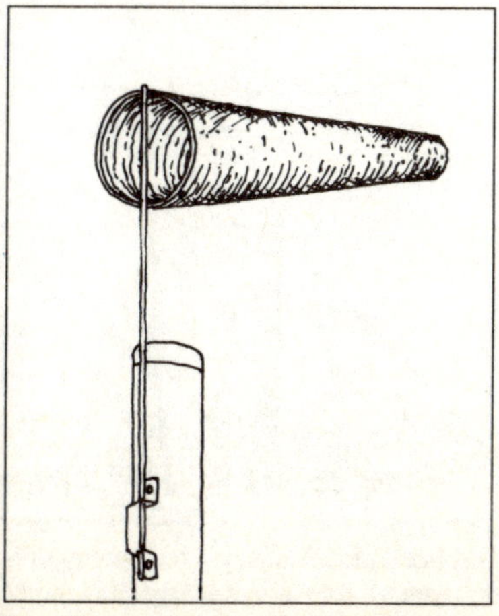

Der Flögel zeigt die Windrichtung an

Floß: primitives, aus zusammengebundenen oder -gefügten Baumstämmen bestehendes Wasserfahrzeug, das aber durchaus seetüchtig sein kann, wie Thor Heyerdahls Floß Kon-Tiki unter Beweis stellte (→ Balsa).

Flossenkiel: trapezförmiger, mit Außenballast versehener Kiel einer Segelyacht. Er verhindert die Abdrift und erhöht die Stabilität.

Flott: Ein Schiff ist wieder flott, wenn es nach einem Auflaufen auf dem Grund frei schwimmt.

Flotte: 1. die Seemacht eines Staates, 2. ein größerer Kriegsschiffsverband, 3. alle Handelsschiffe eines Staates.

Flottille: kleinerer Kriegsschiffsverband schneller Schiffe (Zerstörer, Schnellboote usw.) für bestimmte taktische Operationen (Geleitschutz, Minenlegen usw.).

Flugzeugträger: schwimmende Basis für den Einsatz von Flugzeugen (siehe S. 356).

Flunke: meist herzförmige Verbreiterung am Arm eines → Ankers, auch Hand oder Spaten genannt. Mit der Flunke gräbt sich der Anker in den Grund.

Flut: Periode innerhalb der Gezeiten, während der das Wasser steigt. Sie reicht vom Niedrigwasser bis zum darauf folgenden Hochwasser.

Flying Dutchman: eine moderne Gleitjolle mit internationalem und

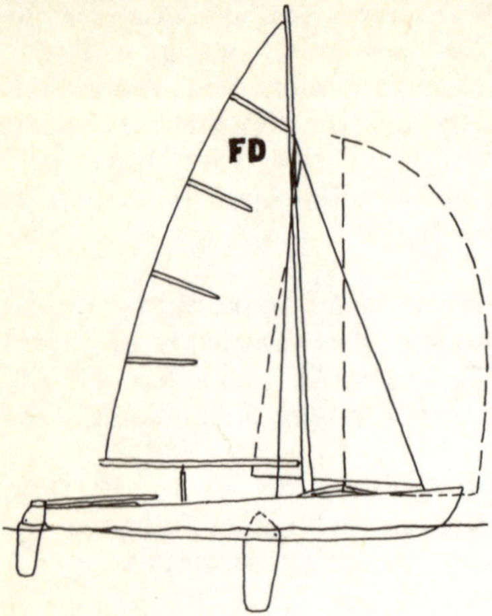

Seitenriß des Flying Dutchman, seit 1960 Olympiaklasse

olympischem Status (seit 1960), die außerordentlich schnell ist und bei geschickter Segel- und Ruderführung den Gleitzustand erreicht. Die Jolle wird mit einer zweiköpfigen Mannschaft gesegelt, der Vorschotmann kann ins → Trapez steigen, um den FD aufrecht zu halten. Länge über Alles: 6,05 m, Breite: 1,80 m, Gewicht: 160 kg, Segelfläche: 15 m^2. Das → Klassenzeichen ist FD.

Flying P-Liner: Bezeichnung für die schnellen Großsegler der ehemaligen Hamburger Reederei Laeisz. Alle Schiffsnamen fingen mit „P" an: PREUSSEN, POTOSI, PADUA, PASSAT, PAMIR usw. Als letzter Veteran der Flying P-Liner blieb die PASSAT übrig, eine Viermastbark mit 3180 BRT und einer Segelfläche von maximal 4600 m^2. Sie liegt heute als Museumsschiff am Priwall in Travemünde.

Fock: 1. auf Rahseglern das unterste große Segel am vordersten Mast, dem sogenannten Fockmast. Die Rahfock ist rechteckig geschnitten. 2. Auf Kuttern, Schonern und größeren Yachten mit mehreren Segeln ist die Fock das hinterste Vorsegel, also jenes Segel, das dem Großmast am nächsten ist. In allen diesen Fällen hat sie einen dreieckigen Schnitt. 3. Auf kleineren Yachten und Jollen ist sie das Vorsegel vor dem Großsegel und ebenfalls dreieckig geschnitten. Von der Größe her unterscheidet man grob bei der Dreiecksfock die kleine → Sturmfock, die normale Fock und die Genua-Fock (→ Genua).

Fockmast: bei mehrmastigen Segelschiffen der vorderste Mast. Das gilt

Die Fock als Schratsegel bei einem Kutter (oben) und als Rahsegel bei einer Brigantine (unten)

Foto: Süddt. Verlag

Die Viermastbark PAMIR, ein Flying P-Liner (1957 im Sturm gesunken)

jedoch nicht bei Anderthalbmastern wie der → Ketsch und → Yawl, bei denen der vorderste Mast der Großmast und der hintere der → Besanmast ist.

Fockrah: Querspiere bei Rahseglern, an der das Oberliek der Rahfock angeschlagen ist.

Fockschot: ein am → Schothorn (hintere untere Ecke der Fock) angeschlagenes Tau (Schot), mit dem die Segelstellung der Fock reguliert wird.

Fockstag: das → Stag, das den Mast absichert und an dem die Fock gefahren wird. Auf kleineren Seglern auch → Vorstag genannt.

Fockwanten: Taue, die den Fockmast seitlich (nach Backbord und Steuerbord) abstützen. Sie sind wie die Wanten der anderen Masten durch → Webeleinen treppenartig verbunden, um ein Auf- und Abentern am Fockmast zu ermöglichen.

Folkeboot: nordisches Volksboot, anerkannte ausländische Klasse, ein in → Klinkerbauweise gebautes Fahrtenboot, das mit drei Mann bei Regatten gesegelt wird. Es ist robust und kann rauhes Wetter vertragen. Länge über Alles: 7,64 m, Breite: 2,20 m, Gewicht: 2150 kg, Segelfläche: 24 m^2. Das → Klassenzeichen ist ein F. (Bild siehe S. 89.)

Förde: eine langgezogene Meeresbucht – vornehmlich der Ostseeküste (Kieler Förde) –, deren umgebende Landseiten flach sind.

Formstabilität: im Gegensatz zur → Gewichtsstabilität jene Stabilität, die ausschließlich auf der Form des Schiffes beruht. Jollen sind typische Vertreter der Formstabilität. Aufgrund ihrer Rumpfform haben sie zwar eine gute Anfangsstabilität

Elbe 1 antwortet nicht mehr

Am 27. Oktober 1936 kenterte das Feuerschiff ELBE 1 im Sturm – die Besatzung von fünfzehn Mann fand dabei den Tod. Ein Lotse war Augenzeuge und gab darüber zu Protokoll:

„Heute, am 27. Oktober 1936, habe ich das holländische Motorschiff POELAU BRAS elbabwärts gelotst... Es herrschte ein derartiger Sturm, daß ich durch den Lotsendampfer nicht mehr abgeholt werden konnte und bis Amsterdam mitfahren sollte. Um halb zwei nachmittags passierten wir ELBE 2 und nahmen Kurs auf ELBE 1, geschoben von einem ungewöhnlich starken Ebbstrom. Bald kamen wir in den Bereich der Grundseen, die selbst unserm großen Schiff (9250 Tonnen) arg zusetzten, so daß wir in den Regen- und Hagelböen mit der Fahrt heruntergehen mußten... Kurz nach 14 Uhr sichteten wir ELBE 1. Es lag mit dem Steven nach Norden quer zur See und gierte und schlingerte entsetzlich. Plötzlich setzte eine besonders harte Bö ein, die alle anderen an Heftigkeit übertraf und Windstärke zwölf erreichte. In dem niederkommenden Hagel verloren wir ELBE 1 außer Sicht. Der Wind sprang unvermittelt von Westsüdwest auf Nordwest. Während der zehn Minuten, in denen die Bö anhielt, nahm POELAU BRAS drei furchtbare Brecher über.

Als die Bö vorüber war, war Feuerschiff ELBE 1 verschwunden. Kurz danach, um 14.30 Uhr, sahen wir Holzstücke und ein rotgestrichenes Boot kieloben an uns vorbeitreiben. Der uns entgegenkommende Dampfer THE PRESIDENT gab unverständliche Signale. Ich veranlaßte den Kapitän der POELAU BRAS, das Feuerschiff ELBE 1 drahtlos anzurufen. Wir erhielten keine Antwort und wandten uns an die Küstenfunkstelle Elbe-Weser-Radio, jedoch hatte diese die gleiche Erfahrung gemacht. ELBE 1 antwortete nicht mehr..."

Foto: Archiv Tölzel

Ein Folkeboot auf Am-Wind-Kurs

(Stabilität eines Schiffes bei geringer Neigung) bei Krängung (Schräglage); nimmt diese aber zu, verkleinert sich das aufrichtende Moment bis hin zum Kenterwinkel: das Boot kentert.

Frachter: Seeschiff zum Transport von → Stückgut.

Fregatte: ursprünglich – zu Beginn des 17. Jahrhunderts – ein kleiner Schnellsegler mit 6 bis 12 Kanonen an Bord. Bereits Mitte des 17. Jahrhunderts dann ein vollgetakeltes schnelles Dreimastkriegsschiff mit einer gedeckten → Batterie von bis zu 64 Kanonen, zu denen sich später noch ein zweites Batteriedeck gesellen konnte. Die Fregatte fuhr Aufklärung und Geleitschutz. Diese Funktion hat die aus dem Zerstörer hervorgegangene heutige Fregatte auch bei den modernen Kriegsflotten.

Freibeuter: Der Begriff ist dem holländischen „vrisbueter“ oder „vrijbuiter“ entlehnt und bedeutet: freier Beutejäger. Historisch wurde der Begriff Freibeuter für jene Kaperfahrer verwandt, die in der Karibischen See und im Golf von Mexiko operierten. Besaßen sie einen Kaperbrief ihres Souveräns, der sie ermächtigte, feindliche Handelsschiffe aufzubringen, dann waren sie „Korsaren“ und betrieben im gewissen Sinne „legitimen“ Seeraub (zum Nutzen ihres Landes).

Freibord: dient zur Angabe der Schwimmfähigkeit eines Schiffes. Es wird mittschiffs senkrecht nach unten der Abstand von Oberkante Decksstrich bis zur Oberkante der entsprechenden Lademarke gemessen. Der Freibord gibt dem voll beladenen Schiff eine Reserveschwimmfähigkeit. Bei Handelsschiffen ist seine Minimalhöhe vorgeschrieben. Um Überladung zu vermeiden, wird durch den → Germanischen Lloyd eine für jedes Schiff zu berechnende Freibordmarke beidseits mittschiffs an der Außenhaut angebracht, bis zu der das Schiff beladen werden darf. Die Freibordmarke besteht aus mehreren Markierungen für bestimmte Jahreszeiten, Ozeane und Ladungen, die durch waagerechte Striche mit entsprechenden Buchstaben angezeigt werden. Es bedeuten: TF = Tropen Frischwasser, F = Frischwasser Sommer, T = Tropen Seewasser, S = Seewasser Sommer,

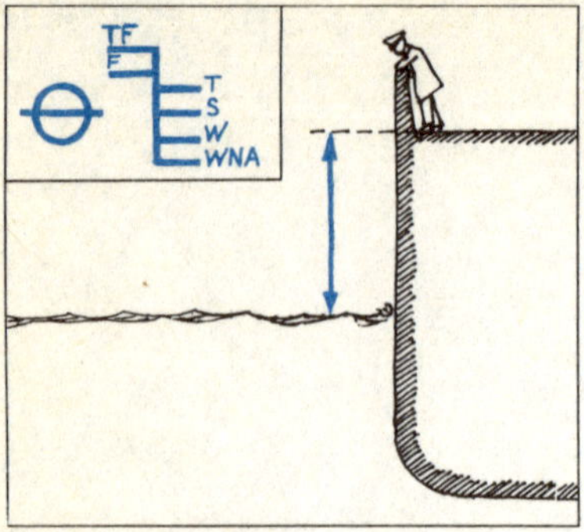

Die Freibordmarken (links) und das Freibord (rechts)

W = Seewasser Winter, WNA = Winter Nordatlantik.

Freihafen: ein abgeschlossenes Gebiet im Hafen, das gegenüber dem sonstigen Hafengebiet als Zollausland gilt. Die dort lagernden Waren sind noch nicht verzollt.

Freikreuzen: ein Wegsegeln von einer Küste, auf die der Wind steht (→ Legerwall), um freien Seeraum zu gewinnen.

Freiwächter: Bordmitglied, das Freiwache hat. Bei „Alle-Mann-Manövern" muß der Freiwächter allerdings auch auf seine ihm durch die Schiffsrolle (Plan für bestimmte Dienste an Bord) zugewiesene Station.

Frische Brise: Wind von Stärke 5. Die Windgeschwindigkeit beträgt 8–10,7 m/sec. Yachten beginnen die Segelfläche zu verkleinern (reffen), indem sie kleinere Vorsegel setzen oder bereits das Großsegel reffen.

Frobisher, Sir Martin: englischer Seefahrer und Entdecker, 1535–1594. Er nahm 1553–1554 an einer Erkundungsfahrt nach der Guinea-Küste teil, war 1563–1573 unter John Hawkins tätig, der von der Königin zunehmend für Marinefragen herangezogen wurde, und stieß 1576 nach Nordwesten vor, um die Nordwest-Passage zu finden. Er gelangte bis zu der Bucht bei Labrador, die heute nach ihm benannt ist. Ein weiteres Mal befuhr er die nordwestlichen Gewässer 1577 und erreichte die Hall-Insel. Dann war er 1580 im Kampf gegen die Iren beteiligt und begleitete Francis → Drake bei seinem Westindien-Unternehmen 1585–1586. Er wurde nach dem Kampf gegen die Armada geadelt und später bei der Belagerung von Crozon (Westfrankreich) tödlich verwundet. Seine Unternehmungen auf der Suche nach der Nordwest-Passage brachten neue Erkenntnisse, die für die nachfolgenden Forscher von Nutzen waren.

Führerscheine: Nachweise für Sportsegler, eine Yacht führen zu dürfen. Dabei sind der Sportbootführerschein und der Motorbootführerschein amtliche Führerscheine, die im Auftrag des Bundesministeriums für Verkehr erteilt werden. Der Deutsche Segler-Verband wiederum erteilt nach entsprechender Prüfung durch Segelschulen oder Segelvereine folgende Führerscheine: den Jüngstenschein für alle Segler, die das 14. Lebensjahr noch nicht erreicht haben, der zum Führen von Jollen mit bis zu zehn Quadratmetern Segelfläche berechtigt, den A-Schein als Segelführerschein für Binnengewässer, den R-Schein als Segelschein für den nahen Küstenbereich, den BR-Schein als Segelschein für die Küste, den BK-Schein als Segelschein für die große Küstenfahrt in der Ostsee, Nordsee bis zu 61 Grad Nord und für das Mittelmeer, den C-Schein als Segelführerschein für alle schiffbaren Gewässer und den Segelsurfschein als Anfängerschein für Segelsurfer. Alle Scheine sind an gewisse Bestimmungen gebunden, die von der einfachen seemännischen Praxis über Gesetzeskunde usw. bis zur Navigation reichen.

Fünfmaster: 1. Fünfmastbark, die vier vollgetakelte, das heißt mit Rahsegeln versehene, Masten und einen mit einem Gaffelsegel ausgestatteten Mast, den → Besanmast, führt. 2. Fünfmastvollschiff, ein Segelschiff mit fünf vollgetakelten Masten, die also alle Rahsegel führen. Im Gegensatz zur Fünfmastbark heißt der achtere Mast nicht Besanmast, sondern Kreuzmast. Von vorn nach achtern heißen die Masten: Fockmast, Großmast, Mittelmast, Hauptmast und Besan- bzw. Kreuzmast. Es existierte nur ein Fünfmastvollschiff auf der Welt: die PREUSSEN (→ Flying P-Liner). Sie lief 1902 vom Stapel und strandete 1910 auf ihrer 14. Reise bei Dover. Ihre Gesamtsegelfläche betrug 5560 m^2. Gesegelt wurde sie von einer 50köpfigen Besatzung.

Fünfnullfünfer (505er): internationale, sehr schnelle Zweimannjolle mit → Trapez, benannt nach ihrer Länge von 5,05 m; Breite: 1,85 m, Gewicht: 135 kg, Segelfläche: 17 m^2.

Seitenriß der 505er-Zweimannjolle

Das → Klassenzeichen ist die Zahl 505, wobei die Null tiefer gesetzt ist.

Funkelfeuer: ein Leuchtfeuer mit sehr schnell aufeinanderfolgenden weißen oder farbigen Lichtblitzen, die entweder dauernd oder in Gruppen erscheinen. Derartige Feuer markieren Ansteuerungspunkte, Spaltung und Vereinigung von Fahrwassern sowie Abzweigungen usw.

Funkfeuer: Funksender an der Küste, die bestimmte Signale als Kennungen aussenden und es einem Schiff ermöglichen, durch Peilungen seinen Standort festzustellen. Der Schnittpunkt zweier Peilungen ergibt den Funkstandort eines Schiffes.

Funknavigation: Schiffsortsbestimmungen durch elektromagnetische Wellen.

Foto: Süddt. Verlag

Norwegische Kadetten des Schulschiffs CHRISTIAN RADICH stehen auf den Fußpferden beim Bergen der Segel

Funkpeilung: → Funkfeuer

Fuß: englisches Längenmaß, das auch heute noch in der internationalen Schiffahrt gebräuchlich ist. Ein Fuß (foot, ft.) hat 304,8 Millimeter.

Fußliek: das Unterliek eines Segels, also seine untere Kante.

Fußpferd: ein unterhalb jedes Raharms hängendes Ende aus Hanftauwerk oder Draht, auf dem die zur Bedienung der Rah oder des betreffenden Segels bestimmten Seeleute stehen, wenn die Segel losgemacht, gerefft oder aufgetucht werden. Um den auf dem Fußpferd stehenden Seeleuten ein sicheres und relativ bequemes Arbeiten zu ermöglichen, müssen die Buchten der Fußpferde überall so weit von der Rah entfernt sein, daß sich beinahe der ganze Oberkörper des jeweiligen Seemanns noch oberhalb der Rah befindet. Bei längeren Rahen werden die Buchten nach oben hin durch sogenannte Springpferde beigefangen.

Gaffel: gerades oder gebogenes Rundholz (Spiere), an dem das trapezförmige Gaffelsegel angeschlagen ist. Das untere Ende der Gaffel ist gabelförmig ausgeführt und wird Klau genannt. Die Klau greift um den Mast und stützt die Gaffel dort ab. Das obere Ende der Gaffel wird Piek genannt. An ihr greift das Piekfall an, mit dem die Gaffel in ihrer schrägen Position fixiert wird. Mit Klaufall und Piekfall wird das Gaffelsegel am Mast vorgeheißt bzw. niedergeholt. Gegenüber der → Rah kann die Gaffel beim Am-Wind-Segeln nahezu in Längsschiffsrichtung getrimmt werden.

Gaffelschoner: ein Segelschiffstyp mit zwei bis sieben Masten, an denen nur Gaffelsegel und → Stagsegel gefahren werden. In Europa beschränkte man sich auf Zwei- und Dreimastgaffelschoner, in Amerika wurden Schoner mit vier, fünf, sechs und sieben Masten konstruiert.

Gaffelsegel: trapezförmiges Segel, das an einer Gaffel hinter dem Mast gesetzt und dessen Unterliek an einem Baum angeschlagen wird (→ Gaffel). Auf modernen Yachten wurde das Gaffelsegel von dem dreieckigen Hochsegel verdrängt.

Gaffeltoppsegel: Segel, das über dem Gaffelsegel am Masttopp oder an der → Stenge bei leichten bis mittleren Winden gesetzt wird. Es hat meist eine dreieckige Form.

Galeasse: 1. Kriegsschiffstyp mit Riemen- und Segelantrieb im 16./17. Jahrhundert (siehe S. 330), 2. seit dem 19. Jahrhundert Bezeichnung für einen kleineren Küstensegler

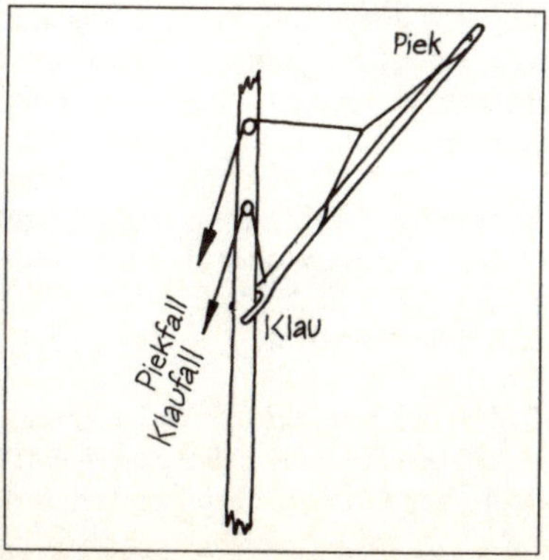

Die Gaffel, an der das Oberliek des Gaffelsegels angeschlagen wird

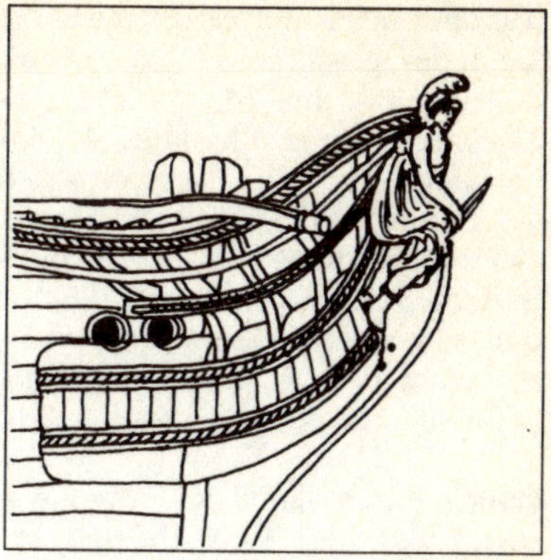

Das Galion eines alten Segelschiffs mit Galionsfigur

(Galeaß) der Ostsee und Unterelbe mit anderthalb Masten.

Galeere: Schiffstyp des Mittelmeerraums, der sich aus der Antike entwickelte und bis ins 17. Jahrhundert eingesetzt wurde. Der Antrieb erfolgte durch Ruderer (Galeerensklaven), doch konnten auch Segel gesetzt werden (siehe auch griechische Kriegstriere S. 318).

Galeone: dreimastiges Kriegs- und Handelsschiff im 16./17. Jahrhundert (siehe S. 328).

Galerie: ein auf den größeren Segelschiffen des 17. und 18. Jahrhunderts um das Heck herumgebauter „Balkon", zum Teil mit viel Schnitzwerk versehen.

Galion: ein oben vor dem Bug der Schiffe des 16. bis 18. Jahrhunderts vorspringender Ausbau, über den der Bugspriet hinausragte. Das Galion hatte einen Holzgitterboden, war oben offen und seitlich durch ein Geländer geschützt. Es diente als Abtritt für die Mannschaft, als „Freiluft"-Arrestzelle und als Arbeitsdeck für die Bugsprietsegel (→ Blinde). Die Front der Galion zierte die Galionsfigur – eine künstlerische Ausgestaltung der Galion und später des oberen Vorstevens mit einer dem Schiffsnamen angepaßten Holzfigur (siehe auch S. 96).

Galiot: ein in der Nordsee, auf Weser, Eider und Ems ehemals gebräuchlicher Küstenfrachtsegler bis zu 200 t. Er trug wie die → Galeasse (2.) anderthalb Masten, war aus der → Kuff hervorgegangen und ein ausgezeichneter Segler, der später von den → Gaffelschonern verdrängt wurde.

Gama, Vasco da: portugiesischer Seefahrer, 1469–1524. Er befehligte 1497 den ersten portugiesischen Verband, der um das Kap der Guten Hoffnung herum Indien erreichte und damit die Schiffsroute Lissabon – Kalikut (Malabarküste, Indien) eröffnete. 1502 unternahm er eine zweite Reise nach Indien und gründete die Faktoreien von Cochin und Cananor. Vor seiner dritten und letzten Fahrt nach Indien wurde ihm der Titel eines Vizekönigs verliehen. Er starb in Cochin, seine sterblichen Überreste wurden zehn Jahre später nach Portugal gebracht und in Vidigueira beigesetzt.

Foto: Deutsches Museum München

Vasco da Gama

Gangspill: eine Winde mit senkrechter Achse – im Gegensatz zum → Bratspill. Es dient zum Ankerlichten, Verholen zwischen Landestegen und Pieranlagen und Warpen (Verholen mittels Anker) auf Reede oder im Ankergebiet. Heute wird das Gangspill maschinell betrieben, früher mit Muskelkraft. Dazu wurden in den Spillkopf die Spillspaken gesteckt, die als waagerechte Hebelarme dienten. Im Rundlauf, gegen die Spaken gestemmt, setzte die Mannschaft das Spill in Betrieb. Bei den Arbeiten mit dem Gangspill wurde häufig gesungen, was im weiteren zu vielen Shanty-Melodien mit den entsprechenden Texten führte.

Gangway: Verbindung – als Laufplanke, Holzsteg oder Brücke – zwischen Schiff und Schiff oder Schiff und Pier bzw. Kai.

Garne: Grundlage für die Herstellung von Tauwerk, dessen → Kardeele aus Garnen bestehen.

Gast: angehängte Bezeichnung für ein Mitglied der Mannschaft mit be-

Foto: Süddt. Verlag

Passagiere verlassen über die Gangway das Schiff

stimmter Funktion an einem bestimmten Ort an Bord – z. B. Toppsgast, Backsgast, Bootsgast, Signalgast usw. Die Mehrzahl lautet „Gasten“, nicht „Gäste“.

Gastlandflagge: die Nationalflagge jenes Landes, dessen Hoheitsgewässer ein Schiff anläuft. Es setzt dann die Gastlandflagge – Seeschiffe im Vortopp bzw. an der Brückenrahnock, Yachten an der Steuerbord-Saling.

Gatchen, auch Gattchen: ein kleines, mit Metallöse (Kausch) oder Lederrand versehenes Loch im Segel oder in Bezügen (Persenningen). Die Gatchen ermöglichen das Befestigen des Segels an Mast, Baum oder Gaffel, indem die → Reihleine durch sie hindurch um die Spiere geführt wird. → Kausch oder Lederrand verhindern ein Ausreißen des Segeltuchs.

Gatt, auch Gat: seemännische Bezeichnung für Loch, Hinterteil oder Öffnung (→ Hellegatt, Hennegatt, Speigatt, Spitzgatt).

Gebetbuch, auch Gesangsbuch: wie das englische „Holystone“ (heiliger Stein) eine ironische Bezeichnung für den Scheuerstein, mit dem früher die Oberdecks der Segelschiffe gescheuert wurden.

Gefahrenhalse: das Heck eines Seglers in einer plötzlichen Notsituation schnell und auf engstem Raum durch den Wind drehen, z. B. bei „Mann über Bord“. Dazu wird aus dem Am-Wind-Kurs (beim Kreuzen) sofort und schnell abgefallen, gehalst und sofort wieder angeluvt. Es wird nur ein sehr enger Kreis gefahren.

Gefährlicher Quadrant: ein Sektor, bei dem ein Schiff in Gefahr gerät, zur Zugbahn eines Orkans hin ver-

Neptuns hölzerne Engel

„... Es war eine edle Auslese der Schönsten und Schnellsten, und jedes führte am Buge das geschnitzte Sinnbild seines Namens; da gab es wie in einer Galerie von Gipsfiguren Frauengestalten mit Kronen, Frauen mit wallenden Gewändern, mit goldenen Diademen im Haar oder blauen Schärpen um die Hüften, und sie streckten wohlgerundete Arme aus, als wollten sie den Weg weisen; da gab es barhäuptige oder behelmte Männerköpfe und in voller Größe schneeweiße Krieger, Könige, Staatsmänner, Lords und Prinzessinnen; hier und da war die dunkelhäutige, in vielen Farben herausgeputzte Gestalt eines turbangeschmückten orientalischen Sultans oder Helden zu sehen; und sie alle neigten sich unter der Schräge mächtiger Bugspriete vor, als verlangten sie voller Sehnsucht danach, in ihrer schwebenden Neigung eine neue elftausend Meilen lange Reise zu beginnen. Das waren die schönsten Galionsfiguren der schönsten Schiffe zur See... Die ganze geduldige, bleiche Schar der Königinnen und Prinzessinnen, Könige und Krieger, der allegorischen Frauengestalten, der Heroinen und Staatsmänner und heidnischen Götter, der Bekrönten, Behelmten und Barhäuptigen ist für immer von der See verschwunden, aber bis zuletzt haben sich die schönen, gerundeten Arme über den stürzenden Schaum hin ausgestreckt, bis zuletzt trugen sie ihre Speere, Schwerter, Schilde und Dreizacke in derselben unermüdlichen, vorwärtsstrebenden Haltung vor sich her. Und nichts ist von ihnen geblieben, es sei denn, daß im Gedächtnis einiger Männer nur zaudernd noch der Klang ihrer Namen wohne, die schon vor so langer Zeit von der ersten Seite der Londoner großen Blätter verschwunden sind, verschwunden von den Plakaten in den Bahnhöfen und an den Türen der Schiffsagenturen, verschwunden aus dem Sinn der Matrosen, Dockmeister, Lotsen und Schleppdampferleute, verschwunden aus dem Anruf barscher Stimmen und aus dem Flattern der Signalflaggen, die gezeigt werden, wenn zwei Schiffe sich begegnen und allein weiter in die offene Unendlichkeit der See ziehen ..."

(Aus Joseph Conrad: „Spiegel der See")

setzt zu werden. Die Zugbahn ist die von dem Sturmsystem verfolgte Richtung. Der gefährliche Quadrant ist auf der Nordhalbkugel der vordere rechte und auf der Südhalbkugel der vordere linke Sektor.

Gefährlicher Sektor: für ein Schiff der Sektor von etwa Backbord voraus über Steuerbord bis zwei Strich achterlicher als → dwars, da man Fahrzeugen, die sich in dem genannten Sektor nähern, ausweichen muß.

Geflochtenes Tauwerk: allgemeine Bezeichnung für jenes Tauwerk, das nicht geschlagen, das heißt ineinandergedreht, sondern geflochten wird. Es ist sehr schmiegsam, bildet keine → Kinken und wird deshalb zu → Schoten verwendet. Sein Nachteil: Es trocknet langsamer als geschlagenes Tauwerk und kann nicht gespleißt (→ Spleißen) werden.

Gegenkommer: ein Schiff auf Gegenkurs zum eigenen Kurs.

Gegenkurs: der Kurs, der dem eigenen Kurs entgegengesetzt – um 180 Grad – verläuft.

Gegenruder: Ruderlage, die einer Drehbewegung des Schiffes entgegenwirkt. Sie hat immer bremsende Wirkung. So kann man z. B. mit ständigem wechselndem Gegenruder ein Segelschiff beim → Aufschießer schneller stoppen.

Gegenstrom: → Neerstrom

Gegenwind: ein Wind aus jener Richtung, in die man segeln möchte. Also muß man kreuzen.

Gegißter Ort: Schiffsort, der nicht durch Peilungen, sondern durch Lotungen und → Koppelnavigation ermittelt wird. Er ist ungenau.

Gei, auch Geitau oder Geeren: Leinen, die auf Rahseglern das Segel an die Rah heranholen, damit sie aufgetucht und festgemacht werden können.

Geigen: eine vor allem bei Jollen gefürchtete Schaukelbewegung um die Längsachse bei Vor-Wind-Kursen und viel Wind. Das Geigen – wobei die Jolle plötzlich abwechselnd stark nach Luv und Lee krängt – entsteht durch ein Verwinden des Segelprofils (Bildung einer Tasche), wodurch der Wind abwechselnd nach Luv und Lee abströmt. Starkes Geigen kann zu einer Vor-Wind-Kenterung führen. Gegenmaßnahmen sind ein flaches Stehen des Großsegels (ohne Steigen des Großbaums) und dementsprechend ein hartes Durchsetzen des Großbaumniederholers (→ Niederhalter).

Gelohte Segel: eine Art Konservieren der früheren Baumwollsegel, vor allem auf Fischereifahrzeugen, um sie gegen Verrotten zu schützen. Die Segel erhielten dadurch ihre typische rötlich-braune Einfärbung. Zum Lohen benutzte man Eichenrinde, Fischöl oder Chemikalien. Kunststoffsegel werden nicht geloht oder konserviert.

Gemäßigte Breiten: Klimazonen auf den beiden Erdhälften zwischen → Wendekreis und → Polarkreis mit Westwinden und Niederschlägen zu allen Jahreszeiten.

Die Genua als großes Vorsegel einer Yacht

Generalplan: Bauzeichnung eines Schiffes im Maßstab 1:100 mit einem Längsschnitt und einem Grundriß von jedem Deck.

Genickstag: waagerechte Stagverbindung zwischen zwei Masten von → Topp zu Topp, vor allem bei → Schonern, da bei ihnen wegen der → Gaffelsegel kein Schrägstag gefahren werden kann.

Genua, auch Genuafock oder Kreuzballon genannt: ein großes Vorsegel auf Seekreuzern, Yachten und Jollen, das weit am Mast vorbei nach achtern reicht. Bei der Rennbesegelung ist die sogenannte Masttoppgenua üblich geworden, die bis zum Masttopp vorgeheißt wird und häufig eine größere Segelfläche als das Großsegel hat. Benannt ist sie nach einer 1928 in Genua durchgeführten Regatta der 6-Meter-Rennyachten, wo sie erstmals von einem schwedischen Segler gesetzt wurde.

Germanischer Lloyd: seit 1867 bestehende, in Hamburg gegründete Klassifikationsgesellschaft für Schiffe und technischer Beirat der See-Berufsgenossenschaft. Der Bau eines Schiffes nach GL-Vorschrift ist freiwillig, seine Klassifizierung bedeutet aber einen bestimmten Güte- bzw. Sicherheitsgrad, nach dem sich dann auch die Höhe der Versicherungsprämie richtet.

Geschirr: Sammelbezeichnung für alle Teile eines bestimmten seemännischen Ausrüstungskomplexes. So bezeichnet man Anker, Ankerkette, Ankerboje usw. als Ankergeschirr, analog dazu gibt es: Ladegeschirr, Fanggeschirr usw.

Geschlagenes Tauwerk: Seine Herstellung erfolgte früher in sogenannten Reepschlägereien auf der Reepschlägerbahn (Reeperbahn), die 180 Faden oder 325 Meter lang war. Heute wird das Tauwerk maschinell hergestellt. Man spinnt unter gleichzeitiger Drehung nach links 180 Faden lange Kabelgarne, dreht mehrere Kabelgarne rechtsherum und schlägt sie linksherum zu → Kardeelen. Dann werden drei oder vier Kardeele unter gleichzeitiger Linksdrehung rechtsherum zu

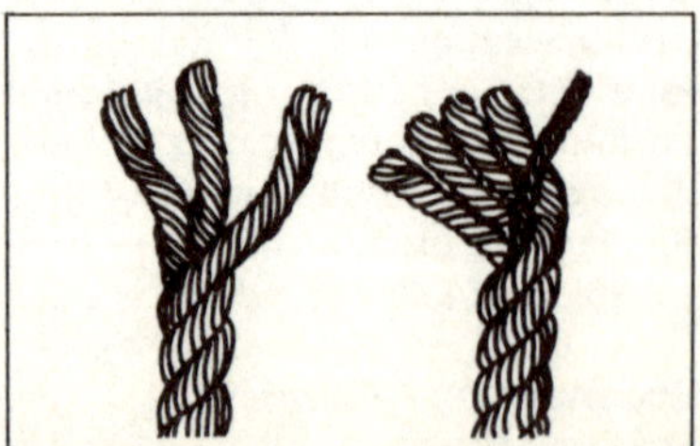

Dreifach geschlagenes Tauwerk (links) und vierfach geschlagenes Tauwerk (rechts)

Foto: W. Kopp

Piraten-Jollen beim Geschwadersegeln in Dwarslinie

→ Trossen geschlagen. Auf diese Weise erhält man rechtsgeschlagenes Tauwerk. Bei linksgeschlagenem Tauwerk verfährt man umgekehrt. Geschlagenes Tauwerk läßt sich im Gegensatz zum geflochtenen → Tauwerk spleißen, trocknet gut durch, ist allerdings weniger weich und geschmeidig.

Geschwader: eine Vereinigung mehrerer Kriegsschiffe meist gleichen Typs unter dem sogenannten Geschwaderchef.

Geschwadersegeln: das Formationsfahren von Segelfahrzeugen und die Durchführung bestimmter Manöver (heute fast nur noch in Segelschulen geübt). Beim Fahren im Verband gibt es die Kiellinie (hintereinander), Dwarslinie (nebeneinander), Staffel (schräg versetzt).

Geschwindigkeit: wird auf dem Wasser in Seemeilen pro Stunde (sm/h) gemessen. Geschwindigkeitsmaß ist der Knoten. 1 kn = 1 sm/h.

Gesegelte Zeit: Zeitraum bei einer Regatta vom Startschuß bis zum registrierten Zieldurchgang.

Gestörter Windbereich: an der Leeseite eines Segels herrschende Verwirbelungszone etwa in Richtung des → scheinbaren Windes, den der → Stander im Masttopp angibt (→ Abdecken).

Gewichtsschwerpunkt: der Schwerpunkt, auf den sich das Gesamtgewicht eines Schiffes konzentriert. Die Resultierende der Auftriebskräfte, die ein Schiff schwimmen lassen, greift dort an.

Gewichtsstabilität: Eine solche Stabilität (→ Formstabilität) beruht auf einem sehr tief liegenden Gewichtsschwerpunkt bei einem Schiff. Kielyachten z. B. bezeichnet man als gewichtsstabil, da ihr (Kiel-)Ballast sehr tief liegt.

Gezeiten, auch Tiden genannt: die periodische Änderung des Wasserstandes und die damit auftretenden Bewegungen des Meerwassers, verursacht durch die Anziehungskräfte, die Mond und Sonne auf die Erde ausüben. Ungefähr sechs Stunden steigt das Wasser, dann fällt es wieder ungefähr sechs Stunden lang (→ Ebbe, → Flut). Hochwasser bedeutet höchster Flutstand, Niedrigwasser niedrigster Ebbstand. Den Unterschied zwischen Hoch- und Niedrigwasser nennt man Hubhöhe oder Tidenhub. Angaben über den Zeitpunkt von Hoch- und Niedrigwasser mit den verschiedenen Bezugsorten sind in den Gezeitentafeln und Tidenkalendern enthalten, die jährlich vom → Deutschen Hydrographischen Institut in Hamburg neu herausgegeben werden.

Gezeitenstrom: horizontale Wasserbewegung entlang der Küsten und in großen Flußmündungen (z. B. Elbe), die durch die vertikalen Gezeitenbewegungen verursacht wird. Ebbstrom und Flutstrom laufen in der Regel in entgegengesetzte Richtungen. Das → Kentern des Stroms erfolgt häufig kurz nach Hoch- bzw. Niedrigwasser. Die Periode vor dem Kentern des Stroms bezeichnet man mit Stillwasser. Stärke und Richtung der Gezeitenströme zu bestimmten Zeiten vor bzw. nach Hochwasser sind für verschiedene Gebiete in den Stromatlanten und Stromkarten aufgeführt, die vom Deutschen Hydrographischen Institut in Hamburg herausgegeben werden.

Gien: dient zum Heben schwerer Lasten und besteht aus zwei Blöcken und einem → Läufer (→ Talje).

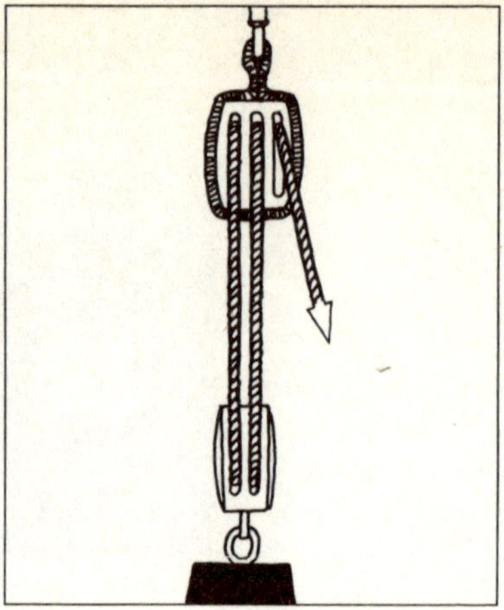

Die Gien mit einem dreischeibigen Block oben und einem zweischeibigen Block unten

Der eine Block muß dabei mindestens drei Scheiben, der andere zwei Scheiben haben. Schwere Giens bestehen aus sechs- und siebenscheibigen Blöcken.

Gieren: während der Fahrt wiederholtes unfreiwilliges Abweichen vom Kurs als Folge schlechten Kurshaltens, Seegangs, Windeinflusses, geringer Wassertiefe oder wegen ungünstiger Schiffsform. Allgemein ist die Neigung zum Gieren am stärksten bei von achtern heranlaufenden Wellen. Unter ungünstigen Bedingungen kann ein Schiff dabei querschlagen.

Gig: 1. zur Zeit der Segelschiffahrt das Beiboot des Kapitäns oder Kommandanten (bei Kriegsschiffen), das als deren „Visitenkarte“ besonders gepflegt wurde und schnell war. Es konnte gerudert und gesegelt werden. 2. Im Rudersport ein bestimmter, mehr zum Wanderrudern geeigneter Bootstyp.

Gillung: 1. der nach innen gewölbte Teil des Hinterschiffes, 2. die Kontur eines Kreuzervorstevens (konkav), 3. die konkave Rundung im Unterliek eines Rahsegels.

Gischt: bei hartem Wind, etwa ab Windstärke sieben, von den Köpfen der See wegfliegender Schaum sowie das über das Deck fegende Sprühwasser.

Gissen: seemännischer Ausdruck für schätzen – besonders in Verbindung mit der Navigation (→ Gegißter Ort).

Glas: 1. übliche Bezeichnung für das Doppelfernrohr an Bord (Prismenglas, Nachtglas), 2. Sanduhr, die zur Zeitmessung benutzt wurde, bevor es verläßliche Schiffsuhrwerke (→ Chronometer) gab. Meistens wurde eine Sanduhr verwendet, die eine halbe Stunde lief. War sie ausgelaufen, wurde sie umgedreht. Dabei wurde als Zeitsignal für alle Besatzungsmitglieder ein Schlag mit der Schiffsglocke gegeben, nach eineinhalb Stunden drei usw. Nach vier Stunden wurde achtmal geglast. Dann erfolgte die Wachablösung, und die aufziehende Wache begann mit der Zählung von vorn.

Glasen: Methode, um an Bord die Zeit anzugeben, als man noch keine Uhr mitführte. Beim Schlagen von drei oder mehr Glasen mit der Schiffsglocke wird der Strang (meist mit kunstvollen Zierknoten versehen) so bedient, daß zwei Schläge schnell aufeinander folgen, dann eine kurze Pause, darauf der folgende Schlag oder zwei, kurze Pause usw. Bei jeder Vier-Stunden-Wache beginnt erneute Zählung: 00.30 = ein Glas, 01.00 = zwei Glasen, 01.30 = drei Glasen usw. bis 04.00 Uhr = acht Glasen, 04.30 = ein Glas usw.

Glattdecker: Schiffstyp mit durchgehendem oberen Deck ohne von Bord zu Bord reichende Aufbauten wie → Back, → Poop usw. Auf Yachten ein plattes, glatt verlaufendes Oberdeck, unter dem sich die Kajüte befindet. Diese Decksform hat sich beim heutigen Yachtbau stark durchgesetzt.

Gleichlastig: Ein Schiff ist gleichlastig, wenn es auf ebenem Kiel schwimmt und sein Tiefgang vorn und achtern gleich ist. Gegenteil: kopflastig bzw. achterlastig.

Gleitboot: Motorboot mit hoher Geschwindigkeit, wodurch es teilweise auf dem Wasser gleitet, statt durchs Wasser zu fahren (Verdrängungsfahrt). Bei langsamer Fahrt verdrängt das Boot das umgebende Wasser. Bei zunehmender Fahrtgeschwindigkeit gelangt es an einen Punkt, an dem es der Druck des anströmenden Wassers anhebt, das Boot beginnt auf dem Wasser zu „rutschen“. Bei weiter zunehmender Geschwindigkeit geht es dann in Gleitfahrt über. Die größte Motorleistung ist erforderlich, um von der Verdrängungsfahrt in die Gleitfahrt zu gelangen. Nach Erreichen der Gleitfahrt ist nur noch wenig Leistung nötig.

Foto: Zefa

Rennboot in Gleitfahrt

Gleiten: das Über-das-Wasser-Rutschen eines Bootes, hervorgerufen durch dynamischen Auftrieb, das heißt durch den Druck des anströmenden Wassers. Leicht und flach gebaute Segeljollen – Gleitjollen genannt – wie die beiden olympischen Klassen → Flying Dutchman und → Finn-Dinghy kommen bei entsprechender Segel- und Trimmtechnik bei raumem Wind mit drei, vier Windstärken bereits zum Gleiten. Dabei läuft die Gleitjolle vor ihrem eigenen Wellensystem. In richtiger Gleitfahrt schießt das Boot – den Bug angehoben – über das Wasser.

Gleitschiene: Metallschiene mit einem Profil, über das die Rutscher oder Reiter eines Segels gleiten. Diese Schiene ersetzt z. B. am Mast die Keep (Nut), in der sonst das → Vorliek des Großsegels läuft. Gleitschienen verwendet man gleichfalls für verstellbare Schotführungen, um die Segel optimal zu trimmen.

Glockentonne: eine Boje, auf der eine Bronzeglocke fest angebracht ist. Um sie herum hängen drei bis vier Klöppel. Sie sind lose fixiert und schlagen bei Bewegungen der Tonne im Seegang wechselweise gegen die Glocke, so daß man auch bei Nebel oder Dunkelheit die Tonne orten kann. Glockentonnen sind schwimmende → Seezeichen und dienen zur Markierung von Untiefen, Ansteuerungspunkten usw.

Gordings: alle Taue, mit denen außer den eigentlichen Geitauen (→ Gei) die Rahsegel aufgegeit, das heißt, zum Bergen oder Reffen auf-

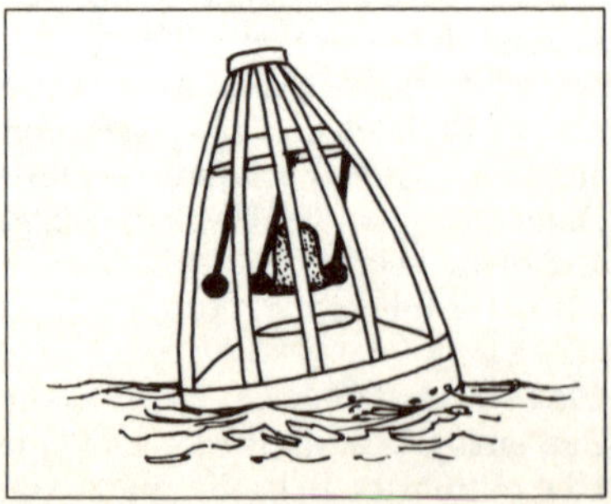

Bewegt sich die Glockentonne im Seegang, dann schlagen die Klöppel gegen die Glocke

Die Laser-Jolle schießt in voller Gleitfahrt über das Wasser

geholt werden. Man unterscheidet Bauchgordinge, die das Unterliek des Rahsegels nach oben holen, und Nockgordinge, welche die Seitenlieks nach innen holen.

Gösch: kleine Flagge, meist verkleinerte Nationalflagge oder Stadtflagge des Heimathafens, die am Göschstock (Flaggenstock) auf dem → Vorsteven gefahren wird. Die obere innere Ecke einer Kriegsflagge wird ebenfalls Gösch genannt.

Grad: 1. als Winkelmaßeinheit der 360. Teil eines Kreises oder der 90. Teil eines rechten Winkels. Das Koordinatensystem der Erde ist in Grade (Breiten- und Längengrade) eingeteilt. 2. Temperatureinheit.

Gräting: Gitterrost aus Holz oder Metall zum Abdecken von Luken, zum Schutz von Oberlichtern oder als Nässeschutz auf Sitzbänken und Cockpitböden.

Greenwicher Zeit, auch Weltzeit genannt: die Zonenzeit des nullten Längenmeridians (→ Koordinatensystem), der durch Greenwich/England verläuft. Man hat die Erdkugel Ende des vorigen Jahrhunderts in 24 von Pol zu Pol verlaufende Zeitzonen eingeteilt, um für diese Zonen eigene Zeiten zu erhalten, die nach dem Längenkreis bestimmt sind, der durch ihre Mitte läuft. So gilt der 15. östliche Längengrad, der etwa durch Motala in Schweden, Leoben in der Steiermark und Catania auf Sizilien verläuft, für die Mitteleuropäische Zeit (MEZ). Die Osteuropäische Zeit wiederum richtet sich nach dem 30. östlichen Längengrad und die Westeuropäische Zeit (WEZ) nach dem Längenkreis, der durch Greenwich geht. Die Greenwicher Zeit „hinkt" der Mitteleuropäischen Zeit um 1 Stunde „nach".

Greifen: Ein Anker greift, wenn er im Ankergrund gefaßt hat.

Großbaum: Spiere (Rundholz), die mittels eines Beschlages am unteren Teil des Großmastes befestigt wird, und zwar so, daß sie um nahezu 180 Grad geschwenkt werden kann. Ihre jeweilige Position erhält sie durch

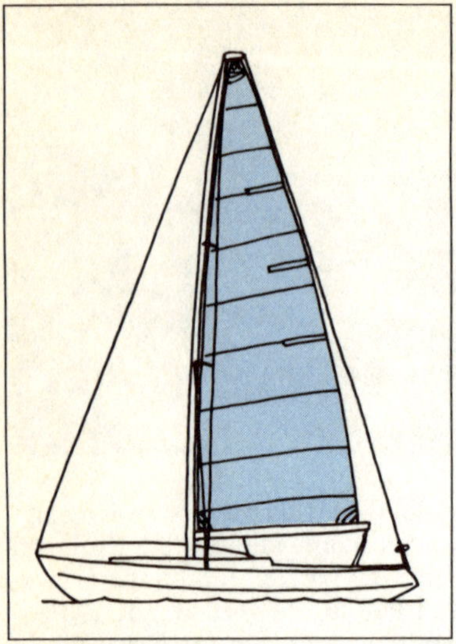

Das Großsegel – hier als dreieckiges Hochsegel einer Yacht

die → Großschot. Am Großbaum wird das → Unterliek des Großsegels angeschlagen.

Großfall: das → Fall, mit dem das Großsegel aufgeheißt bzw. niedergeholt wird.

Großmast: auf zweimastigen Segelschiffen oder Yachten der größere Mast, auf mehrmastigen Schiffen immer der zweite Mast von vorn.

Großschot: eine geschmeidige Leine (Schot), mit der das Großsegel bedient (getrimmt) wird, damit es bei der jeweiligen Windrichtung optimale Vortriebskraft entwickelt. Die Führung der Großschot durch verschiedene Blöcke wird unterschiedlich gehandhabt, dient aber in jedem Falle der Kraftersparnis.

Großsegel: das Segel, das hinter dem bzw. am Großmast gefahren wird. Bei einem rahgetakelten Großmast ist es das unterste Segel.

Großsegler: mehrmastige Segelschiffe mit vorwiegend Rahsegeln, wie → Vollschiff, → Bark, → Klipper, → Brigg.

Grummet: Ring aus Tauwerk. Um diesen herzustellen, dreht man aus einem dreikardeeligen Tau ein → Kardeel heraus, das etwa die dreieinhalb- bis vierfache Länge des Umfangs des anzufertigenden Grummets hat. In dieses Kardeel wird eine Schleife von der Größe des Grummets gelegt. Wo sich die beiden Enden des Kardeels treffen, werden sie sorgfältig umeinander gedreht, so daß ein dreikardeeliger Tauring entsteht. Dort, wo sich die Enden des Kardeels zum dritten Male treffen, werden sie halbiert und mit einem Überhandschlag verbunden. Danach werden die überstehenden Enden verspleißt. Grummets werden als Verbindungsstropps oder als Unterlage für → Gatchen verwendet.

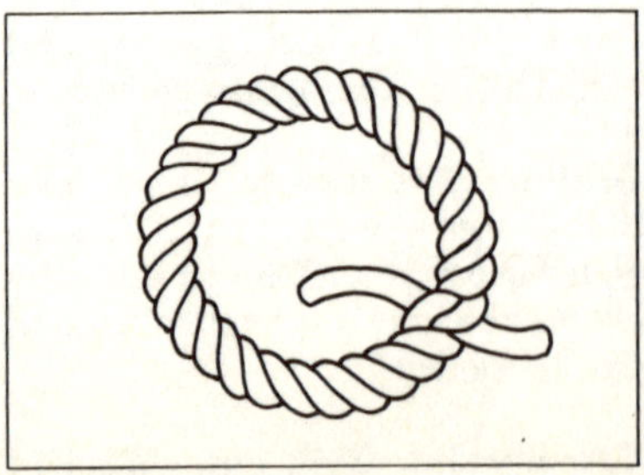

Das Grummet, ein Tauring, der eine Metallöse ersetzt

Die Gründel, ein nordholländischer Plattbodensegler mit Seitenschwertern

Grundberührung: das Auflaufen auf eine Untiefe, auf einer flachen Stelle, einem Riff usw. Ein Freikommen ist durch Umtrimmen von Gewichten und Krängen des aufgelaufenen Schiffes möglich (→ Auf Grund).

Gründel: nordholländischer Plattbodensegler mit geradem Vorsteven und plattem → Spiegel (Heckform). Die Gründel war ursprünglich ein Fischereifahrzeug, diente aber auch zum Transport landwirtschaftlicher Erzeugnisse. Heute beliebt als Wandersegler auf Binnengewässern und an der Wattküste.

Grundsee: auflaufende Welle, die als Folge des aufsteigenden Meeresbodens höher und steiler wird, genau wie Brandungswellen an der Küste, aber viel schneller und/oder in größeren Dimensionen. Kann überraschend in ziemlich flachem Wasser auftreten, und zwar an der Leeseite einer – nicht zu ausgedehnten – Untiefe, um welche die Wellen auf beiden Seiten herumlaufen und in Lee wieder zusammenstoßen. Gefährliche Grundseen können, vor allem in den Mündungen der großen Flüsse vor unserer Küste, bereits bei fünf Windstärken auftreten.

Grüne See: massiv überkommendes Wasser im Gegensatz zum Spritzwasser oder Sprühwasser. Kann erhebliche Schäden verursachen.

Gut: Kollektivbezeichnung für Tau- und Takelwerk. Man unterscheidet hier zwischen dem stehenden Gut und dem laufenden Gut. Zum stehenden Gut gehören alle Verstagungen, die den Mast abstützen, wie → Wanten, → Pardunen, → Backstagen, → Vorstage, → Achterstage (heute zumeist aus Drahttauwerk). Mit laufendem Gut bezeichnet man alles Tauwerk, das durch → Blöcke, → Taljen, → Augen usw. geschoren (geführt) wird und mit dem die Segel bedient werden, also → Fallen, → Brassen, → Schoten usw.

Hacke: Bauteil am Schiffskörper, der vom Ende des Kiels bis zum unteren Ruderlager führt (Ruderhacke) und bei Grundberührung das Ruder gegen Beschädigung schützt.

Hafen: Liegeort für Schiffe und Umschlagplatz für Güter des Im- und Exports.

Hafenfeuer: Lichteinrichtungen, mit denen Hafeneinfahrten markiert sind, so daß auch bei Dunkelheit in den Hafen eingelaufen werden kann.

Hafengeld: eine Art Liegeplatzgebühr für Schiffe, die in einem Hafen festmachen. Bei Sportfahrzeugen richtet sich die Gebühr nach der Größe der Yacht und der Dauer des Aufenthaltes.

Hafenhandbuch: ein spezielles Werk, in dem die Häfen eines bestimmten Gebiets in allen Details beschrieben werden.

Hafenkapitän: die nautische Aufsichtsperson über einen Hafen. In kleineren Häfen versieht der „Hafenmeister“ diesen Dienst.

Hafenschlepper: kurzrümpfige und gedrungene Fahrzeuge mit starker Motorenleistung, die in den größeren Häfen zum Bugsieren und Verholen von Tankern, Frachtschiffen usw. zur Verfügung stehen und im Hafendienst eingesetzt werden.

Hafenschleuse: Schleuse, die in → Tidengewässern das Hafenbekken absperrt.

Hahnepot: 1. auf Spreiz stehende Tauenden oder Enden eines Stahldrahts – z. B. an der → Gaffel –, die den Zweck haben, die Zugkraft einer Leine (des Piekfalls bei der Gaffel) auf mehrere Stellen zu verteilen, 2. ein Zier- und Gebrauchsknoten, der aus den → Kardeelen eines Tampens durch gegenseitiges Unterstecken gebildet wird.

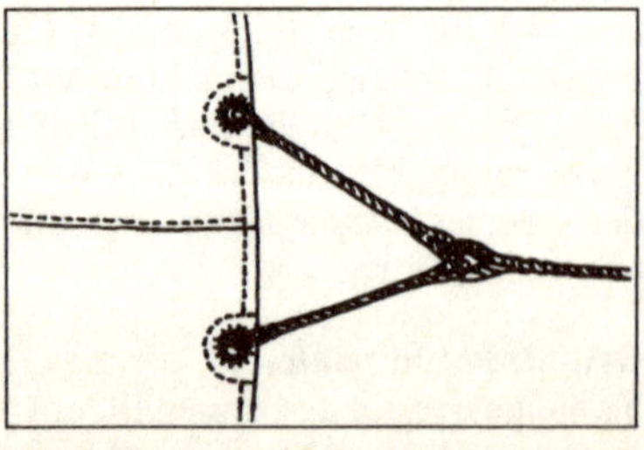

Die Hahnepot, mit der die Zugkraft einer Leine verteilt wird

Foto: Süddt. Verlag

Hafenschlepper im Hamburger Hafen

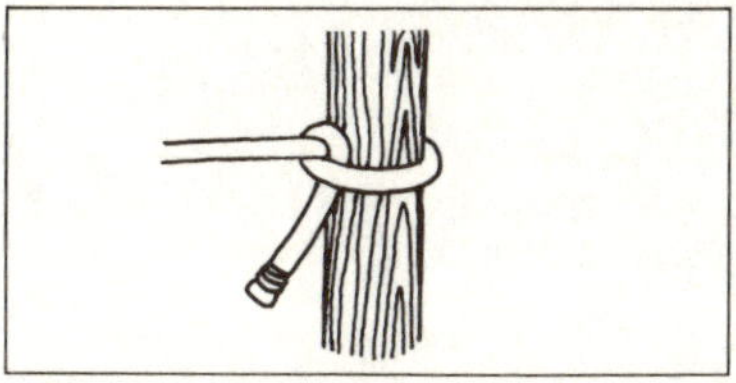

Der halbe Schlag ist meist der Anfang zu einem Knoten

Halber Schlag: Anfang zu einer Anzahl von Knoten, und zwar zunächst eine einfache Verschlingung des Tampens mit sich selbst, wobei die eine Part (→ Part 3.) über der anderen liegt und das Ende unter ihr durch das entstehende → Auge gesteckt wird. Ein Rundtörn und zwei halbe Schläge dienen z. B. dazu, ein Boot an einem Ring festzumachen.

Halber Wind: beim Segeln jener Wind, der dwars (quer) einfällt. Das heißt, die dem Wind zugekehrte Schiffsseite (die Luvseite) bildet mit dem Wind einen rechten Winkel.

Halbmast, auch halbstocks: das Setzen der Landesflagge auf die Hälfte der Flaggleine zum Zeichen der Trauer.

Halbtonner: eine Yacht, die zu den sogenannten → Tonnerklassen gehört (→ Eintonner). Der Halbtonner wird wie die anderen Tonnerklassen nach einer bestimmten Formel vermessen. Danach hat er einen

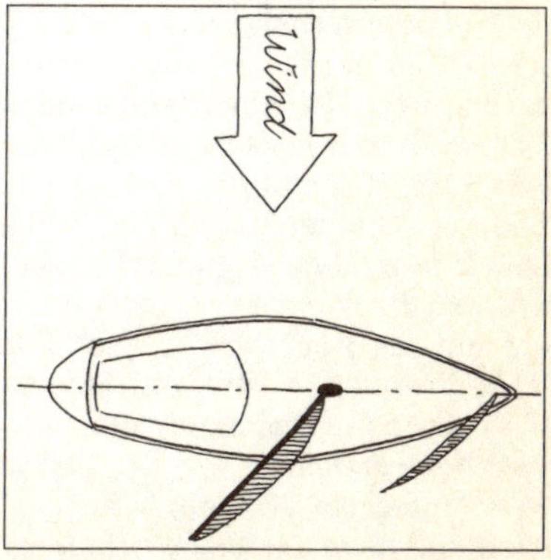

Der halbe Wind fällt von querab ein

Grenzwert von 21,7 Fuß (6,6 m) in der → Wasserlinie bzw. eine Länge über Alles von 9–9,5 m.

Halbwind-Kurs: das Absegeln eines Kurses, bei dem das Segelschiff den Wind von querab empfängt (→ halber Wind, → Segelstellungen).

Hall-Anker: eine Form des sogenannten Patentankers. Er hat keinen Stock wie der → Admiralitätsanker, und seine Arme können bis zu einem Winkel von 43° vom Schaft weggeklappt werden. Er kann dadurch bis in die → Klüse gehievt werden und vereinfacht damit die Ankerlagerung sowie das Ankermanöver.

Halo: ein „Hof" um Sonne oder Mond. Er bildet sich bei fallendem Luftdruck und weist auf kommenden Niederschlag hin.

Hals: 1. bei Rahsegeln die untere luvseitige Ecke, die mit den Halsen verbunden ist. Ihr Gegenstück ist das Schothorn, also die untere leewärtige Ecke des Rahsegels, die mit den Schoten verbunden ist. Die Halsen führen nach vorn, die Schoten nach achtern. Bei einer Wende oder Halse wird der Hals zum Schothorn und das Schothorn zum Hals. Ebenso wechseln Halsen und Schoten die Bezeichnung. Ein Rahsegler, der über Backbordbug segelt (Wind kommt von Steuerbord), segelt mit Backbordschoten bzw. mit Steuerbordhalsen (→ Backbordhalsen und Backbordschoten). 2. Bei allen → Schratsegeln (längsschiffs stehend und nicht an Rahen gefahren) bezeichnet man mit Hals die vordere untere Ecke des Segels. Auch hier heißt sein Gegenstück – die hintere untere Ecke – Schothorn. 3. Beim Spinnakersegel (→ Spinnaker) ist der Hals auf der jeweiligen unteren luvseitigen Ecke wie beim Rahsegel.

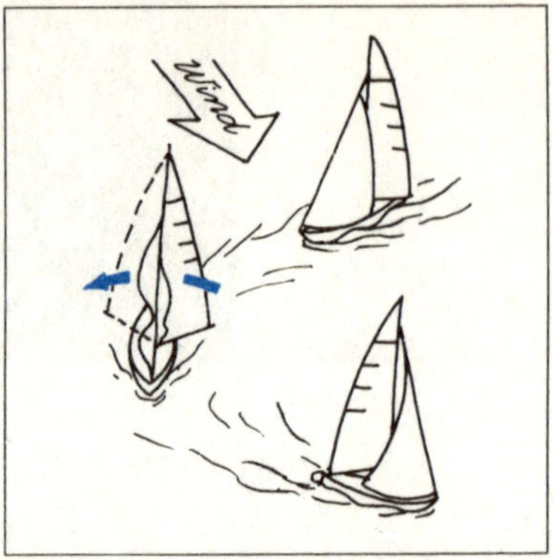

Bei der Halse dreht das Heck eines Seglers durch den Wind

Halsen: die Kursänderung eines Segelschiffes, bei der im Gegensatz zum → Wenden nicht der Bug, sondern das Heck durch den Wind gebracht wird. Dieses Manöver ist auf Rahseglern leichter durchzuführen als auf Gaffelseglern oder modernen Yachten mit → Hochtakelung, für die die Wende das leichtere Manöver ist. Zu einer Halse muß eine Yacht/Jolle vor den Wind gesteuert werden, die Segel sind ganz aufgefiert, das Großsegel bildet zur Längsschiffsrichtung einen nahezu rechten Winkel. Wird jetzt die Großschot blitzschnell dichtgeholt, dann gleiten Baum und Segel über die Mittschiffslinie und werden vom Wind auf die andere Seite gedrückt, wobei die Schot sofort wieder aufgefiert wird. Ein mögliches Anluven wird mit Gegenruder abgefangen. Gefährlich ist die unfreiwillige Halse, die sogenannte Patenthalse. Sie entsteht durch Unachtsamkeit beim Kurshalten oder bei Winddrehungen. Baum und Segel schlagen in einem solchen Fall mit Wucht auf die andere Seite über, wobei Besatzungsmitglieder verletzt werden können und unter Umständen Schäden am Rigg auftreten. Eine Jolle kann bei einer → Patenthalse kentern.

Halsstrecker: eine → Talje, die am Hals eines Segels angreift und mit der das Vorliek gestreckt wird.

Handelsflagge: die Landesflagge, die von Handelsschiffen gesetzt wird. Kriegsschiffe führen die Kriegsflagge. Handelsflagge und Kriegsflagge sind nicht immer identisch.

Handelsschiff: ein Schiff, das nur für Handel und Verkehr eingesetzt wird.

Handhaken, auch Kanthaken genannt: ein Eisenhaken mit Griff, der beim Be- und Entladen von Schiffen das Handhaben der Ladungsstücke erleichtert.

Handikap: Zeitvergütung bei Regatten zwischen ungleichen Yachten.

Handlauf: an den Aufbauten (Kajütdach, Deckshaus usw.) angebrachte und sehr stabile Griffleiste zum Festhalten beim Bewegen über Deck, wenn das Schiff schlingert.

Handlog: in der Segelschiffszeit ein Gerät zum Messen der Schiffsgeschwindigkeit (→ Log).

Handlot: Gerät, um vom Schiff aus die Wassertiefe zu loten (messen). Es besteht aus einer Lotleine und dem bleiernen Lotkörper in der Form einer abgestumpften achteckigen Pyramide, deren Gewicht etwa zwei bis drei Kilogramm beträgt. Unten am Lotkörper befindet sich eine Vertiefung, in welche die sogenannte Lotspeise – Fett oder Talg – gedrückt wird. Die Lotspeise dient dazu, Bodenproben nach oben zu holen, was Aufschluß über den → Ankergrund gibt. Die Lotleine selbst ist mit farbigen Tuchstreifen und Lederstreifen versehen, die der Metereinteilung dienen. Bei 2, 12, 22, 32 m befindet sich ein schwarzer Tuchstreifen, bei 4, 14, 24, 34 m ein

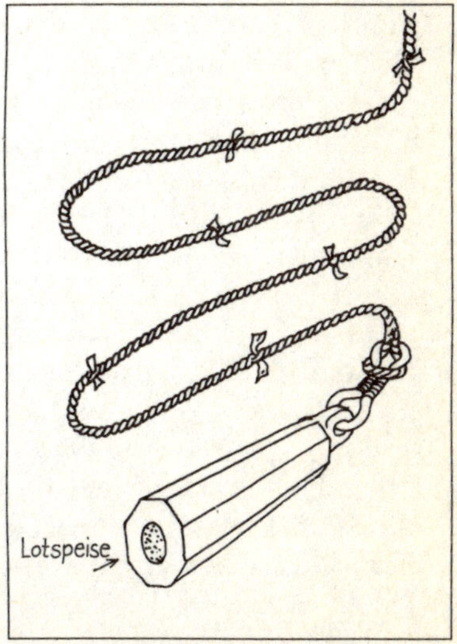

Mit dem Handlot wird die Wassertiefe gemessen

„Wenn es zu haben ist..."

In den Heuerverträgen vergangener Segelschiffszeiten gab es außer diversen Vereinbarungen auch noch eine besondere Speiseordnung, um die sich die Kapitäne häufig herummogelten, denn oft war dieses Versprechen nicht einzuhalten.

„Der Kapitän verpflichtet sich, das Decksvolk während der ganzen Reise in zureichlichem Maße mit Speisen und Trank zu verpflegen", heißt es da – mit dem Zusatz: „Soweit Zeit und Umstände das gestatten. Das Schiffsvolk muß versprechen, sich damit ohne Murren oder Widerwärtigkeiten abzufinden."

Die Einteilung der Rationen sah so aus: Jeder Mann erhält sonntags zum Frühstück Graupen oder Grütze, zu Mittag und Abend einen Schlag Erbsen.

Montag: Erbsen, Grütze oder Graupen. Dazu immer ein Pfund Rindfleisch oder Schweinefleisch oder die halbe Menge Speck (wenn es zu haben ist).

Dienstag: Grütze oder Graupen, abends Erbsen.

Mittwoch: Erbsen, Grütze oder Graupen.

Donnerstag: Grütze oder Graupen, abends Erbsen.

Freitag: Erbsen (wegen der Abwechslung morgens), abends Grütze oder Graupen. Und so weiter und so fort.

Des weiteren pro Mann und Woche: sieben Pfund Hartbrot, ein Pfund Butter oder (wenn Butter nicht zu haben ist) ein Viertelliter Öl, ein Achtel Quart Essig, ein Pfund roher Zucker (wenn er zu haben ist). Frischgemüse gab es allerdings nur im Hafen, auf See war davon nichts mehr vorhanden.

Dieses „Wenn es zu haben ist" begleitete die Heuerverträge von vorn bis achtern, und auch mit dem Ermessen des Kapitäns war das immer so eine Sache. Meist war das Genannte eben nicht zu haben, aber auf dem Papier machte sich das recht gut und sah nach was aus. Wenn es dem Kapitän also nicht paßte, dies oder das auszugeben – es nicht in seinem Ermessen lag –, dann drückte er sich davor, und Jan Daddel hatte das Nachsehen. Und wenn er meckerte, wurde nachdrücklich auf das Geschriebene im Heuervertrag hingewiesen – meist mit der Neunschwänzigen.

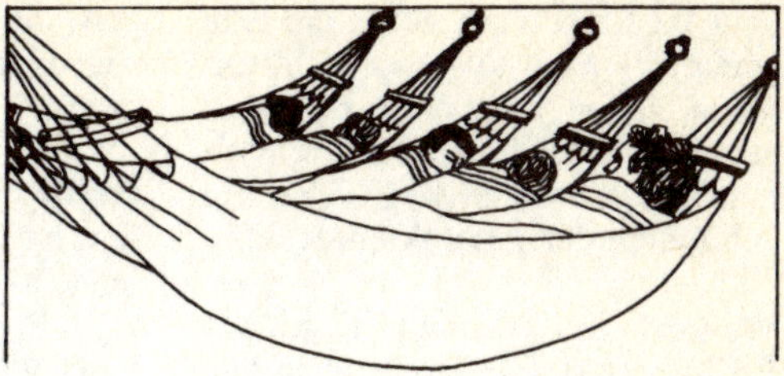

Die Hängematte ist das Bett des Seemanns

weißer, bei 6, 16, 26, 36 m ein roter und bei 8, 18, 28, 38 m ein gelber. Im Abstand von je 10 m sind die Lederstreifen angebracht und gelocht: 1 Loch = 10 m, 2 Löcher = 20 m usw. Diese Art Handlot wurde bereits im Altertum benutzt und wird auch heute noch von Seglern in Küstengewässern verwendet.

Handpferd: auf der Rah angebrachte Leinenhalterung zum Festhalten (→ Fußpferd).

Handspake: Hebelarm des → Gangspills und → Bratspills, auch Spillspake genannt. Man bezeichnet auch einen etwa 1,20 bis 1,60 m langen Hebebaum, mit dem schwere Gegenstände oder Lasten angelüftet und über Rollen weitertransportiert werden, als Handspake.

Handtalje: von einem Mann bedienbare leichte → Talje, die lose ist und für verschiedene Gelegenheitsarbeiten an Deck benutzt wird.

Hand über Hand: das Durchholen einer Leine oder eines Taus nicht mit beiden Händen zugleich, sondern wechselweise mit einer Hand, wobei eine Hand vor die andere greift und durchholt.

Hanftau: Tauwerk, das aus den Bastfasern einjähriger Hanfpflanzen hergestellt wird. Gegen Verrotten wird es geteert, es dehnt sich wenig und hat eine hohe Zugfestigkeit. Man benutzte es daher mit Vorliebe zur Einfassung der Segel als sogenanntes Liektau. Heute wird Tauwerk aus Kunststoff vorgezogen.

Hängematte: das „Bett" des Seemanns, bestehend aus einer Segeltuchhülle, die vorn und hinten gespreizt aufgehängt wird und als Lager eine Seegrasmatratze aufnimmt. Tagsüber – in der alten Segelschiffszeit – lagen die Hängematten in den → Finkennetzen längs der Reling und dienten als Splitterschutz bei den Segelkriegsschiffen. Zum Verstauen wird die Hängematte so gezurrt, daß sie die Form einer Wurst bildet. Dabei werden Matratze und Segeltuchumhüllung fest ineinandergerollt und mittels festgenähter → Bändsel nahezu wasserdicht verbunden. Eine gutgezurrte Hängematte soll kein Wasser einlassen und einem Schiffbrüchigen als Auftriebskörper dienen können. Hängematten sind raumsparend, ersetzen die Kojen und haben außerdem den Vorteil – sie werden in Längsschiffsrichtung aufgehängt –, bei Querschiffsbewegungen relativ ruhig zu hängen. Eingeführt wurde die Hängematte – nach ungewissen historischen Daten – bereits bei den Marinen des 16. Jahrhunderts: Die Westindienfahrer hatten sie bei den Eingeborenen der Karibik entdeckt.

Hanger: Ketten oder Taue zum Aufhängen der → Unterrahen oder zum Auftoppen eines Ladebaums.

Hanse: deutscher Städtebund vom 12. bis zum 17. Jahrhundert mit Kontoren, Höfen und Niederlassungen im ganzen nordeuropäischen Bereich von London bis Nowgorod. Dabei beherrschte der Bund zeitweilig Ost- und Nordsee und war bestimmend für den Seehandel dieser Zeit.

Hansekogge: in der Zeit der Hanse entwickelter Segelschiffstyp (siehe S. 322).

Harmattan: trockener, staubhaltiger Nordostwind der Sahara und ihrer Randgebiete, vor allem an der westafrikanischen Küste. Der Harmattan gehört zum Windsystem des Passats (→ Passatwinde).

Harpüse: eine Mischung von Leinöl und Tannen- oder Fichtenharz, mit der in der Segelschiffszeit Planken, Masten und Spieren gestrichen wurden, um sie vor Fäulnis zu schützen.

Hart am Wind: so hoch wie möglich am Wind segeln, so daß der Winkel zwischen Kurs und Windrichtung ziemlich spitz ist. Bei einem Segeln zu hart am Wind nimmt die Vortriebskraft allerdings rapide ab, das Segelfahrzeug läuft relativ langsam, gewinnt dafür aber beim Kreuzen sogenannte → Höhe, das heißt Luvraum.

Hartbrot: eine Art Schiffszwieback, der hart, ungesäuert und ziemlich lange haltbar war. Er gehörte früher zum Proviant der Segelschiffe, die lange unterwegs waren und wo nicht an Bord gebacken wurde.

Hart einsetzen: beim Fahren in schwerer See das wuchtige Hineinschlagen des Vorschiffs in eine Welle, was im ganzen Schiff schwere Erschütterungen verursacht und auf Dauer zu Leckagen und Bruch führen kann. Dagegen helfen nur Kursänderungen und Heruntergehen mit der Fahrt.

Harter Wind: starker Wind ab Windstärke 6 (→ Beaufort-Skala), und darüber.

Hart Ruder: das Legen des Ruders bis zum Anschlag.

Hauptabmessungen: die wichtigsten Abmessungen eines Schiffsrumpfes. Die Längenmaße werden horizontal in der Längsschiffs-Symmetrieebene gemessen, Breitenmaße senkrecht darauf ebenfalls horizontal. Die Wölbung des Rumpfes und den Tiefgang mißt man in der Vertikalen. Die Länge über Alles (LüA) wird vom vordersten Punkt des Bugs bis zum hintersten Punkt des Hecks gemessen, bei größter Länge (L. max) werden auch feste Vorsprünge wie → Bugspriet und Heckausleger mit einbezogen. Die Konstruktionswasserlinie (KWL, CWL) wird theoretisch im Entwurf

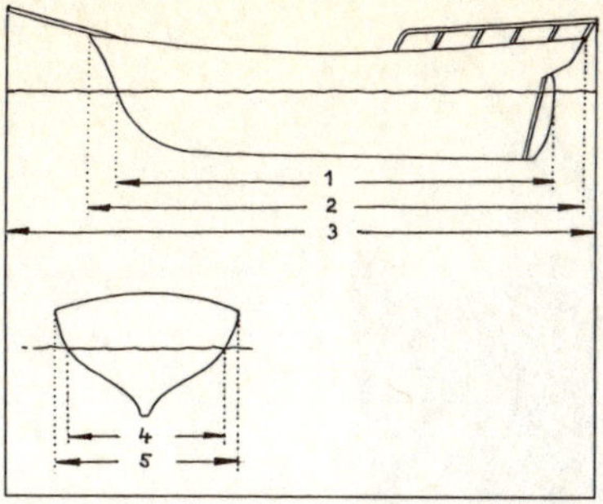

1 = Länge in der Wasserlinie, 2 = Länge über Alles, 3 = Länge maximal, 4 = Breite in der Wasserlinie, 5 = Breite über Alles

festgelegt und entspricht im allgemeinen der Schwimmwasserlinie (Länge in der Wasserlinie – LWl), bis zu der das Schiff eintaucht. Bei schwerer Beladung verändert sie sich natürlich. Die Breite (B) mißt man am → Hauptspant oder dort, wo die größte Breite – vorlicher oder achterlicher – liegt. Tiefgang (T) wird am Hauptspant von der Wasserlinie bis zur Unterkante Kiel gemessen. Ist der Kiel nach achtern hin tiefer gezogen, wird der größte Tiefgang dort gemessen. Die Wölbung des Rumpfes mißt man am Hauptspant, meist von der Oberkante Kiel bis zum Seitendeck. Der → Freibord ist die Höhe von der Wasserlinie bis zum Seitendeck, ebenfalls über dem Hauptspant gemessen.

Hauptdeck: in der Regel das oberste durchlaufende Deck.

Hauptfahrwasser: → Fahrwasser, das für tiefgehende und größere Schiffe passierbar ist, im Gegensatz zum Nebenfahrwasser, das kleinere Fahrzeuge, z. B. Segelboote, benutzen.

Hauptspant, auch Nullspant genannt: der vertikale Querschnitt durch die größte Rumpfbreite eines Schiffes. Aus der sogenannten Hauptspantzeichnung, einer Querschnittzeichnung, sind die Konstruktion des Rumpfes, seine Abmessungen, Materialstärke usw. zu entnehmen.

Havarie: Seeschaden an einem oder mehreren Schiffen infolge Kollision, Sturm, Seegang, Grundberührung, Feuer, eigenem Verschulden usw. Maßnahmen gegen Havarien werden auf Schiffen manövermäßig simuliert, um im Ernstfall sofort das Richtige unternehmen zu können.

Heck, auch → Achtersteven: der hinterste Teil eines Schiffes, der nach der Vielfalt der Schiffsformen gerade, geschwungen oder ausladend sein kann und dementsprechend genannt wird. So spricht man von Kreuzerheck, Kanuheck, Kutterheck, Spitzgattheck, Spiegelheck usw.

Heckanker: der Anker, der am Heck gefahren und auch ausgebracht wird.

Heckaufbau, auch Heckkastell: das hochgezogene Achterschiff bei den Seglern früherer Jahrhunderte, das die Kammern für Kapitän und Offiziere sowie die → Messe enthielt.

Hecklastig: gleichbedeutend mit → achterlastig. Ein heck- oder achterlastiges Schiff ist → leegierig.

Foto: Süddt. Verlag

Beim Hecktrawler werden die Fangnetze über die Heckaufschleppe an Bord gezogen

Hecklicht: eine Positionslaterne, die bei Nacht (von Sonnenuntergang bis Sonnenaufgang) von jedem Schiff am Heck geführt werden muß. Es bescheint nach achteraus einen Gesamtwinkel von 135 Grad, also je Seite 67,5 Grad, wobei die Begrenzung nach vorn durch die beiden → Seitenlichter gegeben ist. Das Hecklicht muß mindestens zwei Seemeilen weit sichtbar sein.

Hecktrawler: Fischereifahrzeug, bei dem das Netz im Gegensatz zum Seitentrawler (→ Trawler) über eine Vorrichtung am Heck ausgebracht und eingeholt wird. Hecktrawler sind größer und hochbordiger als die herkömmlichen Seitentrawler und bieten z. T. die Möglichkeit, den Fang sofort fabrikmäßig zu verarbeiten.

Heckwelle: unter oder hinter dem Heck auftretende Wellenbildung, die zum Wellensystem gehört, das ein in Fahrt befindliches Schiff erzeugt.

Heimathafen: der Hafen, in dem ein Schiff registriert ist und wo auch zumeist die → Reederei liegt.

Heißen: in der seemännischen Sprache das Hochziehen eines Segels, einer Flagge, einer Last usw.

Hellegatt: meist der unterste Raum im Vorschiff, der als Aufbewahrungsort für Farben, Tauwerk und sonstiges Material dient.

Helling: Platz für den Zusammenbau und das Zuwasserlassen des Schiffskörpers. Die Helling ist zum angrenzenden Wasser hin geneigt, so daß der Stapellauf durch Schwerkraft erfolgt. Man unterscheidet Quer- und Längshelling. Entsprechend läuft ein Schiff nach Fertigstellung von Stapel: in der Quer- oder in der Längsrichtung.

Hennegatt: 1. früher auf hölzernen Schiffen eine dreieckige Öffnung im Heck, durch die der Ruderstock gesteckt wurde, 2. allgemein eine runde Öffnung in der Schiffsaußenhaut, in der sich der Ruderschaft befindet.

Hennegattskoker: Gehäuse zur wasserdichten Durchführung des Ruderschaftes durch das Heck.

Herkulestau: Tauwerk aus Stahldraht und Manilafasern.

Heuer: der Arbeitslohn des Seemanns (siehe auch S. 110).

Heultonne, Heulboje: schwimmendes Seezeichen in Form einer Bakentonne, die an wichtiger Stelle eines Fahrwassers liegt und mittels eines sogenannten Heulers Schallzeichen gibt. Ähnlich der → Glokkentonne wird der Heulton durch den Seegang erzeugt: durch die Tauchbewegung wirkt Luftdruck auf eine Pfeife.

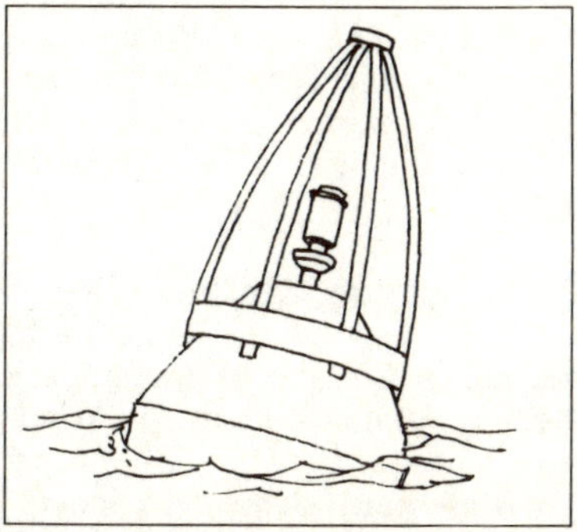

Die Heultonne gibt Schallzeichen, wenn sie sich im Seegang bewegt

Hieven: das Hochholen oder Aufwinden einer schweren Last mittels Winde. Beim Hochholen des Ankers spricht man von Ankerhieven. Auch ein Beiboot wird aufgehievt.

Hilfsbesegelung: zusätzliche Antriebsmöglichkeit für maschinengetriebene Fahrzeuge bei Ausfall der Maschine.

Hilfsmotor: Antriebsmotor auf Segelschiffen und Yachten, der nur als zusätzlicher Antrieb benutzt wird, z. B. bei Flaute oder beim Manöver im Hafen zum An- oder Ablegen.

Hinterquartier: auf mehrmastigen Segelschiffen alle hinter der Drehachse des Schiffes befindlichen Segel.

Hoch: Gebiet mit hohem Luftdruck. Gegensatz: Tief. Bei einem stabilen Hoch herrscht im Sommer sonniges, warmes Wetter, im Winter Kälte, manchmal Nebel.

Hoch am Wind: das Segeln in einem möglichst spitzen Winkel zur Windrichtung.

Hochbordig: ein Schiff mit hohem → Freibord.

Hochsee: die See weit vor der Küste.

Hochseeregatten: Regatten, die über weite Seeräume gesegelt werden. Ihr Ursprung wird auf die Zeit der berühmten → Teeklipper zurückgeführt, die sich – aus finanziellen Gründen – gegenseitig Rennen lieferten, um schnellstmöglich die ersten Tee-Ernten von Ostasien nach England zu bringen. Die klassischen Hochseeregatten sind: das Transatlantic Race von den Bermudas zu einem Hafen in Europa (ca. 2870 sm), das Transpacific Race von Los Angeles in Kalifornien nach Diamond Head, einem Vorgebirge auf der Hawaii-Insel Oahu (2225 sm), das Kapstadt-Rio Race von Kapstadt/Südafrika nach Rio de Janeiro/Brasilien (3600 sm), das Bermuda Race von Newport an der Ostküste der USA nach Hamilton auf den Bermudas (635 sm), das Sydney-Hobart Race von Sydney/Australien nach Hobart auf der Insel Tasmanien (630 sm), das für europäische Segler berühmte Fastnet Race (→ Admiral's Cup) von Cowes auf der südenglischen Insel Wight um den Fastnet-Felsen/Irland zurück nach Plymouth (605 sm), das Skaw Race, das in einem Dreieckskurs von 290 sm Länge im Skagerrak durchgeführt wird, das Gotland Runt um die schwedische Insel Gotland mit Start und Ziel in Sandhamn/Schweden (290 sm), das Middle-Sea Race rund um die Insel Sizilien mit Start und Ziel auf der Insel Malta (613 sm), das China-Sea Race von Hongkong nach Manila auf den Philippinen (600 sm), das Buenos-Aires-Rio Race mit einer Länge von 1200 sm und schließlich das Agulhas Race am Kap der Guten Hoffnung (500 sm). Alle diese Hochseerennen haben ihre spezifischen Eigenheiten mit Flaute, Sturm, Strömungen – und Gefahren. Sie verlangen hochqualifizierte Mannschaften und Skipper, die neben ausgezeichneter Seemannschaft, Navigation, Wetterkenntnis auch Disziplin, Härte und Kondition mitbringen müssen.

Hochsegel: die auf den heutigen Jollen und Kielschiffen gebräuchlichste Segelform. Das dreieckige Segel reicht bis zum → Masttopp hoch, sein Vorliek ist mit dem Mast verbunden, das Unterliek wird durch den Großbaum ausgespreizt. Segellatten in fest eingenähten Lattentaschen sorgen für das Abstützen des → Achterlieks. Mit dem Hochsegel, das aus dem → Gaffelsegel entstand, scheint die Entwicklung der Segelform zunächst abgeschlossen.

Hochtakelung: die Takelung eines Schiffes mit Hochsegel, auch → Bermudatakelung genannt.

Hoch und trocken: Ausdruck für ein Schiff, das nicht mehr im Wasser liegt. Dieser Ausdruck gilt für das Trockenfallen bei ablaufendem Wasser (z. B. im Gebiet der Watten), aber auch beim Aufholen an Land (Winterlager).

Hochwasser: 1. in den → Tidengewässern die Zeit des höchsten Wasserstandes, bevor die Ebbe einsetzt, 2. durch Windstau hervorgerufener außergewöhnlich hoher Wasserstand.

Hoffnungslose Stellung: Begriff aus dem Regattasport. Eine Yacht befindet sich in der hoffnungslosen Stellung, wenn sie beim Am-Wind-Kurs in den Abdeckungskegel (→ Abdecken) oder in die Windverwirbelungszone oder in den bremsenden Bereich der Bug- und Heckwelle der vor ihr laufenden Yacht gerät. In einer solchen Position sackt die Yacht „hoffnungslos" zurück. Sie kann weder angreifen noch einen Durchbruch versuchen. Ihre einzige Möglichkeit der Abwehr besteht darin, sofort zu wenden oder abzu-

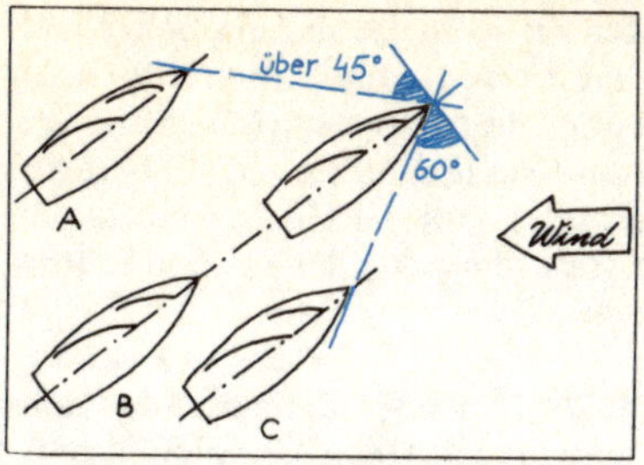

Die Boote A, B und C befinden sich gegenüber dem führenden Boot in der hoffnungslosen Stellung

fallen, um den Störbereich zu verlassen.

Höhe: im Segelsport die Fähigkeit einer Yacht, hoch am Wind zu segeln – man spricht von „Höhe laufen". Je höher eine Yacht beim Kreuzkurs (→ Kreuzen), also Am-Wind-Kurs, läuft, desto mehr Raum gewinnt sie zu einem Ziel hin, das sie gegen die Windrichtung erreichen muß. Diese Fähigkeit bedingt einen guten Trimm der Yacht, aber auch einen guten Steuermann oder → Rudergänger, der die Kunst beherrscht, gleichzeitig Höhe und dennoch Geschwindigkeit zu laufen.

Hohle See: See, die infolge geringer Wassertiefe und starken Windes hoch und kurz ist und zum Brechen neigt.

Holebug: jener Kurs, der beim Aufkreuzen zu einem Ziel die Distanz zu ihm nicht wesentlich verringert, aber dann für den anderen → Kreuzschlag, den sogenannten Streckbug (man „streckt" sich zum Ziel hin), die erforderliche Höhe „holt", um das Ziel anliegen zu können. Diese beiden Begriffe – Holebug und Streckbug – haben vor allem Gültigkeit, wenn der Wind nicht genau aus der Zielrichtung weht. Auch in diesem Fall besteht die Geschicklichkeit des Rudergängers darin, mit möglichst sparsamen Kreuzschlägen auf dem Holebug und Streckbug das Ziel zu erreichen. Dabei spielt das rechtzeitige Erkennen und Ausnutzen einer Winddrehung eine Rolle.

Holende Part: jener Teil einer → Schot, eines → Falls oder → Tampens, der durch einen → Block oder eine → Talje umgelenkt wird und an dem man holt, das heißt, den man zu sich heranzieht.

Holepunkt: Stelle an Deck, an der eine → Schot befestigt bzw. zum Bedienen (Dichtholen oder Fieren) umgelenkt wird. Bei der Fixierung des richtigen Holepunktes (einer Leitöse oder eines Blocks) darf eine → Fock nie im Unter- oder Achterliek verzerrt und ausgereckt werden.

Holz: Baumaterial für die Schiffe bis zum Beginn des Metall- und Kunst-

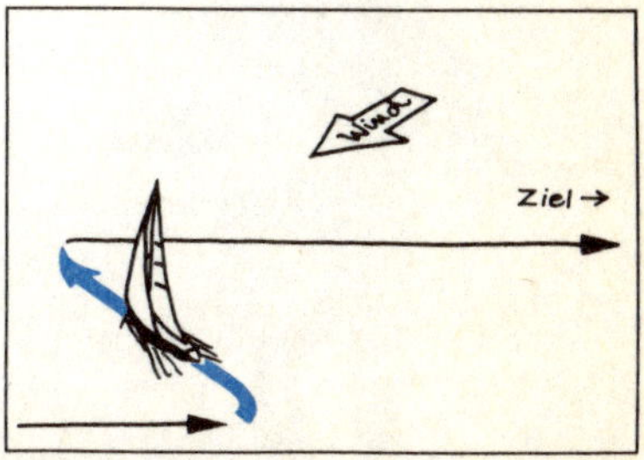

Mit dem Holebug gewinnt ein Segler beim Kreuzen Höhe oder Raum nach Luv

stoffschiffsbaus. Heute fast nur noch das Material für kleinere Boote, Jollen und – bedingt – Yachten, wobei Teak, Mahagoni, Eiche usw. bevorzugt werden.

Hopperbagger: Saugbagger, der das aufgeholte Baggergut in die eigenen Laderäume befördert und mit eigener Kraft zu den vorgesehenen Schüttstellen bringt, wo das Baggergut aus den Laderäumen durch Bodenklappen entleert wird.

Horizont: die sichtbare Grenzlinie zwischen Erde (See) und Himmel, im seemännischen Sprachgebrauch Kimm genannt (→ scheinbarer Horizont, → wahrer Horizont).

Horizontalwinkel: Winkel, der entsteht, wenn ein Beobachter zwei Landmarken oder Seezeichen gleichzeitig anpeilt, also der Winkel, den er selbst (oder sein Schiff) mit den beiden angepeilten Objekten bildet. In der terrestrischen Navigation (Navigation im Küstenbereich) arbeitet man mit Horizontalwinkeln zur Bestimmung des eigenen Schiffsortes.

Foto: Dt. Gesellschaft zur Rettung Schiffbrüchiger

Gerettet mit einer Hosenboje

Horn: 1. eine spitz zulaufende Landzunge (auch Hörn), 2. „die Horn" – traditionelle seemännische Bezeichnung für das Kap (Hoorn) an der Südspitze Südamerikas (siehe auch S. 120). 3. Als → Schothorn die untere, hintere Ecke eines Schratsegels, wo das Segel zur Baumnock hin ausgeholt wird. Auf Rahsegeln die beiden unteren Ecken, wo die jeweiligen → Schoten angreifen.

Hosenboje: Rettungsgerät, das aus einem Rettungsring und an ihm fest angebrachter Hose aus grobem Segeltuch besteht. Zweck der Hosenboje ist es, mit ihr Schiffbrüchige – meist von einem gestrandeten Schiff zum Land hin – zu bergen (heute auch vom Schiff zu Hubschraubern möglich). Bei der Bergung zum Land wird zu dem gestrandeten Schiff eine Verbindung hinübergeschossen (→ Raketenapparat). An einem starken Tau zwischen Schiff und Land wird mit einem zweiten dünneren Tau (Jolltau) die Hosenboje hin und her gefahren – als eine Art Schwebebahn. In der Hosenboje steckt der Schiffbrüchige, der auf diese Weise an Land geholt wird.

Hovercraft: → Luftkissenfahrzeug

Huaritakelung: eine Steilgaffeltakelung, auch Gunter Rig genannt, die durch die steilgesetzte → Gaffel

Der Huker war ein Küstensegler in der Nord- und Ostsee

nahezu die Wirkung der → Hochtakelung hat.

Hubkiel: ein aufholbarer Ballastkiel, durch den ein Kielboot fast zur Jolle wird.

Hudson, Henry: englischer Seefahrer und Polarforscher, 1550–1611. Er suchte 1607 im Auftrag der englischen Moskowitischen Handelskompanie eine Nordost-Passage nach Indien und gelangte bei dieser Fahrt bis nach Spitzbergen. Packeis verhinderte die Weiterfahrt, und er mußte zurückkehren. 1608 segelte er wieder nach Nordosten und mußte erneut vor den Eismassen von Nowaja Semlja kapitulieren. Auf seiner dritten Fahrt – jetzt im Dienst der holländischen Ostindien-Kompanie – segelte er 1609 nach Nordamerika und erkundete den Hudson River bis zum heutigen Albany. 1610–1611, wieder in englischen Diensten, suchte er nach der Nordwest-Passage und entdeckte die Hudson-Straße und die Hudson-Bai. Eine Meuterei zwang ihn zur Aufgabe. Er, sein Sohn und sieben seiner Anhänger wurden von den Meuterern in einer Schaluppe ausgesetzt und blieben verschollen.

Hufeisenboje: ein Rettungsring in Hufeisenform, der den Vorteil hat, daß er leichter und schneller als der Rettungsring übergestreift werden kann.

Huk: im Küstenverlauf eine Ecke oder ein Vorsprung.

Huker: anderthalb- und zweimastiger Küstensegler im Nord- und Ostseeraum während des 18. und 19. Jahrhunderts. Der Anderthalbmaster führte am Großmast Rahsegel (Großsegel, Mars- und Bramsegel), am Besanmast ein Gaffelsegel und darüber häufig ein Rahtoppsegel sowie außer einer Stagfock vorn am

Rund Kap Hoorn

Der Argentinier Vito Dumas umsegelte 1942–1943 mit seiner LEGH II die Welt und war der erste Einhandsegler, der Kap Hoorn in östlicher Richtung rundete. Darüber schrieb er in seinem Buch „Auf unmöglichem Kurs“:

„Die Strömung trägt mich nach Osten. Gegen Mittag des 24. Juni setzt ein Nordwind ein. Voller Neugier nähern sich viele Enten meinem Boot. Der Schiffsort der LEGH II ist 57° 10′ südlicher Breite und 70° westlicher Länge. Nach weiteren 90 Meilen werde ich südlich von Kap Hoorn stehen. Während der Nacht wird der Nordwind zum Sturm. Um Mitternacht muß ich, nach meiner Geschwindigkeit zu urteilen, Kap Hoorn querab haben. Der Wind ist steif und die See stark bewegt. Wenn ich nicht gegen ein Schott fallen soll, muß ich mich im Boot gehörig festhalten. Beim Licht einer kleinen Petroleumlampe versuche ich, den kleinen Spionkompaß wieder herzurichten. Plötzlich schleudert mich ein entsetzlicher Stoß gewaltsam hoch. Ich werde mit dem Gesicht gegen das gegenüberliegende Kajüt-Süll geworfen. Der Schmerz ist fürchterlich. Ich fühle mich ganz benommen. Meine Nase blutet stark. Beim Herumtasten finde ich ein Stück Watte, das ich mir, um größeren Blutverlust zu vermeiden, aufs Gesicht drücke. Mißhandelt und zerschlagen werfe ich mich in eine Ecke auf den Fußboden. Nach einigen Minuten komme ich wieder zu mir ... Noch halb bewußtlos beginne ich eine Art Entdeckungsreise bei meinem Kiefer. Die Finger tasten ihn ab und suchen nach einem Bruch. Die Hände sind blutüberströmt. Der Schmerz ist unerträglich, doch der Kopf wird wieder klar. Das Kinn hat keinen Schaden genommen. Als ich die Nase berühre, merke ich, daß sie unnatürlich beweglich ist. Ich befühle die Nasenscheidewand. Jetzt wird der Schmerz heftiger. Die Nase ist gebrochen. Zufrieden denke ich: Das ist ja nicht der Rede wert. Auf der Stirn stoßen die Finger an den Rand einer offenen Wunde. Eine weitere halbe Stunde, dann erst gerinnt das Blut – und Kap Hoorn hat den geforderten Zoll erhalten ...“

langen Bugspriet noch zwei oder drei Vorsegel. Die Huker waren robuste, gute Segler.

Hulk: 1. auch Holk genannt, klinkergebautes Schiff der → Hanse, das gegen Ende des 14. Jahrhunderts die → Kogge ersetzte und bereits wesentlich geräumiger war, 2. abgetakeltes Schiff, Rumpf eines solchen Schiffes, das nach dem „Hulken" (Ausrangieren) dann vor Anker oder an Pfählen liegend als Wohnschiff, Kohlenhulk oder Lagerplatz diente. In England wurden in Hulks Gefangene und Sträflinge untergebracht, so auch jene Sträflinge, die auf ihren Transport nach Australien warteten.

Hummer: runde oder achteckige Verdickung an der obersten Hälfte einer → Stenge oder des Mastes, an der Oberkante mit einem flachen Rand versehen. Hierauf ruht ein Ring, an dem die → Wanten befestigt werden. Auf Fischerbooten wurde der Hummer häufig farbig verziert.

Hundekoje: zwischen Bordwand und Plicht (Cockpit) eingebauter Schlafplatz, der nur vom Kopfende her zugänglich ist.

Hundewache: die – ungeliebte – Wache an Bord von 12 Uhr nachts bis 4 Uhr morgens, auch Mittelwache genannt. Die Engländer hingegen bezeichnen als Hundewache (dog watches) die beiden kurzen Wachen von 16.00 bis 18.00 und von 18.00 bis 20.00 Uhr, die man in den üblichen Vier-Stunden-Wachrhythmus einschiebt, um eine stetige Wiederholung des Wachtörns zu vermeiden. Backbord- und Steuerbordwache gehen also umschichtig die Hundewache, die u. a. auch „Friedhofswache" heißt.

Hundsfott: unterer Metallbügel (früher ein Stropp) an → einem Block, an dem die stehende → Part (1.) einer mehrfach geschorenen → Talje befestigt oder eingespleißt wird.

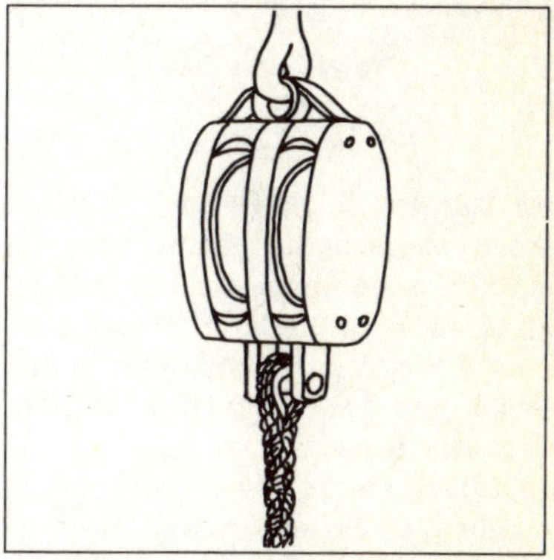

Mit Hundsfott wird der untere Metallbügel eines Blocks bezeichnet

Hurrikan: tropischer Wirbelsturm, der in der Regel zwischen Juni und November in der Karibik auftritt, auf den amerikanischen Kontinent übergreift und einen Durchmesser von 100 km erreicht.

Hüsing: dünnes Tauwerk von etwa 2 bis 5 mm Durchmesser. Es wird aus drei geteerten Garnen geschlagen und dient als Bändselgut.

Hütte, auch Poop genannt: der Decksaufbau auf dem achteren Teil eines Schiffes, der früher dem Kapitän sowie den Offizieren vorbehalten blieb und deren Wohn- und Schlafräume beherbergte.

Hygrometer: Gerät zur Messung der Luftfeuchtigkeit.

Im Wind: Ein Segelschiff liegt im Wind, wenn dieser genau von vorn einfällt. Segelfahrzeuge vor Anker, an einer Tonne oder Boje oder einem T-Steg legen sich immer in den Wind. In dieser Position werden auch die Segel gesetzt bzw. niedergeholt. Ein Segeln im Wind ist nicht möglich, da keine Vortriebskraft erzeugt wird – die Segel killen. In den Wind geht ein Segelfahrzeug, wenn die Fahrt bis zum Stillstand vermindert werden soll, z. B. beim Anlege- und Ankermanöver.

In Fahrt: Ein Fahrzeug ist nach der Seestraßenordnung in Fahrt befindlich, wenn es weder vor Anker liegt noch am Grund festsitzt, noch am Land vertäut ist.

Inglefield-Anker: eine englische Ankerkonstruktion für größere Schiffe. Die → Flunken dieses Ankers sind um 90 Grad drehbar.

Inklination: die Abweichung (Winkel) einer in lotrechter Ebene schwingenden Magnetnadel von der Waagerechten (Horizontalebene).

Innenballast: Ballast, der im Inneren eines Schiffes untergebracht ist – so bei den früheren Segelschiffen, die ohne Ladung segelten. Erforderlich war dies, um ihnen den notwendigen Tiefgang und Stabilität zu geben. Loser Innenballast waren Steine oder Sand, fester Innenballast z. B. festgestaute Eisenstücke, die nicht verrutschen konnten (→ Außenballast). Loser Innenballast kann zum Trimmen verwendet werden.

Innenkammer: Kammer an Bord eines Schiffes, die weder ein Bulleye (→ Bullauge) noch ein Fenster nach außenbords hat und nicht unmittelbar an der Bordwand liegt.

Innenklüver, auch Binnenklüver genannt: der innere → Klüver, wenn auf einem Klüverbaum zwei Klüver gefahren werden (→ Außenklüver). Bei Segelschiffen mit drei oder vier → Vorsegeln ist es das zweite Segel von achtern.

Innenposition: Begriff aus dem Wettsegelsport. Nähern sich mehrere Boote einer zu rundenden Bahnmarke der Regattabahn, dann hat jenes Boot die sogenannte Innenposition, das sich der Bahnmarke am nächsten befindet. Hat dieses Boot zwei Bootslängen vorher gegenüber den anderen Booten eine Überlappung (→ Überlappen) hergestellt, dann kann es zum Runden der Bahnmarke Raum verlangen. Die anderen Boote dürfen sich nicht in das Runden hineindrängeln und sind

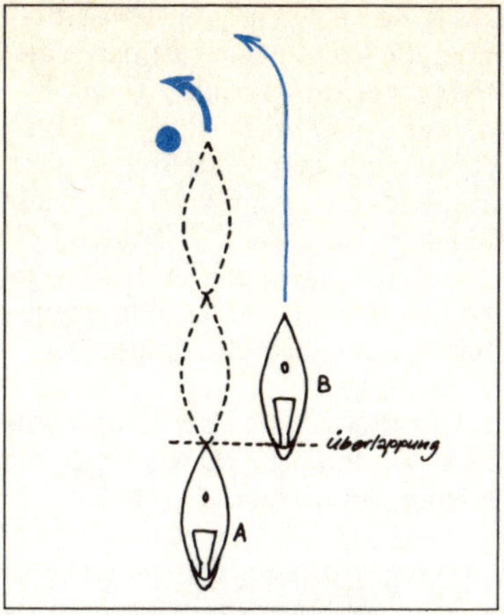

Boot A hat Innenposition, weil es zwei Bootslängen vor der Boje Überlappung hergestellt hat, Boot B muß beim Runden der Boje Raum geben

verpflichtet, Raum zu geben. Das Erreichen der Innenposition ist bei einem folgenden Kreuzkurz ein wesentlicher taktischer Vorteil.

In Sicht: alles, was von Bord aus sichtbar wird oder gesehen werden kann – z. B. „Land in Sicht!"

Internationale Klassen: Yacht- und Bootsklassen, die international verbreitet und von der IYRU (International Yacht Racing Union) anerkannt sind. Auch hier gibt es → Konstruktionsklassen und → Einheitsklassen. Zu den Konstruktionsklassen zählen z. B. die R-Klassen (Klassen mit einem Rennwert) wie die 6-m-R-Klasse, die 8-m-R-Klasse oder die 12-m-R-Klasse. Yachten der letzteren Klasse – die „Zwölfer" – segeln um den berühmten → America's Cup. Internationale Einheitsklassen sind Drachen, Star, Soling, Tempest, Flying Dutchman, 505er, 470er, Tornado, Finn-Dinghy, Laser usw. Aus diesen Klassen wählt die IYRU jeweils einige für die Olympischen Spiele aus (→ Olympische Klassen).

Internationale Wettsegelbestimmungen: verbindliche Regeln für Wettkampfsegler, die in mehreren Teilen Begriffsbestimmungen und Definitionen für das Wegerecht und die Vermeidung von Zusammenstößen usw. enthalten. Diese Bestimmungen haben für jeweils vier Jahre Gültigkeit.

Internationales Signalbuch: Signalbuch, in dem alle Signale mit ihrer speziellen Bedeutung enthalten sind. Es enthält einen Code in Form von Buchstaben und Ziffern für den Austausch von Informationen. Die Übermittlungsarten sind: Flaggensignale (Signalflaggen des Internationalen Signalbuchs), Blinklicht und Schallsignale, Signalisieren mit Winkflaggen, Übermittlung durch Megaphon oder Lautsprecher, Sprechfunk. Die Bedeutung der Signale ist international.

International Yacht Racing Union (IYRU): internationale Vereinigung aller Segelsportverbände – rund 70 Länder sind angeschlossen. Sie wurde 1907 in London gegründet und hatte dort auch ihren Sitz. Aufgaben: Herausgabe der internationalen Wettsegelbestimmungen, der internationalen Vermessungsbestimmungen, Bestimmung der → olympischen Klassen, Betreuung der von ihr anerkannten Bootsklassen, Ausschreibung von Welt- und Europameisterschaften sowie Betreuung der olympischen Regatten.

IOR-Formel (International Offshore Rule): internationale Vermessungsformel für Regattayachten, anhand derer der Rennwert (→ Rating) und der → Zeitberichtigungsfaktor bemessen werden. Aufgrund des Rennwertes erfolgt eine Einteilung in Klassen, in die sogenannten IOR-Klassen von I–VIII. Innerhalb der Klassen III, V und VII rangieren auch die Eintonner, Halbtonner und Vierteltonner.

Isobaren: in der Wetterkunde aufgezeichnete Linien gleichen Luftdrucks, die wie Höhenlinien auf Landkarten aussehen. Je enger die Isobaren liegen, desto mehr Wind ist zu erwarten.

Isobaren-Regel: Möglichkeit, aus der momentanen Windrichtung in etwa die Lage eines Hochs bzw. Tiefs zu erkennen: Man hält die rechte Hand waagerecht vom Körper nach vorn, und zwar so, daß der Daumen in Windrichtung (mit dem Wind) weist. Dann gibt der Mittelfinger die Richtung der Isobaren an. Oder umgekehrt: Man legt bei bekannter Isobaren-Richtung auf einer Wetterkarte den Mittelfinger über eine Isobare. Dann weist der Daumen in Windrichtung. In beiden Fällen befindet sich das Tief links vom Daumen und das Hoch ihm gegenüber auf der rechten Handseite.

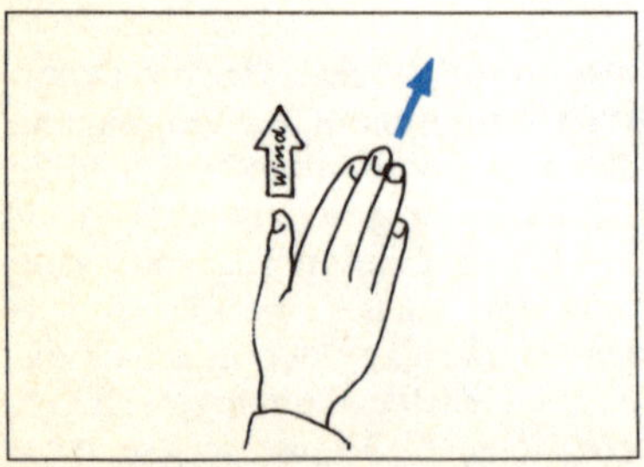

Mit der Isobaren-Regel kann die Lage eines Hochs bzw. Tiefs erkannt werden

Isothermen: Linien auf geographischen Karten, auf denen Orte mit gleicher Temperatur liegen.

Jackassbark, auch Polkabark genannt: ein Dreimast-Schoner, der auch am Großmast → Mars- und → Bramsegel führt.

Jackstag: 1. Jede Rah ist mit einem Jackstag versehen, das entweder aus Eichenholz oder Eisen gefertigt ist. Diese Rundholz- oder Rundeisenstange wird mittels Augbolzen, die jeweils etwa 45 cm voneinander entfernt sind, auf der Rah befestigt. An das Jackstag wird das Oberliek des Rahsegels angebändselt. 2. Gleitschiene an der Hinterkante eines Mastes, über die das → Vorliek eines Gaffelsegels läuft, und zwar mittels besonders gefertigter Reiter oder Rutscher.

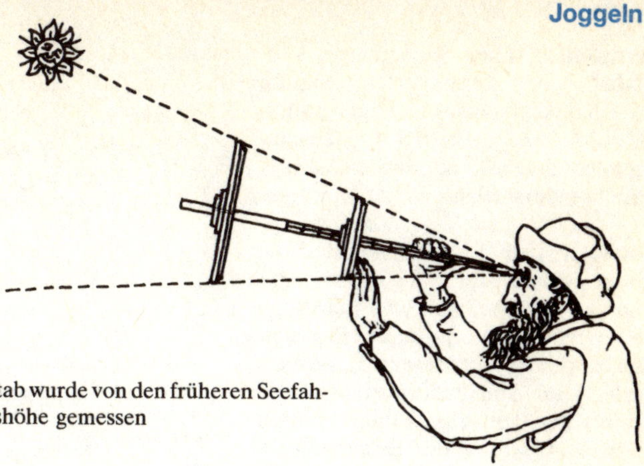

Mit dem Jakobsstab wurde von den früheren Seefahrern die Gestirnshöhe gemessen

Jager: 1. eine Art → Außenklüver, ein kleines dreieckiges Segel, das ober- oder außerhalb des Klüvers gesetzt wird, 2. großes dreieckiges Vorsegel, das beim Segeln vor dem Wind in Luv gefahren wird.

Jakobsleiter: eine Leiter aus Tauen mit hölzernen Sprossen, die früher das → Fallreep ersetzte. Das obere Ende dieser „Strickleiter" wurde am → Schanzkleid befestigt, das andere hing frei nach unten. Heute ist die Jakobsleiter als kurze Badeleiter an Bord von Yachten in Gebrauch, weil sie praktisch und leicht zu verstauen ist.

Jakobsstab: einfaches Navigationsinstrument zur Messung von Gestirnshöhen, das etwa von der Mitte des 15. Jahrhunderts bis ins 18. Jahrhundert benutzt wurde. Der Jakobsstab bestand aus einem Längsstab mit quadratischem Querschnitt und einer Gradeinteilung sowie mindestens einem auf ihm verschiebbaren Querholz. Der Beobachter hielt den Stab ans Auge und bewegte den Schieber so lange, bis dessen unteres Ende auf der Kimm aufsaß und das obere Ende gleichzeitig die Sonne (oder ein Gestirn) anpeilte. Jetzt konnte der Höhenwinkel des Gestirns an der Gradeinteilung abgelesen werden.

J-Klasse: Regattasegelyacht, mit der 1930, 1934 und 1937 die Wettkämpfe um den → America's Cup ausgetragen wurden. Der 1937 in den USA gebaute Pokal-Verteidiger RANGER war durch Geschwindigkeit und Segeleigenschaften der unübertroffene Höhepunkt in der J-Klasse – sie trug 701 m² Segel! Als die Klasse nach dem 2. Weltkrieg zu teuer und anspruchsvoll wurde, ging man bei den Regatten um den Pokal zu der kleineren, aber moderneren → Zwölfer-Klasse über.

Joggeln: das Knickverformen der Außenhautplatten bei übereinandergreifenden Stahlplatten im Schiffbau, so daß ein flaches Profil entsteht. Früher wurde dieses Verfahren bei geklinkerten Nähten (→ Klinkerbauweise) angewendet. Heute werden die Platten zusammengeschweißt, so daß sie direkt aneinanderstoßen.

Jolle: 1. früher ein offenes Beiboot oder Arbeitsboot, zum Teil mit einfacher Besegelung und natürlich Riemenantrieb, 2. heute Bezeichnung für ein kenterbares, offenes oder zum Teil gedecktes Schwertboot, bei dem die Stabilität durch das → Ausreiten der Besatzung erzielt wird. Moderne Jollen haben so viel Auftrieb, daß sie nach einer Kenterung von der Besatzung selbst wieder aufgerichtet und weitergesegelt werden können, wobei eingedrungenes Wasser durch Fahrt im Schiff mittels Lenzventilen außenbords gesogen wird. Verdränger-Jollen sind z. B. der Pirat, die Olympia-Jolle, das Sharpie, der Zugvogel, die H-Jolle. Zu den modernen Gleitjollen gehören z. B. Flying Dutchman, 505er, Korsar, Finn-Dinghy, 470er, 420er, Laser. Das Segeln in der Jolle ist „sportlicher" als in einem Kielboot – sie reagiert lebendiger und verlangt körperlichen Einsatz.

Jollenkreuzer: Diese Sportsegelfahrzeuge führen wie die Jollen ein aufholbares Schwert, sind aber im Gegensatz zu ihnen voll gedeckt und verfügen über eine Kajüte mit Wohn- und Schlafeinrichtung (Kojen), wodurch sie sich für Binnengewässer und ortsnahe Küstenfahrt eignen. Es sind ausgesprochene Wanderboote, mit denen allerdings auch Regatten ausgetragen werden.

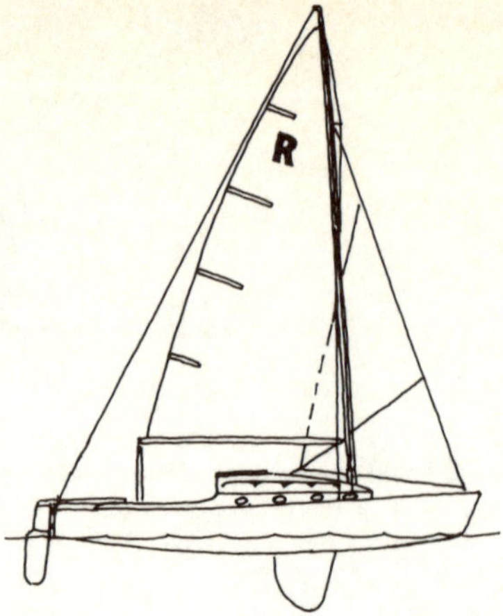

Der 20er-Jollenkreuzer zum Fahrten- und Regattasegeln

Sie sind wie die Jollen formstabil (→ Formstabilität) und können daher kentern. Der Jollenkreuzertyp wurde speziell in Deutschland entwickelt und in Klassen eingeteilt. Vom DSV anerkannte nationale Klassen sind der 15-m^2-Jollenkreuzer (→ Klassenzeichen: P), der 16-m^2-Jollenkreuzer (Klassenzeichen: S), der 20-m^2-Jollenkreuzer (Klassenzeichen: R) und der 30-m^2-Jollenkreuzer (Klassenzeichen: B).

Jolltau: die einfachste Art der Umlenkung eines Taus, das durch einen festen einscheibigen → Block gefahren wird (→ Talje). Der Block dient also als Umlenkrolle. Eine Kraftersparnis wird dadurch nicht erreicht.

Jolly Roger: die Totenkopfflagge der Piraten – vermutlich aus dem französischen „joli rouge" (hübsches Rot) entstanden und von den Engländern verballhornt.

Journal: traditionelle Bezeichnung für das Schiffstagebuch (→ auch Logbuch).

Juffer, auch Jungfer, Doodshooft (Totenkopf) oder Deadeye (Totenauge) genannt: wurde auf Segelschiffen früher als → Talje zum Durchsetzen der → Wanten benutzt. Die Juffer besteht aus einer Pockholzscheibe mit drei Löchern. Zwei Juffer bilden die Talje und ersetzen damit einen dreischeibigen → Block. Durch die sechs Löcher der beiden Juffer wird ein Reep (Tau) geschoren, so daß jetzt durchgeholt bzw. losegegeben werden kann, wenn man z. B. die Spannung der Wanten verändern will. Die Juffer wurden in späterer Zeit von den Spannschrauben und Wantenspannern ersetzt.

Die Juffer diente früher Segelschiffen als Talje

Jugendboot: national oder international anerkannte Klasse, in der Jugendmeisterschaften ausgetragen werden. Nationale deutsche Meisterschaften werden in der Piraten-Jolle und im Korsar, internationale Pokalwettfahrten im 420er und 470er ausgetragen. Weltmeisterschaften gibt es im Jüngstenboot – dem → Optimisten, kurz „Opti" genannt –, wobei die Altersbegrenzung bei 15 Jahren liegt.

Foto: Archiv Tölzel

Start zur deutschen Jugendmeisterschaft in der Piraten-Klasse

Jumpstag: ein → Stag, das den Masttopp in Längsschiffsrichtung über eine nach vorn ragende Spreize (Saling) abstützt. Ein solches Jumpstag wurde früher unter anderem bei den stark nach achtern gebogenen Masten der →Schärenkreuzer verwendet. Ein doppeltes Jumpstag, auch Diamantrigg genannt, stützt den Masttopp sowohl in der Längsschiffs- als auch in der Querschiffsrichtung. (Bild siehe S. 128.)

Jungfernfahrt: die erste Reise eines Schiffes nach der Übergabe von der Werft an die Reederei und nach der Probefahrt.

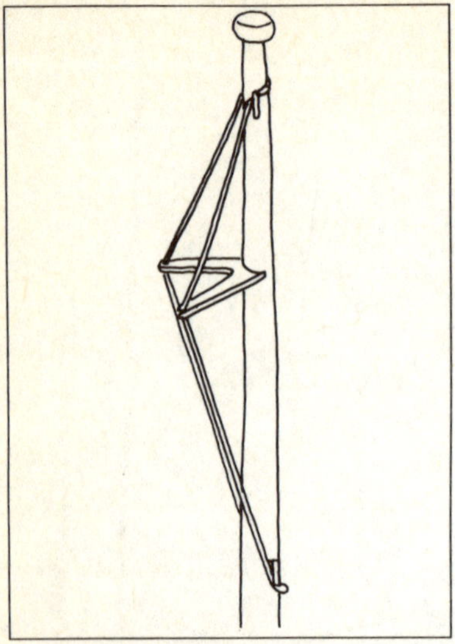

Das Jumpstag stützt die obere Masthälfte in Längsschiffsrichtung

Jüngstenboot: Begriff für eine Jolle, die stabil, einfach ausgestattet und leicht zu bedienen ist und somit zum Segeln der Jüngsten geeignet ist. Die → Optimist-Jolle ist ein Jüngstenboot.

Jury: internationales Gremium im olympischen Regattasegelsport, das in letzter Instanz Entscheidungen über Proteste und andere Angelegenheiten fällt, die eine Regatta oder die teilnehmenden Yachten betreffen.

Jütt, auch Jüttbaum genannt: eine Spiere aus Rundholz oder Eisen, die als Winkelhebel am Mastfuß oder in dessen Nähe angesetzt wird und dazu dient, einen Klappmast umzulegen bzw. aufzurichten.

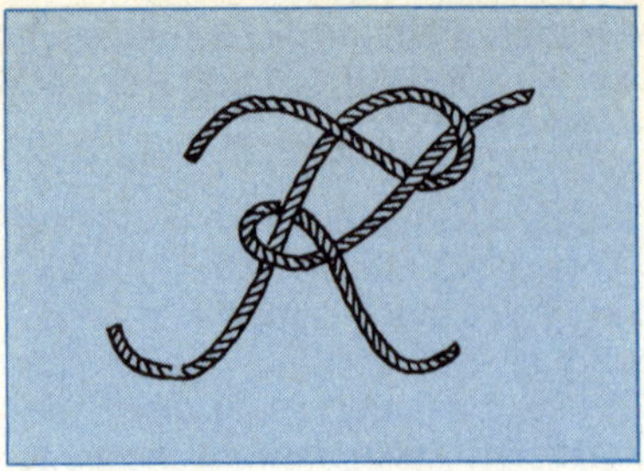

Kabbelung: gestörtes Wasser in Form unregelmäßiger, durcheinanderlaufender kurzer Wellen, hervorgerufen durch den gegen den Seegang gerichteten Wind, durch Seegang aus zwei verschiedenen Richtungen, durch sich kreuzende (Meeres-)Strömungen, durch Strömungshindernisse unter Wasser (Riffe, Barrieren), durch Aufprall von Gezeitenstrom auf stehendes Gewässer und vieles mehr. In den Seekarten ist Stromkabbelung mit der Abkürzung „Kbblg." markiert. Kabbelige See ist von normaler See deutlich zu unterscheiden und zu erkennen – der Segler meidet sie.

Kabelgarn: die einzelnen Hanfgarne, aus denen die Taue geschlagen werden. Die Hanfgarne wiederum werden aus Hanffasern gesponnen. Die Kabelgarne sind das Grundelement des → Tauwerks.

Kabelgatt: ein Stauraum vorn oder achtern im Schiff für das gesamte → Tauwerk wie Leinen, Trossen, Schoten usw. sowie für → Taljen und → Blöcke.

Kabelleger: ein Spezialschiff, das ausschließlich zum Auslegen, aber auch Aufnehmen von Seekabeln

Vordere Seite: Das Vollschiff AMERIGO VESPUCCI, ein italienisches Segelschulschiff mit 2100 m² Segelfläche Foto: Archiv Tölzel
Links: Das Vollschiff CHRISTIAN RADICH, ein norwegisches Segelschulschiff mit 1234 m² Segelfläche Foto: ZEFA
Oben: Die Bark GORCH FOCK, ein Segelschulschiff der Bundesmarine mit 1952 m² Segelfläche Foto: ZEFA
Nächste Seite: Die Viermastbark KRUSENSTERN (ex PADUA) des Ministeriums für Fischwirtschaft, Moskau, mit 3400 m² Segelfläche Foto: ZEFA

Foto: Süddt. Verlag

Kabelverlegung in der Nordsee

dient. Für diesen Zweck hat es bestimmte Stauräume sowie eigens konstruierte Winschen und Winden an Bug und Heck. Typisch für den Kabelleger ist der ausgeformte Bug mit der Bugrolle, über die ein Kabel aufgeholt wird. Ein Kabelleger hat Wegerecht vor allen Fahrzeugen.

Kabelschlag: → Tauwerk

Kabeltonne: Seezeichen, schwarze Kugeltonne mit weißer Aufschrift „K" oder „Kabel" – so auch auf Warnungstafeln auf Binnenwasserstraßen. Die Kabeltonne markiert die Lage eines Unterwasserkabels. Ein Ankern ist an solchen Stellen verboten.

Kaffeemühle, auch „coffee grinder": scherzhafte Bezeichnung für eine große → Schotwinsch auf Rennyachten, die durch ihre äußere Form in Kurbel und Griff einer Kaffeemühle ähnelt.

Kai: früher eine hölzerne (Bollwerk) oder eiserne Pfahlwand, heute meist eine gemauerte Steinwand im Hafen mit genügender Fahrwassertiefe, so daß Schiffe dort unmittelbar vertäuen, löschen und laden können.

Kajak: 1. Jagdboot der Eskimos in den subarktischen Außenzonen. Der Form nach schmal, lang und niedrig; Vor- und Achtersteven zeigen die typisch hochgezogene Form. Das aus Holz (meist Treibholz) und Walbein hergestellte Bootsgerippe samt Spanten ist mit Leder von Seesäugern – zusammengenähten Robbenfellen – überzogen. Die Nähte sind mit Seehundsfett abgedichtet. Die Sitzöffnung ist rund oder oval und hat einen nach oben vorragenden Holzring, über den der Kajakfahrer eine Kapuzenjacke (Anorak) stülpt und somit das Kajak wasserdicht abschließt. Kentert ein Kajak durch, kann es der Kajakfahrer mit der sogenannten Eskimorolle – ei-

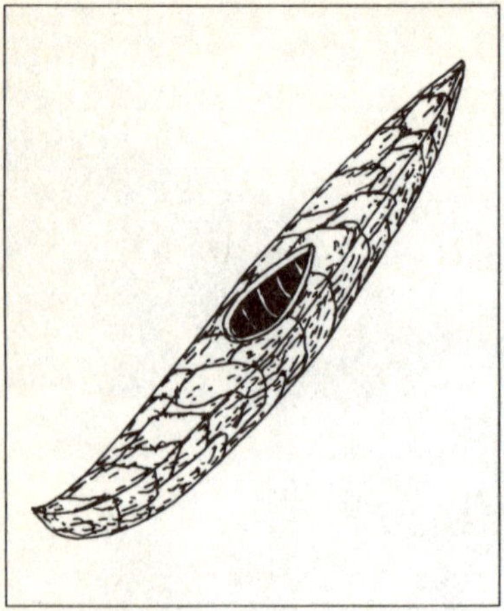

Das Kajak war das Jagdboot der Eskimos

nem bestimmten Paddelzug unter Wasser – wieder aufrichten. 2. Modernes Wassersportboot, das wie das Eskimokajak mit dem Doppelpaddel angetrieben wird, geeignet zum Wasserwandern, Wildwasserfahren und zum Wettkampf. Diese Kajaks werden heute fast ausschließlich aus Kunststoff hergestellt.

Kajüte: allgemein der Wohnraum an Bord eines Schiffes, der für Fahrgäste, Offiziere und Kapitän bestimmt ist. Auf gedeckten Yachten bezeichnet man als Kajüte den Wohn-, Sitz- und Schlafraum, in dem je nach Größe der Yacht auch eine kleine Pantry (Anrichte), ein Kartentisch sowie die Kojen untergebracht sind.

Kakerlake: das wohl einzige Insekt an Bord von Schiffen, eine Art (Küchen-)Schabe, die sich tagsüber in Ritzen versteckt und nachts mit Vorliebe über Lebensmittel herfällt.

Kalfatern: das wasserdichte Verschließen der Nähte zwischen Plankengängen oder Decksaufbauten. Früher wurde mit Werg und Pech kalfatert. Man trieb das Werg mittels Kalfathammer und Kalfateisen zwischen die Nähte und schlug es mit dem Rabateisen fest. Dann wurde die Naht mit Pech oder Teer abgedichtet, so daß kein Wasser mehr eindringen konnte. Der Kalfathammer hat eine längliche Form und ist aus schwerem, hartem Holz hergestellt. Die Schlagflächen sind mit einem eisernen Ring umkleidet. Kalfat- und Rabateisen sind meißelartige Werkzeuge. Heute werden zum Abdichten Kalfatkitte (Elastoplaste) benutzt, welche die Nähte und Fugen gummiartig abschließen.

Kalmen, auch → Doldrums: soviel wie windstille Gebiete mit niedrigem Luftdruck in der Nähe des Äquators. Ein Segelschiff, das in ein solches Gebiet geraten ist, liegt nahezu still und wird im seemännischen Sprachgebrauch „bekalmt".

Kaltfront: Begriff aus der Wetterkunde, und zwar die Grenze am Erdboden, wo Kaltluft auf Warmluft trifft und eine sogenannte Einbruchsfront bildet. Die Warmluft – leichter als die Kaltluft – steigt nach oben, es entstehen sich auftürmende Haufenwolken mit nachfolgenden Regengüssen, Hagel oder Graupel und Gewitter. Der Wind „schießt" rechtsdrehend „aus" (→ Ausschießen). Auf der Wetterkarte wird eine Kaltfront durch eine leicht gekrümmte Linie mit aneinandergereihten, kleinen spitzen Dreiecken dargestellt.

Kammern: Räume an Bord, wie Segelkammer, Pulverkammer, Proviantkammer usw., ferner allgemeine Bezeichnung für die Wohn- und Schlafräume von Fahrgästen, Offizieren und auch Mannschaften.

Kampanje: frühere Bezeichnung für den hinteren Aufbau eines Schiffes.

Kanonenboot: früher übliche Bezeichnung für alle kleineren Kriegsfahrzeuge im Küstendienst einschließlich schiffbarer Flußmündungen.

Kanu: im modernen Wassersport Sammelbezeichnung für → Kajak und Kanadier (Wander- und Wettkampfboot), obwohl im ursprünglichen Wortsinn mit Kanu das indianische Kanu – als → Einbaum, aus Baumrinde oder aus Tierhäuten hergestellt – gemeint war.

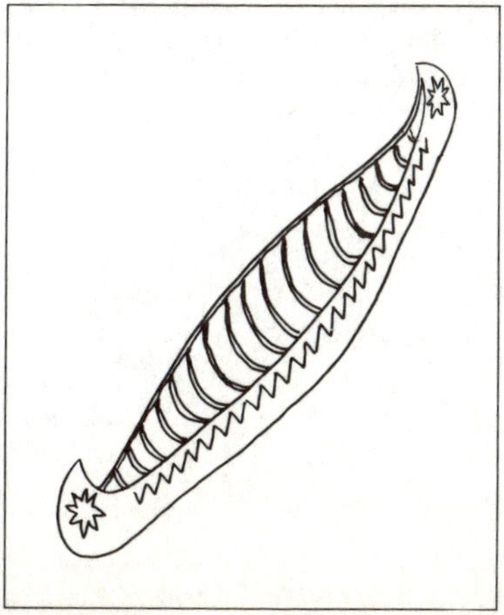

Das Kanu war ursprünglich ein indianisches Wasserfahrzeug

Kanuheck: Form des Achterschiffs, bei der Außenhaut und Boden fließend in einen gebogenen Steven übergehen, unter dem das Steuer hängt.

Kap: spitze, gebirgige Landzunge, die in die See hinausragt. (Bild siehe S. 132.)

Kaper: seit etwa dem 17. Jahrhundert Bezeichnung für einen Kapitän und dessen Schiff, das in Kriegszeiten privat oder auch von einer Gruppe interessierter Geschäftsleute ausgerüstet wurde und den Auftrag hatte, Schiffe zu kapern. Diese Schiffe waren entweder Eigentum des Feindlandes oder gehörten zu einem neutralen Staat, der dem Gegner Kriegsvorräte zuführte oder gegen die Blockadegesetze Handel nach und von feindlichen Häfen betrieb. Legitimiert war der Kaper durch den Kaperbrief seiner Regierung. Das Ausstellen von Kaperbriefen wurde durch die Pariser Seerechtsdeklaration von 1856 unterbunden, aber keineswegs immer eingehalten.

Kapern: das Überwältigen, Besetzen und Wegnehmen feindlicher Schiffe und deren Ladungen.

Kapitän: allgemein der verantwortliche Führer eines Schiffes mit dem entsprechenden staatlichen Befähigungsnachweis (Patent), so z. B. dem Patent „Kapitän auf Großer Fahrt“ (AG). Es setzt voraus: Abitur oder Fachhochschulreife, dann

Cape Point am Kap der Guten Hoffnung

12 Monate Seefahrtszeit als Offiziersassistent, 6 Semester Hochschule für Nautik oder Fachhochschule Seefahrt und 24 Monate Seefahrtszeit als Nautischer Schiffsoffizier. Danach wird das Patent ausgehändigt. Der Stellvertreter des Kapitäns ist der Erste Offizier. Bei den Kriegsmarinen wird der verantwortliche Schiffsführer nicht Kapitän, sondern Kommandant genannt. Die Bezeichnungen Kapitän zur See, Fregattenkapitän, Korvettenkapitän usw. sind Dienstgrade, die nichts mit der Dienststellung zu tun haben.

Kappe: eine Erhöhung und Überdachung der Luken eines Schiffes.

Kappen: das plötzliche, sehr schnelle Durchtrennen von Tauwerk oder Teilen des Riggs als Notmaßnahme bei Gefahr für Schiff und Crew.

Karacke: Segelschiffstyp des Mittelalters (siehe S. 324).

Karavelle: Segelschiffstyp des Mittelalters (siehe S. 326).

Kardanische Aufhängung: nach dem italienischen Erfinder Hieronymus Cardanus (1501–1576) benannte Aufhängevorrichtung, die es ermöglicht, daß ein darin aufgehängter und fixierter Körper – z. B. ein Kompaß, ein Chronometer oder ein

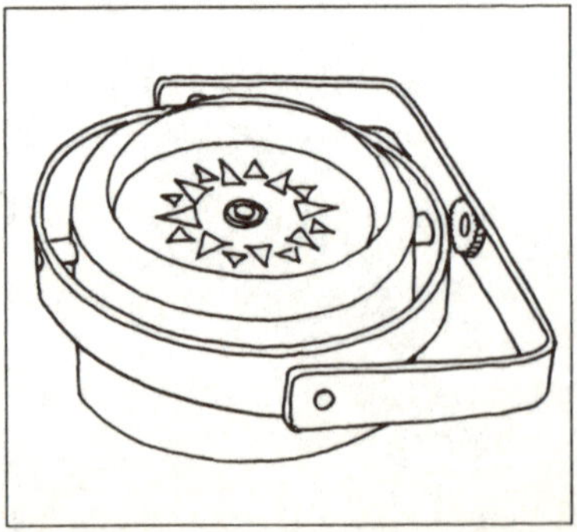

Der Bootskompaß ist kardanisch aufgehängt und bleibt bei Schiffsbewegungen schwingungsfrei

Kochgerät – in allen drei Dimensionen schwingungsfrei verharrt. Die Aufhängung besteht aus drei Ringen, die um senkrecht aufeinanderstehende Achsen beweglich sind. Dadurch bleibt der im innersten Ring befindliche Körper schwingungsfrei – ein Vorteil bei einem stampfenden und schlingernden Schiff.

Kardeel: Bestandteil des geschlagenen → Tauwerks. Das Kardeel wird aus einzelnen Garnen (→ Kabelgarn) zu einem Strang gedreht, der dann wiederum mit drei oder vier weiteren Kardeelen zu einem Tau geschlagen wird. Die Rillen zwischen den Kardeelen werden mit Keepen (→ Keep) bezeichnet.

Dieses Tau besteht aus drei Kardeelen

Kardinalsystem: die Betonung einer Gefahrenstelle (Untiefe, Wrack) mit entsprechenden → Seezeichen, deren Toppzeichen und Farbe die Himmelsrichtung erkennen lassen, in der das Hindernis liegt. Man richtet sich nach den vier Kardinalpunkten Nord, Ost, Süd, West, und zwar liegt auf der Nordseite der Gefahrenstelle eine

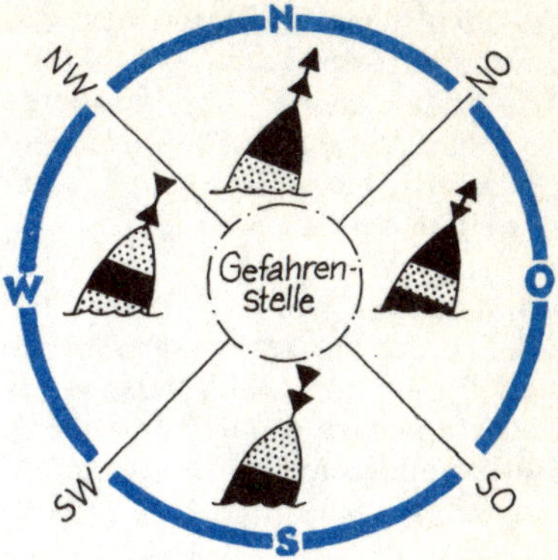

Aus der Farbe der vier Tonnen und ihren jeweiligen Toppzeichen geht die Lage der Gefahrenstelle hervor

schwarz-gelbe Tonne, auf der Ostseite eine schwarz-gelb-schwarze Tonne, auf der Südseite eine gelb-schwarze Tonne und auf der Westseite eine gelb-schwarz-gelbe Tonne. Die jeweiligen Toppzeichen sind: auf der Nordseite zwei schwarze Kegel mit der Spitze nach oben, auf der Ostseite zwei schwarze Kegel mit der Grundfläche zueinander, auf der Südseite zwei schwarze Kegel mit der Spitze nach unten und auf der Westseite zwei schwarze Kegel mit der Spitze zueinander.

Kartenhaus, auch Kartenraum: eine Räumlichkeit auf den Brücken größerer Schiffe, die Kartentisch, Kartenschrank, → Chronometer, Barometer usw. enthält und insgesamt für die Navigation eingerichtet ist.

Kartennull: die gedachte Wasserhöhe (Ebene), auf die sich die Tiefenangaben in der Seekarte beziehen.

Auf deutschen Seekarten liegt das Kartennull (abgekürzt: KN) auf der Wasserstandshöhe des mittleren Springniedrigwassers (→ in Tidengewässern) bzw. in der Ostsee auf der Höhe des Mittelwassers.

Kartenzirkel: wie das → Kursdreieck eins der Werkzeuge des Navigators, das mit zwei Stahlspitzen versehen ist (Steckzirkel) und dazu dient, Entfernungen auf der Seekarte abzugreifen.

Karweelbau: Bauweise im Schiffsbau, bei der die Holzplanken mit ihren Schmalkanten stumpf aneinanderstoßen und somit eine glatte Außenhaut bilden. Ihre Befestigung finden diese Planken an den Spanten.

Kastell: aus den Kampfplattformen der frühen Schiffe hervorgegangener Decksaufbau, der dann so typisch für → Koggen, → Karacken, → Karavellen und → Galeonen wurde. Man unterschied Vorder- und Achterkastell, die mit dem Schiffsrumpf ein Ganzes bildeten. Im Achterkastell war die Schiffsführung untergebracht, im Vorderkastell die Mannschaft.

Katamaran: Zweirumpfboot, Segelfahrzeug mit zwei gleichen oder spiegelbildlichen (symmetrischen bzw. asymmetrischen) Rümpfen, die durch Querstreben und Mitteldeck (Brücke) oder Aufbauten in einigem Abstand miteinander verbunden sind. Dieser Typ ist aus den Doppelkanus der Polynesier hervorgegangen. Sowohl Jollen als auch Kielboote können als Katamaran gebaut sein. Die modernen Erkenntnisse über die hydrodynamischen Eigenschaften schlanker Bootsrümpfe (die Polynesier hatten diese Vorteile bereits ausgenutzt!) haben zusammen mit den neu entwickelten Baumaterialien und Baumethoden dazu beigetragen, daß sich der Katamaran als Segelboot durchsetzen konnte – auch als Hochseesegler. Hinzu kommt der Reiz, mit dem Katamaran Geschwindigkeiten zu erreichen, die jene der konventionellen Fahrzeuge weit übertreffen. Der Mast – fast immer Hochtakelung – steht auf dem Mitteldeck. Jeder Rumpf hat ein Einzelruder, das im allgemeinen mit dem anderen verbunden ist. Bei viel Wind segelt der Katamaran auf dem Leeschwimmer, der Luvschwimmer hebt sich aus dem Wasser. Damit vermindert sich die benetzte Rumpffläche, was Geschwindigkeit bringt. Den Status einer → olympischen Klasse erhielt der Rennkatamaran → Tornado, der erstmals 1976 bei den Olympischen Spielen mitsegelte.

Kattanker: Beim Ankern mit zwei hintereinanderliegenden Ankern an einer Kette wird der vordere Anker (→ auch Verkatten) als Kattanker bezeichnet.

Katten: das weitere Hochholen (Hieven) eines Stockankers, der bereits vor der Klüse hängt und nun zur weiteren Festlaschung unter den → Kranbalken gehievt wird. Dieser Vorgang wird mit dem Kattfall ausgeführt. Das vollständige Verstauen des Ankers auf seinem Lagerplatz bezeichnet man dann als das Fischen des Ankers.

Ein prächtiger Kaventsmann

Kausch: ursprünglich ein eiserner Ring mit konkaver äußerer Rinne zur Aufnahme eines gespleißten Taus, so daß ein festes → Auge gebildet wird. Das Tau wird dadurch gegen → Schamfilen (Abrieb) geschützt. Heute werden Kauschen aus Stahlblech, Messing, Bronze oder Kunststoff hergestellt. Man unterscheidet je nach Form kreis-, tropfen- oder herzförmige Kauschen. Im Segeltuch werden Segeltuchösen verwendet – leichte Kupferringe, die in ein vorher gepunztes → Gatchen im Tuch gelegt und dann mit einem Stempel auf einer Kupfermanschette festgestanzt oder festgepreßt werden.

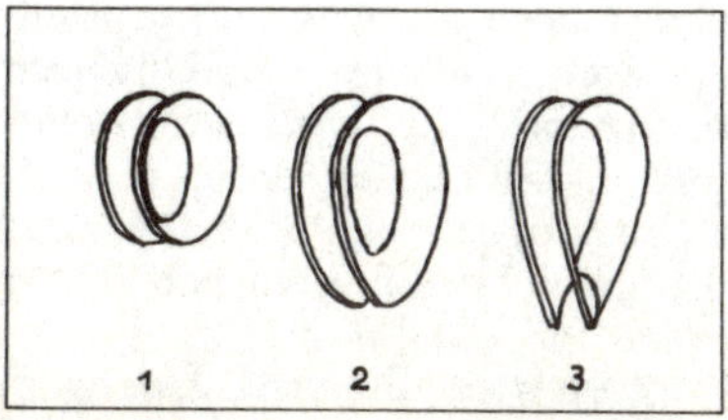

1 = Rundkausch, 2 = Herzkausch, 3 = Spitzkausch

Kaventsmann: eine seemännische Bezeichnung für etwas ganz Großes, Umfangreiches. Eine extrem hohe Einzelsee wird auch als Kaventsmann bezeichnet.

Kavitation: die Bildung von Wasserbläschen an den Spitzen und den Rändern schnell rotierender Propellerflügel. Sie kann dazu führen, daß ein Propellerflügel aus Bronze in kurzer Zeit angefressen und beschädigt wird.

Keep: 1. Rillen zwischen den → Kardeelen des Tauwerks, 2. Rille in einer → Kausch zum Einlegen des Tauwerks, 3. Hohlkehle in der Scheibe eines → Blocks, 4. Nut im Mast oder Baum zum Einziehen des → Vor- bzw. → Unterlieks eines Segels.

Kegel: ein Dreieckskörper, der optisch als Warn- oder Markierungszeichen dient – so z. B. die Doppelkegel als Toppzeichen auf Wrack- und Untiefentonnen (→ Kardinalsystem).

Kennung: Jedes Leuchtfeuer hat eine Art „Steckbrief", die sogenannte Kennung – den Blitz, den Blink, die Gruppe, die Wiederkehr –, durch welche es identifiziert werden kann. Die jeweilige Kennung wird dem Leuchtfeuerverzeichnis des Deutschen Hydrographischen Instituts bzw. den Seekarten entnommen. Folgende Kennungen werden unterschieden: Funkelfeuer (Fkl.), Blitzfeuer (Blz.), Blinkfeuer (Blk.), Gleichtaktfeuer (Glt.), unterbrochene Feuer (Ubr.) sowie Festfeuer (F.). Blitz-, Blink- und unterbrochene Feuer kommen auch in Gruppen vor, so z. B. Blz. (3) = drei Blitze mit dazwischenliegender längerer Pause oder Ubr. (2) = Schein wird durch Gruppen von zwei kürzeren Pausen unterbrochen. Unter Wiederkehr einer Kennung versteht man die Zeit von Beginn der darauffolgenden Wiederholung. Zum Auszählen eines Feuers wird die Stoppuhr benutzt, um Verwechslungen mit ähnlichen Kennungen zu vermeiden.

Kentern: das Umkippen oder Umschlagen eines Schiffes als Folge zu starker Krängung (→ Krängen), die auf verschiedene Ursachen zurückzuführen ist, so z. B. auf Gewichtsveränderungen an Bord (Brennstoffverbrauch, Eindringen von Wasser, übermäßige Eisbildung, Verrutschen von Lasten usw.), auf Wind und Seegang oder Auflaufen und Grundberührung. Bei Segelschiffen sind gewichtsstabile Kielyachten (→ Gewichtsstabilität) kaum kenteranfällig im Gegensatz zu den formstabilen Jollen (→ Formstabilität), vor allem den modernen Gleitjollen, die allerdings so konstruiert sind, daß sie aufgrund eingebauter Auftriebskörper leicht wieder aufzurichten sind. Man kann mit der Jolle sowohl nach Luv als auch nach Lee kentern. Die häufigsten Ursachen dafür sind: 1. die sogenannte → Patenthalse, 2. das Aus-dem-Ruder-Laufen der Jolle bei stark einsetzenden Böen auf Raumschots-Kursen und Kursen vor dem Wind mit Spinnaker, 3. Verlust der Stabilität bei Kursen am Wind, wobei der Steuermann die Jolle entweder zu hoch am Wind segelt, so daß sie bei zu langsamer Fahrt von einer harten Bö umgelegt werden kann, oder aber er reagiert zu spät auf eine plötzlich einfallende Bö. Kentern kann durch rechtzeitiges Verkleinern der Segelfläche (Reffen), durch Fieren der Schoten bei Böen auf Am-Wind-Kursen oder durch geschicktes Ausreiten (Gewichtstrimm der Mannschaft) oder Vergrößern des Ballastes vermieden werden. Beim Kentern mit einem Holzboot, das infolge seiner Masse schwer aufrichtbar ist, muß die Besatzung beim Boot bleiben. Das gleiche gilt ebenso für eine erschöpfte oder ungeübte Crew einer gekenterten Gleitjolle. Ein Wegschwimmen wäre in jedem Fall tödlicher Leichtsinn! Und noch ein Hinweis: Wer bei böigen Winden oder hartem Wetter ohne umgelegte Schwimmweste hinaussegelt, handelt weder mutig noch seemännisch. Er verhält sich verantwortungslos und gefährdet sich, seine Crew und unter Umständen jene, die ihn zu bergen versuchen.

Kentern des Stroms: Übergang vom Flutstrom zum Ebbstrom und umgekehrt, → auch Stauwasser.

Kenterschäkel: dient als Verbindungsstück zwischen Kettengliedern (benannt nach seinem Erfinder Kenter). Der →Schäkel ist auseinandernehmbar und besteht aus zwei gleichen Teilen, die durch Loch und Zapfen ineinandergreifen.

Kenterschläuche: aufblasbare Luft- oder Gummischläuche, die auf der Backbord- und Steuerbordseite eines Bootes fest verzurrt werden und für Auftrieb sorgen.

Kerguelen-Trémarec, Yves Joseph de: französischer Seefahrer und Entdecker, 1743–1797. Unternahm 1767 und 1768 zum Schutz der französischen Fischerei Fahrten nach Island und wurde 1771 mit einer Expedition in die Südsee betraut, auf der er im Februar 1772 die nach ihm benannte Insel entdeckte und für Frankreich in Besitz nahm. Zum Kapitän ernannt, unternahm er 1773 eine neue Entdeckungsreise, doch zwangen ihn Sturm und Mangel an Vorräten bald zur Rückkehr. Angeklagt, einen Teil seiner Mannschaft im Stich gelassen zu haben, wurde er zum Verlust seines Ranges und zu Haft verurteilt, bald jedoch wieder rehabilitiert.

Ketsch: eine Yacht mit zwei Masten, und zwar dem Großmast und dem Besanmast. Dabei steht der Besanmast vor dem Ende der → Wasserlinie und meist vor dem Ruder. Da der Besanmast kleiner als der Großmast ist, spricht man auch von einem Anderthalbmaster.

Kettenkasten: Stauraum im Vorschiff unter der Ankerwinde zur

Bei der Ketsch steht der Besanmast vor dem Ruder

Aufnahme der Ankerkette, die durch ein Rohr – den Kettenkoker – in den Kettenkasten läuft. Das Ende der Kette ist im Kettenkasten fixiert, kann aber in einer Notsituation geslipt (gelöst) werden.

Kettenkneifer, auch Kettenstopper genannt: eine Klemmvorrichtung, die dazu dient, eine Ankerkette abzustoppen und bei ausgebrachtem Anker die Ankerwinde zu entlasten. Der Kettenkneifer befindet sich vor dem → Ankerspill.

Kettenlänge: Eine Ankerkette besteht aus mehreren sogenannten Kettenlängen, die durch Kettenschäkel oder → Kenterschäkel miteinander verbunden sind. Eine Kettenlänge ist in der Regel 15 Faden (= 27,50 m) lang. Eine andere Kettenlängen-Einheit wird mit 25 m ge-

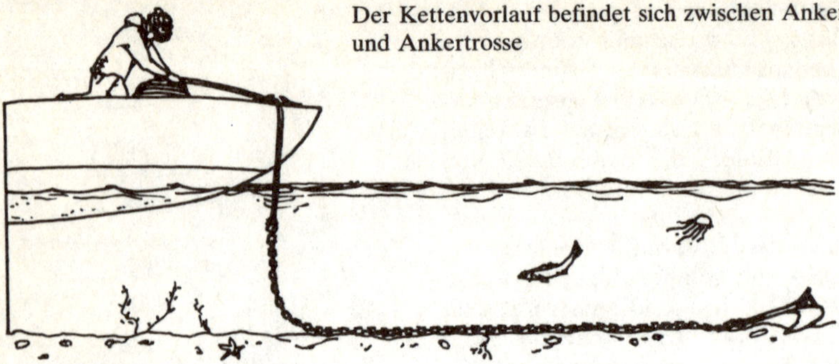

Der Kettenvorlauf befindet sich zwischen Anker und Ankertrosse

liefert. Die Anzahl der Kettenlängen, also die Gesamtlänge der Ankerkette, richtet sich nach der Größe des Schiffes. Bei sehr großen Schiffen beträgt die Gesamtlänge z. B. 28 Kettenlängen = 770 m.

Kettennuß: Teil der Ankerwinde, und zwar ein Rad, das ähnlich wie ein Zahnrad Ausnehmungen aufweist, in welche die einzelnen Kettenglieder beim Aufhieven bzw. Kettestecken greifen.

Kettenvorlauf: ein zwei bis zehn Meter langes Kettenverbindungsstück zwischen Anker und Ankerleine oder -trosse, meist bei Yachten, das den Zweck hat, durch sein Gewicht einen horizontalen und elastischen Zug auf den Anker auszuüben.

Kiel: unterstes, über die ganze Länge des Mittschiffsbodens verlaufendes Längsverbandstück, das die Basis des Schiffsgebäudes bildet (sein „Rückgrat“) und die beiden Schiffsseiten fest verbindet. Bei den hölzernen Segelschiffen war der Kiel ursprünglich ein Längsschiffsbalken, an den → Vor- und → Achtersteven anschlossen. Ferner wurden an ihm die unteren Enden der Spanten befestigt. Das ist zwar auch heute noch so, nur wurde der Begriff Kiel insofern erweitert, als man jetzt mit Kiel auch die unter ihm angebrachte flossenartige Verlängerung (→ Kiel-

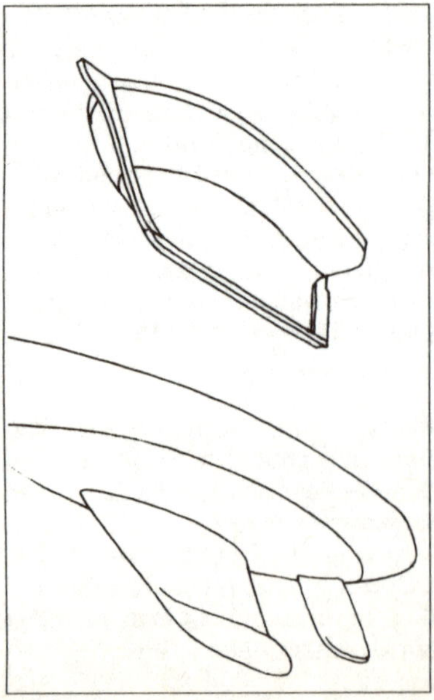

Der Kiel eines Holzschiffes (oben) und einer Kunststoffyacht (unten)

boot) bezeichnet. Hier kann der Kiel bis unten durchgebaut werden oder wird als „loser“ Kiel mit Bolzen am eigentlichen Kielbalken befestigt. Dieser lose Kiel wird entweder aus Totholz mit einem untergezogenen Streifen Blei- oder Eisenballast hergestellt oder aus einer Eisenplatte, eventuell mit einer zigarrenförmigen unteren Verdickung als sogenannter Bulbkiel (→ Bulb). Der Kiel verhindert bei Segelschiffen eine zu große Abdrift und vergrößert den → Lateralplan.

Kielboot, auch Kielyacht genannt: ist im Gegensatz zur Jolle (→ Schwert) mit einem Kiel ausgestattet und daher gewichtsstabil. Kielboote sind wegen ihres tiefliegenden Gewichtsschwerpunktes – dem Ballastkiel – zwar unkenterbar (nach dem Prinzip des Stehaufmännchens!), können aber sinken, wenn sie durch Wassereinbruch vollaufen. Neben dem einfachen Kiel wurden andere Konstruktionen entwickelt, so der → Hubkieler, der → Doppel- und der → Kimmkieler.

Kieler Woche: eine in Kiel alljährlich im Juni stattfindende Wettsegelwoche, an der Regattasegler aus aller Welt teilnehmen. Erstmals 1882 veranstaltet. Es wird auf Binnen- und Seebahnen mit verschiedenen Klassen (meist olympischen) gesegelt.

Kielgänge: die untersten, dem Kiel nächstliegenden Schiffsplanken (Kielplanken) oder Platten (Kielplatten). Meist sind sie stärker als die übrigen Planken oder Platten ausgeführt.

Kielholen: 1. ein Schiff auf die Seite legen, so daß der unter Wasser liegende Teil der einen Rumpfseite für Reinigungs- oder Reparaturarbeiten freikommt. Diese Methode war früher bei Segelschiffen üblich. Dazu wurden an den Untermasten → Taljen angeschlagen und zum Ufer verfahren, mit deren Hilfe das Schiff gekrängt wurde. 2. Drakonische Strafmaßnahme auf den Seglern der früheren Jahrhunderte. Der Delinquent wurde an einer Leine von der einen Bordseite zur anderen unter dem Kiel durchgezogen. Je nach Dauer dieser Prozedur ertrank der Delinquent oder erlitt durch den Muschelbewuchs schwere Verletzungen.

Kiellinie: der „Gänsemarsch“ von Schiffen, die im Verband hintereinander fahren, also eins im Kielwasser des anderen.

Kieloben: Ein Schiff liegt kieloben, wenn es durchgekentert ist, das heißt, der Kiel weist entgegen seiner normalen Lage nach oben und das Deck nach unten.

Kielschwein: ein Balken, der zur Verstärkung des eigentlichen Kiels dient. Er liegt vertikal über dem Kiel auf der Innenseite der Planken und reicht vorn und achtern bis zu den beiden Steven.

Kielschwerter: ein Mittelding zwischen Kielyacht und Schwertjolle. Das Fahrzeug weist einen flachen Kiel (mit oder ohne Ballast) auf, aus dem ein Schwert abgefiert werden kann, um die Am-Wind-Eigenschaften zu verbessern. Das Schwert be-

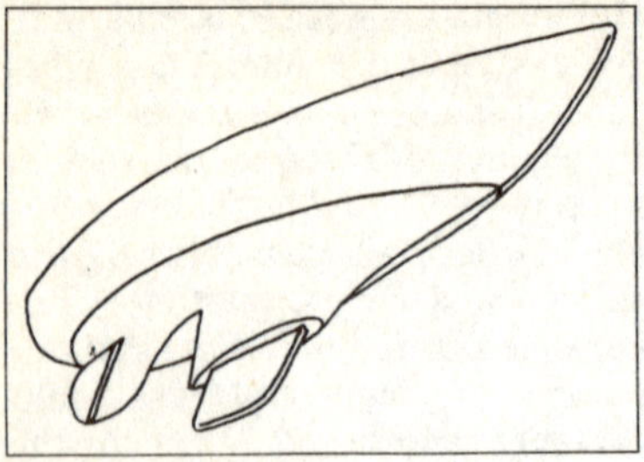

Der Kielschwerter hat ein aufholbares Schwert im Kiel

findet sich zum größten Teil im Schlitz des Kiels. Durch das aufholbare Schwert verringert sich der Tiefgang eines Kielschwerters, so daß er in der Lage ist, auch in flachen Gewässern zu segeln, die eine Kielyacht wegen der Gefahr des Auflaufens meiden muß. In → Tidengewässern kann der Kielschwerter ohne weiteres trockenfallen, das heißt, er sitzt bei → Niedrigwasser „auf dem Trockenen".

Killen: das Flattern der Segel, wenn ein Segelfahrzeug im Wind liegt oder zu hoch am Wind segelt oder die Schoten zu weit gefiert sind – in den beiden letzteren Fällen ist es ein untrügliches Zeichen dafür, daß der Wind nicht voll ausgenutzt wird und der Anstellwinkel des Segels zum Wind falsch ist und korrigiert werden muß. Bei bestimmten Manövern, wie zum Beispiel beim Anlegen oder An-die-Boje-Gehen, läßt man die Segel killen, um die Fahrt zu vermindern.

Kimm: 1. auch Kimmung genannt, die Rundung oder der Knick der Außenhaut eines Schiffes, der den Übergang vom horizontalen Boden zu den vertikalen Seiten bildet, 2. die Linie, die man auf See als Grenze von Himmel und Wasser, als → Horizont, sieht.

Kimmgang: der an der Kimm oder Kimmung liegende Planken- oder Plattengang, der besonders bei Holzschiffen infolge der Krümmung besonders sorgfältig gearbeitet sein muß.

Kimmkiele: 1. zwei an oder in der Nähe der Kimmung angebrachte Kiele. Vorteil: Bei Schräglage befindet sich der Leekiel im Wasser und verhindert ein Dwarstreiben (Abdrift). 2. Rechtwinklig an der Kimm angebrachte Längsschiffsplatten, um das Schlingern im Seegang zu dämpfen.

Kimmkieler: Segelboot mit (flachem) Mittelkiel, der den Ballast enthält, und zwei Kimmkielen zur Verminderung der Abdrift. Der Unterschied zwischen → Doppelkieler und Kimmkieler besteht darin, daß der Doppelkieler keinen Mittelkiel hat und daher seinen Ballast an den beiden Kimmkielen mitführt.

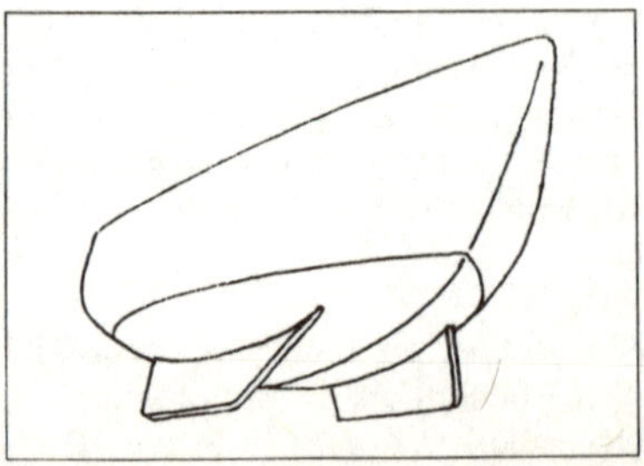

Die beiden seitlichen Kiele des Kimmkielers vermindern seine Abdrift beim Segeln

Kimmschwerter: eine Jolle mit zwei aufholbaren Schwertern, die auf oder in der Nähe der Kimmung in Schwertkästen untergebracht sind, und zwar in einem bestimmten Winkel zur Schiffsachse. Das Luvschwert wird bei Krängung aufgeholt, so daß die benetzte Fläche und damit auch der Widerstand im Wasser vermindert wird. Ein Kimmschwerter hat im → Cockpit mehr Platz und Raum als eine normale Schwertjolle, bei der der Schwertkasten das Cockpit in der Mitte unterteilt und damit Platz beansprucht.

Kimmweger: Teil des Längsschiffsverbandes, der als Längsschiffsversteifung auf den Spanten in Höhe der Kimm (→ Kimm 1.) untergebracht ist, also dort, wo die Bordwand die stärkste Krümmung hat.

Kinken: eine ungewollte Verdrehung oder Verwindung im → Tauwerk, besonders im geschlagenen Tauwerk. Stellt eine Gefahr dar, wenn z.B. eine Leine dann nicht durch den → Block läuft.

Klabautermann: Schiffskobold, auch Klatermann, Klautermännchen, Poltermann oder Klettermann genannt. Gilt als der gute Geist eines Schiffes, hält Segel und Tauwerk in Ordnung, spleißt, zimmert, kalfatert, macht Reinschiff – und warnt schließlich Besatzung und Kapitän, wenn das Schiff vom Untergang bedroht ist (siehe auch S. 142).

Klampe: 1. auch Bootsklampe genannt, der Rumpfform eines Beibootes angepaßtes hölzernes oder metallenes Auflager an Deck eines

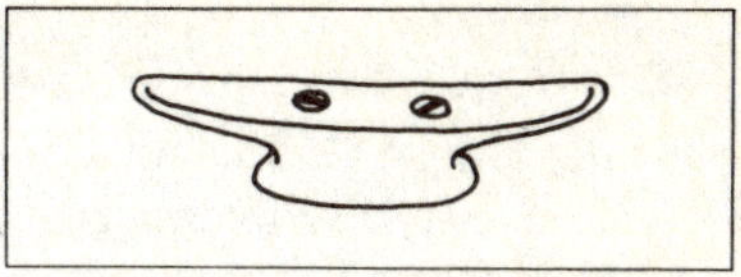

An der Klampe werden Taue belegt

Schiffes, meist aus zwei Teilen bestehend. Das Beiboot wird darauf gebettet und festgezurrt. 2. Amboß- oder T-förmige Beschläge, Belegklampen genannt, aus Holz, Metall oder Kunststoff. Sie dienen zum → Belegen von Leinen, Schoten, Fallen usw.

Klappanker: ein Anker ohne → Ankerstock. Die beiden Flunken sind so gelagert, daß sie beigeklappt werden können. Eine Art Klappanker ist der → Hall-Anker.

Klappblock: ein einscheibiger → Block, bei dem die eine Backe aufklappbar ist – praktisch zum Einlegen der Leine, die nicht eingeschoren zu werden braucht.

Klappkoje: platzsparende Koje (Hilfskoje), die aus einem bespannten Rohrrahmen besteht und bei Nichtgebrauch weggeklappt wird.

Klappläufer: die einfachste Form einer → Talje mit einem einscheibigen → Block. Beim Klappläufer wird das eine Ende des → Läufers an einem festen Punkt angesteckt, das andere Ende wird durch einen losen oder beweglichen einscheibigen Block geschoren, an dem die Last hängt. Meist wird dann die holende Part noch über eine feste Scheibe geschoren, was zwar keine

Schiffsgeister

In der langen Geschichte der Seefahrt gibt es unzählige Dämonen, Geistererscheinungen, sonderbare Heilige, Nixen, Wassermänner und Meerfrauen, Windgötter und Fabeltiere, angefangen vom alles verschlingenden Riesenkraken bis zur gigantischen Seeschlange. Jedes Land, das mit der Seefahrt zu tun hat, scheint da gewisse Spezialitäten zu haben. Jedenfalls ist es in England die gute alte „Nessie", die sich im Loch Ness herumtreiben soll und geruht, sich ab und an zu zeigen, damit sie auch nicht in Vergessenheit gerät. Unser Klabautermann war der Sage nach einmal ein Dämon, der in einem Baum hauste und zwangsläufig seinen Standort wechseln mußte, weil das Schiff einen Mast brauchte. Also zog er mit.

In den baltischen Ostseeländern gibt es wieder einen anderen Schiffsgeist, eine Abart des Klabautermanns, der dort Pottermann oder Kottermann genannt wird. Seine Entstehung ist anders als bei unserem Baumkobold.

Wenn ein neues Schiff gebaut wird und man das Kielholz bearbeitet, schlägt der Schiffsbaumeister mit der Axt die ersten größeren Späne ab und hebt sie sorgfältig auf. Aus dem größten Span schnitzt er dann einen Kottermann, der selbständig zu leben beginnt und sogleich von dem Kiel Besitz ergreift. Von nun an werden die Arbeiten zügig abgewickelt.

Dieser Kottermann ist immer und unermüdlich unterwegs, kontrolliert die Bauarbeiten, hockt überall im Holz und klopft alles ab. Kein noch so kleiner Fehler entgeht ihm, und wenn er einen entdeckt, dann macht er die Zimmerleute durch lautes Klopfen und Hämmern an der betreffenden Stelle aufmerksam. Bis zur Fertigstellung des Schiffes hat er alles sorgfältig überprüft und auch die Ratten hinausgeworfen.

Wenn das erledigt ist, beschäftigt er sich gern damit, die Seeleute ein wenig zu necken und zu veralbern. Da taucht er in allerlei merkwürdiger Gestalt auf, mitunter in uralter Kleidung und mit einem verblichenen Südwester auf dem Kopf. Im Grunde ist er – wie sein Klabautermann-Kollege – ein gutmütiger Geist. Und wenn einer der Wachen einschläft, weckt er ihn mit Püffen, damit's keinen Ärger mit dem Käpten gibt.

Kraft erspart, aber die Zugrichtung verbessert. Die Kraftersparnis beträgt 1:2.

Klappmast: steht an Deck zwischen zwei Mastbacken, wo er mit einem starken Bolzen abgesichert ist. Ein solcher Mast kann ohne weiteres umgelegt werden. Diese Art Masten sind auf Segelfahrzeugen üblich, in deren Revier Schleusen und niedrige Brücken ein Mastlegen erfordern.

Klar: bei Tauwerk das Gegenteil von verwickelt, verworren. Allgemein hat klar die Bedeutung von fertig, bereit, in Ordnung, so z. B. seeklar = fertig zum Auslaufen. Häufig als Vorankündigung zu einem Befehl oder Manöver wie: „Klar zur Wende!" – „Klarschiff zum Gefecht!" – „Klar bei Riemen!" usw.

Klarieren: 1. die Zoll- und sonstigen Formalitäten beim Ein- und Auslaufen eines Schiffes erledigen, 2. das Beseitigen oder Austörnen von → Kinken bei einer unklaren Trosse, Leine usw.

Klasse: 1. allgemein in der Schiffahrt die Güteklasse, die ein Schiff aufgrund bestimmter Wertprüfungen von einer Klassifikationsgesellschaft erhält. Diese Einstufung ist ein wesentlicher Gradmesser im Versicherungsfall, also bei eventuellen Schäden oder → Havarien.
2. Im Segelsport unterscheidet man ebenfalls Klassen, allerdings nicht nach der Güte, sondern nach ihren konstruktiven Merkmalen, ihrer Verbreitung usw., um die Gleichheit der Typen zu gewährleisten. Danach ergeben sich: a) Klassen nach Bauvorschriften, wie Einheitsklassen, beschränkte Klassen, Konstruktionsklassen, Ein-Typ-Klassen (früher Werftklassen), Kreuzerklassen, Katamaran-Divisionen; b) Klassen nach Verbreitung und Bereich, wie internationale, nationale, olympische Klassen, Revierklassen, Altersklassen und c) → Ausgleichsklassen.

Klassenflagge: bestimmte, von der Wettfahrtleitung festgelegte Signalflagge, die dann als Achtungssignal vor dem Start gehißt wird, um anzuzeigen, daß sich die Boote der betreffenden Klasse für ihren Start klarhalten müssen.

Klassen-Vereinigung: die für eine nationale oder internationale Klasse zuständige Organisation mit Haupt- und Nebensitzen überall dort, wo die betreffenden Klassen gesegelt werden oder in größerer Zahl vertreten sind. Sie kümmert sich um die Belange ihrer Klasse.

Klassenzeichen, auch Segelzeichen genannt: ein auf dem Großsegel im oberen Teil angebrachtes Symbol, das den Bootstyp – die Klasse – ausweist. Bei internationalen Klassen gehört zu dem Klassenzeichen ferner das Kennzeichen der Nationalität, wie G für die Bundesrepublik Deutschland, I für Italien, Z für die Schweiz usw. Des weiteren befindet sich auf dem Großsegel die Registriernummer bzw. Unterscheidungsnummer, unter der das betreffende Boot in seiner Klassenvereinigung und seinem Segelverband registriert worden ist. In der Schiffahrt bedeutet das Klassenzeichen die Zugehörigkeit des Schiffes zu einer bestimmten Klasse des → Germanischen Lloyds oder einer anderen → Klassifikationsgesellschaft. Dieses Klassenzeichen steht im Zertifikat des Schiffes.

Klassifikationsgesellschaft: private Prüfungsgesellschaft, die sich mit der Aufstellung von Bauvorschriften und der Kontrolle ihrer Einhaltung bei Konstruktion, Bau und Unterhalt von Schiffen – auch größeren Yachten – befaßt. Das Schiff erhält ein Klassifikationszertifikat, aus dem hervorgeht, daß es für die geplante Verwendung – z. B. als Frachtschiff oder Tankschiff – geeignet und ausgerüstet ist.

Klau: ein gabelförmiger Beschlag am mastseitigen Ende der → Gaffel. Sie umfaßt den Mast und ermöglicht dadurch, daß die Gaffel am Mast auf- und niedergeholt werden kann.

Klaufall: ein → Fall an der Klau, das zum Heißen und Niederholen des Gaffelsegels dient.

Kleedkeule: ein hölzernes, hammerartiges Werkzeug zum → Bekleeden von Tauwerk. Die Kleedkeule hat Stiel und Kopf. Der Kopf ist oben ausgehöhlt, um beim Bekleeden straff auf dem Tau aufliegen zu können. Der Stiel dient dazu, die Kleedkeule beim Bekleeden um das Tau herumholen zu können.

Kleid: die einzelne Bahn eines Segels.

Klemmklampe: eine → Klampe, unter der eine → Schot oder ein Fall beklemmt werden kann, ohne belegt zu werden.

Kliff: ein Steilufer oder eine Steilküste.

Klinkerbauweise: eine für den Holzschiffbau angewandte Bauweise, bei der sich die hölzernen Planken von der Bordkante bis zum Kiel wie Dachziegel überlappen. Zum Bug hin verjüngen sich die Planken und sind teilweise ineinander eingelassen, so daß sie glatt auf dem Stevenbalken enden. Die Planken werden miteinander durch Nietnägel verbunden. Historisch interessant: Bereits die Wikingerschiffe wurden geklinkert gebaut.

Auf der linken Zeichnung überlappen die Planken (Klinkerbau), auf der rechten stoßen sie stumpf aufeinander (Karweelbau)

Klinometer: ein Instrument, von dem man an Bord die Krängung (Schräglage) des Schiffes ablesen kann.

Klippen: einer Küste vorgelagerte oder an sie anschließende Felsen und Gesteinsbrocken über und unter Wasser. Jene unter Wasser werden „blinde“ Klippen genannt.

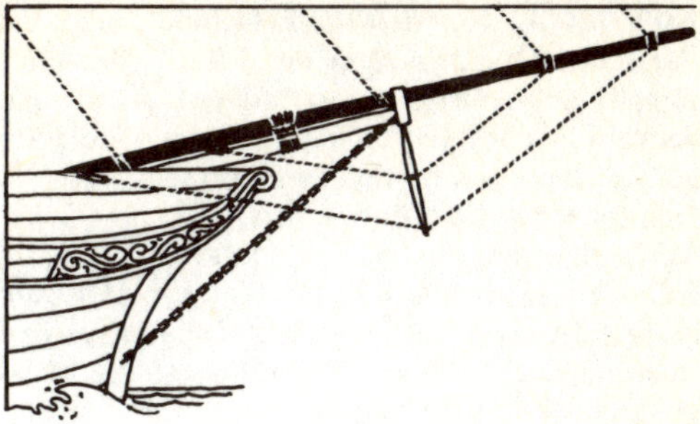

Der Klüverbaum ist die Verlängerung des Bugspriets

Klipper: rahgetakelter Schnellsegler des 19. Jahrhunderts (siehe S. 336), der in Amerika entstand.

Klipperbug, auch Klippersteven: schräg aus dem Wasser ragender und mit einer konkaven Wölbung verlaufender → Vorsteven, wie er für die Klipper so typisch wurde. Durch diesen ausladenden Steven wird das Stampfen im Seegang gemildert und Spritzwasser abgewiesen. Segelschiffe mit Klipperbug segeln daher relativ trocken. Auch heute bevorzugt man bei größeren Yachten den Klipperbug.

Klüse: eine durchgehende Öffnung vom Vordeck bis zur Außenhaut eines Schiffes, die dazu dient, eine Ankerkette, Trosse oder Festmacher hindurchzuführen. Sie besteht im allgemeinen aus einem → Koker, der wasserdicht mit Deck und Außenhaut verbunden ist und an der Außenseite am Rand einen sogenannten Klüsenbart (schwerer, halbrunder Wulst am unteren Klüsenteil) aufweist.

Klüsen: in der Seemannssprache scherzhaft für Augen. Wer schläft, hat „die Klüsen dicht“.

Klüver: 1. auf kleineren Segelfahrzeugen (Kutter, Ketsch usw.) ein dreieckiges → Stagsegel, das vor der Fock gesetzt wird, 2. auf Großseglern (Vollschiff, Drei- und Viermastern usw.) mit vier Stagsegeln vor dem Fockmast ergibt sich eine Aufteilung der Klüver von außen nach innen wie folgt: Außenklüver, Klüver, Innen- oder Binnenklüver sowie Vorstengestagsegel. Bei Seglern mit drei Stagsegeln vor dem Fockmast heißen diese Segel: Außenklüver, Klüver und Stagfock bzw. Vorstengestagsegel. Beim Halsen und Wenden von Rahschiffen unterstützen die Klüver das Drehmoment des Schiffes. So läßt man z. B. bei der → Halse die Klüver so lange wie möglich stehen, um den Winddruck auf den vorderen Teil des Schiffes voll zu nutzen und die Drehbewegung zu unterstützen bzw. zu beschleunigen.

Klüverbaum: auf Großseglern die Verlängerung des → Bugspriets. Auf Kuttern oder als Zweimaster getakelten Yachten eine über den Bug hinausragende Spiere. Am Klüverbaum werden die vorderen → Stagsegel gefahren.

10 9664-24

Knarrblock: von dem mehrfachen dänischen Olympiasieger und Finn-Dinghy-Segler Poul Elvström entwickelter Schotblock. Er ist mit einer Nylonscheibe mit profilierter Nut und einer Arretierung versehen, wodurch er wie der auf Yachten und Jollen sonst übliche Knarrpoller arbeitet, das heißt, er läßt sich in Zugrichtung leicht drehen, während er entgegengesetzt selbsttätig sperrt.

Knarre, auch Knoore genannt: das Frachtschiff der Wikinger.

Knecht: 1. Nagelbank an der Rückseite eines Mastes, mit → Belegnägeln versehen, an denen Fallen usw. belegt werden können, 2. in einem mit Löchern versehenen querschiffs liegenden Holzbalken, über den die Ruderpinne läuft, senkrecht eingesteckter Stift (Pflock). Mit zwei solchen Stiften (Knechten) kann man die Ruderpinne festsetzen.

Kneifen: ein Segeln so hoch am Wind, daß zwar → Höhe gewonnen, aber keine Geschwindigkeit mehr gelaufen wird.

Knickspant: Spantform mit einer abgewinkelten → Kimm (1.) und einem V-förmigen Kiel. Im Holzbau ist die Knickspantform einfacher und auch preisgünstiger. Typische Knickspanter sind das → Starboot, die → Piratenjolle und der → Schwert-Zugvogel.

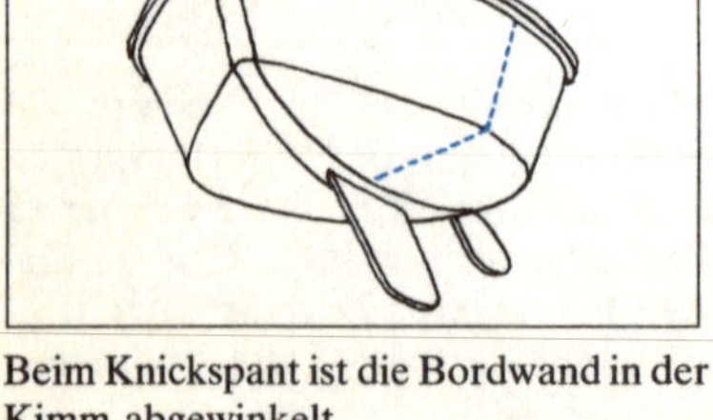

Beim Knickspant ist die Bordwand in der Kimm abgewinkelt

Knoten: 1. die Einheit, in der die Geschwindigkeit eines Schiffes ausgedrückt wird: 1 Knoten = 1 Seemeile pro Stunde = 1,852 Kilometer pro Stunde oder annähernd 0,5 m pro Sekunde, 2. in der seemännischen Sprache Stek genannt: alle Verbindungen von Tauwerk, die auch wieder lösbar sind.

Kogge: Handelsschiffstyp des 1241 gegründeten Städtebundes der deutschen → Hanse (siehe S. 322).

Koje: fest eingebauter Schlafplatz an Bord eines Schiffes.

Koker: seemännische Bezeichnung für Gehäuse, Hülle, Köcher, z.B. die rohrartige Durchführung zwischen Deck und Kiel für den Ruderschaft: der Ruderkoker. Andere Beispiele sind der Mastkoker, der Klüsenkoker (→ Klüse) usw.

Kokostauwerk: leichtes, elastisches Tauwerk, das aus den Fasern der Kokospalme hergestellt wird.

Kolderstock: eine Steuervorrichtung auf den Segelschiffen des 16. und 17. Jahrhunderts, die später vom Steuerrad verdrängt wurde. Der Kolderstock war ein vertikal angebrachter Hebel, der über eine Achse nach den Seiten schwenkbar mit der eigentlichen Ruderpinne verbunden war.

Der Kolderstock war eine Steuervorrichtung auf den Segelschiffen des 16. und 17. Jahrhunderts

Kolk: Vertiefung im Flußbett, die durch Strömung oder Strudel entstanden ist.

Kollision: Zusammenstoß von Schiffen oder eines Schiffes mit einem festen oder schwimmenden Gegenstand.

Kollisionsgefahr: Sie besteht, wenn die Peilung zu einem sich nähernden Schiff nicht auswandert, sondern unverändert steht. In diesem Fall steuern beide Schiffe eindeutig Kollisionskurs.

Kollisionskurs: der Kurs eines Schiffes zum Kurs eines anderen Schiffes, der unvermeidlich zur Kollision führt, wenn er von beiden Schiffen beibehalten wird. Durch ständige Peilung zum anderen Schiff und entsprechende Kursänderung kann die Kollision vermieden werden.

Kollisionsschott: auf größeren Schiffen das vorderste, wasserdichte Querschott (→ Schott) an Bord.

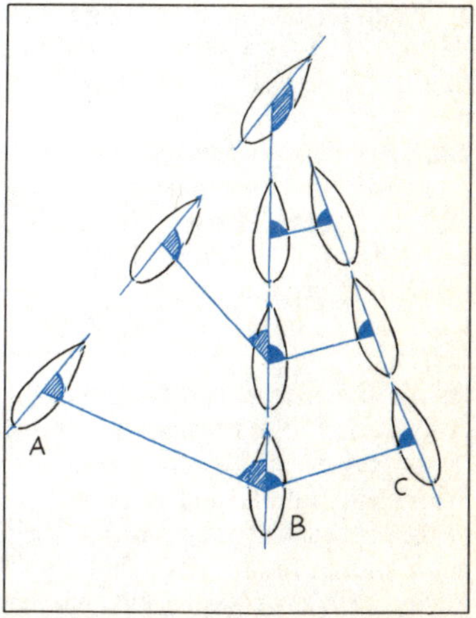

A und B: „Peilung wandert aus!“ – Keine Gefahr. B und C: „Peilung steht!“ – Winkel bleibt gleich, Kollisionsgefahr!

Foto: Deutsches Museum München

Christoph Kolumbus

Kolumbus, Christoph: genuesischer Seefahrer und Entdecker, 1451–1506. Segelte 1492 in spanischen Diensten nach Westen, um Indien zu erreichen. Er entdeckte San Salvador, Kuba und Hispaniola und glaubte bis zu seinem Tode, er habe den Orient auf dem Wege nach Westen erreicht. Es wurde seine fixe Idee. 1493, auf seiner zweiten Reise westwärts, entdeckte er Dominica, Guadeloupe und Mariagalante und gründete auf Hispaniola eine Kolonie. Auf seiner dritten Reise über den Atlantik 1498 entdeckte er Trinidad und sichtete die Küste Südamerikas, das er für eine weitere Insel hielt. 1500 wurde er seines Amtes als Gouverneur von Hispaniola enthoben. 1502 unternahm er seine letzte Reise nach Westen, aber den Weg nach Indien fand er nicht. Als er 1504 zurückkehrte, war er ein gebrochener Mann. Zwei Jahre später verstarb er in Valladolid. An den Namen von Kolumbus in der „Neuen Welt" erinnert die südamerikanische Republik Kolumbien.

Kombüse: die Küche an Bord eines Schiffes.

Kommandant: übliche Bezeichnung für den Kapitän eines Kriegsschiffes gleich welcher Größe.

Kommandobrücke: die Befehlsstelle eines Schiffes, auch kurz Brükke genannt, von wo aus die gesamte Schiffsführung zentral geleitet wird.

Kommodore: allgemein der älteste, erprobteste Kapitän bei großen Schiffahrtslinien oder Reedereien.

Kompaß: das wohl wichtigste nautische Instrument, mit dem die Nord-Süd-Richtung und davon ausgehend auch die anderen Himmelsrichtungen bestimmt werden können. Man unterscheidet Magnet- und Kreiselkompasse. Das Prinzip des Magnetkompasses beruht auf der Erscheinung, daß sich eine frei aufgehängte Magnetnadel infolge des um die ganze Erde bestehenden Magnetfeldes in die magnetische Nord-Süd-Richtung einstellt. In einem Magnetkompaß sind eine Anzahl Magnetnadeln unter einer in Grad und/oder Strichen unterteilten Kompaßrose befestigt, die auf einem Stift drehbar in einem mit Glas abgedeckten Kompaßkessel angebracht ist. Dieser ist mit einer → kardanischen Aufhängung im Kompaßhaus untergebracht, so daß der Kompaß bei allen Schiffsbewegungen in der horizontalen Lage bleibt. Das Kompaßhaus ist meist mit einer schwachen (blendfreien) Beleuchtung ausgestattet. Gleichzeitig ist im Kompaßhaus Raum für Kompensationshilfen wie Stabmagneten, die den störenden

Die Kompaßrose:
N = Norden,
NzO = Norden zum Osten,
NNO = Nordnordost,
NOzN = Nordosten zum Norden,
NO = Nordost,
NOzO = Nordosten zum Osten,
ONO = Ostnordost,
OzN = Osten zum Norden,
O = Osten usw.

Einfluß des eigenen, vom Schiffseisen verursachten magnetischen Feldes ausgleichen müssen. Bei einem Flüssigkeitskompaß (Fluidkompaß) ist der Kompaßkessel mit einer nicht gefrierenden Flüssigkeit gefüllt, die dämpfend auf Schwingungen und schnelle Bewegungen der Kompaßrose wirkt. An der Innenseite des Kessels ist ein dünner senkrechter Strich angebracht – der sogenannte Steuerstrich. Der Kompaß muß so aufgestellt werden, daß eine Linie durch Rosenachse und Steuerstrich genau parallel zur Längsachse des Schiffes liegt. Die Magnetnadel richtet sich auf den magnetischen Norden. Diese Richtung stimmt an den meisten Orten der Erde nicht mit der geographischen Nordrichtung überein. Der Unterschied zwischen magnetisch Nord und geographisch Nord ist die → Mißweisung. Außerdem können Kompaßabweichungen durch das an Bord befindliche Eisen (siehe oben) auftreten. Diese Abweichung, die → Deviation, wird für unterschiedliche Kurse in der Deviationstabelle angegeben. Bei Verwendung des Magnetkompasses muß jedesmal noch eine Korrektur für Mißweisung und Deviation – zusammen Fehlweisung genannt – angebracht werden. Der Gyro- oder Kreiselkompaß ist von magnetischen Einflüssen unabhängig. Die verschiedenen Arten dieses Kompaßtyps arbeiten alle nach demselben Prinzip: Wird die Achse eines sich drehenden Kreisels in einer horizontalen Ebene gehalten, stellt sie sich in Nord-Süd-Richtung ein. Die Kreiselkompasse werden elektrisch angetrieben. Bei 20 000 Umdrehungen in der Minute beginnt die Kompaßrose einzuschwingen und zeigt bald die rechtweisende Nordrichtung an. Im Gegensatz zum Magnetkompaß braucht man nur eine Verbesserung anzubringen, die einer Tabelle entnommen wird. Diese Verbesserung kann auch mittels eines besonderen Geräts automatisch erfolgen.

Kompaßkurs: der an einem Kompaß anliegende und gesteuerte Kurs, also der Winkel zwischen der Kiellinie und dem Kompaß-Nord.

Kompaßrose: im Kompaßkessel auf einer Pinne drehbar gelagerte Scheibe, mit Gradeinteilung von Nord über Ost bis 360 Grad.

Kompensieren: das Ausgleichen oder Korrigieren eines Magnetkompasses durch unterhalb der Rose angebrachte Magnetstäbe, die den störenden Kräften entgegenwirken (wird von Fachleuten durchgeführt).

Kompositbauweise: Bautechnik, bei der → Spanten und → Außenhaut aus zwei verschiedenen Materialien bestehen, z. B. Holzplanken auf Aluminium- oder Stahlspanten.

Konstruktionsklasse: Klasse von Segelyachten, deren Abmessungen mit einer bestimmten Vermessungsformel einen festen Rennwert (→ Rating) ergeben. Das heißt, mittels dieser Vermessungsformel werden die zulässigen Unterschiede in den Abmessungen gegeneinander ausgeglichen. Boote derselben Klasse können also durchaus verschiedene Maße in der Länge, Breite, Verdrängung oder sogar der Segelfläche aufweisen. Beispiele für Konstruktionsklassen sind die Jollenkreuzer, die R-Yachten, die IOR-Klassen usw.

Konstruktionswasserlinie, abgekürzt KWL oder CWL: die vom Konstrukteur errechnete Schwimm- oder Wasserlinie eines mit normaler Ausrüstung im Wasser liegenden Schiffes.

Konterbande: 1. Bezeichnung für Schmuggelgut, 2. völkerrechtlicher Begriff (Banngut oder Bannware) für bestimmte Güter, die von (neutralen) Schiffen in ein kriegführendes Land befördert werden.

Koordinatensystem: ein System von Linien, mit dessen Hilfe man die Lage eines Punktes zu einem anderen oder einen augenblicklichen Schiffsort angeben kann. Dazu dienen zwei Kreissysteme, die (theoretisch) um die nahezu runde Erdkugel gelegt sind. Das eine System wird durch die Längenkreise oder Meridiane gebildet, die alle durch den Nord- und den Südpol führen. Das andere System steht senkrecht zur Erdachse und wird durch die Breitenkreise oder Breitenparallele gebildet. Die größte Breitenparallele ist der Äquator. Die Kreise sind in 360 Grade unterteilt, jeder Grad in 60 Minuten und jede Minute in 60 Sekunden. Nullmeridian bei den Längenkreisen ist jener, der durch die Sternwarte von Greenwich, England, führt. Man unterscheidet westliche und östliche Länge, je nachdem, ob der Meridian westlich oder östlich von Greenwich liegt. Die Breitenparallele nördlich des Äquators liegen auf nördlicher Breite, die im Süden entsprechend auf südlicher Breite. Ortsangaben ergeben sich also jeweils aus den Schnittpunkten von Längenkreisen und Breitenkreisen. Der Punkt A (siehe Zeichnung) auf der Erde liegt also auf 60° nördli-

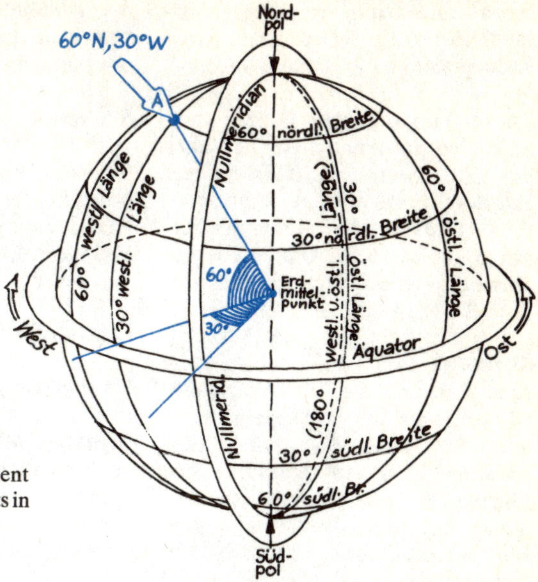

Das Koordinatensystem dient zur Festlegung eines Punkts in der Ebene oder im Raum

cher Breite und 30° westlicher Länge, kurz: 60° N, 30° W.

Kopf: beim viereckigen Rah- und Gaffelsegel die obere Kante des Segels, beim Dreiecksegel die obere Ecke des Segels, wo das → Fall zum Hoch- und Niederholen des Segels angeschlagen ist.

Kopfbrett: kleine dreieckige Platte aus Holz, Leichtmetall oder Kunststoff am Kopf eines Dreiecksegels. Es soll den Kopf verstärken und den Zug des dort angreifenden → Falls verteilen.

Kopflastig: die Trimmlage eines Schiffes, bei dem der Tiefgang vorn größer als achtern ist.

Kopfschlag: beim Belegen einer Leine an einem Poller oder auf einer Klampe der letzte → Schlag, der dann so liegt, daß er das lose Ende der Leine bekneift. Sein Nachteil ist, daß er sich bei Nässe zusammenzieht und daher schwer zu lösen ist.

Koppelkurs: die verschiedenen gesegelten oder gefahrenen und nacheinander in die Seekarte eingetragenen Kurse.

Koppelnavigation: eine Möglichkeit der Schiffsortbestimmung, indem man vom genauen Abfahrtsort (Hafen, Mole, Ansteuerungstonne, Feuerschiff usw.) die Kurse und abgelaufenen Strecken auf der Seekarte laufend aneinandergereiht einzeichnet – man koppelt mit. Der auf diese Weise festgestellte Schiffsort ist das gegißte Besteck (→ Gegißter Ort), dem natürlich alle Mängel des Kurshaltens, der Fahrtmessung, der

Strom- und Windversetzung anhaften. Das gegißte Besteck kann durch Kreuzpeilungen berichtigt werden.

Korsar: ursprünglich Bezeichnung für die nordafrikanischen Seeräuber im Mittelmeerraum, dann jedoch galt der Korsar wie der → Freibeuter als legaler Kaperfahrer, der aufgrund eines Kaperbriefes seines Souveräns ermächtigt war, feindliche Handelsschiffe aufzubringen.

Korvette: im 18. Jahrhundert Kriegsschiffe, die als Vollschiffe (drei Masten mit Rahsegeln) getakelt waren und eine Lage Geschütze – höchstens 20 – auf dem Oberdeck führten. Sie wurden im Vorpostendienst und zur Aufklärung eingesetzt, dienten aber auch als → Kaper- und Begleitschutz. Bis in die achtziger Jahre des 19. Jahrhunderts baute man dann auch sogenannte gedeckte Korvetten, die wie die → Fregatten eine Lage Geschütze unter Deck und mehrere Geschütze auf dem Oberdeck führten. In den modernen Marinen dient die Korvette zur U-Boot-Bekämpfung.

Kranbalken: auf den alten Segelschiffen ein am Bug beidseits außenbords befindlicher sehr starker Balken, von dem aus der Anker fiel oder aufgeholt wurde.

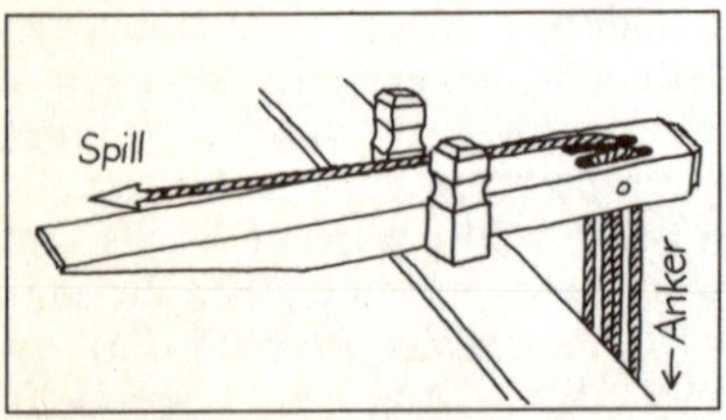

Am Kranbalken wurde auf den früheren Segelschiffen der Anker abgefiert bzw. aufgeholt

Krängen: das Neigen des Schiffes nach Backbord oder Steuerbord infolge des Winddrucks, des Seegangs oder anderer Einflüsse (Verrutschen der Ladung). Bei einem längeren Krängen des Schiffes spricht man von einer Schlagseite.

Krappe See: kurze, hohe See.

Kreiselkompaß: → Kompaß

Kreisfunkfeuer: Sender auf Feuerschiffen oder markanten Punkten an Land, der ständig rundum strahlt und zu Funkpeilungen zur Standortbestimmung genutzt werden kann.

Kreuzen: das Zickzacksegeln auf Backbord- oder Steuerbordbug am Wind, um ein in Richtung des Windes liegendes Ziel zu erreichen oder gegen die Windrichtung voranzukommen. Die Strecke von der einen Wende zur anderen, bei der durch den Wind auf den anderen Bug gegangen wird, nennt man Schlag. Mehrere Schläge ergeben den Kreuzkurs zum angestrebten Ziel. Die Kunst des Kreuzens (vor allem bei Regatten) besteht darin, bei guter Geschwindigkeit soviel → Höhe wie möglich zu laufen, aber dabei nicht zu → kneifen. Die Faustregel beim Kreuzen besagt, bei raumendem Wind (er fällt etwas achterlicher ein) den Kurs beizubehalten und mehr Höhe herauszusegeln, dagegen aber bei schralendem Wind (er fällt spitzer ein) zu wenden und auf den anderen Bug zu gehen. Die-

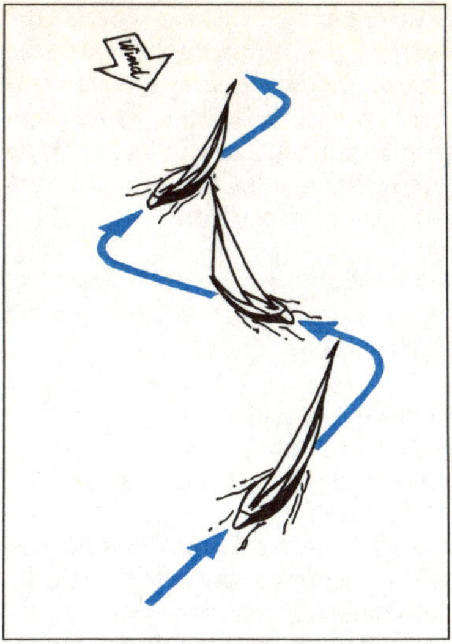

Kein Segelschiff kann genau gegen den Wind segeln, aber es kann kreuzen, indem es den Wind schräg von vorn nimmt und im Zickzack sein Ziel ansteuert, das in Richtung des Windes liegt

se Faustregel trifft natürlich nur für länger andauernde Raumer oder Schraler zu.

Kreuzende Kurse: von solchen Kursen spricht man, wenn sich die eigene Kurslinie mit der eines anderen Schiffes schneidet. Unter Umständen führen sich kreuzende Kurse zum → Kollisionskurs.

Kreuzen der Rahen: die aufgeheißten Rahen mittels der → Toppnanten in eine horizontale Lage bringen.

Kreuzen vor dem Wind: bei achterlichem Wind abwechselnd über Backbord- oder Steuerbordbug segeln, um nicht platt vor dem Wind laufen zu müssen. Vorteile: 1. keine Gefahr einer Patenthalse (→ Halse), 2. höhere Geschwindigkeit, 3. bei Regatten taktische Vorteile. Vor allem bei den modernen Gleitjollen, die ihre höchsten Geschwindigkeiten auf Raumschots-Kursen entwikkeln, ist das Kreuzen vor dem Wind üblich.

Kreuzer: 1. Tourensegel- oder Motoryachten mit festem Deck und Wohn-Schlaf-Einrichtung für längere Seereisen, 2. Kriegsschiff zur Aufklärung, Sicherung von Geleitzügen und kriegerischen Einzelaktionen.

Kreuzerabteilung: Fachabteilung innerhalb des → Deutschen Segler-Verbandes, die den gesamten Bereich des Fahrtensegelns betreut.

Kreuzerheck: eine Heckform, die im Handelsschiffsbau von den Kriegsschiffskreuzern übernommen wurde. Das Heck ist abgerundet und entspricht dem → Kanuheck der Yachtfahrzeuge.

Kreuzfahrt: im heutigen Sprachgebrauch eine Schiffsreise in bestimmte Gewässer, bei der unter anderem auch Landbesuche vorgesehen sind, um typische Eigenheiten der angesteuerten Küstengebiete kennenzulernen.

Kreuzknoten: eine Verbindung zwischen zwei gleich starken Enden, wobei zwei Buchten gebildet werden, die sich gegenseitig bekneifen. Der Knoten wird im seglerischen Alltag ständig gebraucht. Nicht zu verwechseln mit dem „Altweiberknoten", bei dem die beiden Enden

Mit dem Kreuzknoten werden zwei gleich starke Enden verbunden

nicht parallel aus der Bucht des anderen Endes laufen!

Kreuzmast: bei vollgetakelten (rahgetakelten) drei- und mehrmastigen Segelschiffen immer der hinterste Mast. Bei Gaffelseglern mit vier und mehr Masten steht der Kreuzmast meist als dritter Mast hinter dem Großmast. Wie bei den anderen Masten tragen alle Teile des Kreuzmastes wie Segel, Rahen, Brassen usw. die Vorbezeichnung Kreuz ..., wie z.B. Kreuz-Bramrah, Kreuz-Bramsegel, Kreuz-Brambrassen usw. Einzige Ausnahme bei den Segeln am Kreuzmast ist sein unterstes Segel, das Bagien genannt wird. Die diversen Teile dieses Segels heißen Bagienrah, Bagienbrassen usw.

Kreuzpeilung: eine der Möglichkeiten zur Standortbestimmung bei der Küstenfahrt. Man peilt dazu zwei markante Punkte (→ Landmarken) an Land gleichzeitig an. In die Seekarte eingetragen, ergeben beide Peilungen einen Schnittpunkt – den Schiffsort. Am genauesten ist die Standortbestimmung, wenn sich die Peillinien unter einem Winkel von 50 bis 130 Grad schneiden.

Kreuzpoller: ein → Poller in Form eines Doppelkreuzes zum Belegen von Festmachern und Schleppleinen.

Kreuzsee: gefährliche See, die durch den Zusammenprall von sich kreuzenden Wellenbewegungen entsteht, wenn z.B. der Wind umspringt und aus der neuen Richtung ein Wellensystem aufbaut, das nun auf das bisherige trifft.

Kreuzsegel: das unterste Segel am → Kreuzmast, das aber allgemein Bagien genannt wird.

Kreuztonne: allgemein ein → Seezeichen (Tonne), das als → Toppzeichen ein Kreuz aufweist.

Kriegsschiff: jedes zu einer Kriegsmarine gehörige und zum Zweck der Seekriegsführung eingesetzte Schiff – von den ersten Kriegsgaleeren bis zum modernen Schlachtschiff.

Krimpen: die Änderung der Windrichtung entgegen dem Uhrzeigersinn – ein Rückdrehen (Linksdrehen) des Windes. Auf der nördlichen Halbkugel ist das Krimpen zumeist ein Anzeichen für Wetterverschlechterung und das Herannahen eines Tiefs. Das plötzliche Rechtsdrehen eines Windes nennt man → Ausschießen.

Kuff: ein anderthalbmastiger Küstensegler, vornehmlich der Nordseeküste, im 19. Jahrhundert, mit ziemlich plattem Boden, abgerundetem Schiffsende und großer Tragfähigkeit. Größere Kuffen waren mit → Kimmkielen versehen, kleinere führten Seitenschwerter gegen die Abdrift. Als Kufftjalk oder Kuffgaliot (→ Galiot) bezeichnete Fahrzeuge waren Mischungen der betreffenden Typen.

Niederländische Kuff um 1841

Kugelbake: ein → Seezeichen, und zwar eine → Bake mit einem kugelförmigen → Toppzeichen.

Kugeltonne: ein → Seezeichen wie z. B. die Kabeltonne. Sie hat über Wasser die Form einer Halbkugel.

Kuhfuß: ein eiserner Hebel, der an seinem unteren Teil – ähnlich dem natürlichen Kuhfuß – gespalten und etwas umgebogen ist. Er dient zum Ziehen von Nägeln.

Kuhl: eine Art Mitteldeck – später auch Well genannt – auf alten Segelschiffen, und zwar der vertiefte Teil des Gesamtoberdecks zwischen Fockmast und Großmast.

Kühlschiff: für den Transport verderblicher Waren (Früchte, Fleisch) eingerichtetes Frachtschiff, dessen Laderäume gut isoliert sind und durch Kühlanlagen temperiert werden.

Kuhwende: im Sprachgebrauch abgeleitet von der sogenannten Q-Wende, wie sie richtiger heißen müßte. Sie wird bei viel Wind gefahren, wenn eine → Halse zu riskant ist. Man luvt bei der Kuhwende aus dem Raumschots-Kurs an, wendet auf den anderen Bug und fällt wieder ab. Das gesamte Manöver hat vom gesegelten Kurs her gesehen die Form eines Q. Bei hartem Wind ist die Kuhwende immer sicherer als eine – unter Umständen riskante – Halse.

Kulmination: höchster und tiefster Stand eines Gestirns auf seiner täglichen Umlaufbahn.

Kümo: üblich gewordene Abkürzung für Küstenmotorschiff, einem Frachtschiff bis zu etwa 950 Bruttoregistertonnen. (Bild siehe S. 156.)

Kumuluswolken: Haufenwolken, in kleiner Form Schönwetterwol-

Foto: Zefa

Ein Küstenmotorschiff auf der Weser

ken, in größerer, aufquellender Form, die sich turmartig bis zu 2500 m Höhe aufbaut, meist Vorläufer für Gewitter und Böen.

Kunststoffboote: Wasserfahrzeuge, deren Baumaterial aus glasfaserverstärktem Polyesterharz besteht, wobei zum Bau selbst verschiedene Verfahren entwickelt wurden. Die Kunststoffbauweise hat heute im modernen Bootsbau Vorrang vor der Holzbauweise. Das Material hat hohe Festigkeit bei geringem Gewicht, große Dauerhaftigkeit, gute Formbarkeit, ist pflegeleicht und relativ unempfindlich gegen Chemikalien. Allerdings verlieren Kunststoffboote im Laufe der Zeit und bei starker Beanspruchung ihre Elastizität.

Kurs: 1. die Richtung, in die ein Schiff gesteuert wird. Sie ist meist in Grad ausgedrückt, manchmal in Kompaßstrichen. Der anliegende Kurs ist der Kurs, der im Augenblick gesteuert wird und jederzeit auf dem Kompaß abgelesen werden kann. Die Kurslinie wird mit Bleistift in die Seekarte eingetragen als die Route, die gesteuert werden soll. Sie wird immer in Grad vom Navigator an den Rudergänger durchgegeben. Will man z. B. von A nach B fahren, dann wird mittels der Seekarte der Kurs, der gesteuert werden soll, bestimmt. Das kann geschehen, indem die Linie A – B durch die eingedruckte Kompaßrose auf der Seekarte parallel verschoben wird. Auf dieser Rose liest man den rechtweisenden Kurs ab, das heißt den Winkel, den die Linie A – B mit → rechtweisend Nord bildet. In die rechtweisende Kompaßrose auf Seekarten ist teilweise eine mißweisende Rose eingezeichnet. Man kann dann direkt den → mißweisenden Kurs ablesen. Mit Hilfe der Steuertafel, aus der man die → Deviation für den betreffenden Kurs entnimmt, kann man den → Kompaßkurs berechnen. Das ist derjenige Kurs, der auf dem Kompaß gesteuert werden muß, um in Richtung der Kurslinie zu fahren. Häufig müssen hieran auch → Kursberichtigungen angebracht werden. 2. Beim Segeln gibt es zusätzliche Kursdefinitionen, die sich auf den Wind beziehen. So spricht man vom → Am-Wind-Kurs (beim → Kreuzen), vom → Halbwind-Kurs, vom → Raumschots-Kurs (Wind fällt achterlicher als dwars ein) und vom → Vor-Wind-Kurs (Wind von achtern). 3. Nach den internationalen Wettsegelbestimmungen ist unter einem richtigen Kurs derjenige zu verstehen, den eine Yacht nach dem Startsignal und bei Abwesenheit anderer (durch diesen Kurs betroffener) Yachten segeln würde, um die Wettfahrt so schnell wie möglich zu beenden.

Kursberichtigung, auch Kursverwandlung genannt: die Umrechnung vom → Kompaßkurs in den wahren Kurs und umgekehrt, wobei Ablenkung, → Mißweisung, Abdrift und Stromdrift berücksichtigt werden müssen. Der → wahre Kurs oder → rechtweisende Kurs ist dann die rechnerische Summe von Kompaßkurs und sämtlichen Berichtigungen.

Kursdreieck: das Werkzeug des Navigators, mit dem er Kurse, Peilungen usw. auf der Seekarte einträgt. Es ist ein transparentes, gleichschenkliges, rechtwinkliges Dreieck mit eingedruckter Gradeinteilung.

Kurssignal: Ändert ein Fahrzeug in Sicht eines anderen Fahrzeugs seinen Kurs, dann muß es mittels Dampfpfeife oder → Typhon diese Kursänderung anzeigen. Ein kurzer Ton bedeutet: Ich ändere meinen Kurs nach Steuerbord. Zwei kurze Töne: Ich ändere meinen Kurs nach Backbord. Drei kurze Töne: Meine Maschine geht rückwärts.

Kursstabilität: Fähigkeit eines Fahrzeugs, ohne Rücksicht auf Wellen und Wind und ohne Ruderhilfe seinen Kurs beizubehalten.

Kurzspleiß: ein → Spleiß, der zwei gleichartige → Enden miteinander verbindet, wobei die → Kardeele beider Enden jeweils etwa fünf Schläge aufgedreht, dann eng einander gegenübergelegt und gegen den Schlag miteinander verflochten werden.

Kurzstag: eine Ankerkette oder Trosse so weit einhieven, daß der Anker kurz vor dem Ausbrechen aus dem Grund ist. Die Kette liegt dann nicht mehr auf dem Grund, sondern weist schräg nach oben.

Küste: der Grenzsaum zwischen Land und Meer, der in drei Zonen geteilt ist: Strand, Gezeitenzone und → Schorre.

Küstenfahrt: in der Seeschiffahrt die Fahrt längs der Nordseeküsten zwischen allen Plätzen des Festlandes von Kap Gris Nez (westlich von Calais) bis zum Tyborön-Kanal (Nordwest-Dänemark) mit Einschluß der vorgelagerten Inseln und der Insel Helgoland. In der Ostsee die Fahrt längs der Küsten zwischen der Linie Skagen-Lysekil und der nördlichen Breite 57° 30' N sowie die

Foto: Archiv Tölzel

Alte Kutteryacht mit Gaffeltakelung

Fahrt entlang der schwedischen Küste bis Norrtälge.

Küstenkarten: Seekarten für die Navigation der Küstenfahrt im Maßstab 1:250 000 bis 1:40 000.

Kutter: 1. hochbordiges Kriegsschiffsbeiboot zum Pullen (Rudern) und Segeln. Es gibt 10riemige und 14riemige Kutter. Die Takelung besteht aus zwei Pfahlmasten mit Luggersegeln (→ Luggertakelung) und einem Vorsegel. 2. Fischkutter mit geradem Vorsteven und überhängendem Heck, heute Motorkutter genannt. 3. Kutteryacht, entweder mit Gaffeltakelung (→ Gaffelsegel) oder mit Hochtakelung an einem Mast. Der gaffelgetakelte Kutter hat neben dem Großsegel ein Gaffeltoppsegel, ein Dreikanttoppsegel und drei → Vorsegel: Fock, Klüver und Flieger. Beim modernen hochgetakelten Kutter entfallen die Toppsegel.

Labsalben: wörtlich das „Salben mit dem Lappen“, und zwar das Konservieren von Tauwerk mit Teer und von Stengen und Masten mit Öl und Fett.

Labskaus: ein Seemannsgericht, das jeder Smut (Koch) anders zubereitet. Hauptbestandteile sind jedoch immer Fleisch (Corned beef oder Pökelfleisch), Kartoffeln, Zwiebeln und Salzgurken sowie zusätzlich Salzhering. Das Ganze wird als Eintopf zugerichtet.

Lack: Oberflächenschutz bei Holzschiffen.

Ladebaum: ein Rundholz oder eine eiserne Spiere, die mit dem → Hanger auftoppbar und nach allen Seiten schwenkbar an einem Mast befestigt ist und vor allem auf Frachtschiffen wie ein Kran zum Be- und Entladen benutzt wird.

Ladefähigkeit: die raummäßige Menge der Ladung, die ein Schiff in seinen Laderäumen unterzubringen imstande ist.

Ladegeschirr: sämtliche Teile an Bord, mit denen Güter aufgehievt und in den Laderäumen verstaut bzw. umgekehrt entladen (gelöscht) werden. Dazu gehört der → Ladebaum mit seinen Teilen wie Hanger, Hangerblock, Ladeblock, Windenläufer, Ladehaken, Ladewinde usw.

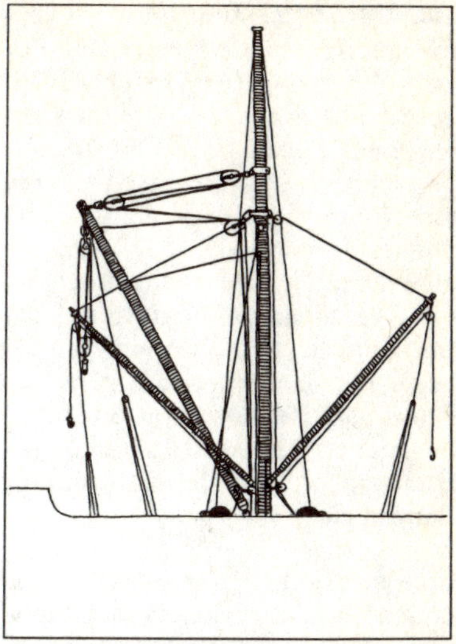

Das Ladegeschirr eines Schiffes mit Mast, Ladebäumen und verschiedenen Taljen

Ladelinie: durch die sogenannte Freibordmarke (→ Freibord) mittschiffs an der Außenhaut markierte Wasserlinie, die anzeigt, wie weit ein Schiff mit Ladung eintauchen darf, ohne daß die Seetüchtigkeit gefährdet ist.

Ladeluke: Decksöffnung, durch die eine Ladung in die Laderäume abgefiert oder aufgeheißt wird. Die Ladeluke wird mit dem Lukendeckel abgeschlossen.

Lademast: meist kurzer, kräftiger Mast auf Frachtschiffen, an dem der Ladebaum befestigt ist.

Laden: das Anbordnehmen der Ladung, wie Proviant, Ladegüter usw. Das Gegenteil ist Entladen oder Löschen.

Ladewinde, auch Ladewinsch: Winde oder Winsch an Lademasten, mit Hand, elektrisch, mit Dampf oder mit Rohölmotor betrieben, dient zum Hieven oder Abfieren von Ladungen.

Ladung: die Gesamtheit der Güter, die ein Frachtschiff zum Seetransport an Bord genommen hat.

Laeisz-Mast: der mittlere Mast – dritte Mast – eines Fünfmastvollschiffes. Tatsächlich wurde ein solches Schiff nur einmal gebaut, und zwar die PREUSSEN der Reederei Laeisz in Hamburg.

Laminare Strömung: ein aerodynamischer bzw. hydrodynamischer Begriff, der den störungsfreien Ablauf der Windströmungen auf beiden Seiten eines Segels oder Flügelprofils bezeichnet. Das Gegenteil ist die turbulente Strömung. Aufgeklebte dünne Garnfäden an der Vorkante eines Segels können deutlich zeigen, ob eine laminare oder turbulente Strömung herrscht, das heißt, ob das Segel ein aerodynamisch günstiges Profil hat. Bei laminarer Strömung liegen die Fäden glatt auf der Segelfläche an, bei turbulenter Strömung flattern sie.

Landen: 1. mit einem Boot an Land auflaufen, 2. im kriegerischen Sinne eine Truppe vom Schiff (Landungsboot) an Land bringen.

Landfall: das Insichtkommen von Festland nach einer langen Seereise.

Landmarken: feste Objekte an Land, deren Standort in die Seekarte eingetragen ist und die man zur eigenen Standortbestimmung als Peilobjekte benutzen kann.

Landratte: spöttische Bezeichnung des Seemanns für den Nichtseemann.

Landschutz: Schutz durch eine Luvküste bei → ablandigem Wind. Bei Sturm kann ein Schiff hinter einer Insel oder einem Deich Landschutz suchen.

Land- und Seewind: Windzirkulation, die an der Küste durch Sonneneinstrahlung hervorgerufen wird. In der Regel herrscht tagsüber durch

Nachts strömt die Luft als Landwind (oben) seewärts, tagsüber weht sie als Seewind (unten) landwärts

das schnellere Erwärmen des Landes Seewind. Warmluft steigt am Land auf und zirkuliert seewärts, während die kühlere Seeluft als Seewind landwärts weht. Nachts erfolgt die Zirkulation umgekehrt. Das Land kühlt schneller ab als die See, seine Luft fließt als Landwind seewärts.

Länge: 1. die geographische Länge (→ Koordinatensystem), 2. die astronomische Länge – sie ist der Winkelabstand eines Gestirns vom Frühlingspunkt oder Widderpunkt, rechtläufig von 0 bis 360 Grad auf der Ekliptik (scheinbare Sonnenbahn) bezeichnet, 3. → Hauptabmessungen eines Schiffes wie „Länge über Alles“ (LüA), gemessen vom vordersten Punkt des Bugs bis zum achtersten Punkt des Achterschiffs oder „größte Länge“ (L.max), gemessen vom äußersten Punkt des Bugspriets bis zum äußersten Punkt eines eventuellen Heckauslegers.

Oben: Ein Frachter bei Sonnenuntergang auf der Elbe
Unten: Das norwegische Motorschiff ROYAL VIKING SKY auf Kreuzfahrt in einem Fjord

Fotos: ZEFA

Oben: Ein Wachboot der amerikanischen Küstenwache in rauher See
Unten: Dieses Luftkissenboot dient als Autofähre zwischen Calais und Ramsgate
Fotos: ZEFA

Oben: Das schwedische Spezialschiff Johan Nordenankar wird zur Lotung und Seevermessung für die Herstellung von Seekarten eingesetzt
Unten: Das griechische Tragflügelboot Flying Dolphin XII

Fotos: ZEFA

Oben: Ein Schubschiff auf der Fahrt rheinaufwärts
Unten: Norwegischer Spezialtransporter auf dem Nord-Ostee-Kanal mit Kurs West der Elbe entgegen
Fotos: ZEFA

Längenkreis: ein halber Großkreis vom Nordpol zum Südpol der Erde (→ Meridian).

Längenunterschied: Liegen zwei Orte auf verschiedener → Länge, so haben sie einen Längenunterschied. Angegeben wird er als Bogenstück des Erdäquators zwischen den beiden Ortsmeridianen, ausgedrückt in Bogenmaß, oder als zugehöriger Winkel am Erdmittelpunkt bzw. am Erdpol.

Längenverhältnis: das Verhältnis der Länge eines Schiffes zu seiner Breite (L:B), auch Schlankheitsverhältnis genannt. Je nach Schiffstyp kann das Längenverhältnis sehr unterschiedlich sein. So erreichen z. B. lange, scharfgebaute Schiffe mit ihren schlankeren Linien naturgemäß eine höhere Geschwindigkeit als kurze, kleine und vollgebaute Schiffe mit bauchigen Linien. Auch auf die Stabilität wirkt sich das Längenverhältnis aus.

Lange Trompete: ein Verkürzungsstek (Knoten), der allerdings nur hält, wenn Zug darauf steht.

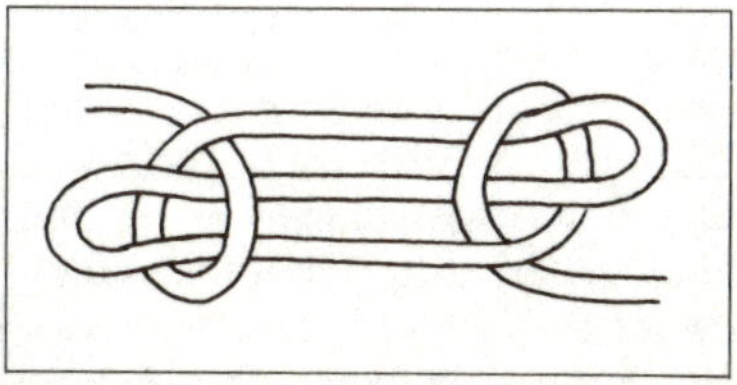

Mit der langen Trompete wird eine Leine verkürzt

Längs: soviel wie parallel bzw. in Schiffslängsrichtung. Gegenteil: quer (→ dwars).

Längsablauf: der übliche Stapellauf eines Schiffes, und zwar in der Längsrichtung mit dem Heck voraus. Das Gegenteil ist der Querablauf oder Querstapellauf.

Langschiff: das Drachenschiff der Wikinger.

Langspleiß: ein Spleiß, der wie der → Kurzspleiß zwei gleichartige Enden miteinander verbindet, aber so verflochten wird, daß die Verbindungsstelle keine Verdickung aufweist. Zu diesem Zweck werden die → Kardeele verjüngt.

Längsschnitt: in der zeichnerischen Darstellung der längsschiffs in der Symmetrieebene ausgeführte vertikale Schnitt durch den Schiffsrumpf.

Längsschott: ein → Schott (Trennwand), das in Längschiffsrichtung liegt. Wenn es mittschiffs angeordnet ist, heißt es Mittellängsschott. Gegenteil: → Querschott.

Längsseits: alles das, was parallel zur Längsschiffsrichtung liegt. Ein Schiff geht bei einem anderen längsseits, wenn es sich daneben legt.

Längsspanten: im Gegensatz zu den Querspanten Bauteile, die der Längsfestigkeit eines Schiffes dienen. Sie verlaufen parallel zur Längsachse eines Schiffes.

Längsstabilität: die Stabilität eines Schiffes in der Längsrichtung. Sie kann durch Gewichtsverschiebung beeinflußt werden, und zwar durch kopf- oder hecklastiges Trimmen (→ auch Querstabilität).

Längsverband: der Teil der Rumpfkonstruktion eines Schiffes, der für die Längsfestigkeit sorgt: Plankengänge, Längsspanten, Längsschotten, Decksplanken, Kiel usw.

Laschenschnitt: der übliche Schnitt eines Vorsegels (Fock). Dabei verläuft eine Mittel- oder Diagonalnaht, Lasching genannt, vom → Schothorn – wo die Schot angeschlagen wird – zum → Vorliek. Von der Lasching aus verlaufen die Bahnen nahezu senkrecht zum → Unterliek und zum → Achterliek.

Die Laser ist eine sportliche Einhandjolle

Lasching: 1. die Diagonalnaht beim → Laschenschnitt, 2. auch Zurring genannt: das Festbinden loser Teile an Bord.

Laser-Jolle: 1974 als internationale Klasse anerkannte schnelle und sportliche Einhand-Jolle als Alternative zum → Finn-Dinghy oder Contender, unkompliziert und mit einem Minimum an Beschlägen ausgerüstet. Länge über Alles: 4,23 m, Breite: 1,37 m, Gewicht: 56,7 kg, Segelfläche: 7,06 m^2. Das → Klassenzeichen ist ein stilisierter Laserstrahl.

Last: 1. der meist unterste Raum eines Schiffes, der zum Stauen benutzt wird. Man spricht von Taulast, Brotlast, Fleischlast usw. 2. Das Gewicht an einer → Talje oder Winde.

Lastigkeit: die Schwimm- oder Trimmlage eines Schiffes in der Längsrichtung (→ Achterlastig, → Kopflastig). Topplastig ist ein Segelschiff mit zu schweren Masten oder Takelage, die eine Neigung zum → Krängen verursachen.

Lateinersegel: ein Dreieckssegel, das in weiten Spitzen ausläuft. Es wird an einem sehr kurzen Mast gefahren, der vorn meist nicht verstagt ist. Angeschlagen ist es mit seiner Oberkante (Oberliek) an einer langen, etwas gebogenen Rah, auch Rahrute genannt, die aus zwei Teilen zusammengelascht sein kann. Sie reicht am Mast vorbei bis zum Bug. Beim Wenden und Halsen wird die Rah hochkant vorn um den Mast herumgenommen. Zuerst von den arabischen Ländern benutzt, breite-

Foto: Archiv Tölzel

Küstensegler vor Toulon mit großem Lateinersegel

te sich das Lateinersegel etwa ab dem 8. Jahrhundert über das gesamte Mittelmeer aus. Heute ist es dort noch auf Fischerbooten üblich.

Lateralplan: die horizontale Querschnittsprojektion des Unterwasserschiffes.

Lateralschwerpunkt: der Schwerpunkt des Lateralplans, meist mit dem Buchstaben L bezeichnet. Der Abstand von L zum Ruder beeinflußt die Steuereigenschaften. Die Lage von L in Längsschiffsrichtung in bezug auf den Segelschwerpunkt S (siehe Zeichnung) ist für die Segeleigenschaften eines Segelfahrzeuges von Bedeutung. Der horizontal gemessene Abstand zwischen L und S schwankt zwischen 3 Prozent der Länge an der → Wasserlinie (LWL)

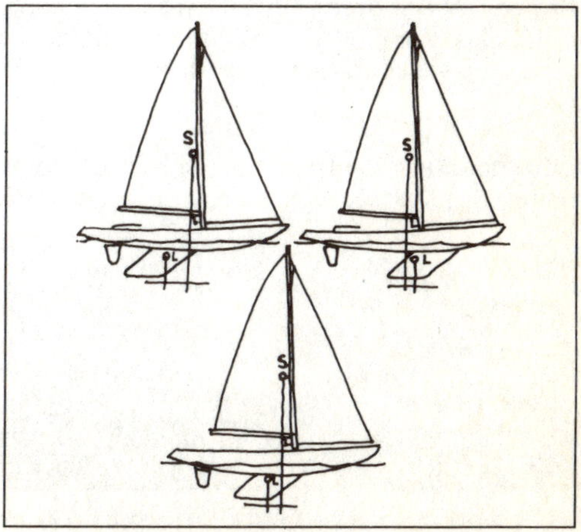

Die linke Segelyacht ist leegierig, die rechte luvgierig. Bei der unteren Segelyacht sind Lateralschwerpunkt und Segelschwerpunkt ausgewogen

für ganz scharf geschnittene, schlanke Yachten bis zu rund 16 Prozent für Yachten mit einem vollen, breiten Rumpf. Die Verschiebung von L nach vorn in bezug auf S läßt ein Segelboot → luvgierig (oder weniger → leegierig) werden. Bei einer Verschiebung nach achtern wird es leegierig (oder weniger luvgierig).

Lateralsystem: System der Seitenbezeichnung eines Fahrwassers, das durch bestimmte Tonnen und Befeuerung markiert wird (→ auch Kardinalsystem).

Laternen: Nach den gesetzlichen Bestimmungen der → Lichterführung werden an Bord eines Schiffes bestimmte Lichter bei Dunkelheit geführt und gezeigt. Je nach Verwendung gibt es: Ankerlaternen, Seitenlaternen, Topplaternen, Hecklaternen, Signallaternen usw.

Lattensegel: ein früher bei Jollenkreuzern und Rennjollen, heute bei → Katamaranen übliches Segel, das in seiner ganzen Breite vom → Achterliek bis zum → Vorliek durch Latten (→ Segellatten) versteift wird.

Lattentaschen: dienen zur Aufnahme der Segellatten, sind etwas größer als diese und werden nahezu senkrecht zum → Achterliek auf das Segel genäht.

Laufbrücke: über tiefliegenden und ungeschützten Oberdecks – wie bei Tankschiffen – von der Back zur Brücke und nach achtern verlaufender Verbindungssteg, der bei Seegang ein gefahrloseres Überqueren des Decks ermöglicht.

Laufendes Gut: die Gesamtheit des beweglichen Tauwerks an Bord eines Seglers. Es dient der Handhabung der Segel und der Takelage. Dazu gehören: Fallen, Schoten, Brassen, Dirken, Achterholer, Niederholer usw. Laufendes Gut wird durch Blöcke, Taljen, Leitösen usw. geschoren und bewegt.

Läufer: 1. im engeren Sinne und exakt jener Teil eines → Klappläufers, dessen Part beweglich vom laufenden zum stehenden oder festen → Block läuft. Im weiteren Sinne ein Ende, das durch einen Block fährt, 2. auf Kriegs-, Segel- und anderen Schiffen ein Bote oder Befehlsüberbringer wie „Läufer Kommandant“, „Läufer Brücke“ usw.

Laufplanke: einfache Planke mit Querlatten, die ein Überwechseln

Foto: Süddt. Verlag

Laufbrücke des Tankers Esso Bayern von der Back bis zur achteren Brücke

von Bord zu Bord ermöglicht. Auch Verbindungssteg von Bord zum Land.

Lavieren: Ein Schiff laviert, wenn es vorsichtig und behutsam schwieriges Gewässer durchfährt.

Lebender Ballast: das Gewicht der Jollen- oder Kielbootscrew, das zum stabilisierenden Austrimmen des Fahrzeugs eingesetzt wird.

Lebendiges Werk: der bei voller Ladung unter der Wasserlinie liegende Teil des Schiffsrumpfes.

Leck, auch Leckage genannt: eine undichte oder schadhafte Stelle an Deck oder im Rumpf, durch die Wasser eindringt.

Leckschlagen: der Einbruch größerer Wassermassen ins Schiffsinnere bei Kollision, Seeschlag usw. Ein leckgeschlagenes Schiff muß nicht unbedingt sinken – Voraussetzung dazu sind feste, wasserdichte → Schotten.

Lecksegel: ein starkes, eventuell geöltes Stück Segeltuch, das von außen über die Leckstelle gezogen und festgezurrt wird – eine provisorische Abdichtung bis zur endgültigen Reparatur der Leckstelle.

Lee: die Seite, zu welcher der Wind weht, also an Bord die dem Wind abgekehrte Seite. An der Leeseite eines Objekts (Berg, Steilufer usw.) findet man Schutz vor Wind und Wellen. Wer seekrank ist, „opfert nach Lee“. Die → Luv- und Leeseiten eines Schiffes sind nicht konstant, sondern wechseln jeweils mit der Lage, die das Schiff in bezug auf den Wind einnimmt.

Leegierig: Tendenz eines Segelschiffs, nach Lee zu laufen, das heißt, abzufallen. Ursachen: Mast steht zu weit vorn, vorn zuviel Segelfläche, Kiel zu weit achtern, zuviel Ballast im Achterschiff usw. Abhilfen sind durch Mast- oder Ballasttrimm, Änderung der Takelage usw. möglich (→ auch luvgierig).

Leeküste: → Legerwall

Leeschot: ebenso Leebrassen (→ Brassen), bei Vorsegeln und Rahsegeln bzw. bei allen Segeln, die mit zwei → Schoten (oder Brassen) bedient werden, immer jene Schoten (oder Brassen), die auf der Leeseite liegen und mit denen die Segelstellung korrigiert wird. Die Luvschoten und Luvbrassen bleiben inzwischen lose. Nach einer Wende wird die Leeschot zur Luvschot.

Leesegel: Bei leichtem raumem Wind wurden auf den Rahseglern die → Rahsegel verbreitert, indem man die Rahen durch Leesegelspieren verlängerte und an ihnen die sogenannten Leesegel anschlug. Sie wurden auf beiden Seiten oder auch nur auf der Luvseite gefahren – insofern ist die Bezeichnung Leesegel im Grunde irreführend. (Bild siehe S. 166.)

Leeseite: die Seite, die dem Wind abgewandt ist. Die Leeseite liegt tiefer im Wasser, nach der Leeseite rollen oder rutschen alle nicht festgezurrten Teile.

Leesegel eines englischen Dreideckers (um 1830) verbreitern die Segelfläche

Leespinnaker: zusätzliches riesiges, bauchiges Vorsegel, das auf der Leeseite gesetzt wird.

Leetide: ein Gezeitenstrom, bei dem Strom und Wind die gleiche Richtung haben.

Leeyacht. Begriff in den Wettsegelbestimmungen. Er besagt: Wenn von zwei Yachten auf gleichem Bug keine klar achteraus liegt, so ist die in Lee der anderen liegenden Yacht die Leeyacht. Die andere ist die → Luvyacht. Daraus ergibt sich die Ausweichregel, daß sich die Luvyacht von der Leeyacht freizuhalten bzw. daß sie der Leeyacht auszuweichen hat.

Legerwall, auch Leeküste genannt: die Küste, auf die der Wind steht, im Gegensatz zur Luvküste, von der der Wind kommt. Ein Segelfahrzeug, das bei schwerem Wetter und auflandigem Wind in der Nähe der Küste „auf Legerwall" gerät, befindet sich in einer gefährlichen Situation, wenn es sich nicht freikreuzen kann. Es besteht die Möglichkeit, zu stranden oder aufzulaufen. Ein Anker kann das Fahrzeug halten, muß aber nicht. Letztes Mittel ist ein → Kreuzen auf Biegen oder Brechen und mit so vielen gesetzten Segeln, wie das Segelfahrzeug zu tragen vermag, um den nach See hin so wichtigen Luvraum zu gewinnen.

Leibholz: besonders breites und starkes Holzbrett, das am Rande eines hölzernen Decks entlangläuft und die Decksbeplankung abschließt. Es wird auch Wassergang genannt.

Leichte Brise: nach der → Beaufort-Skala Windstärke 3.

Dieser Rahsegler muß hart an den Wind gehen, um nicht auf Legerwall zu geraten, wohin ihn der Wind drücken könnte

Leichter: meist schutenartiges (→ Schute) Wasserfahrzeug ohne eigenen Antrieb. Es wird geschleppt und übernimmt Ladungen zum Weitertransport.

Leichtern: ein Schiff entladen, um seinen Tiefgang zu vermindern.

Leine: Tauwerk mit einem Umfang von weniger als 4 cm. Ist der Umfang größer, spricht man von einer → Trosse. In der Fachsprache wird allgemein der Durchmesser des Tauwerks angegeben. Eine Leine hat eine Stärke von maximal 12 mm.

Leine stecken: das Losegeben oder Nachfieren von Leinen oder Trossen – z. B. der Ankerleine, wenn sie zu steif steht.

Leinpfad, auch Treidelpfad: Weg an Kanälen und Flußufern, an denen Schiffe früher stromauf geschleppt (getreidelt) wurden.

Leitblock: verstellbarer, auf einer Leitschiene angebrachter Block zum Umleiten der Zugrichtung z. B. einer Schot.

Leitender Ingenieur: abgekürzt „LI", der für die gesamten maschinellen Anlagen eines Schiffes verantwortliche Ingenieur. Er gehört wie Kapitän und Erster Offizier zur Schiffsführung, untersteht aber dem Kapitän.

Leitfeuer: Leuchtfeuer, das durch eine bestimmte Leuchterscheinung, z. B. weißes Licht im Leitsektor, begrenzt von rotem und grünem Licht, das → Fahrwasser bezeichnet.

Leitflosse: kleiner Kiel am Boden eines Bootes zur Verbesserung der Kursstabilität.

Leitöse: fest an Deck angebrachtes oder auf einer Leitschiene versetzbares → Auge in Form einer Öse, durch das eine Leine in eine bestimmte Zugrichtung umgelenkt wird.

Leitschiene: schienenförmiger Yachtbeschlag zur Aufnahme eines → Leitblocks oder einer → Leitöse und zur optimalen Trimmnutzung der Segel und der Führung der Schoten.

Leitwagen, auch Leuwagen: meist ein breiter Stahlbügel, über den ein Schotblock rutscht – mit gleicher Funktion wie die → Leitschiene.

Lemaire, Jakob: niederländischer Seefahrer und Entdecker, 1545–1616. Als Kapitän segelte er mit Willem Schouten mit der EENDRACHT und der HOORN nach Patagonien über Sierra Leone an der Westküste Afrikas. Er entdeckte die Straße zwischen Tierra del Fuego und der Staaten-Insel, die nach ihm benannt wurde. Dann segelte er in südwestlicher Richtung weiter und entdeckte dabei Kap Hoorn. Über die Juan-Fernandez-Inseln gelangte er zu den Tuamotu-Inseln und den „Freundlichen Inseln". Er besuchte und benannte die Horn-Inseln und entdeckte Inseln der Admiralitätsgruppe (eine benannte er nach Schouten). Darauf segelte er nach Djakarta, wo die EENDRACHT von der Holländischen Ostindienkompanie beschlagnahmt wurde. Der Verletzung des Monopols dieser Kompanie beschuldigt, schickte man Lemaire nach Holland zurück. Das „Monopol" bestand darin, daß die Kompanie erklärte, sie habe das alleinige Recht, die Magellan-Straße zu befahren – die Lemaire gar nicht benutzt hatte. Vielmehr hatte er eine neue Straße gefunden.

Lemmeraak: niederländisches Fracht- und Fischereifahrzeug mit Rundspanten und zwei schmalen → Seitenschwertern – heute als Fahrtenyacht in Benutzung.

Lenzen: 1. das Auspumpen oder Ausösen (Ausschöpfen) von Wasser aus einem Schiff, 2. das Vor-dem-Wind-Laufen eines Segelschiffs bei Sturm und starkem Seegang, und zwar unter Sturmbesegelung.

Lenzen vor Topp und Takel: die nächste Stufe nach dem → Lenzen (2.). Sämtliche Segel, auch die Sturmbesegelung, sind abgeschlagen, das Schiff läuft vor dem Sturm her in Richtung des Seegangs und der Wellen, allerdings mit geringerer Geschwindigkeit. Um eine Kursstabilität zu erreichen, werden achtern über das Heck Leinen oder Trossen ausgefahren und nachgeschleppt. Sie wirken zugleich bremsend und stabilisierend.

Lenzklappen: im → Spiegel moderner Gleitjollen angebrachte Klappen, durch die bei Fahrt in der Jolle Bilgewasser (→ Bilge) abfließen kann (→ Lenzventil).

Lenzpumpe: meistens eine Handpumpe, um Leck- und/oder Kondenswasser aus dem Schiff zu pumpen.

Lenzventil: Beschlag im Boden oder → Spiegel eines Bootes, durch den in der → Bilge befindliches Wasser ablaufen kann. Dies geschieht durch Sogwirkung bei Fahrt im Boot.

Leuchtfeuer: Sammelbegriff für die Lichtquellen, die als Orientierungshilfen für die Navigation bei Nacht dienen. Dabei werden festgegründete Feuer auf Leuchttürmen, Baken und Dalben und schwimmende → Seezeichen wie Feuerschiffe und Leuchttonnen unterschieden. Identifiziert werden die Leuchtfeuer aufgrund ihrer → Kennung. Bei der Fahrwasserbefeuerung (→ Lateralsystem) unterscheidet man Leitfeuer, Richtfeuer, Quermarkenfeuer, Torfeuer, Uferfeuer usw.

Leuchtfeuer-Verzeichnis: Sammelbegriff für ein mehrteiliges Werk, das vom → Deutschen Hydrographischen Institut herausgebracht wird. Es enthält alle Leuchtfeuer eines Küstengebiets mit Angabe von Position, Kennung, Lichtstärke, Sichtweite und Feuerhöhe.

Leuchttonne: Tonne mit einem Aufsatz, in dem sich ein Licht befindet. Auch hier hat die Lichterscheinung eine besondere Kennung. Leuchttonnen dienen als Ansteuerungstonnen oder zur Seitenbezeichnung eines Fahrwassers.

Leuchtturm: ein → Seezeichen in Form eines weithin sichtbaren Turms, der mit einem Leuchtfeuer ausgerüstet ist. Bei Tage durch auf-

Foto: Süddt. Verlag

Der Leuchtturm von Chaniá auf Kreta

fallenden Farbanstrich deutlich erkennbar (→ auch Befeuerung).

Levanter: ein aus Osten wehender Wind im Mittelmeer.

Libellensextant: ein → Sextant mit eingebauter Wasserwaage (Libelle) zur Anzeige der Lotrichtung und um ein Verkanten zu vermeiden.

Lichten: etwas anlüften oder anheben, wird aber meist nur im Zusammenhang mit dem Ankeraufgehen benutzt – der Anker wird gelichtet, also aus dem Grund geholt.

Lichterführung: entsprechend der Seestraßen-Ordnung, der Seeschifffahrtsstraßen-Ordnung und der Binnenschiffahrtsstraßen-Ordnung müssen Wasserfahrzeuge bei Nacht Lichter führen, um Zusammenstöße oder Kollisionen zu vermeiden. Die Lichter werden von Sonnenuntergang bis Sonnenaufgang und auch bei unsichtigem Wetter geführt. Folgende Lichter werden unterschieden: das *Topplicht,* das unbehindert über 20 Kompaßstriche (225 Grad) scheint, und zwar nach jeder Seite zehn Strich (112,5 Grad) von recht voraus bis zwei Strich (22,5 Grad) achterlicher als → dwars. Es muß mindestens fünf Seemeilen weit sichtbar sein. *Seitenlichter* – auch Seitenlaternen oder Positionslichter genannt –, und zwar auf der Steuerbordseite grün und auf der Backbordseite rot. Sie befinden sich beide auf gleicher Höhe. Das *Steuerbordlicht* scheint von recht voraus bis zwei Strich (22,5 Grad) achterlicher als Steuerbord querab, das *Backbordlicht* von recht voraus bis zwei Strich (22,5 Grad) achterlicher als Backbord querab. Das *Hecklicht,* weiß, bescheint den Sektor zwischen den hinteren Begrenzungen der beiden Seitenlichter, und zwar insge-

Dieses Maschinenfahrzeug führt bei Nacht ein Topplicht, die beiden Seitenlichter und das Hecklicht

Durchbruch zum Pazifik

Magellan schickte, als er schon weit in die Straße vorgedrungen war, die später seinen Namen tragen sollte, eine kleine Brigantine vor, die den weiteren Verlauf der „Straße“ erkunden sollte. Er unterstellte sie einem ihm getreuen Mann – Gonzalo de Espinosa, der an Bord die Funktion eines Profos, eines Zuchtmeisters, hatte. Espinosa segelte am Morgen des 31. Oktober 1520 durch die Meeresstraße weiter nach Westen. Ein Bericht darüber lautet:

„Nach dem Verlassen der Sardinenbucht durchfuhr Espinosa die Schlucht, eine öde, verlassene Wasserstraße zwischen vegetationslosen Ufern, die aus aufeinandergestürzten Felsbrocken vulkanischen oder seismischen Ursprungs bestanden. Es gab keine Strände, die geeignet waren, um dort die Nacht zu verbringen, und keine sicheren Ankerplätze; die Besatzung mußte drei Nächte dichtgedrängt bei strömendem Regen im offenen Boot zubringen. Die Winde waren stürmisch und wechselten die Richtung, so daß die Brigantine mehrmals gegen die Felsen gedrückt wurde. Der ungeheure, etwa 13 Meter erreichende Tidenhub traf im Westen auf die starke Dünung des Pazifik, die ostwärts brandete; das ergab eine kabbelige See, und wenn die hohen Wogen gegen die Steilhänge donnerten, verursachten sie einen Sog, der das Wasser noch mehr aufwühlte ... Entlang der einen Seite der Schlucht floß ein starker Strom in Richtung Osten, entlang der anderen bewegte sich ein ebenso starker Gegenstrom, und wo beide aufeinandertrafen, gab es Strudel und gefährliche Wirbel.“ (Aus Ian Cameron: „Magellan und die erste Weltumsegelung“.)

Espinosa hielt trotz allem durch. Zuletzt wurde die Brigantine von einer unerwarteten Drift den riesigen Brechern des Pazifiks entgegengetragen. Espinosa reagierte rechtzeitig, als sie am Ende der Schlucht die offene See vor sich sahen. Es gelang ihm, einen nach Osten ziehenden Gezeitenstrom zu erreichen, der die Brigantine in die relative Sicherheit der Meerenge zurücktrug: Sie hatten die Zufahrt zum größten Ozean der Erde entdeckt.

samt einen Winkel von zwölf Strich (135 Grad). Es muß mindestens zwei Seemeilen weit sichtbar sein. Innerhalb der verschiedenen Vorschriften zur Lichterführung ist genau festgelegt, welche Lichter ein Schiff seiner Art und Größe nach zu führen hat. Das beginnt bereits beim Ruderboot, das ein weißes Rundumlicht an Bord haben muß, und setzt sich über Sportwasserfahrzeuge, Fahrzeuge der Berufsschiffahrt, der Kriegsfahrzeuge usw. fort.

Liegen: soviel wie nicht in Fahrt befindlich. Ein Schiff liegt vor Anker, an der Pier, an der Boje, im Dock usw.

Liegeplatz: Ort, an dem ein Schiff für kürzere oder längere Zeit liegt und dafür das Liegegeld bezahlt.

Liek: der Rand oder die Kante eines Segels, die mit einer angenähten Verstärkung versehen ist, um ein Ausreißen und Ausrecken des Segels zu verhindern. Beim dreieckigen Segel werden drei Lieken unterschieden: das Vorliek (am Mast), das Unterliek (am Baum) und das Achterliek, an dem sich bei Großsegeln von oben nach unten die → Lattentaschen befinden. Beim trapezförmigen → Gaffelsegel heißt das Liek an der Gaffel Oberliek oder Gaffelliek, beim viereckigen → Rahsegel spricht man von dem an der Rah befindlichen Liek vom Rahliek und von den beiden seitlichen Lieken als dem Backbord- bzw. Steuerbordliek oder dem Seitenliek.

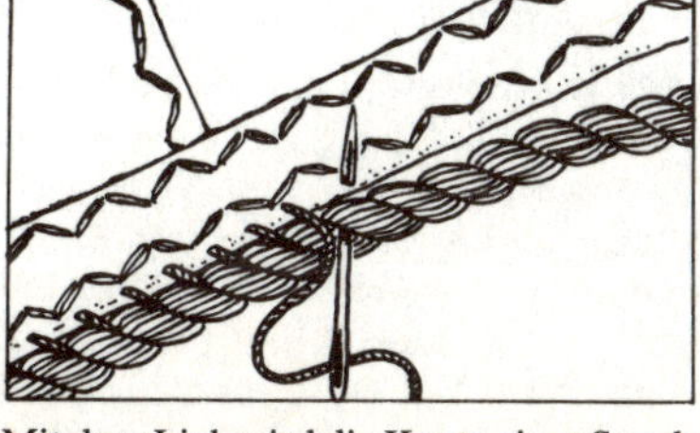

Mit dem Liek wird die Kante eines Segels eingefaßt, um sie zu verstärken

Lifebelt, auch Lifeline genannt: ein → Sicherheitsgurt, der bei Decksarbeiten angelegt wird und ein Außenbordsgehen bei schlingerndem Schiff verhindern soll.

Likedeeler, „Gleichteiler“: spätere Bezeichnung für die → Vitalienbrüder, die als → Freibeuter im ausgehenden 14. Jahrhundert in Nord- und Ostsee operierten (Störtebeker, Godeke Michel usw.). Likedeeler nannten sie sich, weil die Beute gleichmäßig untereinander verteilt wurde.

Linienfahrt, auch Linienschiffahrt: die Berufsschiffahrt und ebenso Fahrgastschiffahrt (auch auf Binnengewässern) nach einem festen Fahrplan und auf festgelegten Routen. Gegenteil: → Trampschiffahrt.

Linienriß: Zeichnung der Rumpfform eines Schiffes, bestehend aus drei Projektionen: dem horizontalen Längsschnitt oder → Wasserlinienriß, dem vertikalen Längsschnitt oder Schnitt (Vertikale) und dem vertikalen Querschnitt oder Spantriß. Zur Kontrolle wird meist noch eine Anzahl schräger Längsschnitte hinzugefügt – die Senten oder Diagonalen. Die → Konstruktionswasserlinie ist die angenommene

Schnittlinie zwischen Rumpf und Wasseroberfläche. Traditionsgemäß wird der Linienriß mit dem → Vorsteven auf der rechten Seite gezeichnet. Wegen der gegebenen Symmetrie zeichnet man nur die Linien einer Schiffshälfte. Da die → Spanten von Vor- und Achterschiff in der Projektion durcheinander hindurchlaufen, werden sie in zwei Teilen dargestellt: rechts von der Mittschiffslinie die Spanten des Vorschiffs, links die des Achterschiffs. Anhand dieser Maße zeichnet die Werft die Spanten in Originalgröße auf dem → Schnürboden und biegt die Spanten dann entsprechend den dort aufgetragenen Linien.

Linksdrehender Wind: das gleiche wie rückdrehender Wind oder → Krimpen.

Lippe: ein Beschlag in Form einer Leitöse, die nach oben offen und innen nach beiden Seiten gut abgerundet ist. Sie nimmt Leinen, Trossen oder Ketten auf, die nach außenbords führen.

Lloyd, Edward: Der englische Kaufmann war etwa um 1668 Besitzer des Cafés *Lloyd's Coffeehouse* in der Tower Street in London, das zum Treffpunkt von Reedern, Kapitänen, Kaufleuten, Versicherungskaufleuten, Agenten u. a. wurde, die dort ihre Geschäfte abwickelten. Dies wurde von Edward Lloyd unter anderem dadurch unterstützt, daß er Schiffs- und andere Berichte verlas und sie später als „Lloyds Nachrichten" herausgab. Seit 1726 erschien „Lloyd's Register", zunächst wöchentlich, später – und auch heute noch – täglich. Aus diesen Aktivitäten entwickelten sich im Laufe der Jahre zwei unabhängige, selbständige Institutionen, beide unter dem Namen „Lloyd's". Die eine, meist als „Corporation" bezeichnet, ist ein Versicherungsinstitut und beschäftigt sich ausschließlich mit Schiffsversicherungen und allem, was dazugehört. Die andere ist eine Schiffsklassifikationsgesellschaft unter dem Namen „Lloyd's Register of Shipping" (Lloyds Schiffsregister). Diese Gesellschaft stellt verbindliche Vorschriften für den Bau von Schiffen auf und teilt anhand dieser die Schiffe in Klassen ein. Die Klassifikationsgesellschaft hat ihre Büros auf der ganzen Welt.

Löffelbug: konvex (löffelartig) gebogene Bugform (→ Bug).

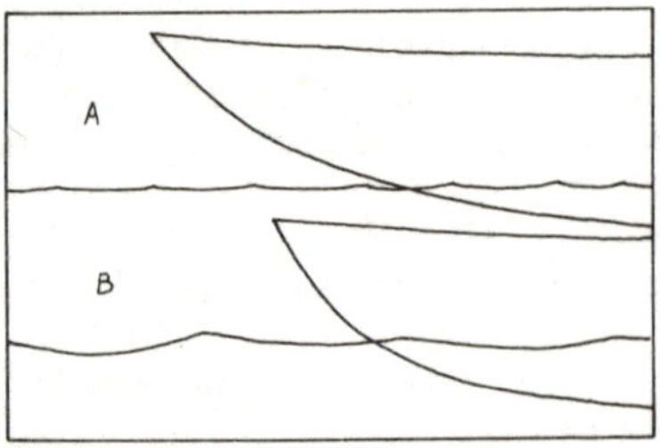

A ist der Löffelbug einer Binnen-Yacht, B einer seegehenden Yacht

Log: Instrument, um den durch das Wasser zurückgelegten Weg – die Distanz – zu messen. Diese Distanz, geteilt durch die dafür benötigte Zeit, ergibt die Geschwindigkeit. Es gibt verschiedene Arten von Logs. 1. das *Handlog:* ein Logscheit, das, senkrecht stehend, während des Loggens einen festen Punkt im Was-

Beim Patentlog werden die Umdrehungen einer nachgeschleppten Schraube auf ein Zählwerk übertragen. Daraus ergibt sich die Schiffsgeschwindigkeit

ser bildet. Es wird an einer durch Knoten gemarkten Logleine achtern zu Wasser gelassen. Die Strecke, die das Fahrzeug vom Logscheit ab in einer bestimmten Zeit zurücklegt, wird an der Leine abgelesen. Die Anzahl der Knoten – daher eine Seemeile gleich ein Knoten –, die in der Laufzeit einer Sanduhr (meist 14 Sekunden), des sogenannten Logglases, durch die Hand des Messenden läuft, gibt die Seemeilen an, die das Fahrzeug in einer Stunde zurücklegt. 2. Beim *Patentlog* werden die Umdrehungen einer kleinen nachgeschleppten Schraube auf ein Zählwerk übertragen, von dem die abgelaufene Seemeilenzahl abgelesen werden kann. 3. Das *Staudruck-Log:* Es arbeitet meist mit einem Pitot-Rohr – einem in Achsenrichtung vorn offenen Rohr –, das die Druckveränderung als Folge des anströmenden Wassers mißt und den Druck auf einem Meßinstrument in Knoten oder Kilometer pro Stunde anzeigt. 4. Das *elektronische Log:* Bei ihm wird die Umdrehung von einem außen am Schiffsrumpf angebrachten Logpropeller elektronisch auf die Loguhr übertragen.

Logbuch: das Tagebuch eines Schiffes, in das alle wichtigen Ereignisse sowie die navigatorischen und nautischen Ergebnisse und Daten eingetragen werden, z. B. Kurse, Wetter und Wind, Barometerstand usw. Bei Havarie- und Schadensverhandlungen vor dem Seeamt gilt das Logbuch als Beweismittel.

Logger, auch Lugger genannt: ursprünglich zwei- oder dreimastige französische Küstensegler, die außerordentlich schnell waren und als Depeschenboote, → Avisos, → Kaper oder Schmuggelfahrzeuge fuhren. Als sogenannte Chasse-Marées (Seejäger) wurden sie z. B. als Kaperschiffe eingesetzt und mit acht bis zehn Kanonen bestückt. Sie hatten eine Besatzungsstärke von etwa 50 Mann. Ab Mitte des 19. Jahrhunderts wurden Logger als Fischereifahrzeuge – meist anderthalbmastig – verwendet, die als Heringslogger bekannt geworden sind.

Logis: Mannschaftswohnraum, wo auch gegessen und geschlafen wird.

Löschen: die Fracht- und Stückgüter eines Schiffes entladen.

Lose: der durch- oder herabhängende Teil einer Leine oder Trosse. Auf diesem Teil steht also keine Kraft. Man spricht von Losegeben, wenn man eine Leine auffiert.

Loses Unterliek: die Unterkante eines Segels wird nicht wie üblich fest an einem → Baum gefahren, sondern ist mit ihm nur mit dem → Hals und dem → Schothorn verbunden

(→ Liek). Das Unterliek ist also seiner Länge nach nur vorn und hinten fixiert. Ein loses Unterliek, das man sehr bauchig fahren kann, wurde oft auf Küstenseglern und Fischerbooten benutzt. Neuerdings ist es bei → Katamaranen und einigen kleineren Gleitjollen wieder in Gebrauch.

Loswerfen: das endgültige Lösen einer Leine von ihrer Fixierung.

Lot: Gerät zum Messen (Loten) der Wassertiefe, wie z. B. das → Handlot, das → Echolot oder das Elektrolot.

Lotse: aufgrund entsprechender Patente amtlich zugelassener Schiffsführer für bestimmte Gewässer.

Luftkasten, auch Auftriebskasten genannt: ein wasserdichter Kasten in offenen Booten (Rettungsbooten), der für genügenden Auftrieb bei Kenterung oder Vollschlagen sorgen soll. Er ist auf beiden Seiten des Bootes untergebracht.

Luftkissenfahrzeug, auch Hovercraft (engl.: to hover = schweben) genannt: ein Fahrzeug, das in einigem Abstand über das Wasser „schwebt". Zwischen Rumpf und Wasseroberfläche wird ein Luftkissen aufgebaut. Der Vortrieb erfolgt durch Luftschrauben, die Steuerung durch Luftruder. Solche Fahrzeuge werden durch Wellen nicht behindert und erreichen Geschwindigkeiten von 60 bis 80 km/h. Man verwendet sie heute fast nur als Fähren sowie für militärische Zwecke.

Luggertakelung: trapezförmiges → Schratsegel, das dem → Gaffelsegel vergleichbar ist, aber nur mit einem → Fall gesetzt oder niedergeholt wird. Das Oberliek des Luggersegels ist an einer gaffelähnlichen Spiere angeschlagen, die ziemlich steil gesetzt wird. Gaffel, Baum und Vorliek des Luggersegels reichen meist etwas vor den Mast. Aufgrund der einfachen Handhabung wird die Luggertakelung bevorzugt auf Beibooten benutzt.

Foto: Süddt. Verlag

Das Luftkissenfahrzeug schwebt auf einem Luftpolster

Bei der Luggertakelung sind die Segel an einer gaffelähnlichen Spiere angeschlagen, die am Mast vorragt

Luk: verschließbare Öffnung im Schiffsdeck oder Decksaufbau, wie z. B. das Klappluk im Vordeck oder das Schiebeluk auf dem Kajütdeck (→ auch Ladeluke).

Lümmel: Beschlag an einem Baum, der drehbar am Mast befestigt ist.

Luv: die Richtung, aus der der Wind kommt (→ auch Lee).

Luven, auch → anluven: eine Kursänderung, die ein Segelschiff dichter oder höher an den Wind bringt.

Luvgierig: die Tendenz eines Segelschiffs, in den Wind zu drehen bzw. anzuluven (→ auch leegierig).

Luvkampf: Begriff beim Regattasegeln – sowohl das Überholen des Gegners in Luv als auch die entsprechende Abwehrmaßnahme.

Luvküste, auch Luvwall: der Gegenbegriff zu → Legerwall. Von einer Luvküste weht der Wind, den man in diesem Fall als → ablandig bezeichnet, in Richtung See. Die Bezeichnung gilt immer vom Schiff aus. Man wird immer an der Leeseite einer Luvküste ankern, weil man dort geschützt liegt.

Luvraum, auch Luvweg genannt: beim Segeln am Wind, also auf der Kreuz, die nach Luv hin erreichte Distanz (oder der nach Luv hin gewonnene Raum).

Luvrecht: das nach den Wettsegelbestimmungen genau festgelegte Recht, bei einem → Luvkampf eine oder mehrere Yachten zum → Luven zwingen zu dürfen. Dies kann für den Gegner unter Umständen Fahrtverlust und damit ein Zurücksacken bedeuten.

Luvschot: die lose durchhängende, unbenutzt in Luv befindliche → Schot eines Vorsegels. Durchgesetzt wird immer nur die Leeschot.

Einzige Ausnahme ist das Durchholen einer Luvschot, wenn das Vorsegel back stehen soll (→ Back, 2.). Dies geschieht, wenn man erreichen will, daß das Boot schneller nach Lee abfällt: Der Wind trifft dann auf das am Bug nach Luv gestellte Segel und drückt diesen jetzt verstärkt nach Lee.

Luvtide: eine → Tide, deren Strömung gegen den Wind gerichtet ist – anders als bei der → Leetide. Dieser Zusammenprall von Strom und Wind erzeugt zumeist einen unruhigen Seegang mit kurzen hohen Wellen.

Luvwant: das in Luv befindliche → Want eines Segelschiffs, das die Belastung durch den Winddruck zu tragen hat. Bricht es, hat man die Möglichkeit, sofort auf den anderen Bug zu gehen, so daß das vorherige Leewant nun Luvwant wird. Das gebrochene ehemalige Luvwant kann jetzt repariert werden.

Luvwärts: vom Schiff aus gesehen alles das, was sich in Richtung des Windes, also in Luv, befindet. Das Gegenteil ist leewärts.

Luvyacht: Begriff aus den Wettsegelbestimmungen. Danach heißt es: Wenn von zwei Yachten auf gleichem Bug keine klar achteraus liegt, dann ist die in Luv der anderen liegender Yacht die Luvyacht und die andere die → Leeyacht. Die Luvyacht muß sich von der Leeyacht freihalten bzw. ihr ausweichen.

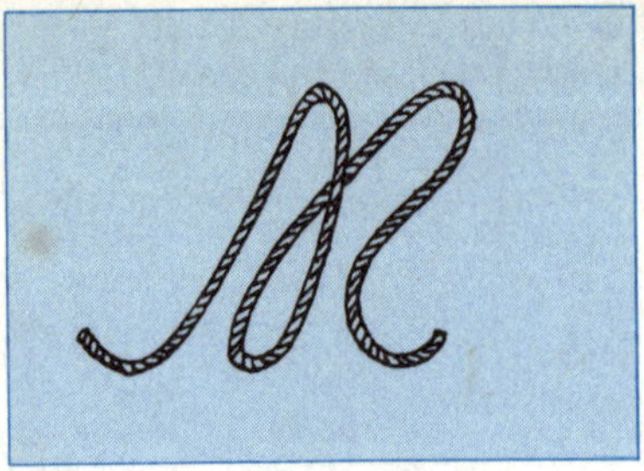

Magellan, Fernando: portugiesischer Entdecker und Seefahrer, 1480(?)–1521. 1519 gewann Magellan den spanischen König Karl I. für den Plan, Südamerika zu umfahren und den Pazifik mit seinen vielen Inseln und unbekannten Gebieten für Spanien zu gewinnen. Karl I. stimmte zu und unterstützte den Plan. Magellan brach im September 1519 mit fünf Schiffen auf und erreichte im März 1520 die Bucht von St. Julian, weit unten an der Ostküste Südamerikas. Hier schlug er eine Meuterei nieder, entdeckte weiter südlich eine Meerenge, die nach We-

Foto: Deutsches Museum München

Fernando Magellan

sten führte, durchquerte sie und erreichte nach 27 Tagen den Pazifik, den er „das friedliche Meer" nannte. Die Meerenge, die er hinter sich gebracht hatte, wurde nach ihm benannt – die Magellan-Straße. Im März 1521 gelangte der desolate Verband, der nur noch aus zwei Schiffen bestand, nach einer qualvollen Fahrt zu den Philippinen. Dort mischte sich Magellan in interne Streitigkeiten des lokalen Herrschers ein – und wurde von Eingeborenen getötet. Im Herbst 1519 waren fünf Schiffe mit 277 Mann von Portugal losgefahren – drei Jahre später kehrte ein Schiff mit ganzen 19 Mann zurück. Sie allerdings, unter ihnen der Chronist der Reise, Antonio Pigafetta, hatten die Welt umsegelt (siehe auch S. 170).

Magnetisch Nord, auch mißweisend Nord: die von einem → Magnetkompaß angezeigte Richtung auf den magnetischen Nordpol.

Magnetkompaß: Instrument zur Feststellung der Nord-Süd-Richtung. Das Prinzip des Magnetkompasses beruht auf der Ausnutzung der Richtkraft des erdmagnetischen Feldes (→ Kompaß).

Mahlsand, auch Treibsand genannt: besonders lockerer Sand in → Tidengewässern, in den ein aufgelaufenes Schiff infolge seines Gewichts und des Mahlstroms immer tiefer einsacken kann.

Mahlstrom: gefährliche Strömung über Mahlsänden, die ein aufgelaufenes Schiff mit Treibsand einspülen kann.

Mallen: 1. Gerippe aus aufgestellten Bauspanten und vorgeformten Außenhautteilen beim Serienbau von Schiffen, 2. Modell, Vorform beim Polyesterbau von Schiffen in Form eines hölzernen Modells in Originalgröße.

Mallen des Windes: das ständige und plötzliche Umspringen des Windes, das häufig bei flauem Wind und in der Gegend neben den Passatgebieten (→ Doldrums) vorkommt.

Mannen: im wörtlichen Sinne das An- oder Von-Bord-Schaffen von Gütern oder Materialien von Mann zu Mann oder auch einzeln. Sonst soviel wie schleppen, tragen.

Mannloch: wasserdicht verschließbares Einstiegsloch in Decks, Tanks oder ähnlichem, um in dem betreffenden Hohlraum eine Inspektion vornehmen zu können.

Mannschaft, auch Crew: die Besatzung eines Schiffes.

Manntau: bei schwerem Wetter längs des Decks ausgebrachte Strecktaue, die zum Festhalten dienen.

„Mann über Bord!" Alarmruf, wenn ein Mann über Bord geht. Dieser Alarm löst eine Reihe von Rettungsmaßnahmen aus, die für diesen Ernstfall vorher auf jedem Schiff und von jeder Besatzung durch die → Boje-über-Bord-Manöver schulmäßig geübt sein müssen. Beim gesamten Ablauf dieser Maßnahme ist Schnelligkeit nötig, weil die Gefahr der Unterkühlung für den über Bord Gefallenen besteht, die ihn zunehmend unfähiger werden läßt, aus eigener Kraft zu seiner Rettung beizutragen.

Manöver: jede Wendung oder Veränderung des Weges eines Schiffes mittels der Segel und des Steuers (auch der Maschinen) wie Wenden, Halsen, Ankern, Festmachen usw. Darüber hinaus umfaßt der Begriff auch die jeweiligen Arbeitsvorgänge und Handhabungen, die zu dem betreffenden Manöver vorgenommen werden müssen.

Manöver des letzten Augenblicks: ein Ausweichmanöver, das bei zwei auf → Kollisionskurs laufenden Schiffen von dem wegberechtigten Schiff im letzten Moment ausgeführt wird, um eine Kollision zu vermeiden. Dieser Fall tritt dann ein, wenn das ausweichpflichtige Schiff aus irgendwelchen Gründen seiner Pflicht zum Ausweichen nicht nachkommt oder nicht nachkommen kann.

Manövrierbehindert ist laut Seestraßen-Ordnung ein Fahrzeug, das in amtlicher Eigenschaft tätig ist (Bagger- oder Vermessungsarbeiten, Ausbringen von → Seezeichen usw.), oder ein Fahrzeug, das z. B. mit der Übernahme von Passagieren oder einer Ladung beschäftigt ist. Zur Kennung führt es als manövrierbehindertes Fahrzeug bei Tage drei Signalkörper übereinander: oben und unten einen Ball, dazwischen einen Rhombus. Bei Nacht zeigt es drei Rundumlichter, von denen das obere und untere rot und das mittlere weiß ist. Bei Fahrt durch das Wasser führt es zusätzlich die Positionslichter und vor Anker das Ankerlicht.

Manövrierfähig ist ein Fahrzeug, wenn es sämtliche Kursänderungen und Geschwindigkeitsveränderungen ausüben kann.

Manövrierunfähig ist ein Fahrzeug, das aufgrund eines Maschinenschadens, Ruderschadens, Mastbruchs (bei Segelschiffen) oder ähnlichem nicht ausweichen kann oder festsitzt, also nicht in Fahrt befindlich ist. Zum Zeichen der Manövrierunfähigkeit setzt es am Tage zwei schwarze Bälle übereinander, wenn es auf Grund festsitzt, drei schwarze Bälle übereinander, nachts zwei rote Rundumlichter übereinander und auf Grund zusätzlich das Ankerlicht.

Markierungsboje: Schwimmkörper mit mindestens zwei Meter hohem Flaggenstock und signalfarbener Flagge, der z. B. bei → „Mann über Bord!“ zum Wiederauffinden der Unfallstelle oder zur Markierung eines Gegenstandes im Wasser (Fischnetz) geworfen oder verankert wird.

Marlen: das Anschlagen von Segeln an Rundhölzern mittels der Marlleine und des Marlschlags.

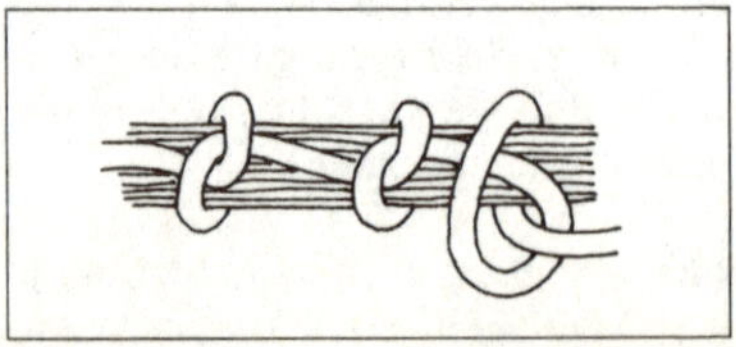

Beim Marlen wird das Segel mit dem Marlschlag an der Spiere fixiert

Marlspieker: dornähnliches Werkzeug aus Hartholz oder Metall (→ auch Fitt), das zum → Spleißen von Tauwerk benutzt wird. Man verwendet ihn in der kleineren Form am Bordmesser auch, um festgeklemmte Schäkelbolzen zu lösen.

Mars: auf Rahseglern eine Gerüstplattform am Fuß der → Marsstenge zum Ausspreizen der Stengewanten und zugleich Standplatz für den Ausguck.

Marschfahrt: bei maschinengetriebenen Schiffen die rationellste Dauergeschwindigkeit, mit der bei sparsamstem Brennstoffverbrauch die größtmögliche Strecke zurückgelegt wird.

Marssegel: bei → Rahseglern das zweite bzw. zweite und dritte Segel von unten, im letzteren Fall aufgeteilt in Untermars- und Obermarssegel. Das stets kleinere Untersegel dient als Sturmsegel, wenn die anderen Segel bereits geborgen sind.

Marssegelschoner, auch Schonerbrigg genannt: ein zweimastiger Schoner, dessen → Fockmast vollgetakelt ist, also Mars- und Bramstenge mit Mars- und Bramsegel führt.

Marsstenge: bei rahgetakelten Masten die erste Stenge von unten nach dem → Untermast.

Maschinenfahrzeug: nach der Seestraßen-Ordnung ein Fahrzeug, das nicht durch Riemen oder Segel, sondern durch eine Maschine angetrieben wird.

Maschinentelegraf: Gerät, mit dem die verschiedenen Maschinenkommandos für die Fahrtstufe, wie „Langsame Fahrt voraus", „Halbe Fahrt voraus", „Stopp" usw., von der Brücke zum Maschinenraum gegeben werden.

Massive See: See, die in Form von Brechern über Deck kommt (→ auch Grüne See). Gegenteil: Spritzwasser.

Mast: wichtigstes der an Bord von Segelfahrzeugen verwendeten Rundhölzer (Spieren). Er dient einem doppelten Zweck: 1. Segel nach oben zu fixieren bzw. auszuhalten, 2. Lichter, Signale und Instrumente zu tragen. Auf einem Segelfahrzeug muß er stark genug sein, um sowohl die Besegelung aufzunehmen als auch der Zugkraft von Verstagung, Segeln, Fallen und Schoten sowie der Windkraft Widerstand leisten zu können. Masten aus massivem Holz (Tanne oder Fichte) mit einer oder mehreren Stengen als Verlängerung sind heute solchen aus Aluminium oder hohlen, geleimten Konstruktionen gewichen. Fast alle Masten – mit Ausnahme einiger Einhandjollen – sind verstagt, um sie nach allen Seiten zu fixieren. → Stage und → Wanten sind durch Mastbeschläge mit dem Mast verbunden. Mit Ausnahme des → Klappmastes stehen alle Masten mit dem → Mastfuß, einem meist vierkantigen Zapfen am unteren Mastende, in einer Vertiefung im → Kielschwein, in der sogenannten Mastspur. Masten auf Rahseglern sind nie aus einem Stück, sondern bestehen aus mehreren Teilen, und zwar von unten nach oben aus dem Untermast, dem sich die Marsstenge und dieser wiederum die Bramstenge anschließt. Die Anzahl der Masten richtet sich nach der Größe und dem Zweck des Schiffes.

Mastbacken: hölzerne oder metallene Wangen, zwischen denen der Klappmast steht und geklappt werden kann. Wangen und Mast werden durch den Mastbolzen verbunden. Die beiden Mastbacken zusammen bilden den sogenannten Mastkoker.

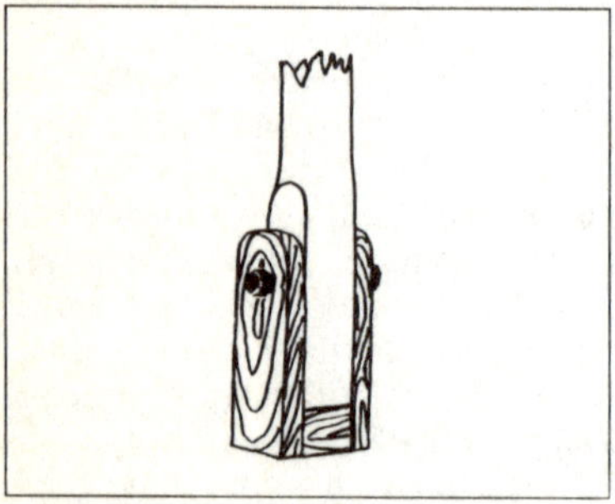

Die Mastbacken und der Mastbolzen fixieren den Klappmast und bilden den Mastkoker

Mastbiegung: die Krümmung eines Mastes. Die unterschiedlich flexiblen Masten werden mittels verschiedener Beschläge und Vorrichtungen gekrümmt, um den Trimm eines Segels (bei verschiedenen Segelstellungen) zu verbessern.

Mastducht: bei offenen Booten wie z. B. dem Kutter (→ Kutter, 1.) jene Querbank (Ducht), durch die der Mast führt bzw. an der er mittels einer Schelle fixiert ist.

Mastfall: die Neigung eines Mastes in der Längsschiffsrichtung; meist ein Fall von drei bis fünf Grad nach achtern. Der Mastfall kann die → Luv- bzw. → Leegierigkeit eines Segelschiffes beeinflussen. Das gleiche Prinzip wird beim Windsurfen zum Steuern benutzt: ein nach vorn geneigter Mast bringt das Surfbrett zum Abfallen, ein nach achtern geneigter Mast zum Anluven.

Mastfuß: das unterste Ende des Mastes, das meist als Vierkantzapfen ausgebildet ist und in der Mastspur steht.

Mastkragen: Segeltuchstreifen, der wasserdicht mit dem Mast an der Stelle verbunden ist, wo dieser durch das Deck führt. Er verhindert ein Eindringen von Wasser am Mast entlang unter Deck.

Mastloch: Loch im Deck oder in der Mastducht, in dem der Mast steht.

Masttopp: der oberste Teil eines Mastes.

Masttopptakelung: Hochtakelung, bei der ein →Vorstag oben am Masttopp angreift und an dem eine Masttoppgenua (→ Genua) gefahren werden kann. Diese Takelung trifft man häufig bei den heutigen Yachten.

Mastwerk: die Gesamtheit aller Masten, Stengen und Rahen, also aller Rundhölzer an Bord eines Seglers.

Mauritius-Orkan: Wirbelsturm, der in den Monaten Dezember bis März von den Sunda-Inseln über den südlichen Indischen Ozean hinweg nach der Insel Mauritius vor Madagaskar zieht, hier umbiegt und sich nach Südosten weiter bewegt.

Maus: eine künstliche Verdickung oder Bekleidung von Tauwerk, wo es durch Lippklampen läuft oder umgelenkt wird und infolgedessen gegen Schamfilen (Scheuern) geschützt werden muß.

„Mayday“ (Verzerrung des französischen „m'aidez“ = „Helft mir!“): internationaler Notruf im Seefunkdienst und Sprechfunkverkehr, der von in Seenot geratenen Schiffen abgegeben wird und Hilfe anfordert.

Meeresströmung: die horizontale Wasserbewegung in den Weltmeeren, hervorgerufen durch die direkte Schubkraft des Windes.

Meile: nautisches Längenmaß als sogenannte Seemeile mit einer Länge von 1852 m. Die Seemeile ist der 60. Teil eines Meridiangrades, also eine Meridianminute. Sie kann auf den Seekarten rechts und links auf der dortigen Minuteneinteilung mit dem Zirkel abgegriffen werden.

Meilenfahrt: die Probefahrt eines Schiffes durch eine abgesteckte Meilenstrecke, um die Geschwindigkeit festzustellen. Man sagt: Das Schiff geht durch die Meile.

Meldegeld: Gebühr, die zugleich mit der sogenannten Meldung zu einer Regatta oder Regattaserie an den ausrichtenden Verein bezahlt wird.

Foto: Süddt. Verlag

Gerhard Kremer (Mercator) erfand die Mercator-Projektion für die Erdoberfläche

Meltemi: monsunartiger Nordwind in der Ägäis, aber auch der südlichen Adria und im Ionischen Meer.

Mennige: orangerote Rostschutzfarbe, die zum Grundanstrich von Stahlteilen an Bord dient. Für den Unterwasseranstrich ist sie nicht geeignet.

Mercator-Projektion: nach dem flandrisch-deutschen Geographen und Kartographen Gerhard Kremer (1512–1594) – der Name ist latinisiert – benannte winkeltreue Zylinderprojektion der Erdoberfläche.

Meridian: → Koordinatensystem

Meridiandurchgang: die sichtbare → Kulmination eines Gestirns oder sein Durchgang durch den oberen → Meridian, also den vom oberen Himmelspol über den → Zenit zum unteren Pol verlaufenden Bogen.

Der gegenüberliegende, durch den → Nadir verlaufende Bogen heißt unterer Meridian. Dementsprechend nennt man den gleichen Vorgang durch den unteren Meridian den unteren Meridiandurchgang. Dieser ist nur bei zirkumpolaren Gestirnen sichtbar – das sind jene Sterne, die, von einem Beobachtungsort aus gesehen, nicht untergehen.

Meßbrief: 1. ein vom Bundesamt für Schiffsvermessung ausgestelltes Zertifikat für Seeschiffe mit den Aufmessungen des Schiffes und der Angabe von Brutto- und Nettoraumgehalt. Dieses Zertifikat ist international gültig. 2. Dokument, das ein vom Deutschen Segler-Verband beauftragter Vermesser ausstellt und aus dem hervorgeht, daß die Segelyacht (Kielschiff oder Jolle) vermessen wurde und den Forderungen entspricht, die in den betreffenden Klassenvorschriften aufgeführt sind. Der Meßbrief enthält u. a. die einzelnen Vermessungsdaten, die Segelnummer, den Namen der Yacht und den des Eigners. Ohne einen gültigen Meßbrief ist die Teilnahme einer Yacht an Regatten nicht möglich.

Messe: Wohn- und Speiseraum an Bord von größeren Schiffen.

Metazentrische Höhe: eine Angabe zur Gewichtsstabilität eines Schiffes. Bei einem krängenden Schiff (siehe Zeichnung) verschiebt sich der Schwerpunkt F zur Leeseite. Die durch das Wasser auf den Rumpf ausgeübten Kräfte wirken, zusammen gedacht, im Punkt F nach oben, senkrecht zum Wasserspiegel. Die Größe von F ist gleich dem Gewicht

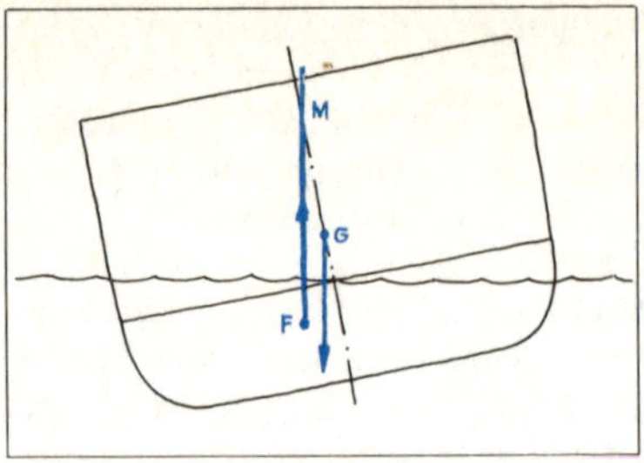

Die metazentrische Höhe ist das Maß für die Stabilität eines krängenden Schiffes

des vom Rumpf verdrängten Wassers, welches wiederum gleich dem Gewicht des Schiffes ist. Im Schwerpunkt G des Schiffes wirkt eine abwärts gerichtete Kraft, ebenfalls senkrecht zum Wasserspiegel und in ihrer Größe gleich dem Gewicht des Schiffes. Die in F und G wirkenden Kräfte sind gleich groß und entgegengesetzt gerichtet. Sie bilden zusammen ein Drehmoment – das aufrichtende Moment. Der Hebelarm dieses Drehmoments ist der horizontal gemessene Abstand zwischen F und G. Je weiter sich F bei der Krängung zur Leeseite hin verschiebt, desto größer wird der Hebelarm des aufrichtenden Moments und desto stärker wird die aufrichtende Kraft, die das Schiff in die Horizontale zurückbringen will. Bei nur geringer Krängung soll das Lot durch F auf den Wasserspiegel die Mittelsenkrechte des Schiffes in einem Punkt M schneiden, der Metazentrum genannt wird. Den Abstand zwischen M und G nennt man die metazentrische Höhe. Dieses Maß ist für die → Stabilität von Bedeutung, denn je weiter sich F bei geringer Krängung auf die Leeseite verschiebt, desto höher muß M liegen und desto größer muß die metazentrische Höhe MG sein. Eine große metazentrische Höhe MG entspricht einem starken aufrichtenden Moment.

Meteorologie: die Wetterkunde, die sich als Teilgebiet der Geophysik mit dem Wettergeschehen und der Wettervorhersage befaßt.

Meuterei: Gehorsamsverweigerung, Widerstand oder tätlicher Angriff mehrerer Besatzungsmitglieder gegen die Schiffsführung. Früher wurde bei Meuterei vielfach die Todesstrafe verhängt (siehe S. 184).

Midshipmen (wörtlich übersetzt: „Mittschiffsleute"): in der englischen und amerikanischen Marine die Seekadetten auf Kriegsschiffen.

Millibar: in der Meteorologie seit 1930 international allgemein übliche Einheit zur Messung des Luftdrucks. Im physikalischen Maßsystem wird der Druck in Bar gemessen. 1 Bar wird in 1000 Millibar (mb) unterteilt. 1000 Millibar entsprechen einer Quecksilbersäule von 750 mm. Die üblichen Wettermeldungen in den Nachrichten geben den Luftdruck in Millibar an.

Minute: 1. Zeitmaß, 60. Teil einer Stunde, 2. als Winkel- und Bogenmaß der 60. Teil eines Grades. Man spricht von Bogenminute. Die Bogenminute eines Erdmeridians entspricht einer Seemeile.

Mischfeuer: ein → Leuchtfeuer mit gemischten Lichterscheinungen, die aus Blinken, Blitzen und Unterbrechungen bestehen.

Mißweisender Kurs: der Kurs, der nach dem mißweisenden → Magnetkompaß gesteuert wird.

Mißweisung: der Winkel zwischen dem geographischen oder wahren Norden und dem magnetischen Norden. Er ist auf der Kompaßrose jeder Seekarte angegeben und ändert sich mit dem Ort und der Zeit. Westlich vom wahren Norden heißt die Mißweisung westlich oder negativ, östlich vom wahren Norden östlich oder positiv. Bedingt wird die Mißweisung (Deklination) durch das Magnetfeld der Erde, das die Kompaßnadel von der rechtweisenden Nordrichtung ablenkt.

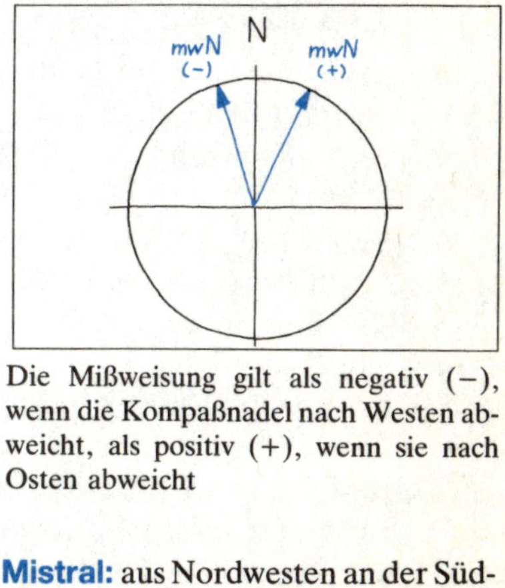

Die Mißweisung gilt als negativ (−), wenn die Kompaßnadel nach Westen abweicht, als positiv (+), wenn sie nach Osten abweicht

Mistral: aus Nordwesten an der Südküste Frankreichs wehender kalter und zum Teil sehr heftiger Fallwind, der dann eine gefährliche See aufwerfen kann.

Mittag: die Tagesmitte, also der Zeitpunkt des höchsten Standes der

Meuterei

Die folgende Geschichte passierte auf der Fregatte Somers in den vierziger Jahren des vorigen Jahrhunderts. Die Fregatte gehörte zur amerikanischen Marine. Unter den Kadetten an Bord befand sich ein romantischer, abenteuerlustiger Jüngling von neunzehn Jahren. Er war der etwas versponnene Sohn des amtierenden US-Kriegsministers. Dieser Jüngling hatte sich in den Kopf gesetzt, etwas Außergewöhnliches zu erleben. Er wollte sich der Fregatte bemächtigen und nach Erfolg mit dem Schiff Seeräuberei betreiben, wie er es in etlichen Abenteuerbüchern gelesen hatte. Einige Matrosen hatte er in den Plan eingeweiht. Danach sollten die Offiziere der Somers umgebracht werden. Die Matrosen, die sich nicht an der Meuterei beteiligten oder mitmachen wollten, sollten später einfach ausgesetzt werden, wie er es oft gelesen hatte.

Es blieb nicht aus, daß dem Kapitän der Somers auf Umwegen dieser abenteuerliche Plan bekannt wurde. Er sah das Ganze zwar als den geplanten Streich eines dummen Jungen an, ließ aber doch den Kadetten vorsichtshalber in Eisen legen.

Ein paar Tage darauf änderte der Kapitän offenbar seine Ansicht über den Fall. Er rief seine Offiziere zur Beschlußfassung zusammen und legte ihnen die Fakten dar. Auf seinen Druck hin verurteilte das Bordgericht die drei am schwersten Belasteten zum Tod durch den Strang.

Das Urteil war mit sofortiger Vollstreckung verbunden und wurde dementsprechend auch unverzüglich durchgeführt. Die drei wurden gehängt.

Als die Fregatte Somers ihren Heimathafen anlief, beschäftigten sich die Gerichte mit dem unglaublichen Vorfall. Es kam zu einem widerspruchsvollen, aber bezeichnenden Urteilsspruch der Richter: Die Behauptung des Kapitäns, der Fregatte hätte auf See ohne die Hinrichtung der Rädelsführer akute Gefahr gedroht, wurde zwar verworfen, die restlichen zwölf Verschwörer freigesprochen und auf freien Fuß gesetzt. Der Kapitän jedoch wurde nur ermahnt, bestraft wurde er nicht. Und das, obwohl er immerhin den Sohn des Kriegsministers hatte aufknüpfen lassen.

Sonne (→ Kulmination) am Bezugsort. Den Durchgang der wahren (sichtbaren) Sonne durch den oberen Meridian (→ Koordinatensystem) nennt man wahren Mittag. Für die astronomische Zeitmessung nimmt man ein ganzjähriges Mittel an und spricht dann vom mittleren Mittag. Der Durchgang der wahren Sonne durch den Meridian von Greenwich ist der Greenwicher wahre Mittag.

Mittagsbesteck: Beobachtung der Sonne beim → Meridiandurchgang am Mittag zum Bestimmen des Schiffsorts.

Mittagsbreite: Bestimmung der geographischen Breite aus der Beobachtung der oberen Sonnenkulmination am wahren → Mittag.

Mittagshöhe: die Höhe der Sonne zum Zeitpunkt ihrer oberen → Kulmination.

Mittelbreite: bei Koppel- oder Besteckrechnungen (→ Koppelnavigation) das arithmetische Mittel aus zwei verschiedenen geographischen Breiten.

Mitteleuropäische Zeit: abgekürzt MEZ, die mittlere Sonnen- oder Ortszeit (MOZ) für den Meridian 15° östlicher Länge.

Mittelgrund: Untiefe in einem → Fahrwasser, auch Sandbank oder Riff, die das Fahrwasser in zwei Hauptfahrwasser oder Haupt- und Nebenfahrwasser teilt. Die Spaltung und Vereinigung des Fahrwassers wird an den Enden durch die sogenannten Mittelgrundtonnen markiert.

Mittelklüver, auch Binnen- oder Innenklüver genannt: auf Großseglern mit vier Vorstagsegeln das dritte Segel von vorn.

Mittelmast: auf Fünfmastsegelschiffen der mittlere Mast.

Mittelwache, auch → Hundewache: die Wache von Mitternacht bis 4.00 Uhr.

Mittelwasser: Wasserstand in der Mitte zwischen einem Hochwasser und dem vorherigen oder folgenden Niedrigwasser.

Mittlere Fahrt: Bezeichnung für Fahrten zwischen europäischen und nichteuropäischen Häfen im Mittelmeer und Schwarzen Meer sowie Häfen entlang der afrikanischen Küste nördlich 12 Grad Nord einschließlich Madeira, der Kanarischen und Kapverdischen Inseln.

Mittschiffs: die Mitte, die Symmetrieachse des Schiffes in Längsrichtung. Alles, was sich auf dieser Linie befindet – Masten, Spills usw. –, steht mittschiffs.

Mole: ein gegen Strömung, Seegang, Brandung oder Versanden gebauter Damm aus Stein, Stahl, Beton oder zwischen zwei Pfahlreihen aufgeschütteten Steinen an Häfen oder Hafeneinfahrten. Die Mole ragt über das üblicherweise erwartete Hochwasser hinaus. Der Molenkopf ist von Land aus gesehen das Ende der Mole, wo meist ein → See-

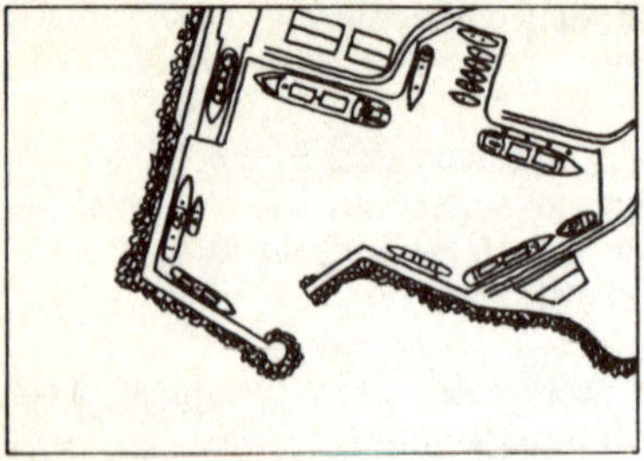

Die Molen schützen einen Hafen gegen Strömung, Seegang, Brandung und Versanden

zeichen oder sogenanntes Molenfeuer (nachts) angebracht ist.

Mondsegel: ein → Rahsegel, das nur auf einigen amerikanischen Klippern des 19. Jahrhunderts über dem → Royal- und → Skysegel an der von unten gezählten 8. Rah gefahren wurde.

Monitor: ein Kriegsfahrzeug zur Küstenverteidigung, das erstmals 1862 von den Nordstaaten im amerikanischen Bürgerkrieg erfolgreich eingesetzt wurde (siehe S. 346).

Monsun: regelmäßig halbjahreszeitlich wechselnder Wind im Gebiet des Indischen Ozeans. Er weht im Sommer von April bis September als Südwest-Monsun vom Meer zum Land und im Winter von Oktober bis März als Nordost-Monsun vom Land zum Meer. Nach diesem Halbjahresrhythmus bestimmte er die Reiserouten zur Zeit der Segelschifffahrt.

Morgenwache: an Bord die Wache von 4.00 Uhr bis 8.00 Uhr, also die erste Tagwache nach der Mittelwache.

Morsen: die optische (mit der Morselampe, der sogenannten „Klappbuchse") oder akustische Nachrichten- oder Signalübermittlung mittels des Morsealphabets, das der amerikanische Erfinder *Samuel Morse* (1791–1872) entwickelte. Buchstaben und Zahlen werden durch unterschiedliche Kombinationen von Punkten und Strichen bzw. kurzen und langen Signalen ausgedrückt.

Moses: das kleinste Beiboot oder der Jüngste an Bord eines Schiffes.

Motorboot: offenes Boot mit eingebautem oder angehängtem Motor.

Motorsegler (auch „Fifty-Fifty" genannt): eine Yacht, die sowohl mit einem Motor als auch mit Segeln zufriedenstellend angetrieben wird, also ein Kompromiß zwischen reiner Segel- und reiner Motoryacht. Ein Motorsegler ist ein bequemes Tourenfahrzeug, das auch von der Inneneinrichtung her geräumiger als eine reine Segelyacht ist. Ihr Vorteil: die Manövrierbarkeit und Fahrmöglichkeit unabhängig von dem jeweils anderen Antrieb – das heißt, sie läuft auch bei totaler Windstille.

Motoryacht: Bezeichnung, die im allgemeinen für Vergnügungsfahrzeuge mit eingebautem Motor (oder eingebauten Motoren) verwendet wird, die durch Größe oder Rumpfform und Aufbauten auch seegehend sind und deren Äußeres eine deutliche Zugehörigkeit zu den Yachten erkennen läßt.

Bei der offenen Muring werden zwei Anker ausgebracht, die ein Schwojen vermindern bzw. das Schiff sicherer verankern

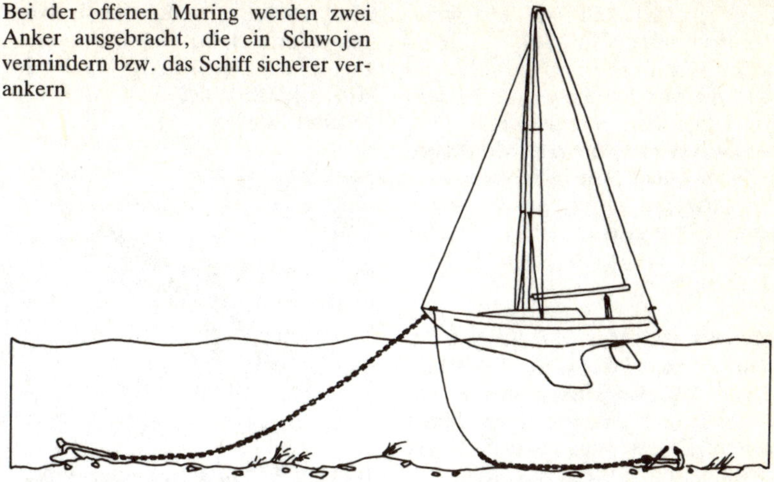

Muck: einfacher Trinkbecher an Bord – früher meist aus Holz, heute aus Blech oder auch Kunststoff.

Mudd: Schlick oder Schlamm, der sich in Häfen, Flußbetten und Küstengewässern am Boden ablagert. Als → Ankergrund brauchbar, aber Anker und Ankerkette sind nach dem Hieven äußerst schmutzig.

Muren, auch vermuren: ein Boot oder ein Schiff vor eine → Muring legen. Dabei wird auf dem Ankerplatz ein zweiter Anker neben dem ersten gegen → Schwojen oder Winddrehungen ausgebracht.

Muring: Vorrichtung zum Vertäuen von Schiffen, und zwar außerhalb von festen Liegeplätzen wie Steg, Pier, Kai usw. Es gibt dabei die offene Muring mit zwei Ankern nebeneinander oder etwas versetzt, um auf diese Weise bei Winddrehungen den Radius des → Schwojens zu verkleinern bzw. das Schiff bei starkem Wind sicherer zu verankern. Hierbei werden die Anker so nach voraus ausgebracht, daß jede Kette oder Ankertrosse mit der Längsachse des Schiffes einen Winkel von etwa 15 Grad (bei starkem Wind) bis etwa 30 Grad (gegen das Schwojen oder → Gieren) bildet. Eine andere Art der Muring ist die Tiden-Muring, bei der das Schiff in Gewässern mit Ebbe und Flut zwischen zwei ausgebrachten Ankern liegt, so daß bei Flut der eine und bei Ebbe der andere Anker trägt. Beide Ankerketten oder Ankertrossen laufen vor der Klüse in einem Muringschäkel zusammen, der mit einem Wirbel versehen ist und damit ein Vertörnen der Ketten oder Trossen verhindert. Eine dritte Art des Festliegens ist das Vertäuen an einer Muringboje.

Muringboje: eine Festmacherboje in freien Gewässern wie einer Reede oder vor einem Yachthafen. Sie kann abgeschäkelt werden, wenn das Boot oder Schiff am Muringgeschirr vertäut wird. Beim Ablegen wird die Muringboje wieder an dem Muringgeschirr angeschäkelt. Dieses Geschirr besteht aus: Muringboje (ganz oben), Muringschäkel, Muringkette oder Muringtrosse sowie dem Muringstein, einem Betonklotz, der fest im Ankergrund eingespült ist.

Musing, auch Mausing: die Bebändselung eines Hakens, um zu verhindern, daß der Haken aus einem → Auge oder das Auge vom Haken rutscht. Die Musing verschließt die Öffnung des Hakens.

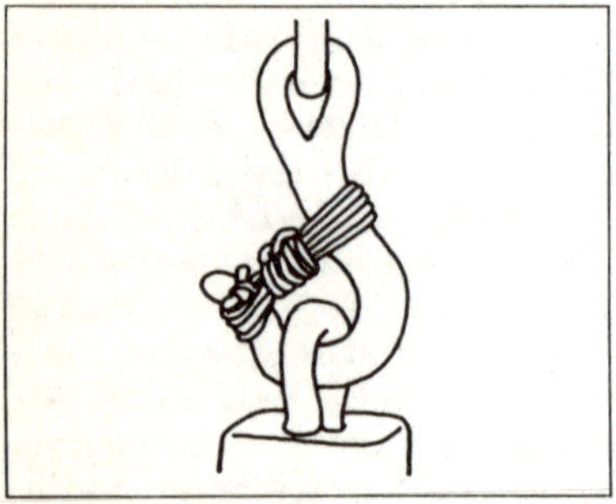

Die Musing verhindert ein Wegrutschen des Hakens vom Auge

Musterrolle: vom Seemannsamt ausgefertigtes Dokument, in dem u. a. die Mannschaft eines Schiffes verzeichnet ist. Die Musterrolle muß immer an Bord eines Schiffes sein.

Mutterkompaß: der Hauptkompaß bei einer Kreiselkompaßanlage (→ Kompaß), der die Tochterkompasse auf Brückendecks usw. mit seinen Richtungsangaben versorgt.

Mutterschiff: allgemein ein Versorgungsschiff. Beim Walfang dient es zugleich als Fabrikanlage, in der die einzelnen Teile des Wals sofort verarbeitet werden.

Nachmittagswache: die Wache von 12.00 Uhr mittags bis 16.00 Uhr nachmittags an Bord eines Schiffes.

Nachrichten für Seefahrer (N.f.S.): amtliche Mitteilungen des → Deutschen Hydrographischen Instituts, die wöchentlich herausgegeben werden. Sie enthalten Berichtigungen von → Seekarten, → Seehandbüchern und → Leuchtfeuer-Verzeichnissen, Veränderungen von → Seezeichen und Angaben über Schiffahrtshindernisse oder neu entdeckte Gefahrenzonen an der Küste und auf See.

Nachthaus, auch Kompaßhaus genannt: ein Schutzkasten bzw. eine Schutzhaube für den Kompaß während der Nacht. Eine Beleuchtung, nach allen Seiten abgeschirmt, ermöglicht es dem → Rudergänger, den Kompaß abzulesen und nach ihm zu steuern.

Nachtrettungslicht: selbstentzündendes Licht an Rettungskörpern wie der Nachtrettungsboje oder dem Nachtrettungsring. Es gibt elektrische oder chemische Ausführungen, durch die ein Blinken erzeugt wird.

Nadir: Gegenpunkt zum → Zenit.

Nagelbank: ein Bock aus Holz oder Eisen, der fest im Deck verankert ist und zur Aufnahme der → Belegnägel dient. Die Belegnägel stecken in einem Loch der Nagelbank. Die Nagelbänke sind auf Großseglern um die Masten und am Schanzkleid angebracht und dienen mit den Belegnägeln zum Belegen des laufenden → Gutes. Nagelbänke werden in vertikaler Zugrichtung beansprucht und sind dementsprechend abgesichert.

Nahtlatte: eine an der Innenseite des Rumpfes über der Naht von zwei bündig miteinander abschließenden Planken angebrachte Latte. Die Nahtlatte schließt die Naht wasserdicht ab und dient gleichzeitig als stützender Längsverband. Bei schwereren Nahtlatten spricht man auch von Nahtspanten. Die Bauweise nennt man den Nahtspantenbau.

Nao: Segelschiff des Mittelmeerraums im 15. Jahrhundert. An sich bedeutet der spanische Begriff „Nao“ nichts weiter als „Schiff“. Kolumbus bezeichnete sein Flaggschiff, die SANTA MARIA, als Nao. Sie war dreimastig und führte am Fock- und am Großmast Rahsegel und am achteren Besanmast ein dreieckiges → Lateinersegel.

Naßbiber: moderner Ausdruck für einen Kälteschutzanzug, wie er von Jollenseglern und Windsurfern getragen wird. Diese „zweite Haut“ schützt den Träger vor Kälte bzw. Unterkühlung und Nässe und verleiht ihm auch einen gewissen Auftrieb im Wasser.

Nationale: Kurzform für die Nationalflagge. Sie wird auf Schiffen am Flaggstock am Heck oder an der → Gaffel des achteren Mastes geführt.

Nationale Klasse: ein Segelbootstyp, der nur innerhalb des eigenen Landes diesen Status hat. Dabei ist maßgeblich, daß eine Mindestanzahl von Booten dieses Typs vorhanden ist und einheitliche Bauvorschriften vorliegen, für die der Deutsche Segler-Verband zuständig ist. Nationale Klassen in der BRD sind z. B. die → Piratenjolle, die → Conger-Jolle, der → Korsar und der → Schwert-Zugvogel.

Nautik: Sammelbegriff für alle Gebiete der Schiffahrt und Seefahrtskunde, wie Navigation, Wetterkunde, Seemannschaft usw.

Nautische Bücher: Veröffentlichungen, die für die Schiffsführung wichtig sind, wie See- und Hafenhandbücher, → Leuchtfeuerverzeichnisse, Gezeitentabellen, → Nautische Jahrbücher usw.

Nautisches Jahrbuch: auch „Ephemeriden“ genannt, ein vom → Deutschen Hydrographischen Institut jährlich herausgebrachtes astronomisches Handbuch, das alle für die → astronomische Navigation wichtigen Daten über die Gestirne

(Sonne, Mond, Planeten, Fixsterne) enthält, darunter Tafeln für den sichtbaren Sonnenauf- und Sonnenuntergang, Mondphasen, Sichtbarkeit der Planeten, Sonnen- und Mondfinsternis usw.

Navigation: die Gesamtheit der Verfahren, um den Kurs und den Standort eines Schiffes auf See zu bestimmen (→ Navigieren).

Navigationsinstrumente: alle Hilfsmittel, die einem Navigator zur Verfügung stehen, um Kurs und Standort seines Schiffes auf See bestimmen zu können. Dazu gehören die klassischen Instrumente wie → Kursdreieck und Stechzirkel, → Kompaß, → Log, → Peilscheibe und → Handlot sowie die elektronischen Instrumente wie → Echolot, Funkortungsanlage, Radar und Kreiselkompaß. Für die astronomische Navigation wird der Kompaß gebraucht. Daneben gibt es funktechnische Navigationshilfen wie Consol, Decca, Loran (→ auch Funknavigation).

Navigieren: die Bestimmung und Kontrolle des → Kurses. Die ständige Bestimmung des Schiffsorts auf See ist notwendig, denn durch Wind, Strom und Wellen wird das Schiff von seinem Kurs abgebracht. Navigieren besteht aus drei Methoden: der → terrestrischen Navigation, der → astronomischen Navigation und der → Funknavigation.

Nebelsignale: Gemäß Seestraßen-Ordnung und Seeschiffahrtsstraßen-Ordnung müssen bei Nebel, Schneefall, heftigen Regengüssen oder anderen Umständen, die bei Tag oder Nacht die Sicht beeinträchtigen, bestimmte Nebelsignale gegeben werden. Dies geschieht mittels Glocke (vor Anker), mit der Pfeife oder dem Nebelhorn.

Nebenfahrwasser: ein Fahrwasser, das im Gegensatz zum → Hauptfahrwasser von kleineren Fahrzeugen mit geringerem → Tiefgang benutzt wird und gegenüber dem → Hauptfahrwasser weniger betonnt und befeuert ist.

Neerstrom: eine Strömung an den Ufern fließender Gewässer, die in Buchten oder zwischen → Buhnen auftritt und der Flußströmung entgegengesetzt ist. Bei der Bergfahrt (stromauf) können flachgehende Fahrzeuge den Neerstrom ausnutzen.

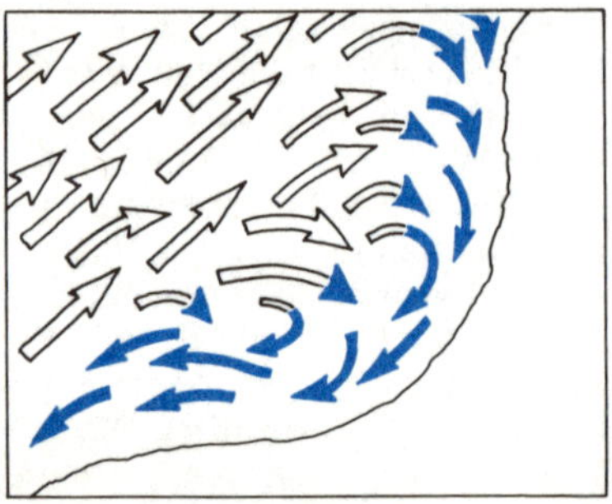

Der Neerstrom fließt entgegengesetzt zur Flußströmung

Negativer Spiegel: ein modernes Yachtheck, das mit seiner Oberkante nach vorn geneigt ist (→ Spiegel). Eine solche Heckform hat z. B. die → Soling.

Negativer Sprung: Bezeichnung des Verlaufs der Deckslinie in der Seitenansicht. Beim negativen Sprung ist der Decksverlauf leicht nach oben gewölbt – im Gegensatz zum positiven Sprung, bei dem das Deck vorn und achtern höher liegt als mittschiffs, also nach unten gewölbt ist.

Nehrung: durch Sandanschwemmung entstandene schmale, lange Landzunge.

Neopren: das Material der Kälteschutzanzüge, ein Erzeugnis der modernen Chemie. Das Neoprengewebe enthält Luftbläschen, die wärmeisolierend wirken. Beschichtet ist es mit Nylon-Jersey, wodurch die Elastizität gewährleistet ist (→ Naßbiber).

Netto-Raumgehalt: der eigentliche Laderaum eines Schiffes ohne die Betriebsräume, also jener Teil, der für die Ladung nutzbar ist.

Niedergang: eine Treppe an Bord. Sie ist wegen Platzersparnis steiler und schmaler als sonst übliche Treppen an Land.

Niederhalter: nicht ganz korrekt auch häufig Niederholer genannt, eine → Talje, um den → Baum beim Segeln nach unten zu halten. Bei Vor-Wind-Kursen gestattet der Niederhalter die größtmögliche Angriffsfläche des Großsegels für den Wind, weil er den Baum nach unten hält. Normalerweise kann der Baum bei einem Windstoß nach oben steigen, wodurch das → Achterliek des Großsegels nach vorn klappt. Die

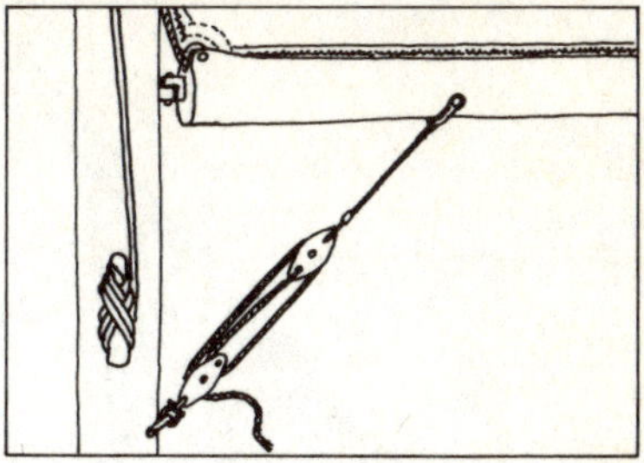

Der Niederhalter verhindert ein Steigen des Großbaums

völlig aufgefiederte Großschot bei diesem Kurs kann das nicht verhindern, aber der durchgesetzte Niederhalter zieht den Baum nach unten. Bei Am-Wind-Kursen und mäßigen bis starken Winden bewirkt das Durchsetzen des Niederhalters ein Durchbiegen des Mastes und des Baumes. Das gewölbt geschnittene Großsegel wird dadurch flacher und damit vortriebsgünstiger getrimmt. Die Funktion des Niederhalters kann man als eine vertikale Kraft, die den Baum durchbiegt, und als eine horizontale Kraft, die den Mast krümmt, bezeichnen. Auch bei Halbwind-Kursen kann der Niederhalter für eine bessere Segelstellung bzw. besseren Trimm des Segelprofils sorgen.

Niederholen: ein Segel, eine Flagge usw. nach unten ziehen.

Niederholer: eine Leine, mit der → Stagsegel, vor allem die Klüversegel, die an einem relativ flachstehenden Stag angeschlagen sind, heruntergeholt werden, wenn sie beim Loswerfen des → Falls nicht von allein nach unten rutschen. Rahen

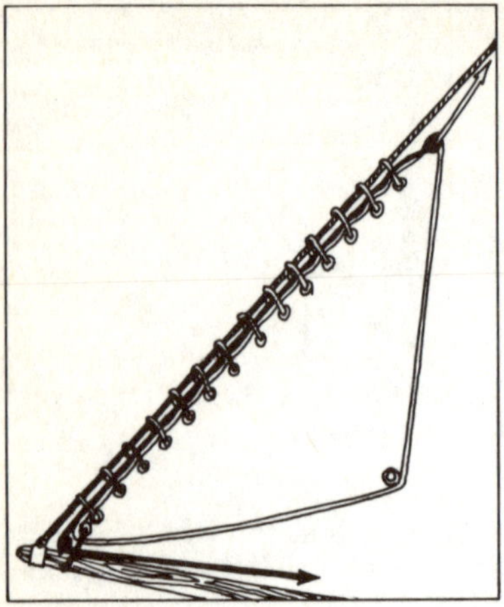

Mit dem Niederholer werden Stagsegel zum Bergen nach unten geholt

werden mit dem Rahniederholer nach unten gefiert.

Niedrigwasser: 1. in → Tidengewässern bei Ebbe die Phase des niedrigsten Wasserstandes, 2. an Ufern und Küsten ungewöhnlich langer und niedriger Wasserstand, der durch anhaltende → ablandige Winde bewirkt wird.

Nimbostratus: dunkelgraue, undurchsichtige Regenschichtwolke, die Schlechtwetter verkündet und anhaltenden Niederschlag bringt.

Nipptide: Tide mit dem geringsten Tidenhub (→ Gezeiten). Sie tritt zur Zeit des ersten und letzten Mondviertels auf. Diese Zeit wird Nippzeit genannt. Gegenteil: Springtide – eine besonders hohe Flut mit starkem Tidenhub, die alle 14 Tage auftritt, nämlich dann, wenn Sonne und Mond in gleicher Richtung wirken.

Nock: Bezeichnung für die freien Enden aller Rundhölzer mit Ausnahme der Masten und Stengen. Man spricht von Baumnock, Rahnock usw. Die Brückennock wiederum befindet sich auf der Backbord- und Steuerbordseite der Kommandobrücke ganz außen und bietet über die jeweiligen Schiffsseiten den besten Überblick bei Manövern.

Nockgording: ein Tau, das von der Rahnock zur Mitte des Seitenlieks eines Rahsegels läuft und dazu dient, das Segel beim → Aufgeien mit den Seitenlieken nach innen zu holen.

Nord oder Norden: die auf der Kompaßrose mit 0 Grad ausgewiesene Hauptbezugsrichtung auf der Erde. Wir unterscheiden den geographischen Nordpol, durch den die Drehachse der Erde verläuft, und den magnetischen Nordpol, auf den die

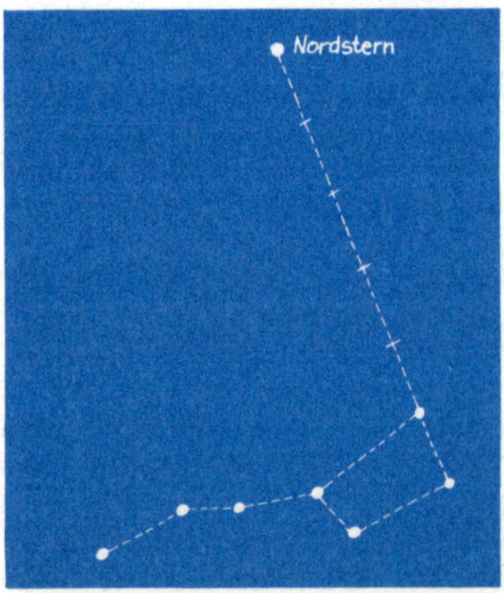

Wenn man die Hinterachse des Großen Wagens fünfmal verlängert, findet man den Nordstern

Die international vereinbarten Notsignale: 1 Knallsignale, 2 anhaltendes Ertönen eines Nebelsignalgeräts, 3 Abschießen roter Sterne, 4 Morsesignal S O S, 5 Sprechfunksignal „Mayday", 6 Flaggensignal N C, 7 rechteckige Flagge über oder unter einem Ball, 8 Flammensignale auf dem Schiff, 9 rote Fallschirm-Leuchtraketen, 10 orangefarbener Rauch, 11 Heben und Senken der ausgestreckten Arme, 12 Flagge in Schau

Nadel des Magnetkompasses zeigt. Geographischer Nordpol und magnetischer Nordpol sind nicht identisch (→ Mißweisung).

Norder: in den Monaten Oktober bis Mitte April plötzlicher und stürmischer Kaltlufteinbruch aus Norden mit entsprechenden kalten, heftigen Winden in den Golf von Mexiko und nach Mittelamerika.

Nordstern, auch Polarstern: Fixstern im Sternbild des Kleinen Bären. Er liegt um ca. 1,5° neben dem Himmelsnordpol und ist daher ein optisch wichtiger Richtpunkt für → rechtweisend Nord.

Normalnull, abgekürzt NN: Bezugswert zur Ermittlung des Vertikalabstandes von Punkten der Erdoberfläche zum mittleren Meeresspiegelstand.

Notanker: der zweite Anker oder der Reserveanker, der geworfen wird, wenn der eigentliche Anker bei stürmischem Wetter aus dem Ankergrund zu brechen droht.

Notruder: mit Bordmitteln hergestelltes → Ruder nach Beschädigung der → Ruderanlage.

Notsignale: international vereinbarte Signale, die nur angewandt werden dürfen, wenn sich ein Schiff in → Seenot befindet. Es gelten folgende Notsignale: 1. Kanonenschüsse oder andere Knallsignale in Zwischenräumen von ungefähr einer Minute, 2. ununterbrochenes Ertönen eines Nebelsignalgeräts, 3. das Abfeuern roter Sterne mit der Signalpistole in kurzen Abständen, 4. das Morsesignal SOS (. . ./---/. . .) mit der Morselampe oder über Funk, 5. über Sprech- oder Ruffunk → Mayday, es wird dreimal gesprochen, dann folgt dreimal der Name des Schiffes, anschließend die Angabe der Position und der Art der Gefahr, 6. das Flaggensignal NC des internationalen Signalbuchs, 7. das Setzen einer rechteckigen Flagge mit einem Ball darüber oder darunter, 8. Flammensignale aus dem Fahrzeug (z. B. Ölbüchse, benzingetränkte Textilien usw.), 9. eine rote Fallschirm-Leuchtrakete oder eine Rotlichtfackel, 10. ein Rauchsignal, das orangefarbenen Rauch entwickelt, 11. die seitlich ausgestreckten Arme langsam und wiederholt auf und nieder bewegen, 12. „Flagge in → Schau" – traditionelles Notsignal, bei dem die Flagge (Nationale) in der Mitte zusammengebändselt oder geknotet und im Want gesetzt wird. Oder die Nationalflagge wird verkehrtherum vorgeheißt. Die „Flagge in Schau" dient heute als Aufforderung zur Hilfeleistung. Widerrechtlicher Gebrauch dieser Notsignale wird mit Gefängnis bestraft.

Nullmeridian: der Meridian von Greenwich mit der geographischen Länge null Grad.

Oberbramrah: bei Unterteilung der → Bramsegel in Oberbram- und Unterbramsegel – wie das bei den großen → Vollschiffen üblich war – die fünfte → Rah von unten. Auch in diesem Fall werden alle Teile des stehenden und laufenden Gutes mit der Vorsilbe Oberbram versehen, so z. B. Oberbramfall, Oberbrambrassen, Oberbramschoten usw.

Oberbramsegel: bei einem → Rahsegler oder → Vollschiff mit geteilten Bramsegeln das fünfte Segel von unten, das an der Oberbramrah angeschlagen wird.

Oberdeck: bei einem Schiff das oberste durchlaufende Deck, das allerdings durch Aufbauten durchbrochen werden kann.

Oberfeuer: bei zwei → Richtfeuern das hintere, höher gelegene Feuer. Das vordere, tiefere Feuer heißt → Unterfeuer.

Oberlicht, auch Skylight genannt: erhöhter Teil von Deck oder Aufbau, meist mit aufklappbarem Rahmen. Es dient zur Tageslichtbeleuchtung der darunterliegenden Räume. Beim Fahren auf rauhem Wasser müssen Oberlichter vor allem auf dem Vordeck mit Verschalkungen (→ Schalken) oder Blenden wasserdicht abgedeckt werden können, um zu verhindern, daß sie von Brechern eingeschlagen werden.

Oberliek: bei einem viereckigen → Rah- oder trapezförmigen → Gaffelsegel die obere Kante, die mit der Rah bzw. der Gaffel verbunden ist.

Obermarsrah: bei geteilten → Marssegeln auf Rahseglern die dritte → Rah von unten. An ihr wird das Obermarssegel – das dritte Segel von unten – angeschlagen. Es ist größer als das Untermarssegel – das zweite Segel von unten –, das bei schwerem Wetter als Sturmsegel gefahren wird.

Oberwant, auch Toppwant genannt: oberste in Querschiffsrichtung angebrachte Verspannung des Mastes. Sie führt über die → Saling zum → Masttopp.

Offenes Boot: ein nicht eingedecktes Boot wie ein gewöhnliches Beiboot oder ein Ruderkahn.

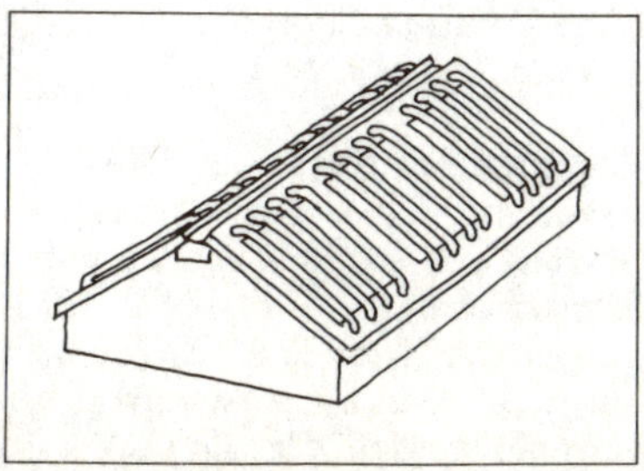

Das Skylight bringt Tageslicht in darunterliegende Räume

Seitenriß und Draufsicht der OK-Jolle

Offizier: in der Handelsmarine ein Schiffsoffizier mit einem entsprechenden Patent. In der Marine der Seeoffizier vom Leutnant zur See aufwärts.

OK-Jolle: internationale Knickspant-Einhandjolle mit unverstagtem Mast. Von dem Dänen Knut Olsen entworfen. Danach wurde das → Klassenzeichen gewählt – eine stilisierte Vereinigung der Buchstaben O (Olsen) und K (Knut). Länge über Alles: 4,00 m, Breite: 1,42 m, Gewicht: 85 kg, Segelfläche: 8,25 m^2.

Okklusion: Begriff in der Wetterkunde – das Zusammentreffen und Vermischen einer Kalt- und einer Warmfront, wobei die schnellere Kaltfront die Warmfront einholt und vom Boden abhebt. Kennzeichen einer Okklusion: fallender Luftdruck, zunehmende Bewölkung, auffrischender Wind mit Böen, Niederschlag und Sichtverschlechterung. Beim Abzug der Okklusion dreht der Wind nach rechts und flaut ab, der Luftdruck steigt, die Sicht wird klar.

Ölbeutel, auch Ölsack: ein Beutel aus Segeltuch, der lose mit ölgetränktem Werg und bei Gebrauch noch einmal mit Öl gefüllt und bei Sturm oder Orkan luv- oder leewärts außenbords oder achtern an einer Trosse ausgebracht wird. Das Öl breitet sich dann als hauchdünner Film über einer sehr großen Wasseroberfläche aus und verhindert das gefährliche Brechen der Wogenkämme bzw. glättet die See. Beutel oder Sack sollten mit pflanzlichem oder tierischem Fett gefüllt werden.

Ölpest: entsteht durch das – verbotene – Ablassen von Ölrückständen in die See oder durch das Stranden bzw. Auflaufen von Tankern, wie das in den letzten Jahren wiederholt geschehen ist. Da sich Öl (→ Ölbeutel) sehr schnell über weite Flächen ausdehnt, ergeben sich für die pflanzliche und tierische Lebewelt des betreffenden Seegebiets und der anliegenden Küsten katastrophale Folgen, die in Verbindung mit giftverseuchten Meerzuflüssen (Rhein, Elbe) zum absoluten Tod dieser Lebewelt führen können.

Olympia-Jolle: Rundspant-Einhandjolle, die für die Olympischen Spiele 1936 in Berlin (Kiel) konstruiert wurde und das bis dahin olympische 12-Fuß-Dinghy ablöste. Die O-Jolle, wie sie verkürzt genannt wird, ist im Gegensatz zu den heutigen Gleitjollen ein reiner Verdränger, dennoch aber ein sportliches und durchaus schnelles Boot. Der internationale Klassenstatus wurde ihr 1970 wieder entzogen. Als Olympiaklasse wurde sie von der Firefly-Jolle und diese wieder vom → Finn-Dinghy (seit 1952) abgelöst. Länge über Alles: 5,00 m, Breite: 1,66 m, Gewicht: 175 kg, Segelfläche: 10 m^2. Das → Klassenzeichen ist ein roter Ring.

Olympische Klassen: die von der → International Yacht Racing Union für die Teilnahme an den Olympischen Spielen ausgewählten Klassen. Von 1948 bis 1968 wurde in fünf verschiedenen Klassen gesegelt, seit 1972 sind es sechs Klassen. Zur Zeit haben folgende Boote den olympischen Status: das → Finn-Dinghy als Einhandjolle, die → 470er-Jolle (zwei Mann), der → Flying Dutchman (zwei Mann), der → Star (zwei Mann), die → Soling als Kielboot (drei Mann) und der → Tornado als Katamaran (zwei Mann).

Olympischer Kurs: eine Dreiecksbahn, wie sie bei den Olympischen Spielen und auch üblicherweise bei Meisterschaften abgesegelt wird. Auf einem Kreis sind acht Tonnen ausgelegt, die als Bahnmarken bezeichnet werden. Das Dreieck wird von drei Bahnmarken markiert, wobei sich – je nach Windrichtung – die

Der olympische Kurs führt über eine Dreiecksbahn, deren drei Bahnmarken gerundet werden müssen

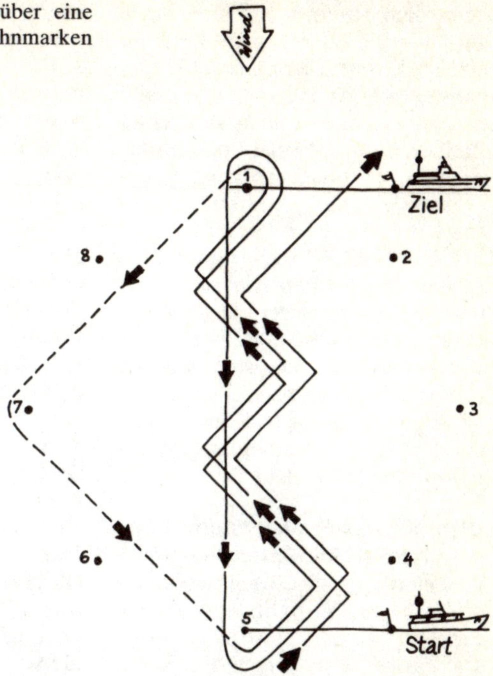

Luv- und die Leetonne (auf der Zeichnung bei Nordwind die Tonnen 1 und 5) gegenüberliegen. Auf der Linie 1–5 befindet sich im 45-Grad-Winkel die Bahnmarke 7. Auf diese Weise wird es ermöglicht, daß auf dem Dreieck drei Kurse mit den entsprechenden Segelstellungen abzusegeln sind: Kreuzkurs (→ Kreuzen), → Raumschots-Kurs und → Vor-Wind-Kurs. Der Start erfolgt bei der Leetonne, die Startlinie bilden die Bahnmarke 5, eine Startbegrenzungstonne und das Startschiff mit dem Startmast an Bord. Immer ist der erste Kurs bei der Dreiecksbahn ein Kreuzkurs. In diesem Fall wird vom Start weg die Bahnmarke 1 (Luvtonne) angesteuert, die gerundet werden muß – hier bleibt sie an Backbord, also linksherum. Das gilt für das Runden aller Bahnmarken bei diesem Dreieckskurs. Ob links oder rechts gerundet werden soll, wird vom Startschiff aus, 10 Minuten vor dem Start, mit dem Ankündigungssignal bekanntgegeben (grüne Flagge oder Tafel rechtsherum, rote Flagge oder Tafel linksherum). Nach Runden der Bahnmarke 1 geht es auf einer Raumwindstrecke zur Bahnmarke 7, wo gehalst werden muß, und ebenfalls raumwinds weiter zur Bahnmarke 5 (Leetonne). Nach Runden dieser Bahnmarke führt der Kurs auf die zweite Kreuzstrecke zur Bahnmarke 1 (Luvtonne) und jetzt nach dem Runden vor dem Wind zurück zur Bahnmarke 5. Von ihr erfolgt die dritte Kreuzstrecke – die sogenannte Zielkreuz – zur Ziellinie, die von der Bahnmarke 1, einer Zielbegrenzungstonne und dem Zielschiff gebildet wird. Zusammengefaßt sieht die dargestellte Dreiecksbahn also so aus: Start (5) – 1 – 7 – 5 – 1 – 5 – Ziel (1). Die Gesamtlänge des olympischen Kurses beträgt etwa 11,2 sm (für Finn-Dinghys etwa 8,5 sm). Naturgemäß sind die Kreuzstrecken am schwierigsten, weil sie taktisches Geschick, ein Höchstmaß an segeltechnischem Können und ein schnelles Erkennen der Windschwankungen verlangen.

Olympisches Punktsystem: In jeder olympischen Klasse werden sieben Wettfahrten gesegelt, wobei die schlechteste Wettfahrt des jeweiligen Teilnehmers gestrichen wird. Die Punktebewertung wird also nur nach sechs Wettfahrten berechnet. Sieger ist das Boot bzw. die Mannschaft mit der niedrigsten Punktzahl. Dabei wird nach folgender Wertung vorgegangen: 1. Platz = 0 Punkte, 2. Platz = 3 Punkte, 3. Platz = 5,7 Punkte, 4. Platz = 8 Punkte, 5. Platz = 10 Punkte, 6. Platz = 11,7 Punkte, 7. Platz = Platzzahl (7) + 6 Punkte, also 13 Punkte, 8. Platz = Platzzahl (8) + 6 Punkte, also 14 Punkte, 9. Platz = Platzzahl (9) + 6 Punkte, also 15 Punkte, 10. Platz = Platzzahl (10) + 6 Punkte, also 16 Punkte usw. Die Idealnote wäre also bei Gewinn sämtlicher Wettfahrten: null Punkte. Mögliche → Proteste werden nach der jeweiligen Wettfahrt von einer Jury verhandelt.

Ölzeug: früher die mit Leinöl getränkte Schlechtwetterbekleidung des Seemanns, bestehend aus Hose, Jacke oder Mantel und Südwester (Regenhut). Völlig wasserdicht war dieses Ölzeug keineswegs, außerdem hatte es die Eigenschaft, zu kleben und nach dem Leinöl zu riechen. Heute versteht man unter Ölzeug eine wasserabweisende Kleidung aus Gummi, Plastik oder

Foto: Archiv Tölzel

Fischer in Ölzeug bergen die Fangnetze

Kunststoff, die gelb oder orange gefärbt ist, um seinen Träger im Falle des Überbordgehens schnell wiederfinden zu können.

Omega-Verfahren: moderne Navigation nach dem Verfahren der Funkortung (→ auch Funknavigation).

Optimist: als internationale Klasse anerkannte Jüngstenjolle für die Sieben- bis Fünfzehnjährigen. Diese kleine Jolle kann in Kunststoff, Sperrholz oder Vollholz gebaut werden und ist von den entsprechenden Herstellern auch in Baukästen für den Selbstbau lieferbar. Getakelt ist die Optimisten-Jolle, kurz „Opti" genannt, mit einem viereckigen Luggersegel (→ Luggertakelung), das durch eine diagonal verlaufende Spiere (die Spriet) ausgespreizt wird. Länge über Alles: 2,30 m, Breite: 1,13 m, Gewicht: 35 kg, Segelfläche: 3,50 m^2. Das → Klassenzeichen ist ein Kreis, der von einem I durchbrochen wird.

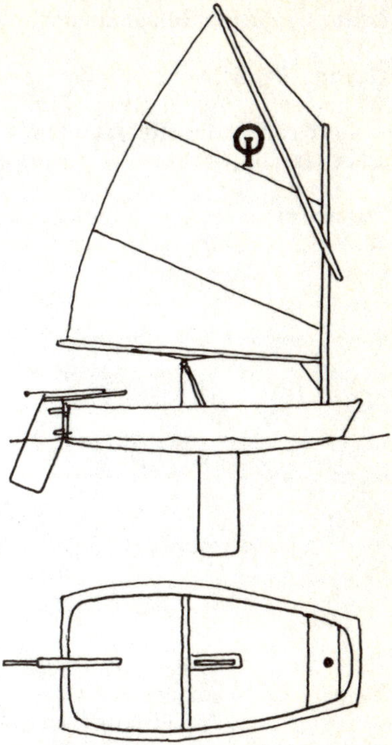

Rißzeichnung und Draufsicht der Jüngstenjolle Optimist

Orkan: nach der → Beaufort-Skala die Windstärke 12 mit einer mittleren Geschwindigkeit von 34,8 m/sec oder 68 kn. Als Auswirkungen zeigen sich außergewöhnlich hohe Wellenberge, eine völlig weiße See, die Luft ist mit Schaum und Gischt angefüllt, es gibt keine Fernsicht mehr, das Rollen der See wird zum Getöse.

Orlop-Deck: bei vier- und mehrdeckigen Schiffen das unterste Deck.

Ortsmißweisung: die → Mißweisung eines bestimmten Ortes, die aus der Mißweisungsrose der Seekarte zu entnehmen ist.

Osebergschiff: 1904 auf dem Oseberg-Hof bei Tönsberg in Norwegen gefundenes Wikingerschiff, das man dem 9. Jahrhundert zuschreibt. Das Schiff wurde ausgegraben, restauriert und steht heute in einem Osloer Museum.

Ösen: das Leerschöpfen von eingedrungenem Wasser oder Spritzwasser aus einem Boot mit Eimer oder Ösfaß – einer Holzschöpfkelle.

Otter: Gerät zum Minenräumen.

Ozean: Bezeichnung für die drei Weltmeere: Atlantischer, Pazifischer (Großer oder Stiller) und Indischer Ozean.

Ozeanographie: Meereskunde, die Wissenschaft vom Meer mit allen seinen Erscheinungen.

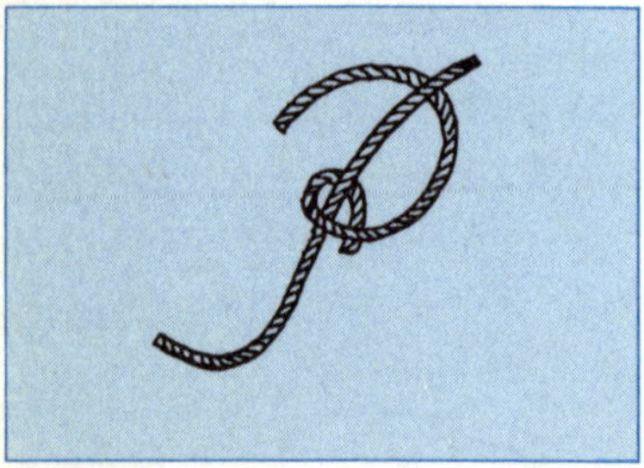

Päckchen: 1. früher die Arbeitskleidung des Seemanns, auch Takelpäckchen oder Arbeitspäckchen genannt, bestehend aus der Takelbluse und der Takelhose, beide aus festem Drillichstoff, weiß, grau oder gestreift farbig. Heute noch üblich als Segelkleidung für „Yachties" (Yacht-Crews) und auf Segelschulen, 2. scherzhafte Bezeichnung für einen vergammelten Seemann oder Mariner, 3. im „Päckchen" liegen Boote oder Schiffe, wenn sie Bordwand an Bordwand miteinander vertäut sind.

Packeis: zusammen- oder übereinandergeschobene Eismassen.

Paddel, früher auch Pagay oder Pagaie genannt: Antriebsmittel für → Kanus, → Kajaks und Boote. Es besteht aus dem Schaft und dem Blatt (an beiden Enden oder auch nur einseitig).

Pahlstek: ein seemännischer Knoten, der z. B. zum Festmachen der Vorleine an einem → Poller dient. Dabei wird ein → Auge geknüpft, das sich nicht zusammenzieht, wenn Zug auf die Leine kommt.

Paketboot: früher ein Postschiff, das regelmäßig Briefe, Pakete und Passagiere von einem Hafen zum anderen oder zu Inseln brachte.

Pall: 1. Ein Gegenstand liegt pall, wenn er fest anliegt. 2. Die Sperrklinke auf dem Sperrad einer Winde, die das Zurückschlagen der Winde verhindern soll.

Pallen: Hölzer zum Abstützen eines Schiffes bei Winterlagerung oder auf Land, wenn es überholt wird. Auch Hölzer zum Verkeilen von Ladungen, damit sie im Seegang nicht rutschen.

Pampero: stürmischer Kaltlufteinbruch aus Süden an der argentinisch-südbrasilianischen Küste.

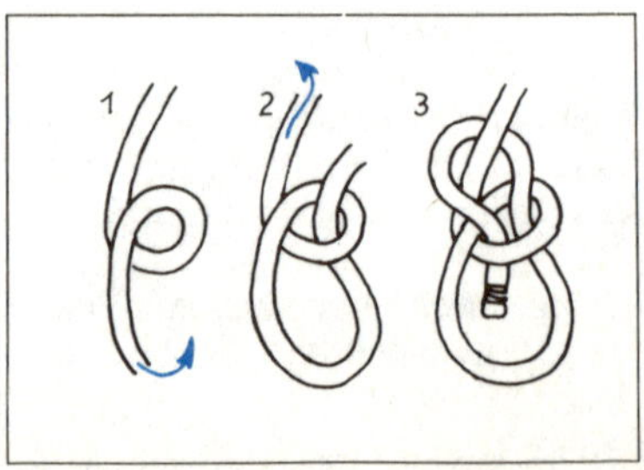

Die drei Phasen beim Knüpfen eines Pahlsteks

Foto: Süddt. Verlag

Kadetten des mexikanischen Schulschiffs CUAUTHEMOC paradieren auf den Rahen

Pantry: kleine Anrichte oder Kochecke an Bord von Schiffen oder seegehenden Yachten.

Panzerkreuzer, auch Panzerschiff: ein großes, durch Panzer geschütztes und stark armiertes Kriegsschiff der beiden letzten Weltkriege. Heute ist er als Kriegsschiffstyp veraltet.

Papageienstock: am Achterschiff oder Heck eine Seglers angebrachtes Rundholz, um die → Besanschot und/oder das → Achterstag daran zu fahren. Der Papageienstock befindet sich vor allem auf yawlgetakelten Yachten (→ Yawl), bei denen der Besanmast hinter dem Ruder steht, so daß der Baum achtern über das Heck hinausragt.

Paradieren: früher auf Kriegssegelschiffen (zum Teil heute auf Segelschulschiffen) die Aufstellung der Besatzung auf den Rahen, wobei sie sich an den sogenannten Paradierstrecktauen, die an den → Toppnanten befestigt und horizontal nach dem Mast oder der Stenge hingeführt sind, festhalten. Das Paradieren findet nur im Hafen bei vor Anker liegenden Schiffen statt, und zwar beim Besuch hochgestellter Persönlichkeiten (Staatsoberhäupter usw.) oder deren Vorbeifahrt an den betreffenden Schiffen. Dieser Brauch wurde auch nach dem Verschwinden der Kriegssegelschiffe fortgeführt. Heute nimmt die Kriegsschiffsbesatzung Paradeaufstellung hinter der → Reling und auf verschiedenen Aufbauten. Gleichzeitig wird Salut gefeuert, und die Schiffe haben → über die Toppen geflaggt.

Parallel-Lineal: Es erfüllt beim Arbeiten mit der Seekarte den gleichen Zweck wie zwei → Kursdreiecke. Es ist ein doppeltes Lineal, mit dem die Kurslinien auf der Seekarte nach der Kompaßrose parallel verschoben werden können.

Pardunen: gehören zum stehenden Gut (→ Gut). Es sind auf Großseglern starke Hanf- oder Drahttaue, mit denen die → Stengen seitwärts und schräg nach achtern abgestagt werden. Sie befinden sich jeweils hinter den Masten.

Part: 1. Teil einer → Talje (Flaschenzug), und zwar unterscheidet man eine feste, eine holende und eine laufende Part. Die feste – oder auch stehende – Part ist mit dem Deck oder der Last verbunden. An der holenden Part wird gearbeitet (gezogen). Die laufende Part – auch Läufer genannt – ist jener Teil der Talje, der sich zwischen den Blöcken (→ Block) bewegt. 2. Von Part spricht man ebenfalls beim Schlagen eines Knotens. In diesem Fall besteht ein Tampen (ein Stück Tauwerk) aus zwei Parten, das heißt dem linken und dem rechten Teil (oder Ende) des Tampens.

Passage: 1. schmale Durchfahrt oder schwieriges Gewässer, bestimmtes Fahrwasser (Nordwest-Passage), 2. Schiffsreise, 3. der → Meridiandurchgang eines Gestirns.

Passagier: Fahrgast, der für eine bestimmte Summe eine längere oder kürzere Reise an Bord eines Schiffes unternimmt. Je nach Unterbringungskomfort an Bord spricht man von Kajütspassagier, Deckspassagier, Zwischendeckspassagier usw.

Passagierschiff: ältere Bezeichnung für Fahrgastschiff, das im Gegensatz zum Frachtschiff ausschließlich der Beförderung von Passagieren dient und dementsprechend ausgestattet ist.

Passatsegel: zur Zeit der Segelschiffahrt auf Rahseglern die älteren Segel, die man wegen des guten, beständigen Wetters und der gleichmäßigen Winde in den Passatzonen setzte, ohne befürchten zu müssen, daß sie rissen. Heute werden Segel wie → Breitfock oder → Doppelfock, die man für die → Raumschots-Kurse in Passatgebieten verwendet, so bezeichnet.

Passatwinde: Sammelname für die im Atlantik, im Pazifik und im Indischen Ozean mit kurzen Unterbrechungen in den niedrigen Breiten (beiderseits des Äquators) auftretenden östlichen Winde. Durch das Zusammenwirken von thermischer Luftzirkulation und Erdrotation wehen die Passate nördlich des Äquators in nordöstliche und südlich des Äquators in südöstliche Richtung. Dementsprechend heißen sie Nordost- bzw. Südostpassat. Die Passatregionen wandern im Sommer etwas nach Norden und im Winter nach Süden. Der von den Engländern für die Passate geprägte Ausdruck „Trade-winds" = „Handelswinde" belegt, daß man bereits zur Zeit der frühen Handelsschiffahrt auf Segelschiffen die beständig wehenden Passate zu nutzen wußte.

Patentanker: → Anker (6.)

Patentblock: ein → Block, bei dem die Scheibe auf einem Kugellager läuft.

Patenthalse: eine unfreiwillige Halse (→ Halsen), bei der der Großbaum plötzlich und mit Wucht auf die andere Schiffsseite übergeht. Die Patenthalse – immer bei Kursen vor dem Wind – entsteht durch → Gieren des Schiffes, durch → Schralen des Windes und meist auch durch Unaufmerksamkeit des → Rudergängers. Sie kann gefährliche Folgen haben: Kenterung bei leichten Booten wie Jollen, eine Beschädigung der Wanten oder Backstagen und letztlich eine Verletzung oder ein Außenbordgehen der sich nicht reaktionsschnell genug abduckenden Crew.

Patentlog: → Log (2.)

Patentreff: Vorrichtung in Form einer Kurbel (Kardangelenk, Schneckenantrieb oder Zahnrad), mit der das Segel zum Verkürzen der Segelfläche um den Baum gewickelt wird.

Patentschäkel: ein moderner → Schäkel, der nicht mehr durch einen Gewindebolzen verschlossen wird, sondern eine Art Schnappverschluß hat. Es gibt verschiedene Ausführungen.

Patsch: ein auf einen Riß oder eine mürbe Stelle im Segel aufgenähter oder aufgeklebter Flicken.

Peekhaken: → Bootshaken

Pegel: Wasserstandsmesser, z. B. Peilmarkierungen an einem Brükkenpfeiler oder an Schleusen, vor allem in → Tidengewässern, um die jeweilige Höhe des Wasserstandes ablesen zu können. Mit Pegelnull bezeichnet man die Bezugsebene eines Pegels. Das Pegelnull an der deutschen Nordseeküste liegt seit 1927 5 m unter dem → Normalnull.

Peilen: 1. das Anvisieren eines bestimmten Objekts von Bord aus, um die Richtung dorthin zu bestimmen (→ Peilung), 2. bei einem Tank die Höhe des Brennstoffniveaus feststellen, 3. „die Lage peilen", das heißt, sich einen allgemeinen Überblick über Wind und Wetter usw. verschaffen.

Peilscheibe: Scheibe mit einer rundumlaufenden 360-Grad-Einteilung. Im Mittelpunkt drehbar befestigt, dient die Peilscheibe auf einem Schiff als Peilvorrichtung und ist für

Peilung mit dem Handkompaß

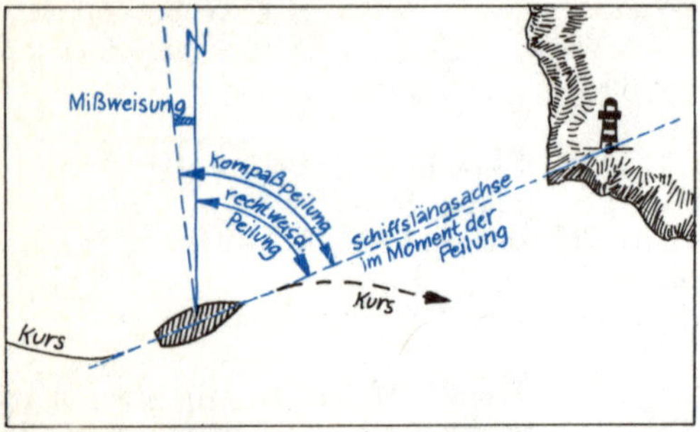

Peilung mit der Längsschiffsachse

diesen Zweck mit Kimme und Korn versehen. Die Linie durch 0 und 180 Grad muß parallel zur Mittschiffslinie (→ Mittschiffs) verlaufen. Man kann dann Peilungen in bezug auf die Schiffsachse durchführen (Schiffsseitenpeilungen) und diese anhand des → Kompaßkurses in rechtweisende Peilungen umrechnen.

Peilung: der Winkel, den man zwischen der Nordrichtung und dem gepeilten Objekt sieht. Die rechtweisende Peilung RP ist die Peilung in bezug auf die wahre Nord-Richtung, die Kompaßpeilung KP diejenige in bezug auf Kompaß-Nord. Wenn man zur Peilung RP 180 Grad hinzuzählt (oder abzieht), erhält man die Linie durch das Objekt, auf der sich das Schiff gerade befindet. Peilungen können je nach den Wetter- und Windbedingungen eine Ungenauigkeit von 10 Grad nach beiden Seiten aufweisen. Man befindet sich daher nicht auf einer Linie, sondern in einem schmalen Sektor. Je näher man sich am angepeilten Punkt oder Objekt befindet, desto geringer ist die Ungenauigkeit.
Es gibt verschiedene Methoden der Peilung. Bei der *Peilung mit einem Handpeilkompaß* blickt man über das Visier des Handpeilkompasses auf das zu peilende Objekt. Dann liest man durch das Prisma die Kompaßpeilung ab und rechnet weiter wie bei einer einfachen Peilung. Die → Deviation muß geschätzt werden, da ein Peilkompaß nicht → kompensiert ist. Bei der *Peilung mit der Längsschiffsachse* richtet man die Längsachse des Schiffes auf das zu peilende Objekt (man sieht dazu am Mast und/oder am Flaggenstock entlang). Der → Kompaßkurs entspricht dann der Kompaßpeilung KP

– ohne Rücksicht auf Abdrift und Strömung. KP + MW = RP (Kompaßpeilung + Mißweisung = rechtweisende Peilung). Die rechtweisende Peilung RP plus oder minus 180 Grad ergibt den Peilungswinkel, der in der Seekarte am angepeilten Objekt angetragen wird. Das Schiff befindet sich auf dieser Linie. Bei der *Peilung mit Versegelung* (auch Doppelpeilung) wird ein Objekt zweimal – einige Zeit hintereinander – angepeilt. Den zwischen den Ablesungen der beiden Peilungen gefahrenen Kurs und die Distanz in Rechnung bringend, kann hieraus die Position ermittelt werden (→ Peilscheibe).

Peilungslinie: Linie, die auf einer Seekarte durch zwei → Feuer in Linie gelegt werden kann.

„Peilung steht!" Ein fester Begriff, der Gefahr signalisiert. Wenn sich nämlich die → Seitenpeilung zu einem anderen in Fahrt befindlichen Schiff nicht verändert und der Peilwinkel zu ihm gleich bleibt, dann „steht die Peilung": Beide Fahrzeuge steuern → Kollisionskurs!

Peitschenmast: Bezeichnung für den Mast einer hochgetakelten Yacht, der in seinem oberen Teil etwas nach achtern gebogen ist. Diese Mastform war bei den → Schärenkreuzern und nationalen Kreuzern in den 30er Jahren üblich und ist heute nur noch vereinzelt anzutreffen.

Persenning: Überzug aus starkem Segeltuch (imprägniert) oder Polyestergewebe, mit dem Boot, → Plicht, aufgetuchtes Großsegel, Luken usw. zum Schutz gegen Sonne und Nässe überdeckt werden.

Pfahlmast: ein Mast, der aus einem Stück hergestellt ist – im Gegensatz zu den hohen Masten der Rahsegler, die aus mehreren Teilen bestehen, und zwar dem sogenannten Untermast mit dessen Verlängerungen nach oben – den → Stengen. Ein Pfahlmast hat keine Stengen.

„Pfeifen und Lunten aus!" Auf den früheren Segelschiffen – heute nur noch bei der Marine üblich – ein Befehl, alle offenen Lichter bei Beendigung der Freiwache (dienstfreie Wache) oder Freizeit zu löschen. Der Befehl wird ausgesungen (→ Aussingen) und gleichzeitig mit der Bootsmannsmaatenpfeife gepfiffen.

Pferd: → Fußpferd

Pflugscharanker: → Anker (1.)

Pforte: allgemeine Bezeichnung für eine meist viereckige, zu verschiedenen Zwecken dienende, wasserdicht abschließende Öffnung in der Außenhaut oder im → Schanzkleid eines Schiffes. Je nach Zweck unterscheidet man Relingspforte, Ladepforte, Wasserpforte, Stück- oder Geschützpforte (bei den früheren Kriegssegelschiffen) usw.

Pfriem: Werkzeug des Segelmachers oder Seilers, ein handliches Rundeisen, dessen sanft gebogene Spitze zum oberen Knopfende hin allmählich dicker wird. Es dient beim → Spleißen zum Weiten der → Kardeele.

Hochseeflöße der Inkas

„Die großen Balsas der Küste, von denen man die besten in den Gegenden von Payty, Manta, Guayaquil sah, bestanden aus einer ungeraden Zahl von Balken des leichten ‚palo de Balsa', des Balsaholzes – einer Malvenart. Fünf, sieben, neun oder noch mehr ungleich lange Hölzer waren am Bug in Orgelpfeifenform so angeordnet, daß das längste sich in der Mitte befand; am Heck waren alle glatt abgeschnitten. Über das Ganze war eine zweite Holzlage als Flur gelegt, an dessen Rand sich ein niedriger Geländerumgang befand. Die größten Fahrzeuge dieser Art konnten fünfzig Mann und drei Pferde (die bekanntlich erst mit den Spaniern nach Amerika kamen) fassen. Die Segelbalsas der Inkazeit hatten in der Mitte zwei Masten, zwischen denen ein viereckiges Baumwollsegel ausgespannt war. Zum Steuern diente ein Ruder, ein Steuerriemen. War kein Wind, so wurden die Flöße durch Stechpaddel – Pageien – fortbewegt.

Heyerdahl schreibt über diese Holzbalsas: ‚Das Balsa ist wahrscheinlich die sicherste und seetüchtigste aller Seefahrzeugarten der Urzeit. Es treibt auf Sturzseen wie ein Kork oder Schwimmvogel. Die Balsabalken oder Balsablöcke nehmen kein Meerwasser auf, ausgenommen an den äußeren Schnittstellen, solange diese grün und safthaltig sind. Das Balsaholz ist zu weich und schwammig, um die Bindungen zu zerstören. Ein durchschnittsgroßes Neunblöckefloß vermag im Mittelstück leicht eine Last von zehn Tonnen zu tragen, die, auch bei rauher Sturzsee, kaum vom Wasser erreicht wird, das die Spalten durchrinnt wie Gabelzwischenräume.'

... Thor Heyerdahls Floß war genau nach den Angaben gebaut, die sich in den Aufzeichnungen der Konquistadorenzeit fanden. Neun dicke Stämme des ‚palo de Balsa', des Floßbaumes, wurden mit Stricken zum Floß verbunden, weder eiserne Nägel noch irgendein anderes Material wurde verwendet ..."

(Zitiert aus P. Lächler/Hans Wirz „Die Schiffe der Völker", Olten und Freiburg 1962, S. 200)

Genuesische Pinke um 1800

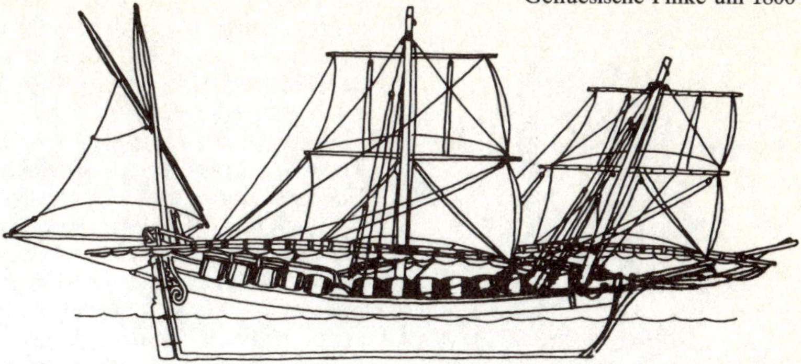

Picken: soviel wie einhaken.

Piek: 1. der obere hintere Teil des Gaffelsegels und auch der → Gaffel. Der Winkel oder die Ecke zwischen → Achterliek und Gaffelliek wird Piekhorn genannt. 2. Als Vorpiek oder Achterpiek die vorn oder achtern liegenden äußersten und meist spitzen Räume eines Schiffes.

Piekfall (→ auch Klaufall und Gaffel): das → Fall, das zugleich mit dem Klaufall zum Heißen bzw. Niederholen des Gaffelsegels dient. Es greift am oberen Ende der Gaffel im Bereich des Piekhorns (→ Piek) an und läuft von dort zur Piekfallrolle oder Piekfallscheibe, die am oder im Mast angebracht ist.

Pier: Ein Schiff geht an die Pier (im seemännischen Sprachgebrauch weiblich!), das heißt, es legt an einem festen Hafendamm an.

Pilzanker: → Anker (5.)

Pinasse: 1. Pinaß war im 17. Jahrhundert die Bezeichnung für einen vollgetakelten zwei- oder dreimastigen kleineren Segler für Kriegs- und Handelszwecke. 2. Bei den späteren Marinen war die Pinasse ein Beiboot mit Besegelung und Platz für acht bis zehn Rudergasten, das manchmal sogar mit einer kleinen Kanone armiert war. 3. Um die Jahrhundertwende bezeichnete man ein dampfangetriebenes Beiboot als Dampfpinasse.

Pinke: ein dreimastiger Rahsegler in der zweiten Hälfte des 18. Jahrhunderts, der im Boden flacher als die Fregatten, aber etwas schärfer als die Barken gebaut war. Die Pinke hatte ein hohes, schmales Achterschiff und meist ein plattes Heck. Gebaut wurden die Pinken vor allem in Danzig, Königsberg, Memel und Pillau. Sie waren hauptsächlich in der Ostsee verbreitet, befuhren allerdings als Handelssegler alle Meere. Ihre Größe schwankte zwischen 600 und 1300 t. Der Name dieser Schiffe soll daher rühren, daß sie beim Insichtkommen mit ihrem hohen Heck zuerst aus der → Kimm „aufpinkten" (sichtbar wurden).

Seitenriß der Piraten-Jolle

Pinne: 1. Hebelarm, mit dem das → Ruderblatt bedient wird. Mit dem Ruderblatt ist die Pinne durch den → Ruderkopf verbunden, einem meist durchbrochenen Metallgehäuse, in das sie hineingeschoben und fixiert wird. Heute haben die modernen Jollen eine Pinne mit einer frei drehbaren und umklappbaren Verlängerung – dem Pinnenausleger, 2. eine Art kleiner Nagel, Stift, 3. spitz zulaufende Achse, auf der die → Kompaßrose mit ihren Magnetnadeln drehbar gelagert ist.

Pirat: 1. Seeräuber im abwertenden Sinne im Gegensatz zum → Freibeuter oder → Korsaren, 2. unkomplizierte, robuste und seetüchtige Knickspantjolle aus Holz, Sperrholz oder Kunststoff, 1939 von Carl Martens als Jugendboot konstruiert, als nationale Klasse in der BR Deutschland sehr verbreitet, geeignet als Fahrten- und Regattajolle, seit 1966 mit → Spinnaker ausgestattet. Länge über Alles: 5,00 m, Breite: 1,60 m, Gewicht: 170 kg, Segelfläche: 10 m^2. Das → Klassenzeichen ist ein rotes Enterbeil.

Pizarro, Francisco: spanischer Konquistador und Entdecker, 1475–1541. Er wanderte 1502 nach der Insel Hispaniola aus und unternahm 1524 mit Diego de Almagro, einem anderen Konquistador, den ersten Versuch, Peru zu erreichen. Er gelangte bis Kolumbien und erkundete die südamerikanische Westküste bis dorthin. Weitere Erkundungen folgten, verbunden mit Raubzügen. 1531–1532 eroberte er Peru, nahm den Inkakönig Atahualpa gefangen und ließ ihn hinrichten. 1535 gründete Pizarro Lima und regierte über den nördlichen Teil des eroberten Landes, während Almagro über den südlichen herrschte. Dann brach zwischen den beiden Konquistadoren Streit aus, und Pizarro ließ Almagro hinrichten. Drei Jahre später wurde er selbst von Anhängern des Hingerichteten umgebracht.

Planke: ein Teil oder Stück der Außenhaut- oder Decksbeplankung eines Schiffes in zugepaßter Brett- oder Bohlenform.

Plankengang: eine Reihe aneinandergesetzter Planken gleicher Breite und Dicke, die über die ganze Schiffslänge verlaufen.

Plattbodenfahrzeug: Fahrzeug mit flachem Bootsboden – zumeist bei den niederländischen Fahrzeugen, aber auch bei der sogenannten

→ Scow und z. B. bei der Optimistenjolle. Dieser Boden läuft häufig nach vorn und achtern etwas auf. Vorteile sind die einfache und kostengünstige Bauweise, einfaches → Aufslippen und die Möglichkeit des Trockenfallens. Gute Segeleigenschaften werden durch Verwendung eines Mittelschwerts (→ Senkschwert) oder von → Seitenschwertern erreicht.

Plattfuß: zur Zeit der Segelschiffe die Wache von 16.00 bis 20.00 Uhr, die in zwei Wachen geteilt war – in den 1. Plattfuß von 16.00 bis 18.00 Uhr und in den 2. Plattfuß von 18.00 bis 20.00 Uhr. Beim sonst üblichen vierstündigen Wachrhythmus wurden diese zweistündigen Kurzwachen eingeschoben, um zu erreichen, daß nicht immer ein und dieselben Wachgänger die gleiche Wache gingen.

Plattgatt: breites, flaches Heck (Spiegelheck), an dem meist auch das Ruder angebracht ist. Analog dazu spricht man bei einem Segelschiffstyp mit plattem Heck von einem Plattgatter. Gegenteil: → Spitzgatter mit einem spitz zulaufenden Heck.

Platting: zum → Fancywork gehörige Flechtarbeit aus drei bis neun Kabelgarnen. In den verschiedensten Zierformen dienen Plattings zur Umwicklung von → Stagen, zum Schutz gegen → Schamfilen oder sogar zum Besohlen von Schuhen aus Segeltuch. Die Platting hat nichts mit „platt" zu tun, sondern der Begriff leitet sich aus dem englischen „to plat" (flechten) ab. Dementsprechend muß die Platting nicht unbedingt platt sein, sondern weist auch runde, halbrunde oder vierkantige Formen auf, wobei man dann von Rundplatting, Vierkantplatting usw. spricht.

Mit der geflochtenen Platting wurden früher an Bord Segeltuchschuhe „besohlt"

Platt vor dem Wind, auch platt vor dem Laken: ein Segeln vor dem Wind, daß heißt, der Wind fällt genau von achtern ein. Bei viel Wind und Seegang muß auf diesem Kurs aufmerksam gesteuert werden, um nicht ein Querschlagen oder eine → Patenthalse zu riskieren.

Plicht, auch → Cockpit genannt: der nicht eingedeckte Teil eines Bootes oder einer Yacht, von dem aus das Fahrzeug auch meist gesteuert wird.

Pocketbattleship: ein von den Engländern in den dreißiger Jahren geprägter Ausdruck, der soviel wie „Taschenschlachtschiff" bedeutet und sich auf die drei deutschen Panzerschiffe ADMIRAL GRAF SPEE, ADMIRAL SCHEER und DEUTSCHLAND – später in LÜTZOW umgetauft – bezog. Diese drei Panzerschiffe waren noch unter den Bestimmungen des Versailler Vertrags (Einschränkung der Aufrüstung) konzipiert und gebaut worden, die unter anderem der

Panzerschiff ADMIRAL SCHEER

Weimarer Republik den Bau von Kriegsschiffen über 10000 t verboten. So entstand der Typ des Pocketbattleships, das nach der Forderung der damaligen deutschen Seekriegsleitung „schneller als jeder Stärkere“ – um ihm davonlaufen zu können – und „stärker als jeder Schnellere“ – um ihn erfolgreich abwehren zu können – sein sollte. Dieses Konzept gelang im großen und ganzen.

Polacca: der Bark ähnliches Dreimast-Segelschiff im Mittelmeerraum, deren Besonderheit die → Pfahlmasten sind, das heißt, → Untermast und die sonst übliche → Marsstenge sind aus einem Stück, erst die weitere Mastverlängerung, die Bramstenge, ist aufgesetzt.

Polarkreise: Breitenparallele, in denen die Sonne die Erdkugel während der Sonnenwenden tangential trifft – 66,5 Grad Nord und Süd. Die Polarkreise trennen die Polarzonen von den gemäßigten Zonen der Erde.

Polarstern: → Nordstern

Polder, auch Koog genannt: an den Küstenniederungen der Nordsee die von Dämmen und Deichen eingefaßten und so gegen die Fluten geschützten Gebiete des Marschlandes und Wattenmeeres, wo es durch Entwässerung zu festem Land wird.

Poller: starke Vorrichtung zum Belegen von Trossen, Leinen und Festmachern sowohl an Land als auch auf Schiffen. Zum Teil sind sie aus Holz, aber meist aus Eisen gefertigt. Der Form nach unterscheidet man einfache Poller als mehr oder weniger dicke Kurzpfosten, Doppelpoller, einfache sowie doppelte Kreuzpoller.

Pönen: der Seemann „malt“ oder „streicht“ sein Schiff nicht an, sondern pönt es.

Ponton: meist aus Eisen oder Stahl hergestellter, kastenförmiger Hohlkörper, der als schwimmende Anlegestelle in → Tidengewässern dient und mit dem Land durch eine Laufbrücke verbunden ist.

Poop: achterer Decksaufbau vor allem auf Großseglern, wo Kapitän und Offiziere untergebracht waren (→ Hütte).

Popowka: ein Unikum unter den Kriegsschiffstypen in der zweiten Hälfte des 19. Jahrhunderts: ein kreisrundes Panzerfahrzeug für die Küstenverteidigung mit zentralem Geschützturm und sechs Schrauben. Es wurde nur von den Russen gebaut.

Portolane: die Küstenkarten und Seehandbücher des Mittelalters.

Positionslichter: die Topplaterne, Seitenlaternen, Hecklaterne und Signallaterne (→ Lichterführung).

Prahm: plattbodiges, kastenförmiges Wasserfahrzeug, das meist geschleppt werden muß und Transportzwecken oder als Arbeitsfahrzeug dient.

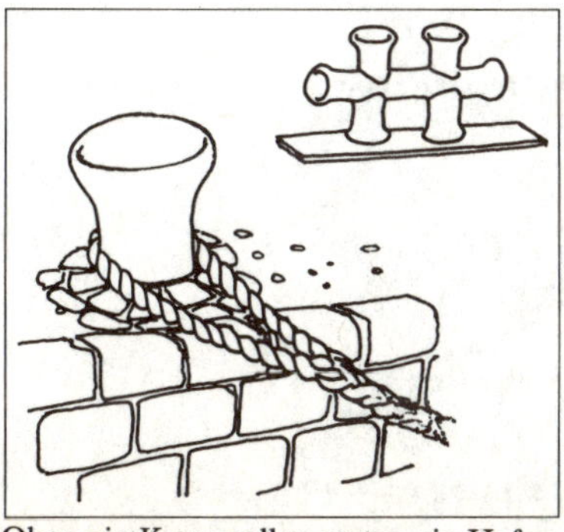

Oben ein Kreuzpoller, unten ein Hafenpoller am Kai

Prallhang: Jeder Strom pendelt in seinem Bett von Ufer zu Ufer. Dabei wird der äußere Strombogen mit Prallhang bezeichnet.

Preien, auch anpreien: ein Zu- oder Anrufen von Schiff zu Schiff bzw. von Land zu Schiff oder umgekehrt.

Pressen: 1. aus bestimmten Gründen mehr Segel führen, als bei den herrschenden Windverhältnissen üblich ist. Ein solcher Fall kann auftreten, um sich z. B. von → Legerwall freisegeln zu können. Normalerweise ist die Folge des Pressens ein starkes → Krängen des Segelschiffs, 2. die gewaltsame Aushebung von Seeleuten – aber auch Nichtseeleuten – zum Dienst an Bord zur Zeit der Segelschiffahrt, eine Maßnahme, wie sie besonders von der Royal Navy praktiziert wurde, um die Mindestsollstärke ihrer Schiffsbesatzungen zu erreichen. Diese Zwangsaushebung besorgte eine Preßgang oder Preßpatrouille, die aus einer Gruppe schlagkräftiger Burschen unter Führung eines Seeoffiziers bestand.

Preventer: 1. eine seitlich nach achtern verlaufende Abstagung des Mastes, die schnell losgeworfen bzw. wieder durchgesetzt werden kann, 2. beim → Ladegeschirr die Taue, die den → Ladebaum nach außen holen.

Pricke: festes, im Grund stehendes → Seezeichen zur Markierung von → Nebenfahrwassern, → Prielen oder größeren Gräben. Sie werden als junge Birken- oder Eichenbäumchen mit Krone und Ästen an die

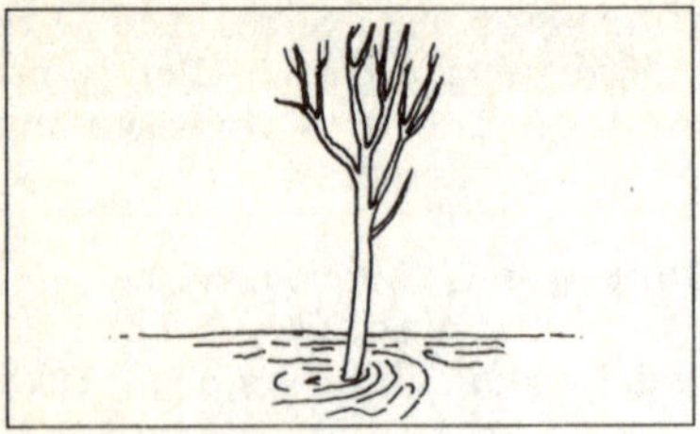

Die Pricken markieren als Seezeichen ein Nebenfahrwasser

Backbordseite des jeweiligen Fahrwassers gestellt. Auch die Spitzen von → Buhnen oder Stacks, die vom Hochwasser überflutet werden, erhalten die Prickenmarkierung.

Pricker, auch Prigger: ein Stahldorn, der zum Spleißen (Verflechten) von Drahttauwerk verwendet wird.

Priel: in den Watten und → Tidengewässern ein schmaler Wasserlauf, der bei Ebbe meist bis zuletzt noch Wasser führt und mit → Pricken markiert ist, wenn er als → Nebenfahrwasser zu kleineren Häfen führt.

Prise: nach dem internationalen Prisenrecht definierte Seebeute, das heißt, Prise ist ein von einem Kriegsschiff im Falle des Krieges aufgebrachtes feindliches – oder → Konterbande (2.) führendes neutrales – Schiff oder die beschlagnahmte Ladung dieses Schiffes. In den Kriegen gegen Napoleon bezahlte die Royal Navy ihren Kommandanten, die französische Prisen aufbrachten, je nach deren Wert ein Prisengeld.

Proa: ein Auslegerboot, das ursprünglich aus Mikronesien kam. Es ist außerordentlich schnell und besteht aus einem schlanken Rumpf, der zur Stabilität mit einem kleineren Parallelrumpf – dem → Ausleger – verbunden ist. Getakelt ist die Proa mit einem Dreieckssegel.

Probefahrt: Bevor ein Schiffsneubau von der Werft dem Besitzer übergeben wird, ist es üblich, die gesamten Anlagen des Neubaus auf Probefahrten zu überprüfen. Erprobt werden dabei die Maschinen- und Ruderanlage, die Ankereinrich-

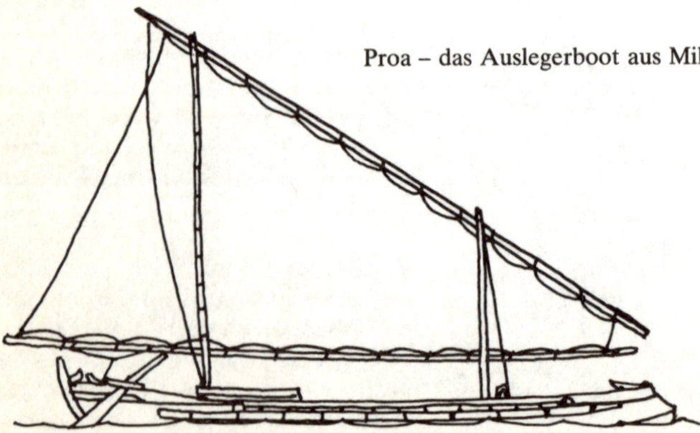

Proa – das Auslegerboot aus Mikronesien

tung, das Fahrverhalten des Schiffes bei den verschiedenen Manövern usw. Die Probefahrten sind nicht mit der → Jungfernfahrt zu verwechseln.

Profil: 1. der Querschnitt eines Werkzeugteils, 2. die strömungsgünstige Form eines Schiffsteils, z. B. des Rumpfes, Kiels, Ruders, Segels usw. (→ auch Laminare Strömung).

Foto: Süddt. Verlag

Vierflügelpropeller eines Frachtschiffs

Propeller, auch Schraube genannt: eine Einrichtung zum Vortrieb von Wasserfahrzeugen, besteht aus einer Nabe mit zwei bis fünf verwundenen Flügeln, meist mit elliptischem Umriß. Man unterscheidet links- und rechtsdrehende Propeller. Ein rechtsdrehender Propeller rotiert, von achtern nach vorn gesehen, bei Vorausfahrt im Uhrzeigersinn, ein linksdrehender Propeller dementsprechend umgekehrt. Bei beiden Propellern hat sowohl bei Achteraus- als auch bei Vorausfahrt der unterste Propellerflügel mehr Wasserwiderstand zu überwinden als der oberste. Daher bewegt sich der Propeller ein wenig zur Seite – wie ein Rad über den Boden. Dadurch wird das Achterschiff zur Seite versetzt. Man merkt dies vor allem bei Achterausfahrt: Bei einem rechtsdrehenden Propeller wird das Achterschiff nach Backbord gezogen, bei einem linksdrehenden Propeller nach Steuerbord. Bei Vorausfahrt hat der drehende Propeller nicht nur eine Vortriebskraft, sondern auch eine Steuerwirkung.

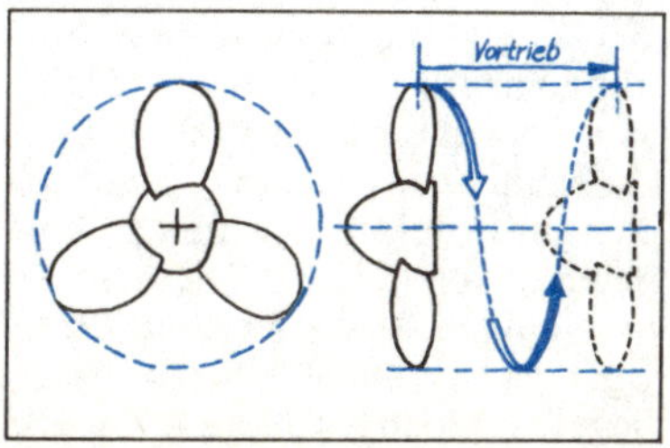

Bereits mit einer Propellerumdrehung wird Vortrieb entwickelt

Protest: Mittel, um einen Verstoß gegen die Wettsegelbestimmungen, der während einer Regatta stattgefunden hat, sowohl den Betroffenen als auch der Wettfahrtleitung zur Kenntnis zu bringen und bei der folgenden Protestverhandlung darüber entscheiden zu lassen.

Pull: ein ruckartiger Zug, z. B. mit dem Riemen oder einem Tau.

Pullen: Der Seemann „rudert" nicht, sondern er pullt.

Purren, auch hochpurren: soviel wie wecken, antreiben. Die Freiwache wird nachts aus dem Schlaf gepurrt, wenn es Zeit zur Wachablösung ist.

Pütting, auch Rüsteisen genannt: ein metallener Beschlag mit → Auge, der solide an der Innen- oder Außenseite eines Segelschiffs angebracht ist und zur Befestigung der → Wanten dient, die wiederum den Mast nach den Seiten hin abstützen.

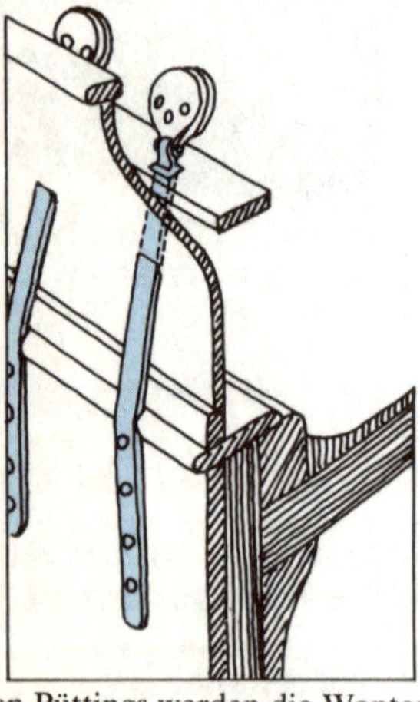

An den Püttings werden die Wanten befestigt

Pütz: kleiner Metall- oder Kunststoffeimer für den Bordgebrauch. Schlagpütz nennt man einen Eimer, an dessen Bügel eine Leine eingespleißt oder angeschlagen ist. Mit ihr wird Wasser von außenbords zum Oberdecks-Reinschiff geholt. Das Ausösen (→ Ösen) von Bilgewasser wird auch Pützen genannt.

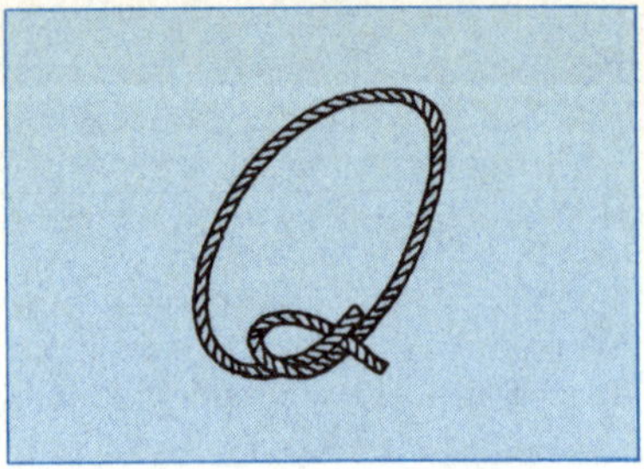

Quadrant: 1. ein Viertelkreis, 2. von Seefahrern und Astronomen des Mittelalters benutztes Instrument ähnlich dem → Astrolabium, das zur Höhenmessung von Gestirnen diente, 3. im Schiffsbau ein Bauelement in der Form eines Viertelkreises.

Quarantäne: ein aus Italien stammender Begriff des Mittelalters, ein Zeitraum von 40 Tagen. Als Ende des 14. Jahrhunderts Seuchen (Pest) Europa heimsuchten, schützten sich die Bewohner von Rhegium (1374) in Unteritalien an der Straße von Messina dadurch vor der Seuche, daß sie alle von Land oder See her anreisenden Personen einer 40tägigen Überwachung unterzogen. Zeigten sich innerhalb dieser Frist keine Krankheitssymptome, durften diese Personen in die Stadt. Das Beispiel wurde von vielen Städten und Ländern, besonders den Hafenstädten, nachgeahmt und bis heute für Schiffe beibehalten, die aus seuchenverdächtigen Gebieten kommend einen Hafen anlaufen. Die Quarantäne (Isolierung) gilt für die vier quarantänepflichtigen Infektionskrankheiten Cholera, Gelbfieber, Pest und Pocken. Die heutige Dauer der Quarantäne richtet sich –

je nach Krankheit – nach der entsprechend international festgelegten Zeit der Inkubation (Zeit von der Ansteckung bis zum Ausbruch der Krankheit). In der Regel bleiben Schiffe, die unter Quarantäne stehen, auf Reede liegen und werden überwacht. Sie zeigen durch Signalflaggen ihren Quarantäne-Status an.

Quarterdeck: eine Erhöhung des → Hauptdecks im hinteren Teil eines Schiffes. Bei den Segelschiffen bezeichnete man mit Quarterdeck den hinter dem → Großmast liegenden Teil des Oberdecks.

Quartier: die Gesamtheit aller Rahen und Segel eines Mastes.

Querab, auch → dwars: im rechten Winkel zur Schiffslängsachse.

Querablauf: der Stapellauf eines Schiffes nicht in Längsschiffsrichtung, sondern querschiffs. Er ist üblich bei Binnenschiffen und beschränkten Platzverhältnissen wie bei Flüssen, wo für den Längsablauf der nötige Raum fehlt.

Querhelling: der Schiffsbauplatz (→ Helling), auf dem das Schiff parallel zum Ufer gebaut wird und auch so vom Stapel läuft (→ Querablauf).

Querkraft: quer zur Schiffslängsachse wirkende Windkraft auf die Segel, Aufbauten und Rumpf, die eine Krängung und Abdrift verursacht.

Querleine: Festmacher, der bei starkem Wind zusätzlich vorn und achtern rechtwinklig vom Schiff zum Land ausgebracht wird. Querleinen können in → Tidengewässern nicht verwendet werden, es sei denn, sie werden regelmäßig gefiert bzw. durchgeholt.

Quermarkenfeuer: sogenannte Sektorenfeuer, die durch farbige Sektoren auf Fahrwasserveränderungen quer zum Kurs hinweisen. Durch ihre → Kennung geben sie den Zeitpunkt einer notwendigen Kursänderung an.

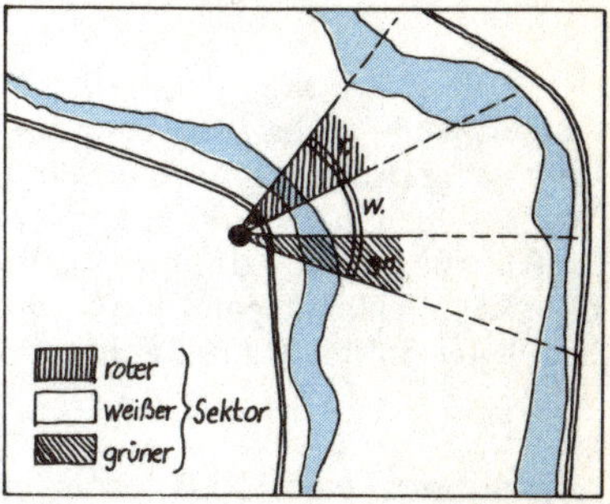

Beim Quermarkenfeuer ist der mittlere Sektor (hier weiß) der Kursänderungssektor. In diesem Sektor muß der Kurs geändert werden, um im Fahrwasser zu bleiben

Quernaht, auch Stoß genannt: die Querschiffsnaht bei der Beplattung von Deck und Außenhaut.

Querschlagen: Ein Schiff schlägt quer, wenn es bei achterlichem Wind und Seegang aus dem Ruder läuft und sich quer zur Wellenrichtung legt. In diesem Fall prallt die Wucht des Seegangs auf die gesamte Breitseite des Schiffes, es wird von Brechern überrollt, und es besteht die Gefahr des Kenterns oder Vollschlagens.

Querschnitt eines Schiffes

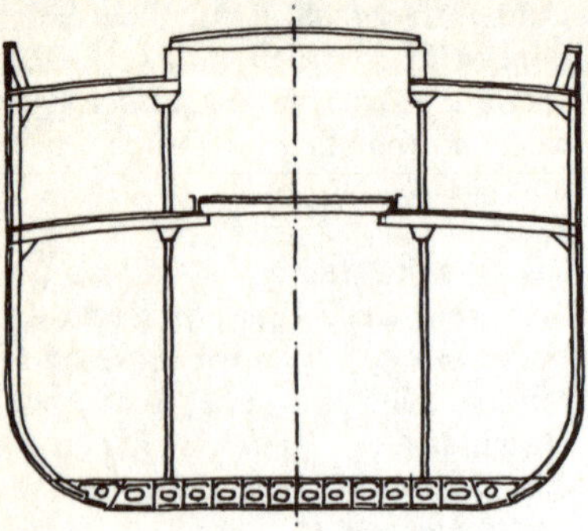

Querschnitt eines Küstenfrachters

Querschnitt eines Schiffes: bei der zeichnerischen Darstellung eines Schiffes der Querschnitt in vertikaler Richtung, und zwar meist in Höhe des → Hauptspants, wo das Schiff die größte Rumpfbreite aufweist.

Querschott: eine Trennwand im Schiff, die im Gegensatz zum → Längsschott querschiffs angebracht ist, das Schiff in mehrere Räume unterteilt und zum Teil wasserdicht absichert sowie für eine Verstärkung des → Querverbandes sorgt.

Querspanten: der Querverbandsteil eines Schiffes, bestehend aus den einzelnen → Spanten, den „Rippen" des Rumpfes, die quer auf dem Kiel sitzen und mit ihm das Skelett des Schiffes bilden.

Querstabilität: die Fähigkeit eines Schiffes, sich gegen seitlich einwirkende Kräfte wie Wind und Seegang, die ein → Krängen verursachen, wiederaufzurichten. Abhängig ist die Querstabilität von der Form des Schiffskörpers und der Lage des Gewichtsschwerpunktes (→ Stabilität).

Querverband: derjenige Teil in der Konstruktion eines Schiffes, der für die Querversteifung und Festigkeit des Rumpfes sorgt. Dazu gehören im einzelnen: → Spanten, Decksbalken, Wrangen (querschiffs liegende Bodenverstärkung) und ihre Winkelverbindungen (→ auch Längsverband).

Q-Wende: → Kuhwende

Rack: früher Taue oder Ketten, mit denen die → Rahen in ihrer Mitte am Mast befestigt waren. Später wurden die Racks entwickelt: eiserne Beschläge, welche die Verbindung zwischen Mast und Rah herstellen und es ermöglichen, die Rah in zwei Ebenen zu bewegen – horizontal und vertikal (brassen und auftoppen). Man unterscheidet Racks, an denen die Rahen an ihrem Platz bleiben und zur Entlastung des Racks an einer sogenannten Hangerkette aufgehängt werden, und Tonnenracks sowie Racks mit Gleitschienen, die es ermöglichen, die Rah zu fieren bzw. aufzuheißen. Mit

Foto: Archiv Tölzel

Raddampfer WILLKOMMEN der Hamburg-Amerika-Linie

Rack wird heute auch eine Halterung bezeichnet, die seefest montiert wird und dazu dient, Materialien wie Kombüsengeräte oder Navigationsutensilien unterzubringen, ohne daß sie bei Seegang und den entsprechenden Schiffsbewegungen herausfallen

Radar (Kurzwort für „**Ra**dio **d**etecting **a**nd **r**anging"): ein elektronisches Navigationsinstrument, um die Umgebung auf einem Schirm „sichtbar" zu machen. Radar bietet nachts und bei schlechter Sicht die Möglichkeit, weiterfahren zu können. Das Radar arbeitet im Prinzip wie folgt: Der Radarsender an Bord eines Schiffes sendet scharf gebündelte Funkstrahlen auf sehr kurzer Wellenlänge aus. Die Umgebung des Schiffes wird auf dem kreisförmigen Bildschirm einer Kathodenstrahlröhre wiedergegeben. Das Schiff selbst befindet sich dabei im Mittelpunkt. Die sich drehende Radar-Antenne tastet die Umgebung ab, und jedes Objekt, das die ausgestrahlten Impulse zurückwirft, wird auf dem Bildschirm unter Berücksichtigung von Peilung und Abstand aufgezeichnet. Es erscheint als Leuchtfleck auf dem Schirm. Man erhält so eine Lagekarte aller Objekte, die sich in der Umgebung oberhalb des Wasserspiegels befinden.

Raddampfer: ein Wasserfahrzeug mit Schaufelradantrieb, der entweder seitlich oder achtern angebracht ist. Die seitliche Anbringung verleiht den Raddampfern eine gute Manövrierbarkeit, sie müssen aber zur Unterbringung der seitlichen Schaufelräder extrem breit gebaut werden. Auf den Flüssen Nordamerikas waren die Heckschaufelräder üblich. Auf Binnenwasserstraßen (Rhein) und auch Seen verkehren noch heute Raddampfer (siehe auch S. 342 und 344).

Rah: hölzerne oder eiserne → Spiere, die mittels des → Racks waagerecht vor dem Mast oder vor einer → Stenge angebracht ist und zum

Ausspreizen und Tragen des Rahsegels dient. Die Rah wird mittels der → Brassen, die an den beiden Rahnocken (→ Nock) befestigt sind, von Deck aus horizontal geschwenkt und in die gewünschte Segelstellung gebracht. Mittels der → Toppnanten wiederum können die Rahen aufgetoppt, das heißt, aus ihrer horizontalen Lage schräg aufwärts geholt werden. Das Oberliek des → Rahsegels wird am → Jackstag der Rah angeschlagen. Die Benennung der Rahen erfolgt jeweils nach dem Namen des betreffenden Segels und Mastes, also z. B. beim Großmast: Großrah, Großuntermarsrah, Großobermarsrah, Großunterbramrah usw. Die Bezeichnung rahgetakeltes Schiff bedeutet, daß dieses Schiff nur Rahsegel führt. → Bark, → Brigg und → Vollschiff sind rahgetaktelte Schiffe.

Rahmenspant: schwer gebauter → Spant an den Stellen, an denen größere Kräfte auf das Schiff einwirken, wie zum Beispiel am Mast, wenn dort aus Platzmangel kein → Schott eingebaut werden kann. Rahmenspanten erhöhen die Querfestigkeit eines Schiffes.

Rahsegel: rechteckiges Segel, das an einer → Rah gefahren wird. Seine obere Kante heißt Oberliek oder Kopfliek oder Rahliek, die untere Kante Fußliek oder Unterliek und die beiden seitlichen Kanten stehende Lieks oder Seitenlieks. An den beiden unteren Ecken des Rahsegels, wo Seitenliek und Fußliek zusammenstoßen, befinden sich die Schothörner. An ihnen werden die Schoten und Halsen angeschlagen, die zum Ausspannen des Unterlieks und des Seitenlieks dienen. Die Halsen holen die Schothörner voraus, die Schoten die Schothörner achteraus. Auf diese Weise werden die Rahsegel je nach Wind getrimmt.

Rahtakelung: die Takelung eines Segelschiffs mit Rahsegeln als Hauptsegeln, wie z. B. bei → Bark, → Brigg oder → Vollschiff.

Foto: Süddt. Verlag

Der amerikanische Raketenkreuzer LONG BEACH hat Atomantrieb

Raketenapparat: ein Leinenwurfapparat, der z. B. zur Ausrüstung einer Küstenrettungsstelle gehört. Er wird zum Abbergen von Personen benutzt, deren Schiff vor der Küste gestrandet ist. Er besteht aus einer Feststoffrakete mit einer Reichweite von 400–800 m und einem Abschußgerät. Mit der Rakete wird eine Leine über das Schiff geschossen, durch welche eine Verbindung aus einem Joll- und Rettungstau (→ Jolltau) hergestellt wird. Mit einer daran befestigten → Hosenboje werden die Personen abgeborgen. Der Raketenapparat kann auch zwischen zwei Schiffen oder vom Schiff zum Land eingesetzt werden.

Raketenkreuzer: meist mit Atomantrieb ausgestattetes Kriegsschiff, das zum Abschuß ferngesteuerter Raketen eingerichtet ist.

Raleigh, Sir Walter: Seefahrer und → Freibeuter, 1552–1618. Er nahm unter Admiral Coligny (1569) an den Hugenottenkriegen in Frankreich, später an der Freibeuterei in der Karibik gegen die Spanier teil. Als Günstling der englischen Königin Elisabeth I. wurde er 1584 zum Ritter geschlagen und ein Jahr später zum Vize-Admiral ernannt. 1584–1587 unternahm er mehrere ergebnislose Expeditionen nach Virginia (USA), um dort eine Kolonie zu gründen. 1595 startete er eine vergebliche Expedition nach Südamerika (Guayana), um „El Dorado“, das sagenhafte Goldland, zu finden. Er erforschte den Orinoko und nahm ein Jahr später an einem englischen Angriff auf Cadiz (Spanien) teil. Nach dem Tode der Königin (1603) fiel er bei Jakob I. in Ungnade und blieb 13 Jahre als zum Tode verurteilter Gefangener im Tower. 1617 durfte er noch eine Fahrt nach Guayana unternehmen, wurde jedoch nach seiner Rückkehr wiederum als Gefangener in den Tower verbracht und 1618 hingerichtet.

Rammbug, auch Ramme oder Rammsporn: die stählerne Bewehrung des → Vorstevens in Form einer unter Wasser vorragenden Spitze oder einer nasenförmigen Abrundung, die dazu bestimmt war, die Bordwand eines Gegners im Rammstoß zu durchbohren und ihn dadurch zum Sinken zu bringen. Bereits die Kriegsschiffe der Griechen, Karthager und Römer waren mit Rammspornen versehen.

Rammbug eines älteren Kriegsschiffs

Rammen: Kollision zweier Schiffe durch Zusammenstoß, auch Ramming genannt.

Rank: Ein Schiff ist rank, wenn es eine geringe Anfangsstabilität (→ Stabilität) hat – es legt sich bei leichtem Winddruck bereits über. Gegenteil: steif.

Rasmus: 1. Kurzform für Erasmus, den Schutzpatron der Seeleute, 2. eine überkommende See.

Rating: der Rennwert einer Yacht als Ergebnis einer Formel – heute der → IOR-Formel –, nach der eine Yacht vermessen wird. Aufgrund ihrer Zuordnung zu bestimmten, festgelegten IOR-Klassen kann sie an Regatten teilnehmen.

Rattenteller: tellerartige Metallplatten mit einem Loch in der Mitte, durch das die Festmacher laufen. Die Teller sollen verhindern, daß Ratten und Mäuse über die Festmacher an Bord kommen.

Raumen: Der Wind raumt, wenn er, bezogen auf den eigenen Kurs, achterlicher einfällt als zuvor. Für ein Segelschiff, das am Wind segelt, bedeutet das Raumen des Windes, daß es entweder voller – das heißt, schneller – segeln oder den Kreuzkurs höher anliegen kann, was gleichbedeutend mit einem Zugewinn an → Luvraum ist. Das Gegenteil: → Schralen.

Raumer Wind: Man segelt mit raumem Wind, wenn er, bezogen auf den eigenen Kurs, schräg von achtern einfällt. Auf diesem Kurs erreichen Gleitjollen ihre höchste Geschwindigkeit. Raumschots oder mit Raumschot-Kurs zu segeln bedeutet, raumen Wind zu haben.

Raumgehalt: der vermessene, in Registertonnen angegebene Schiffsraum.

Raumschots-Kurs: das Absegeln eines Kurses, bei dem das Segelschiff den Wind von schräg achteraus empfängt (→ Segelstellungen).

Recht: seemännisch im Sinne von richtig, genau, gerade – recht voraus bedeutet soviel wie genau voraus.

Rechtsdrehender Wind: Der Wind verändert seine Richtung im Uhrzeigersinn. Geschieht dies schnell, spricht man von einem → Ausschießen des Windes.

„Recht so!“ Zuruf an den → Rudergänger, nach Kursänderung den neuen Kurs beizubehalten.

Rechtweisender Kurs: der Winkel zwischen → rechtweisend Nord und der Kielrichtung des Schiffes.

Rechtweisend Nord: Richtung nach dem geographischen Nordpol.

Reck: das Dehnen und Verziehen von Tauwerk oder Segeltuch, wenn es der Witterung ausgesetzt ist oder belastet wird. Bei Kunststoffmaterial trifft dies kaum zu.

„Ree!“ Kommando zum Ruderlegen für eine → Wende.

Reede: offener, mehr oder weniger geschützter Ankerplatz vor einem Hafen, einer Flußmündung usw.

Reeder: der Eigner oder Eigentümer eines Schiffes, das in der

Fracht-, Passagierfahrt usw. eingesetzt wird und damit gewinnbringend für den Reeder ist.

Reederei: ein Erwerbsunternehmen, das seine Schiffe für den Transport von Gütern und Personen einsetzt.

Reedereiflagge: Hausflagge einer Reederei. Sie wird im → Topp des höchsten Mastes der Reederei-eigenen Schiffe gesetzt.

Reep: niederdeutsch für Seil, Tau. Von daher taucht es in Zusammensetzungen wie Fallreep, Bojereep, Taljereep usw. auf.

Reff: zum Verkleinern eingerichteter Teil eines Segels. Er liegt parallel zur → Rah oder zum → Baum.

Reffbändsel: kleine → Bändsel beim sogenannten Bindereff, die in einer oder mehreren Reihen parallel zum Unterliek auf dem Segel in Reffgatchen (→ Gatchen) angebracht sind und dazu dienen, das Segel beim Reffen einzubinden.

Reffen: das Verkürzen oder Verkleinern der Segelfläche, so daß man auch bei stärkerem oder zunehmendem Wind noch sicher segeln kann. Meist wird das → Großsegel gerefft (auf Yachten). Gegenüber dem Bindereff, bei dem das Segel eingebunden wird, gibt es modernere Vorrichtungen zum Reffen, so das Patentreff oder Rollreff, bei dem der untere Teil des Segels sauber um den Baum gerollt wird. Eine Baumdrehung nennt man dabei einen Ring oder ein Reff.

Regatta: im Segelrennsport meist eine Wettfahrtserie von fünf bis sieben Wettfahrten. Sieger und Plazierungen ergeben sich nach der Punktebewertung. Die Ausschreibung zu einer Regatta geht von einem Segelverein aus, der dem Deutschen Segler-Verband angeschlossen ist. Sie enthält alle Angaben, die zur Durchführung der Regatta wichtig sind: Termine, Startzeiten, Regeln, Meldeanschrift, Meldeschluß, welche Klassen segeln, Zahl der Preise, Wertungssystem usw.

Regattabahn: fast immer ein von der Wettfahrtleitung ausgelegter Dreieckskurs, ähnlich der Bahn bei Olympischen Spielen (→ Olympischer Kurs).

Regelkompaß: störungsfrei aufgestellter und exakt → kompensierter → Magnetkompaß an Bord, der oft auch zu → Peilungen benutzt wird.

Registertonne: Maßeinheit für die Vermessung des Schiffsraums: 1 Registertonne (RT) = 100 Kubikfuß (engl.: cu.ft.) = 2,8317 Kubikmeter (m^3).

Reibungswiderstand: wird erzeugt durch das am Schiffsrumpf entlangströmende Wasser bei einem in Fahrt befindlichen Schiff. Bedingt wird der Reibungswiderstand von der Größe der benetzten Fläche, von der Geschwindigkeit des Schiffes und von der Oberflächenbeschaffenheit des Rumpfes.

Reihleine: eine dünne Leine, mit der ein Segel am Mast oder Baum angeschlagen (angereiht) wird.

Gesunken – heute Museumsstück

Ein Prototyp unter den Ewern ist der um 1840 entstandene zweimastige Seefischer-Ewer Finkenwerder Bauart. Diese robusten und bulligen Ewer wurden zwischen 1840 und 1890 zu Hunderten gebaut, zumeist auf Finkenwerder Werften. Kurz vor 1900 soll die niederelbische Ewer-Flotte fast 1100 Fahrzeuge umfaßt haben. Von den alten Seefischer-Ewern hat einer seine Schwesterschiffe überlebt, wurde restauriert und steht heute „hoch und trocken" im Deutschen Museum in München. Es ist der Fischer-Ewer H. F. 31 MARIA. Das „H. F. 31" steht für Hamburgisch-Finkenwerder – Buchstaben und Zahl wurden bei allen diesen Fahrzeugen sowohl im Segel als auch beidseits des Bugs geführt. Hier ist der Lebenslauf des nunmehr über hundert Jahre alten Ewers:

1880 Bau auf der Werft von Hinrich Sietas (seit 1635 im Besitz derselben Schiffbauer-Familie!) in Cranz an der Este für den Seefischer August Bahde aus Finkenwerder, der für den Neubau rund 7000 Goldmark bezahlte. Die MARIA brachte ihm kein Glück. 1882 sank sie aus ungeklärter Ursache mit ihm und seinen beiden Söhnen in der Elbmündung, wurde jedoch mit den drei Toten, die sich noch in der Kajüte befanden, gehoben und ging in den Besitz des Seefischers Johann Bahde über. Er segelte den Ewer bis 1901 und verkaufte ihn dann an den Finkenwerder Seefischer Johann Hinrich Lübben, der ihn wiederum nach vier Jahren 1905 an die beiden Finkenwerder Seefischer Hermann Jacob Winter und Willi Carl Emil Meyer veräußerte. Somit hatte die MARIA nunmehr zwei Eigner, was für die Kostenverteilung günstig war. Die „Mackerschaft" Winter-Meyer wurde mit ihrem Ewer alt und verkaufte ihr nunmehr 70 Jahre altes Schiff 1950/51 für 5000 Mark an einen Hamburger Fabrikanten. 1957 wurde das Deutsche Museum der letzte Eigner dieses Oldtimers unter den Ewern.

Reinschiff: das Säubern und Reinigen eines Bootes oder Schiffes. Auf Kriegsschiffen wird das „Reinschiff" ausgepfiffen, das heißt, über alle Decks bekanntgegeben.

„Reise-Reise!" Weckruf an Bord, an den meist mehr oder weniger erbauliche Sprüche angehängt werden.

Reitbalken: bei den Verdrängerjollen üblicher Balken meist im achteren Teil des → Cockpits von einer Bordseite zur anderen, unter den der Steuermann einen Fuß klemmen kann, wenn er sich zum → Ausreiten außenbords lehnt.

Reling: offenes, festes, teilweise abnehmbares oder klappbares Geländer als Begrenzung freiliegender Decks und Decksöffnungen, auf Fahrgastschiffen oft mit Drahtnetz und einer hölzernen Relingsleiste (Handlauf) versehen.

Relingslog: sehr einfache und bei geringer Fahrt recht zuverlässige Möglichkeit zur Bestimmung der Geschwindigkeit eines Schiffes. Dazu wird auf der Reling des Fahrzeugs eine möglichst lange Strecke abgemessen und in → Meridiantertien ausgedrückt – 1 Meridiantertie = 0,514 m. Zum Loggen wirft man weit nach vorn ein Stück Holz über Bord und ermittelt genau die Zeit, die das Holz zum Durchlaufen der abgemessenen Strecke braucht. Die in Meridiantertien ausgedrückte Strecke wird nun durch die Anzahl der ermittelten Sekunden dividiert. Das Resultat ist die Fahrt des Schiffes in Seemeilen pro Stunde (→ auch Log).

Relingsnetz: meist auf dem Vorschiff an der Reling gespanntes, grobmaschiges Netz, das dazu dient, ein Auswehen des Segels beim Setzen oder nach dem Bergen zu verhindern.

Relingspforte: Öffnung in der Reling, die jederzeit geschlossen bzw. geöffnet werden kann. Sie liegt zwischen zwei Relingsstützen.

Relingsstützen: die Metallstützen einer Seereling. Sie sind im Relingsfuß entlang der Bordkante verankert und nehmen den oberen Handlauf und den unteren Durchzug auf.

Remmleiste: in offenen Booten wie Kuttern oder Barkassen die fest mit den → Spanten oder Bodenwrangen verbundene äußere Begrenzungsleiste der losen bzw. herausnehmbaren Bodenbretter. Meist werden die Bodenbretter mit kleinen Knaggen unter die Remmleiste geschoben, so daß sie gegen Verrutschen gesichert sind.

Rennflagge, auch Rennstander: Yachten, die an einer Wettfahrt teilnehmen, setzen statt des Vereinsstanders im → Masttopp einen viereckigen Rennstander beliebiger Farbe oder Musterung, aber aus leichtem, auf den Wind reagierendem, dünnem Stoff. Während der Wettfahrt werden weder Nationalflagge noch Vereinsstander geführt.

Rennhalse: beim Wettkampfsegeln eine schnell ausgeführte Halse (→ Halsen) auf → Raumschots-Kursen. Bei dieser Halse wird die Großschot nicht wie üblich Hand über Hand dichtgeholt, sondern man greift in die → Großschot und holt den Baum mit einem Ruck auf die andere Seite.

Reserveanker: ein zweiter oder dritter Anker an Bord als Ersatz für den verlorengegangenen Hauptanker. Diese Anker werden meist unter Deck verstaut.

Reservehöhe: Steuert man beim → Kreuzen ein Ziel an, dann versucht man, soviel Raum wie möglich nach Luv hin zu gewinnen, um bei einem eventuellen Schralen des Windes (ungünstiges Drehen des Windes in die mehr vorliche Richtung) genügend „Reservehöhe" zu haben, um das Ziel dennoch anliegen zu können, ohne noch einen erneuten Kreuzschlag fahren zu müssen. Diese Reservehöhe kann beim Ansteuern einer Hafeneinfahrt wichtig sein, spielt aber auch beim Wettsegeln eine erhebliche Rolle, wenn es darum geht, auf der Kreuzstrecke die zu rundende Luvtonne zu erreichen. Reservehöhe erreicht man, indem man in Böen oder bei → raumendem Wind anluvt, um Raum nach Luv zu gewinnen.

Rettungsbake: vor der Küste ausgebrachte → Baken mit einem Schutzraum für Schiffbrüchige. Der Schutzraum ist mit Notproviant und Trinkwasser ausgestattet und über eine Leiter erreichbar.

Rettungsbojen (Rettungsringe): runde oder hufeisenförmige, mit Sorgleinen (→ Bergleine) versehene Auftriebskörper, die an einem schnell erreichbaren Platz – meist in Reichweite des → Rudergängers – an Bord klar für den Notfall angebracht sein müssen. Es sind verschiedene Kombinationen möglich, allerdings sollten alle Rettungsbojen mit einem selbstzündenden → Nachtrettungslicht versehen sein. Wichtig ist, daß sie aus grellgefärbtem – vorzugsweise orangefarbenem – Material sind, was das Auffinden erleichtert. Die Tragfähigkeit muß mindestens 14,5 kg betragen. Sobald jemand über Bord geht, wird die Rettungsboje sofort in Richtung des Schiffbrüchigen geworfen (→ Boje–über–Bord-Manöver und „Mann über Bord!").

Rettungsboot: 1. Typ des Seenot-Rettungskreuzers und der Boote im Küstenrettungsdienst, wie sie von den → Rettungsstationen der Deutschen Gesellschaft zur Rettung Schiffbrüchiger unterhalten werden, 2. Boot nach Vorschrift der Seeberufsgenossenschaft. Es dient zur Rettung der Besatzung und der Passagiere im Fall des Schiffsverlustes und muß durch → Luftkästen unsinkbar, seetüchtig und mit Riemen, Segeln oder Motor sowie diversen Tanks für Proviant, Trinkwasser, Erste-Hilfe-Ausrüstung usw. ausgerüstet sein.

Rettungsinsel: ein Rettungsmittel, das auf kleineren Schiffen an die Stelle von Rettungsbooten oder Schlauchbooten getreten ist. Nach den Sicherheitsbestimmungen der → Kreuzerabteilung des Deutschen Segler-Verbandes sind Rettungsinseln bei Teilnahme an → Hochseeregatten vorgeschrieben. Dieses Rettungsmittel bietet sich an, weil es

Vordere Seite: Chinesische Zweimast-Dschunke bei Sonnenaufgang
Oben: Ein alter Dreimast-Gaffelschoner auf der Ostsee
Unten: Japanische Fischerboote beim Schleppnetzfang Fotos: ZEFA

Oben: Eine arabische Dhau mit Lateinersegel vor der Küste von Kenia Foto: ZEFA
Unten: Ein Klipper unter Leesegeln vor dem Wind Foto: Archiv Tölzel

Links: Kanadischer Eisbrecher auf dem Hudson River
Unten: Das kann in Norwegen passieren: ein Motorschiff auf zugefrorenem, verschneitem Meer
Fotos: ZEFA

Foto: Zefa

Rettungsboot auf einer italienischen Fähre

Foto: Autoflug

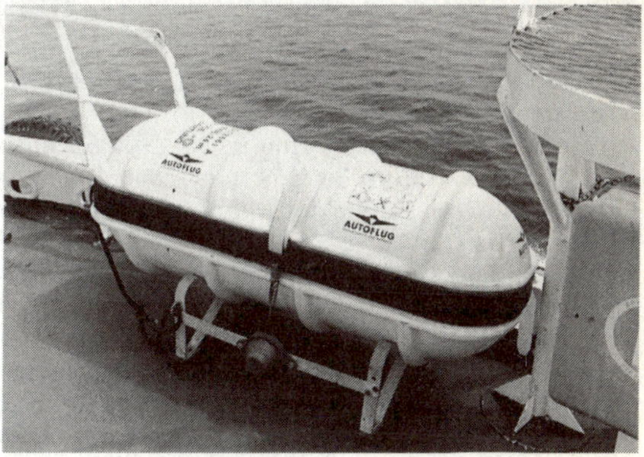

Container für Rettungsinsel

Foto: Autoflug

Rettungsinsel mit Einstiegleiter

im Gegensatz zum Beiboot kaum Platz verlangt und dazu noch den Vorteil der geschlossenen Überdachung als Schutz gegen Wind, Spritzwasser, Regen oder Sonneneinstrahlung hat. Es gibt verschiedene Versionen und Größen, die sich aber alle im Prinzip ähneln. Die runde, ovale oder mehreckige Rettungsinsel besteht aus einem speziellen luft- und wasserdichten Gewebe und ist aufgeteilt in den Doppelboden, in die seitliche Begrenzung in Form zweier Auftriebsschläuche (Luftkammern) und in das doppelwandige orangefarbene Zeltdach. Seitlich befindet sich eine verschließbare Einstiegsöffnung mit Leiter, unter dem Boden befinden sich Wassertaschen als Stabilisatoren, die ein Kentern oder Abtreiben verhindern. Günstig für die Verpackung ist ein Container – ein wasserdichter, zylinder- oder boxförmiger Behälter aus Kunststoff. Die Rettungsinsel soll in ihrer Größe oder ihrem Aufnahmevermögen der Zahl der Crew einer Yacht entsprechen. Tritt der Notfall ein, das Schiff verlassen zu müssen, wird der Container außenbords geworfen, bleibt aber noch mit der Reißleine mit dem Schiff verbunden, um ein Abtreiben zu verhindern. Durch einen Ruck an der Reißleine klappt der Container auf, und die Insel bläst sich durch eingebaute CO_2- oder Preßluftflaschen selbsttätig auf. Erst wenn alle Besatzungsmitglieder an Bord der Insel sind, wird die Reißleine losgeworfen oder gekappt. Die Insel ist mit → Notsignalen, Notproviant, Trinkwasserbehälter, Bootskompaß, Handpumpe → Treibanker, Leckreparaturmitteln, Paddel usw. ausgerüstet.

Rettungsstationen: Stationen an der deutschen Nord- und Ostseeküste, eingerichtet und unterhalten von der Deutschen Gesellschaft zur Rettung Schiffbrüchiger. Sie dienen dazu, mittels ihrer → Seenot-Rettungskreuzer oder anderer Rettungsmittel (→ Raketenapparat) und Funkverbindungen in Seenot geratenen Booten oder Schiffen zu helfen. Die Leitstelle für die Stationen befindet sich in Bremen. An der Nordsee – verteilt von Borkum bis Sylt – gibt es 18 Rettungsstationen, an der Ostsee – von Maasholm an der Schlei-Mündung bis Travemünde – sind es 12 Stationen.

Rettungsweste: → Schwimmweste

Revier: 1. ein bestimmtes Gebiet, wie der Hamburger Hafen, die Elbmündung oder der Nord-Ostsee-Kanal, in dem für die Berufsschiffahrt ein → Lotse vorgeschrieben ist, 2. in der Sportschiffahrt jenes Gebiet, das alle Gewässer bis zur Grenze der Hoheitsgewässer umfaßt – im völkerrechtlichen Sinne bildet diese Grenze die → Dreimeilenzone. Der → Führerschein für dieses Gebiet ist der BR-Schein des DSV für die sogenannte Revierfahrt.

Richtbaken: feste → Seezeichen, und zwar meist → Baken mit Dreieckstoppzeichen, wobei die vordere Bake das → Toppzeichen mit der Spitze nach oben zeigt, die hintere Bake mit der Spitze nach unten. Wie beim → Feuer in Linie müssen die beiden Spitzen in → Deckpeilung gebracht werden, wenn ein bestimmter Kurs in der Fahrrinne (→ Fahrwasser) oder zu einer Ein-

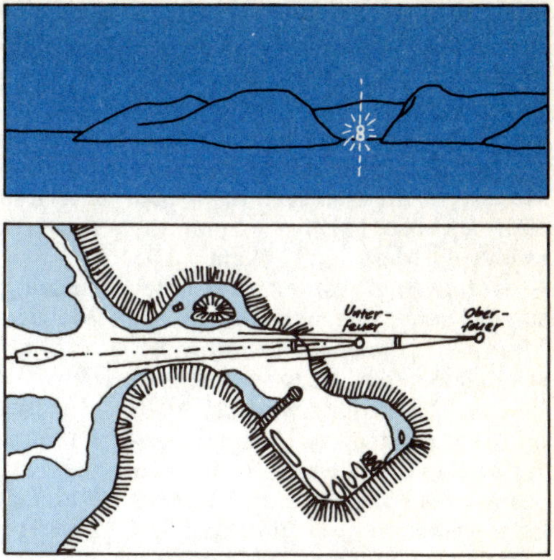

Sind Ober- und Unterfeuer in Linie, dann liegt das Schiff auf dem richtigen Kurs in die Bucht

fahrt gesteuert werden soll. Eine Kursabweichung ist sofort durch Auswandern der Peilung (→ Peilen, 1.) zu erkennen.

Richtfeuer (Abkürzung in Seekarten: Rcht-F): zwei Leuchtfeuer (→ Oberfeuer und → Unterfeuer), die in Deckpeilung – → Feuer in Linie – gebracht werden müssen, wenn das Schiff einen bestimmten Kurs im → Fahrwasser steuern soll. Richtfeuer haben die gleiche Funktion wie die → Richtbaken.

Richtfunkfeuer: erfüllt ähnliche oder gleiche Funktion wie → Richtbaken und → Richtfeuer. Bei Einhalten des richtigen Kurses wird ein Dauerton gehört. Bei Verlassen des richtigen Kurses ertönen Punkt- oder Strichsignale.

Riemen: Rundholz mit Blatt, das zum → Pullen oder → Wriggen benutzt wird. Der für Kutter und Beiboote übliche Riemen besteht aus massivem Holz und setzt sich aus dem Griff, der Ledermanschette – zwischen den → Dollen –, dem Schaft und dem Blatt mit dem abschließenden Kupferblech zusammen.

Riff: eine meist vor der Küste in der Brandungszone liegende lange und schmale Sandbank, eine steinige oder felsige Bank oder ein Korallenriff.

Rigg: die Gesamtheit von → Wanten, → Stagen, → Salings usw., die den Mast in Längs- und Querschiffsrichtung versteifen und abstützen. In der Querschiffsrichtung wirkende Absteifungen heißen Wanten, die in Längsschiffsrichtung wirkenden nennt man Stagen. Die Gesamtheit von Wanten und Stagen heißt auch → stehendes Gut. Auf kleinen Segelfahrzeugen (Booten) reichen Wanten und → Vorstag bis auf etwa dreiviertel Masthöhe. Das obere Viertel des Mastes wird nicht verstagt und kann sich deshalb verbiegen. Bei einem relativ langen Mast auf einem ziemlich schmalen Boot wird der Winkel zwischen Want und Mast zu klein. Man setzt dann eine oder mehrere Salings (Spreizen) zwischen Mast und Want. Die → Unterwanten führen zum Befestigungspunkt der ersten Saling am Mast. Über die Saling bis zur Mastspitze laufen die → Oberwanten. In Längsschiffsrichtung wird der Mast nach vorn durch ein Vorstag abgestützt. Es verhindert ein Umkippen des Mastes nach achtern. Auf einer hochgetakelten (→ Bermudatakelung) Yacht wird meistens ein festes → Achterstag gefahren. Es hält den Mast von hinten und verhindert ein Umkippen nach vorn. Beim Trimmen kann man mit dem Achterstag die Mastbiegung regulieren. Wird an einem zusätzlichen Stag vorn die → Fock angeschlagen, nennt man dies das → Fockstag. Läuft das Vorstag zum → Masttopp, spricht man von Toppstag. Bei → Masttopptakelung wird die große → Genua an diesem Stag geführt. Kann kein Achterstag gefahren werden, dann müssen die → Backstagen bzw. → Preventer Abhilfe schaffen. Die Backstagen werden mit einer → Talje oder einem Hebelbeschlag durchgesetzt. An der jeweiligen Leeseite, an der das Großsegel geführt wird, wird das Backstag losgegeben, auf der Luvseite wird es dementsprechend durchgesetzt.

Ringbolzen: ein Beschlag, der aus einem Bolzen sowie einem festen oder losen Ring besteht, durch den Leinen geführt oder an dem sie angeschlagen werden.

Riß: im Schiffbau der → Linienriß eines Schiffes. Dazu gehören der Längsriß (Schiff von der Seite projiziert), der → Wasserlinienriß und der → Spantriß.

Roaring Forties: → Brüllende Vierziger

Rod Rigging: → Stagen und →Wanten aus Vollstahl statt des Drahttauwerks, das einem bestimmten → Reck unterliegt. Vorteil: Stahlmaterial kann ein strömungsgünstiges Profil erhalten.

Rolle: die Verteilung der Besatzung zu den verschiedenen Dienstvorrichtungen – so Manöverrolle, Wachrolle, Reinschiffrolle usw.

Rollen: die Bewegungen eines Schiffes im Seegang um die Schiffslängsachse.

Rollfock: Vorrichtung, mit der eine → Fock über eine Zugleine und Seiltrommel um das → Vorstag bzw. das eigene → Vorliek gerollt werden kann. Die Bedienung erfolgt vom → Cockpit aus und hat den Vorteil, daß niemand bei rauhem Wasser oder Seegang zum Bergen der Fock auf dem Deck zu arbeiten braucht.

Roring: Ring am Schaft eines Ankers, an dem die Ankerkette angeschäkelt oder die Ankertrosse angeschlagen wird.

Roringstek: dient zum Anstecken einer Trosse am Roring. Der

→ Tampen wird zweimal durch den Ring geführt, dann mit einem → halben Schlag durch die gebildeten → Augen gesteckt und mit einem Bändsel auf dem Ende belegt. Der Vorteil dieses Knotens ist, daß er nicht → bekneift und darum jederzeit wieder gelöst werden kann.

Der Roringstek fixiert die Trosse am Ankerring

Roßbreiten: Gebiete mit Windstillen oder nur schwachen Winden im Bereich der subtropischen Hochdruckgebiete zwischen etwa 20 und 35 Grad nördlicher und südlicher Breite. Die englische Bezeichnung „horse latitudes“ soll im 17./18. Jahrhundert entstanden sein, als englische Truppentransportschiffe auf dem Wege nach Amerika in den nördlichen Roßbreiten durch die Windstillen aufgehalten wurden und gezwungen waren, Pferde über Bord zu werfen, um Wasser und Futter zu sparen.

Rot: 1. Die Seitenlaterne auf der Backbordseite eines Schiffes zeigt rotes Licht. 2. Rotfeuer oder rotes Sternsignal bedeutet: Schiff in → Seenot.

Routine: der gewöhnliche Dienstablauf an Bord eines Schiffes. In See ist es die Bordroutine, bestimmt durch die diversen Wachen und Arbeitsabläufe, im Hafen gilt die Hafenroutine, an Sonn- und Feiertagen die Sonntagsroutine.

Royal (eingedeutscht auch „Reuel“): ein → Rahsegel noch oberhalb des → Bramsegels, abgeleitet hiervon: Royalrah, Royalstenge, Royalsaling usw.

Rückdrehender Wind: auch linksdrehender, krimpender Wind genannt, eine Änderung der Windrichtung entgegen dem Uhrzeigersinn (→ Rechtsdrehender Wind).

Rückruf: Segelt eine Yacht bei einer Regatta zu früh über die Startlinie, wird sie mit einem optischen Rückrufsignal sowie akustisch durch Nennung ihrer Segelnummer oder Rückrufnummer bzw. mit einem optischen Rückrufbuchstaben zurückgerufen. Sie muß allen anderen startenden Yachten aus dem Weg gehen und dann noch einmal die Startlinie passieren. Alle Yachten einer Regatta können von der Wettfahrtleitung zurückgerufen werden, wenn mehrere Teilnehmer die Startlinie zu früh passieren.

Rückspleiß, auch spanischer Takling genannt: ein Spleiß (→ Spleißen), mit dem man verhindert, daß sich die → Kardeele eines Tampens bei → geschlagenem Tauwerk aufdrehen. Dazu bildet man eine → Hahnepot (2.) und verspleißt die Kardeele wie bei einem Augspleiß.

Rückwärtsfahren: 1. bei Maschinenfahrzeugen: Nach der Seestraßen-Ordnung muß das Maschinenfahrzeug die Rückwärtsfahrt durch ein

Schallsignal anzeigen. Drei kurze Töne bedeuten: Meine Maschine geht rückwärts (→ auch Propeller). 2. Bei Segelfahrzeugen: Rückwärtssegeln (achteraus sacken lassen) mit dem Wind kann man mit einem Boot mit gesetzten Segeln durchaus. Die Fock oder das Großsegel wird dann → back gehalten. Wichtig ist die Stellung des Ruders, da es vom Wasser angeströmt wird. Es sollte höchstens bis zu einem Winkel von etwa 35 Grad nach der jeweiligen Seite gelegt werden, und auch das nur vorsichtig. Hierbei ist die Ruderwirkung anders als bei der Vorausfahrt. Stets wird das Heck dorthin drehen, wohin das vom Wasser angeströmte Ruderblatt weist. Zeigt es nach Backbord, dann dreht auch das Heck dorthin – und umgekehrt. Erforderlich ist das Rückwärtssegeln z. B. bei manchen Ablegemanövern, wenn sich ein Boot bei beengten Liegeplatzverhältnissen zwischen Stegen oder benachbarten Booten hinauszwängen muß.

Ruder: in der seemännischen Sprache das Steuer, eine an oder unter dem → Achtersteven befestigte, drehbare, häufig profilierte Platte – das sogenannte Ruderblatt, das zum Steuern des Schiffes dient. Man unterscheidet das angehängte Ruder, das bei einem flachen → Spiegel, einem geraden Achtersteven und bei einem → Spitzgatter verwendet wird, und das feste, durchgesteckte Ruder, wie es bei fast allen Yachten Verwendung findet. Das Ruder kann in diesem Fall frei hängen, wie z. B. beim → Balanceruder, oder mit dem Kiel ein stromlinienförmiges Ganzes bilden.

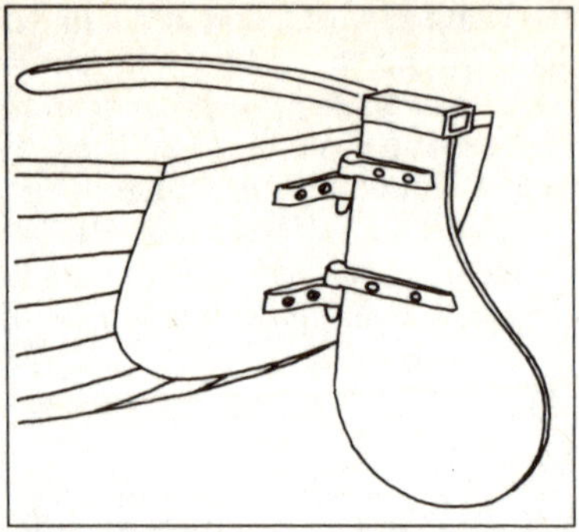

Ruderblatt mit Pinne am Heck einer Jolle

Ruderanlage, auch Rudergeschirr genannt: die Gesamtheit aller Steuereinrichtungen an Bord eines Schiffes.

Ruderarme: meist metallene Bänder oder Streifen auf dem → Ruderblatt – in Längsschiffsrichtung angebracht, die dazu dienen, das Ruderblatt zu versteifen.

Ruderbeschlag: Bei Jollen und kleinen Segelbooten sind am → Spiegel oder → Steven Fingerlinge – die Ruderfingerlinge – und am Ruder sogenannte Ruderösen angebracht, um das Ruderblatt drehbar aufhängen zu können. Die Ruderösen sind so gehalten, daß sie leicht über die Fingerlinge passen. Häufig werden sowohl am Boot als auch am Ruder Ösen befestigt. Dann wird von oben ein metallener Ruderbolzen oder Ruderstift mit verbreitertem Kopf durch die in einer Flucht liegenden Ösen gesteckt. Die → Pinne (1.) muß bei diesem System herausnehmbar sein. Sie ist häufig eingesägt und greift dann um das Ruderblatt herum. Bei einer anderen Konstruktion wird die Pinne in den → Ruderkopf geschoben und fixiert.

Ruderblatt: Teil der Rudereinrichtung, der unmittelbar das Steuern ermöglicht.

Ruderdruck: Querkraft bei Fahrt im Schiff, die auf das gelegte Ruderblatt wirkt. Sie wird durch das anströmende Wasser erzeugt und bewirkt das Drehen des Schiffes.

Rudergänger: der Mann, der am Ruder sitzt oder steht und das Schiff steuert. Er wird nicht Steuermann genannt – der wiederum ist für die Navigation verantwortlich! Auf Jollen ist der Rudergänger gleichzeitig der verantwortliche Bootsführer oder → Skipper. Auf größeren Yachten und in der Berufsschiffahrt steuert der Rudergänger nach Anweisung des wachhabenden Offiziers (Wachführers), des Kapitäns oder Skippers. In diesem Fall ist er lediglich Wachgänger. Auf Kriegsschiffen gibt es noch den Gefechtsrudergänger, der bei „Klar Schiff zum Gefecht“ das Ruder übernimmt.

Ruderhacke, auch Ruderhorn genannt: eine schmale hintere Verlängerung des → Kiels, die als unteres Spurlager des → Ruderschaftes dient, der mit einem Rundzapfen in der Ruderhacke ruht.

Ruderhaus: eine aus Holz, Eisen oder Stahl gebaute Hütte auf dem Achterdeck über der Ruderanlage als geschützter Platz für den → Rudergänger. Hier befinden sich auch Steuerrad, Kompaß usw. Bei größeren Schiffen und Kriegsschiffen ist das Ruderhaus auf der Brücke untergebracht.

Ruderkoker: die rohrartige, wasserdichte Durchführung zwischen Deck und Kiel eines Schiffes, durch die der → Ruderschaft geführt wird (→ auch Koker).

Ruderkommandos: Um Mißverständnissen bei der Ruderlage vorzubeugen, gilt international die Regelung, daß sich die Ruderkommandos immer auf die Lage des → Ruderblatts beziehen, nicht auf die → Pinne (1.). Lautet das Ruderkommando z. B. „Ruder hart Backbord!“, dann hat der Rudergänger das Ruderblatt mittels Steuerrad oder Pinne hart nach Backbord zu legen – das Schiff dreht dann nach Backbord. Bei Pinnensteuerung weist die Pinne in diesem Fall nach Steuerbord. Bei diesem Kommandobeispiel wurde eine Hartruderlage befohlen, die für das Schiff die größte Wirkung hat. Sie liegt etwa zwischen 35 und 40 Grad. Eine Ruderlage darüber hinaus hätte lediglich bremsende Wirkung. Der Befehl zur Hartruderlage kann eine Gefahr signalisieren. Gewöhnlich heißt es: „Ruder Backbord“ bzw. „Ruder Steuerbord“. Soll die Drehung des Schiffes allmählich abgefangen werden, lautet das Kommando: „Komm auf“ oder „Komm langsam auf“. Soll sie schnell abgefangen werden, heißt es: „Stütz!“ Das Kommando „Recht so“ oder „Ruder mittschiffs“ bedeutet, den eingeschlagenen Kurs jetzt beizubehalten. Alle diese Kommandos werden meist bei Ausweich-, An- und Ablege- sowie Ankermanövern usw. gegeben. Danach erfolgen Ruderkommandos – z. B. nach dem Ablegen – für das Kurshalten auf einem bestimmten → Kompaßkurs etwa mit dem Befehl: „Auf 270 Grad gehen." Oder dem Rudergänger wird eine → Peilung gegeben, die er ansteuern soll – etwa: „Feuerschiff voraus ansteuern." Der → Rudergänger bestätigt die Ruderkommandos und meldet den Vollzug. Bei dem Kommando „Ruder hart Backbord!" z. B. wiederholt er den Befehl und fügt dann hinzu: „Ruder liegt hart Backbord." Auf Segelschiffen können sich die Ruderkommandos auf den Wind beziehen – etwa: „Höher ran" oder „Anluven" oder „Bitte etwas abfallen" usw. Diverse Ruderkommandos gelten beim Kutterpullen: „Ruder an" bedeutet loszupullen, „Halt Wasser" bringt den Kutter zum Stoppen, indem die Bootsgasten die Riemenblätter senkrecht ins Wasser stemmen, „Streich überall" befiehlt das Rückwärtspullen, „Streich Backbord, Ruder an Steuerbord" dreht den Kutter nahezu „auf dem Teller" nach Backbord, wobei die Riemen entgegengesetzt arbeiten: Die Backbordriemen pullen zurück, die Steuerbordriemen rudern an, also vorwärts.

Ruderkopf: der obere Teil des → Ruders bzw. des → Ruderschaftes. Bei Pinnensteuerung besteht er meist aus einem Metallgehäuse zur Aufnahme der → Pinne (1.).

Ruderlage: Bezeichnung für die Stellung des Ruders, wenn es aus der Mittschiffslage nach Backbord oder Steuerbord gelegt wird, um eine Steuerwirkung zu erzielen.

Ruderlagenanzeiger: Instrument, das auf dem Steuerstand anzeigt, wie das Ruderblatt in bezug auf die Mittschiffslinie steht. Der → Rudergänger kann mit einem Blick sehen, wie das Ruder liegt.

Ruder legen: Veränderung der Mittschiffslage des Ruders mit der Pinne oder dem Steuerrad nach Backbord oder Steuerbord, um eine Kursänderung vorzunehmen.

Rudermaschine: mit Dampf, hydraulisch oder elektrisch angetriebene Maschine zum Ruderlegen.

Ruderschaft: metallene Drehachse, die an das → Ruderblatt geschweißt oder mittels der stählernen → Ruderarme befestigt ist. Der Ruderschaft führt durch den → Ruderkoker zum Cockpit oder zum Ruderstand.

Rudertaljen: → Taljen, mit denen früher bei Segelschiffen ohne Steuerrad die → Pinne bewegt wurde, um Muskelkraft zu sparen.

Ruderwirkung: der Einfluß des anströmenden Wassers auf das gelegte Ruder eines in Fahrt befindlichen Schiffes.

Rumpf: der Boots- oder Schiffskörper ohne Takelage, Segel, Ruder usw.

Runabout: offenes Motorboot mit Einbaumotor. Ein „Flitzer" von 5–8 m Länge, zum Skizug geeignet.

„Rund achtern!“ Ausführungskommando bei der → Halse, und zwar in dem Moment, in dem die Segel von der einen auf die andere Schiffsseite übergehen sollen.

Rundbodenyacht: Yacht mit rundem Boden, der ohne Knick von der einen Schiffseite zur anderen verläuft wie z. B. bei der → Lemmeraak.

Rundbrassen: auf einem Rahsegler das Herumnehmen der Segel auf die neue Luvseite.

Runden: beim Regattasegeln spricht man vom Runden einer Bahnmarke (→ Olympischer Kurs) oder Boje, die gemäß Bekanntgabe der Wettfahrtleitung und dem Dreieckskurs entsprechend entweder an der Backbordseite oder an der Steuerbordseite der teilnehmenden Yachten bleibt. In den → internationalen Wettsegelbestimmungen ist das Runden einer Bahnmarke mit bestimmten Regeln erfaßt, die Ausweichpflicht und Vorfahrtsrecht behandeln. Bahnmarken sind „neuralgische“ Punkte beim Regattasegeln, und zwar deswegen, weil sich hier die teilnehmenden Yachten unter Umständen zum Runden drängeln und die Gefahr von Kollisionen besteht. Das geschickte, richtige und taktisch kluge Runden einer Bahnmarke ist manchmal entscheidend für Sieg oder Niederlage.

Rundhölzer: Sammelbegriff für alle Hölzer der Takelage, die zur Führung der Segel und/oder zur Befestigung der Takelung dienen, wie Masten, Stengen, Rahen, Bäume, Spieren, Gaffeln, Bugspriet usw. Während früher die Rundhölzer aus massivem Holz, später als hohle geleimte Konstruktionen angefertigt wurden, hat heute Leichtmetall einen beträchtlichen Platz eingenommen. Von Vorteil ist dabei nicht allein die größere Festigkeit bei geringerem Gewicht, sondern auch der minimale Pflegeaufwand.

Rundplatting: ein Flechtwerk aus mehreren Kabelgarnen mit völlig rundem Querschnitt (→ Platting).

Rundsel: Ausschnitt – rechteckig oder halbkreisförmig – im → Dollbord eines Bootes, vor allem in → Kuttern (1.), der als Widerlager für die → Riemen dient. Die Rundsel ist mit Messingblech ausgeschlagen. Wird sie nicht zum Pullen benutzt, verschließt man sie mit dem einsteckbaren Rundselbrettchen, auch Rundselklappe genannt. Eine einzelne Rundsel auf dem achteren → Setzbord eines Dinghys oder Beibootes dient zur Aufnahme und als Widerlager eines Riemens zum → Wriggen oder zum Steuern.

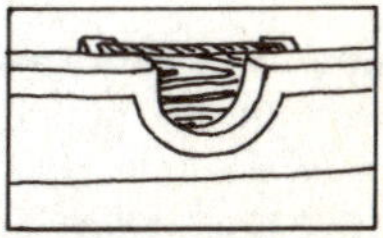

Rundsel und Rundselbrettchen im Dollbord eines Bootes

Rundspanter: ein Boot mit einer gerundeten → Spantform, im Gegensatz zum Knickspanter (→ Knickspant). Bei den zahllosen

Bootstypen herrscht die Rundspantform vor.

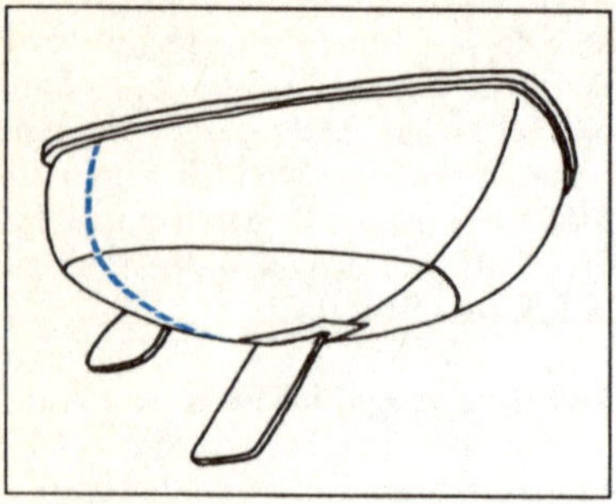

Beim Rundspanter ist die Bordwand gerundet

Rundtörn: → Bucht (2.) eines Tampens um einen Gegenstand, häufig als Beginn eines Rundtörns mit zwei → halben Schlägen. Er wird verwendet, um eine Leine auf einem Rundholz oder an einem Ring fest zu belegen.

Rundumlicht, auch Rundumlaterne: ein Licht, das über den ganzen Horizont sichtbar ist und ein Kleinfahrzeug oder einen Ankerlieger anzeigt.

Rund- und Plattbodenyachten: Sammelname für viele ursprüngliche Fischerboote, Lasten- und Küstensegler, die heute noch – teilweise restauriert – auf den niederländischen und friesischen Gewässern fahren. Beliebt sind diese Segelfahrzeuge wegen ihrer Geräumigkeit, der Gemütlichkeit, der Urwüchsigkeit, der guten Toureneigenschaften und der besonderen Eignung für das Wattenmeer. → Boeier und → Lemmeraak sind Rundboden-, → Gründel und → Botter Plattbodenyachten. Sie werden heute zum Teil in Serie gebaut.

Rundung: die konvexe Kurvenform am → Achterliek eines Segels.

Rüste: starke, an die obere Außenbordwand eines Segelschiffs horizontal angebolzte Bohle. Die Rüsten dienen dazu, → Wanten und → Pardunen auszuspreizen.

Rüsteisen, auch → Püttings genannt: Beschläge auf den Rüsten, an denen die → Wanten und → Pardunen befestigt sind.

Rute: gaffelartige lange → Spiere, an der das → Oberliek eines → Lateinersegels angeschlagen wird. Heute noch üblich auf Fischerfahrzeugen des Mittelmeerraums. Die Rute – auch Rahrute genannt – reicht weit vor den Mast.

Rutscher: Metall- oder Kunststoffbeschläge, die auf einer Mast-, Baum- oder Großschotschiene (→ Traveller) gleiten. Sie werden verwendet, um die Segel an Rundhölzern anzuschlagen, oder dienen zum Verstellen des → Holepunktes auf Travellern.

R-Yachten: Kielyachten der → Konstruktionsklasse, die nach einer bestimmten internationalen Rennwertformel (→ Rating) vermessen sind. Zu den R-Yachten gehören z. B. die 5,5-, die 6-, 8- und 12-m-R-Yachten. Letztere, bekannt als → „Zwölfer", tragen noch heute die Regatten um den → America's Cup aus.

Saling: Längs- und Querhölzer am → Topp der → Untermasten und → Marsstengen, die zum Spreizen der → Wanten auf größeren Seglern dienen. Die unteren Salinge werden zugleich als Unterbau der Marsplattform, auf der die → Ausgucks stehen, verwendet. Auf Yachten ist die Saling eine querschiffs am Mast angebrachte Spreize, um auch hier den Angriffswinkel der Wanten zu verbessern. Yachten sind immer mit Salingen versehen, Jollen nur bei relativ hohem Mast.

Salutieren: früher übliches Begrüßen eines Schiffes, einer Festung oder eines Hafens, und zwar durch eine bestimmte ungerade Zahl von Kanonenschüssen.

Sambuke: arabischer Zweimastsegler mit → Lateinersegel. Dieser Typ soll aufgrund früher europäischer Einflüsse entwickelt worden sein, wobei Schiffshistoriker auf die Ähnlichkeit mit dem Karavellentyp (→ Karavelle, S. 326) der Portugiesen verweisen. Die Sambuke war und ist besonders in den Gewässern des Roten Meeres anzutreffen. Sie ist schnell und kann – was nicht bei allen arabischen Seglern der Fall ist – bei allen Winden segeln.

Sand: Untiefe, aufgespülte Insel – so im Gebiet der Unterelbe, enthalten in Namen wie Großer Vogelsand, Krautsand, Lühesand, Pagensand usw.

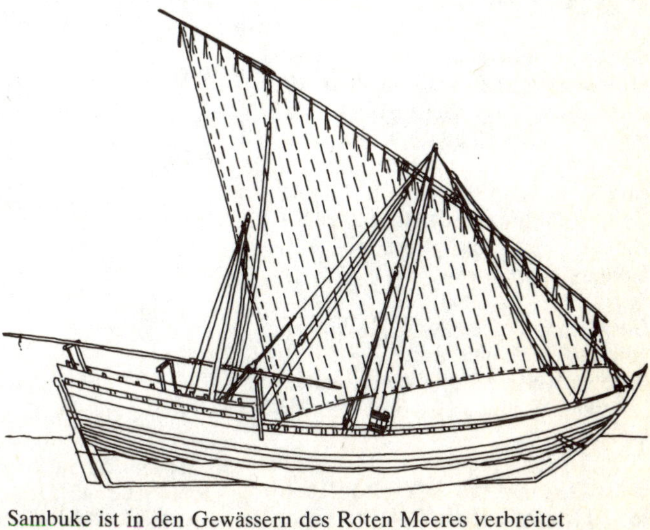

Die Sambuke ist in den Gewässern des Roten Meeres verbreitet

Sandbank: durch Gezeitenstrom oder Meeresströmung, auch durch → Brandung angelandeter Sand vor einer Küste.

Sandglas, auch Sanduhr oder Logglas: eine früher übliche Sanduhr mit einer Durchlaufzeit von 14 Sekunden, die zum Loggen (→ Log, 1.) benutzt wurde.

Sandwich-Bauweise: Bootsbaumethode, bei der zwischen einer äußeren und inneren Schicht aus glasfaserverstärktem Kunststoff der Zwischenraum mit einem Stützkern aus Hartschaum oder → Balsa ausgefüllt ist. Der Vorteil der Sandwich-Bauweise liegt darin, daß die Konstruktion leicht, elastisch und sehr fest ist.

Saugbagger: → Hopperbagger

Schake: das einzelne Glied einer Kette, z. B. der → Ankerkette.

Schäkel: metallener Bügel, meist mit einem Bolzen verschließbar. Er dient dazu, zwei Gegenstände, die mit einem → Auge versehen sind, miteinander zu verbinden. Schäkel sind an Bord unentbehrlich. Es gibt sie in den verschiedensten Ausführungen, so als Wirbelschäkel, Schnappschäkel usw.

Schalken: das seefeste Abdichten von Luken, Niedergängen, → Oberlichtern usw. mit Blenden, → Persenning, Schalklatten und Schalkkeilen.

Schallsignale: mit → Typhon, Pfeife, Sirene oder Schiffsglocke gegebene Signale, die auf beabsichtigte Manöver oder auf einen Zustand hinweisen, in dem sich das Fahrzeug befindet. Man unterscheidet Achtungssignale (beim Einlaufen in Häfen, Schleusen, im Fahrwasser selbst oder etwa beim Verlassen von Liegeplätzen), → Warnsignale, → Nebelsignale und → Notsignale.

Schaluppe: Bezeichnung für verschiedene Seglertypen unterschiedlichster Größe, so vom größeren Beiboot mit Besegelung bis zum Frachtensegler oder Fischereifahrzeug von 12 bis 90 Tonnen Größe.

Schamfilen: das ständige Aneinanderreiben bestimmter Gegenstände, wobei Abnutzung entsteht – so bei einer Leine, die über eine scharfe Kante läuft, bei einem Segel, das am Want anliegt und dort scheuert usw.

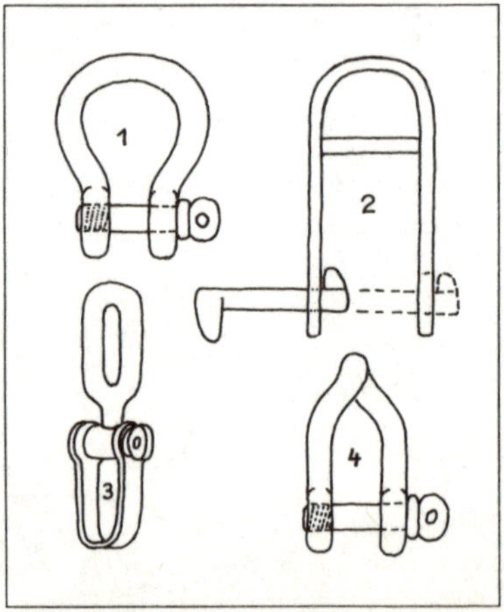

1 = Bauch- oder geschweifter Schäkel, 2 = Schlüsselschäkel, 3 = Wirbelschäkel, 4 = verdrehter Schäkel

Ein 30er Schärenkreuzer auf dem Bodensee

Man kann dem abhelfen, indem man solche Stellen mit Matten, Lappen, Plastikröhren usw. bekleidet.

Schandeck: Planke aus Hartholz, die über das Deck läuft, um die Spantenden abzudecken, also die ganz außen liegende, das Deck seitlich abschließende Decksplanke.

Schanghaien (shanghaien), auch → Pressen (2.): zur Zeit der Segelschiffe geübte Praxis, jemanden mit Gewalt zum Dienst an Bord zu holen. Diese Methode war in chinesischen Häfen wie z. B. Schanghai verbreitet und hat von dort ihren Namen.

Schanz, auch Schanze: auf Großseglern der hinter dem Großmast liegende Teil des Oberdecks, später auch → Poop genannt. Auf heutigen Kriegsschiffen allgemein das Achterdeck.

Schanzkleid: Erhöhung der Außenhaut über die Deckshöhe hinaus zum Schutz der Besatzung gegen überkommendes Wasser. Das Schanzkleid ist im Gegensatz zur → Reling geschlossen. Allerdings muß es Wasserpforten oder → Speigatten haben, um übergekommenes Seewasser ablaufen zu lassen.

Schapp: ein kleiner Raum, ein Spind oder Schrank an Bord.

Scharbock: alte Bezeichnung der Seeleute für → Skorbut.

Schärenkreuzer: Rennyachttyp aus Schweden, der in den 20er und 30er Jahren sehr verbreitet war und sich durch seine extreme Länge im Verhältnis zur Breite auszeichnete. Er hatte lange → Überhänge, ein schmales hohes Großsegel, eine kleine → Fock und einen tiefen → Ballastkiel. Vertreten waren diese noblen Schiffe mit den eleganten Linien in verschiedenen Klassen, und zwar hauptsächlich den 22ern, den 30ern, 45ern, 75ern, 120ern und 150ern – die Ziffern gelten für die Quadratmeter-Segelfläche der Schärenkreuzer. Heute noch werden die 30er Schärenkreuzer (aus Kunststoff) gebaut.

Scharf: bezogen auf die Schiffsformen oder Schiffslinien im Gegensatz zu voll oder völlig. Scharfgeschnittene Schiffe haben in den → Wasserlinien einen spitzen Verlauf.

Scharf anbrassen: die Rahen beim Kreuzkurs so weit herumholen, wie es die Wanten und Pardunen erlauben, die ihnen „im Weg" stehen.

Schau: früher und auch noch heute ein gültiges Notsignal (enthalten in dem Begriff „Flagge in Schau"), wobei eine in der Mitte zusammengebundene Flagge am Want oder der Flaggleine (→ Flagge) vorgeheißt wird.

Schauermann: Hafenarbeiter für das Laden und Löschen von Schiffen. Mehrzahl: Schauerleute.

Schauermannsknoten: Knoten, der dazu dient, das Ende eines Taus oder einer Leine zu sichern, damit sie nicht ausrauschen oder aus der Hand gleiten kann.

Schaufelrad: der Antrieb des → Raddampfers. Die Fortbewegung erfolgt ähnlich wie bei Riemenantrieb durch den Druck von Schaufelflächen gegen das Wasser. An der Peripherie eines eisernen Doppelradgerüstes sind in radialer (strahlenförmiger) Richtung viereckige Schaufeln angebracht. Jedes Rad taucht so weit ein, daß die unteren 3–4 Schaufeln unter Wasser sind und arbeiten. Die Schaufelräder sind meist – einander gegenüberliegend – auf der Backbord- und Steuerbordseite des Raddampfers untergebracht (Ausnahme: Heckantrieb), und zwar auf einer gemeinsamen, durch die Maschine angetriebenen Welle. Die obere Hälfte der Schaufelräder wird gegen das hochgeschleuderte Wasser von einem Radkasten abgedeckt.

Schebecke: schneller, mit → Lateinersegeln getakelter Dreimastsegler, der erstmals im 17. Jahrhundert von den Seeräubern der Barbareskenstaaten (Algier, Tunis und Tripolis) im Mittelmeer bevorzugt benutzt wurde, dann jedoch auch in den folgenden Jahrhunderten bei den Mittelmeeranliegern Verwendung fand. Schiffshistoriker sehen in der Schebecke eine Weiterentwicklung der → Galeere.

Scheibe: Teil des → Blocks, eine Rolle mit eingearbeiteter Rille, in die sich das Seil oder die Leine legt. Ein Block kann mehrere Scheiben haben.

Scheinbare Höhe eines Gestirns: Winkel am Auge des Beobachters zwischen dem → scheinbaren Horizont und dem beobachteten Gestirn.

Scheinbarer Horizont: im → Koordinatensystem wird die durch den Erdmittelpunkt gelegte Horizontalebene der „wahre Horizont" ge-

Mit der Schebecke gingen die Seeräuber im Mittelmeer auf Beutejagd

nannt, die durch das Auge des Beobachters gelegte Horizontalebene jedoch der „scheinbare Horizont".

Scheinbarer Wind: die Resultierende aus → wahrem Wind und → Fahrtwind, die man an Bord als Folge der eigenen Geschwindigkeit spürt. Der scheinbare Wind kommt also vorlicher ein, als die Richtung des wahren Windes vermuten läßt. Auf einem in Fahrt befindlichen Schiff ist nur der scheinbare Wind wahrzunehmen – der Segler „liest" ihn an der Stellung seines → Verklickers auf dem Masttopp ab.

Der scheinbare Wind kommt vorlicher als der wahre Wind ein

Schelf: der Kontinentalsockel, der sich als Rand vor der Küste bis zu etwa 200 m Wassertiefe erstreckt. Das Gewässer in diesem Bereich wird das Schelfmeer genannt. Ein typisches Schelfmeer ist die Nordsee.

Schergang: der oberste Plankengang der Außenbeplankung. Er ist stärker als die anderen Planken ausgeführt, da er verschiedenen Kräften ausgesetzt ist.

Scheuerleiste: besonders verstärkter Rand entlang der Seitenplanken eines Schiffes, meist auf Deckshöhe. Sie dient beim Anlegen an Pier, Kai usw. dazu, die auf das Schiff wirkenden Kräfte bei einem Aufprall abzufangen und über eine größere Rumpffläche zu verteilen.

Schichtwolke, sogenannte Stratuswolken: Sie bedecken den Himmel meist als gleichmäßige Schicht von undeutlicher Form. Einzeln haben sie unscharfe, zerrissene Ränder und zeigen stets mehr horizontale als vertikale Ausdehnung. Sie treten zwischen 100 und 1000 m Höhe auf und gehören in der Regel zu einem Tief.

Fällt Niederschlag aus ihnen, dann ist er gleichmäßig und von mäßiger Stärke (Landregen).

Schiedsgericht: eine von der Wettfahrtleitung (→ Wettfahrtsausschuß) einer Regatta eingesetzte Jury von mindestens drei Personen zur Verhandlung von → Protesten. Diese Jury muß unabhängig sein und soll aus Personen mit fundierten Segel- und Regattaerfahrungen bestehen.

Schießen: 1. Ein Segelboot schießt in den Wind, um die Fahrt aus dem Schiff zu bekommen – z. B. wenn es an die Boje geht oder anlegt. 2. Die Sonne mit dem → Sextanten schießen, um ihre Höhe zu messen. 3. Eine Leine, ein Tau völlig losgeben, das heißt, es schießen lassen.

Schiff: im Sinne internationaler Vereinbarungen jedes schwimmende Fahrzeug, das der Beförderung von Gütern und/oder Personen dient, wobei allerdings Unterscheidungen zu treffen sind. Kielyachten und Jollen z. B. sind Vergnügungsfahrzeuge und werden zu sportlichen Zwecken, aber nicht im Handelsverkehr eingesetzt. Sie gehören nach der → Seestraßen-Ordnung zur Gruppe der Kleinfahrzeuge. Unter Schiff verstand man früher ohne nähere Angaben der Takelung immer ein → Vollschiff, also ein Schiff mit → Rahsegeln.

Schiffahrt: die Gesamtheit alles dessen, was der Beförderung von Gütern und Personen mit Schiffen dient. Man unterscheidet hier nach Art und Entfernung Binnenschiffahrt, Küstenschiffahrt und Seeschiffahrt, wobei letztere in → Linienfahrt und → Trampschiffahrt unterteilt ist.

Schiffahrtszeichen: → Seezeichen

Schiffbar: der Binnen- und Küstenbereich, wo bestimmte Schiffe verkehren können. Schiffbar ist im Sinne von möglich oder empfehlenswert zu verstehen. Anders ausgedrückt: Der Rhein ist keineswegs für einen Flugzeugträger schiffbar.

Schiffbarer Halbkreis, auch schiffbare Hälfte: jene Hälfte eines → Sturmtiefs oder → Orkans, die der Seite der Zugbahn (die vom Sturm verfolgte Richtung – meist in Bogenform) gegenüberliegt, zu der er normalerweise zurückschwenkt. Es ist dies die für ein Schiff ungefährlichere Seite.

Schiffbruch: der Verlust oder Untergang eines Schiffes. Wer den Schiffbruch in oder mit Rettungsmitteln überlebt, ist ein Schiffbrüchiger.

Schiffsbewegungen: Es gibt sechs Standardbewegungen, aus denen sich die Bewegungen eines Schiffes im Seegang zusammensetzen. Man unterscheidet drei Drehbewegungen: Schlingern um die Längsachse, Stampfen um die Querachse und Gieren um die vertikale Achse sowie drei Verschiebungsbewegungen: Bewegung in Längsrichtung, Versetzen in Querrichtung und Tauchen in der Vertikalen.

Schiffsglocke: an Oberdeck angebrachte Glocke, die zur Signalgebung dient, z. B. wenn ein Fahrzeug im Nebel vor Anker liegt. Dies geschieht mit dem kunstvoll geflochtenen Glockenstrang, der am unteren Ende des Klöppels befestigt ist. Häufig sind Name und Baujahr des betreffenden Schiffes auf der Schiffsglocke eingraviert (→ auch Glasen).

Schiffsmagnetismus: durch erdmagnetische Induktion (Erregung von elektrischen Strömen und Spannungen in elektrischen Leitern durch bewegte Magnetfelder) hervorgerufene physikalische Erscheinung auf eisernen Schiffen. Im Schiffseisen bilden sich feste, flüchtige und halbfeste Pole. Der Schiffsmagnetismus beeinflußt den Magnetkompaß (→ Deviation) und muß deshalb berücksichtigt werden (→ Kompaß).

Schiffsname: Der Name eines Schiffes ist üblicherweise vorn auf beiden Bordseiten deutlich lesbar aufgemalt, ebenso noch einmal am Heck, wo unter dem Schiffsnamen noch der Heimathafen steht.

Schiffsort: die Position eines Schiffes auf See, angegeben durch die geographische Breite und Länge (→ Koordinatensystem) des Standortes zum Zeitpunkt der terrestrischen, astronomischen oder funknavigatorischen (→ Navigieren) Positionsbestimmung.

Schiffspapiere: Urkunden über Mannschaft, Schiff und Ladung. Sie müssen an Bord mitgeführt werden.

Schiffsregister: amtliches Verzeichnis der Schiffe eines Landes. Das Schiff, das in das Register eingetragen ist, erhält darüber ein vom Amtsgericht des Heimathafens ausgestelltes amtliches Zertifikat.

Schiffstaufe: der Brauch, ein Schiff unmittelbar vor dem → Stapellauf zu taufen. Dabei wird ein Taufspruch gesprochen und eine Flasche Sekt am Bug zerschmettert.

Schiffsvermessung: durch das Bundesamt für Schiffsvermessung vorgenommene Feststellung des Raumgehalts und anderer Maße eines Schiffes (→ auch Meßbrief).

Schiffswurm: eine Muschelgattung, die sich in die Planken frißt und sie wie ein Sieb durchlöchern kann. Zum Schutz wurden die Holzschiffe früher unterhalb der Wasserlinie mit Kupfer beschlagen.

Schiffszeit: die Uhrzeit an Bord eines Schiffes, bei der man sich üblicherweise nach der mittleren Ortszeit (→ Zonenzeit) jedes fünfzehnten → Meridians richtet, also: 0°, 15°, 30°, 45° usw. In Häfen richtet man sich nach der jeweiligen gesetzlichen Zeit.

Schiffszertifikat: der vom Schiffsregisteramt des Heimathafens ausgestellte „Paß“ eines Schiffes. Das Zertifikat enthält Namen und Gattung des Schiffes, das Ergebnis der Raumvermessung, Baujahr und Bauort, Heimathafen, Angabe des Eigentümers oder Reeders usw.

Schiften: soviel wie wechseln, verändern, verlagern. Speziell spricht man beim Halsemanöver (→ Hal-

Rennen der Großsegler

1955 wurde in England die „Sail Training Association" (S. T. A.) gegründet, die es sich zur Aufgabe stellte, die segelnde Jugend aller Nationen, die dafür Schulfahrzeuge unterhalten und in Betrieb haben, zusammenzubringen und miteinander bekannt zu machen – mit Hilfe der ihnen allen gemeinsamen Sprache: der Sprache der See.

Aus diesem Grund sollten Sternfahrten zu großen Ereignissen, aber auch „Tall Ships Races" – Rennen der Großsegler – stattfinden. Die erste so geplante Regatta von Torquai nach Lissabon 1956 war zwar zunächst als eine einmalige Veranstaltung geplant worden, wurde aber ein solcher Erfolg, daß man beschloß, sie alle zwei Jahre mit wechselnden Start- und Zielhäfen zu wiederholen.

An dieser Regatta nahmen nur rahgetakelte Segelschulschiffe teil. Da aber auch andere Nationen mit kleineren Schiffen ins Rennen gehen wollten, schuf man drei Klassen: Klasse A – Schiffe von mehr als 500 t, Klasse B – Schiffe zwischen 50 und 500 t und Klasse C – Schiffe unter 50 t.

Die „Sail Training Association" erhält so die große Tradition der vergangenen Segelschiffahrt am Leben und fördert mit der Segelschulschiffsausbildung die charakterliche Erziehung.

Darüber sagte ein englischer Historiker: „Ein Segelschiff kann den Mann der Tat trainieren und erproben wie sonst nichts auf der Welt." Und er fügte hinzu: „Ohne die Lust nach Abenteuer in der Jugend muß jede Zivilisation, mag sie noch so fortgeschritten sein, dahinschwinden und welken."

1972 paradierten die „Tall Ships", von einer Sternfahrt kommend, aus Anlaß der Olympischen Spiele in der Kieler Förde. Da waren vertreten die großen Rahsegler wie die polnische DAR POMORZA, die amerikanische EAGLE, die deutsche GORCH FOCK, Schoner und Schulyachten der Klasse B wie die irische ASGARD, die holländische DE BONKEL, die englische SIR WINSTON CHURCHILL mit den weiblichen Schiffsjungen, die schwedische FALKEN – und viele mehr. Die Kais und Ufer waren schwarz von Menschen, als die Windvögel majestätisch heranzogen.

sen) von Schiften, wenn die Segel beim Kurs vor dem Wind von der einen zur anderen Schiffsseite herübergenommen werden.

Schirokko: 1. föhnartiger Wind des westlichen Mittelmeers, besonders im südlichen Teil. Er tritt zu allen Jahreszeiten – besonders aber im Juli und August – als sehr trockener, heißer und heftiger Wind aus südlicher Richtung auf und führt aus der Sahara Hitze und Staub mit sich. 2. Wind des mittleren und östlichen Mittelmeers sowie der Adria, der jedoch auch in das westliche Mittelmeer übergreifen kann, ein ebenfalls warmer, aber schwüler und feuchter Wind aus südlicher bis südöstlicher Richtung. Tritt besonders im Frühling, Frühsommer und Herbst auf.

Schlachtkreuzer: Großkampfschifftyp, wie er zu Beginn des 20. Jahrhunderts entwickelt wurde, der im Gegensatz zum → Schlachtschiff eine kleinere Anzahl von Geschützen schwächeren Kalibers, eine schwächere Panzerung, aber eine größere Geschwindigkeit hatte.

Schlachtschiff: aus den alten, schwer armierten Kriegsschiffen Anfang des 20. Jahrhunderts weiterentwickelter Großkampfschifftyp mit starker Armierung und außergewöhnlicher Panzerung (siehe S. 354).

Schlag: 1. die gesegelte Strecke zwischen zwei Wendemanövern (→ Wenden), also die Strecke, die beim → Kreuzen zurückgelegt wird. Es sind dies die Kreuzschläge. 2. Beim → Pullen das einmalige Eintauchen und Durchziehen des Riemens. 3. Beim Knoten das lose Umlegen eines Taus um einen Gegenstand ohne weitere Verschlingung, also lediglich ein sogenannter → Rundtörn. 4. Beim Herstellen von Tauwerk spricht man von → Kabelschlag oder → Trossenschlag. 5. Üblicher Ausdruck an Bord beim Essenfassen. Ein Schlag bedeutet eine Portion. Ein Nachschlag ist ein nochmaliges Tellerfüllen.

Schlagen: 1. das Drehen und Anfertigen von Tauwerk, 2. das Schlagen oder Flappen der gesetzten Segel bei → toter Dünung und völliger Windstille, wenn das Segelschiff ohne Fahrt treibt.

Schlagpütz: ein Eimer mit angesteckter Leine, mit dem man auch bei Fahrt im Schiff Wasser von außenbords, z. B. zum Reinschiff, an Bord holen kann.

Schlagseite: die nicht durch den Wind verursachte Schräglage eines Schiffes infolge Wassereinbruchs bei schwerer Beschädigung, verrutschter Ladung usw.

Schlauchboot: Boot aus synthetischem Material, häufig mit Gummi imprägniert, das im verpackten Zustand leicht an Bord mitgeführt werden kann, sich in aufgeblasenem Zustand aber als ein nahezu vollwertiges Boot erweist.

Schlengel: langgestreckter → Ponton in einem Tidenhafen zum Anlegen und Vertäuen von Booten. Schlengel sind meist mit Stahlbügeln versehen, die längs der Seiten oder Kopfenden eingerammte Pfähle umfassen, so daß die gesamte Anlage nach den Seiten hin unverrückbar ist, sich aber nach oben und unten dem jeweiligen Wasserstand anpassen kann.

Schleppbeting: einzeln oder H-förmig ausgeführte schwere Vorrichtung zum Belegen einer Schlepptrosse. Auf Schleppern ein massiver Schleppbock, an dem drehbar der Schlepphaken des Schleppers sitzt. Der beste Platz für eine Schleppbeting liegt etwas achterlich von der Mitte.

Schleppbogen, auch Schleppbügel genannt: bogenförmige Eisen bei einem → Schlepper. Sie reichen über die ganze Breite, befinden sich hinter dem Schlepphaken und dienen als Abweiser der Schlepptrosse bzw. dazu, daß die Trosse bei Manövern frei übergehen kann.

Schleppen, auch bugsieren: jemanden in Schlepp nehmen. Geschleppt wird mit Schleppleinen bzw. Schlepptrossen, die zur Ausrüstung jedes Fahrzeugs gehören. Schlepper und schwerere Fahrzeuge benutzen Stahltrossen. Jollen haben Schleppleinen mit einem Durchmesser von 15–18 mm, Yachten mit einem Durchmesser von 25–30 mm. Beim Schlepp mehrerer Boote – z. B. zu einer Regatta – gibt der Schlepper eine stärkere Trosse achteraus, an der die zu schleppenden Boote abwechselnd und auf Lücke mit ihren Vorleinen vertäuen, und zwar mit dem → Stopperstek. Beim Geschlepptwerden wird dann so Ruder gelegt, daß das Boot von der Schlepptrosse des Schleppers abschert und parallel mit ihr läuft. Jollen haben dabei das → Schwert hochgezogen.

Schlepper: robustes, aber wendiges und mit starker Maschine ausgerü-

Foto: Archiv Tölzel

Schleppen eines Segelschiffs um 1900 – die Trosse wird gegen Schamfilen bekleedet

stetes Schiff, das seiner Aufgabe entsprechend speziell für das Schleppen und → Bugsieren anderer Schiffe ausgerüstet ist. Ihrem Verwendungszweck nach unterscheidet man Hochseeschlepper, Hafen-, Kanal- und Flußschlepper. Die Kommandobrücken sind meist zur besseren Rundumsicht als hohe Aufbauten angelegt. Heck, Bug und Bordwände sind verstärkt bzw. mit → Fendern aus Flechtwerk oder Gummi versehen.

Schlepptank: Wasserbecken in Schiffsbauversuchsanstalten, in dem Schleppversuche mit einem maßstabgerechten Modell des zu bauenden Schiffes durchgeführt werden. Dabei wird erforscht, wie es sich bei verschiedenen Geschwindigkeiten unter unterschiedlichen Bedingungen verhält.

Schlepptrosse: besonders kräftige und auch lange Trosse als Verbindung zwischen Schlepper und geschlepptem Schiff.

Schleppwinde: eine auf Hochsee- und Flußschleppern übliche Winde, über die die Schlepptrosse läuft, so daß deren Länge beliebig und dem Seegang entsprechend verändert werden kann.

Schleppzug: in der Berufsschiffahrt eine Gruppe von Fahrzeugen, die durch Schleppleinen miteinander verbunden ist, z. B. ein Flußschlepper, der eine Reihe von Kähnen hinter sich herzieht.

Schleuse: Verbindungsbauwerk zwischen Gewässern verschieden hohen Wasserstandes, wie z. B. in → Tidengewässern, Kanälen usw. Üblicherweise besteht die Schleuse aus den beiden Schleusentoren und der Schleusenkammer dazwischen, die durch Fluten (Wassereinlaß) oder Lenzen (Wasserablaß) dem Wasserstand des unteren oder oberen Gewässers angepaßt werden kann. Eingefahrene Schiffe werden dementsprechend gehoben oder gesenkt.

Schlick: im Meer, in Flußmündungen und Überschwemmungsgebieten abgelagerter, meist schwarzer und aus feinsten Ton- und Kalkteilchen sowie organischen Tier- und Pflanzenresten bestehender Schlamm. Als Ankergrund ist Schlick nicht gut geeignet.

Schlieren: soviel wie rutschen, gleiten – ein Anker schliert über den Grund, wenn er nicht gefaßt hat oder nicht genug Trosse oder Kette gesteckt ist.

Schlingern: die Querbewegung eines Schiffes im Seegang (→ auch Schiffsbewegungen), und zwar um seine Längsachse.

Schlingertanks: zwei zum Teil mit Wasser gefüllte Tanks in Längsschiffsrichtung, die seitlich im Schiff angebracht sind und beim Schlingern eine stabilisierende Wirkung ausüben.

Schlitten: 1. ein Balkengerüst unter dem Boden eines Schiffes, das vom Stapel laufen soll, 2. ein waagerecht verschiebbarer Gleitbeschlag für die → Fockschot.

Schmarten → Bekleeden (3.)

Schmetterling: Segelführung auf Vor-Wind-Kursen, bei der das Großsegel auf der einen und die Fock auf der anderen Seite des Bootes oder der Yacht geführt wird.

Schnau: ein der → Brigg und der → Brigantine ähnlicher Zweimastsegler des 18. und 19. Jahrhunderts, dessen Besonderheit im Gegensatz zu Brigg und Brigantine darin bestand, daß das → Vorliek des → Gaffelsegels an einem dicht hinter dem Großbaum angeordneten und am Großmars (→ Mars) befestigten Rundholz – Schnaumast genannt – gefahren wurde. Das entsprechende Gaffelsegel hieß Schnausegel.

Schnellboot: Typ des kleinen und schnellen Torpedo- und Wachbootes. Heute wird es durch Gas-Turbinen mit einer Leistung bis zu 5000 PS angetrieben und ist teilweise mit Raketenwaffen bestückt.

Schnigge, auch Eiderschnigge oder Eider-Bulle genannt: ein besonders an der Eider (Schleswig-Holstein) gebautes Fahrzeug im 18. und 19. Jahrhundert, vorgesehen für Küstenfahrt, Fisch- und Austernfang. Die Schniggen waren ein- und zweimastig, über der Wasserlinie kuffartig (→ Kuff), unter Wasser flach mit

Schwedische Schnau um 1783

Foto: Süddt. Verlag

Schnellboot FRETTCHEN der Bundesmarine

runder → Kimm (1.) und meist großen → Seitenschwertern. An Segeln führten sie ein oder zwei → Gaffelsegel und darüber → Gaffeltoppsegel sowie drei große → Vorsegel: → Stagfock, einen festen → Klüver und einen festen → Jager (1.).

Schnürboden: heute der Arbeitsraum des Segelmachers zum Aufreißen und Zuschneiden der Segel. Früher bezeichnete man so auch einen großen Werftraum, in dem die einzelnen Schiffsteile als Holzmodelle in natürlicher Größe angefertigt wurden.

Schoner: zwei- und mehrmastiges Segelschiff mit → Schratsegeln (siehe S. 338).

Schonerbark: → Barkentine

Schonerbrigg: → Brigantine

Schonermast: Mast mit einer → Stenge, der für → Gaffelsegel und → Gaffeltoppsegel konstruiert ist.

Schonerrigg: Takelage, bei der der achtere Mast länger als der vordere ist. Der vordere Mast heißt → Fockmast. Das Segel, das an ihm gefahren wird, heißt in diesem Fall nicht Fock-, sondern Schonersegel. Der achtere Mast ist der Großmast mit dem Großsegel. Das Schonersegel hat meist eine → Gaffel, um den Raum zwischen den Masten so gut wie möglich zu füllen. Darüber hinaus kann bei raumen Kursen (→ Raumer Wind) zwischen den Toppen von Großmast und Fockmast noch ein → Stagsegel – trapezförmig oder dreieckig – gefahren werden: der sogenannte Fischermann.

Schonersegel: das Gaffelsegel am Fockmast eines Schoners. Es kann bei modernen Schoneryachten auch als → Hochsegel gefahren werden, also ohne Gaffel, aber mit Baum. Schonerbark und Schonerbrigg, bei denen der Fockmast ja vollgetakelt ist, fahren kein Schonersegel.

Schornstein: zur Abführung der Verbrennungsgase und auch als Entlüftung dienender Abzug auf Dampf- und Motorschiffen. Die Ummantelung der Schiffsschornsteine ist außerdem mit der sogenannten Schornsteinmarke versehen, das heißt, den Farben, dem Symbol oder den Buchstaben der betreffenden Reederei, zu der das Schiff gehört.

Schorre: in der Küstenformation die jedem Ufer vorgelagerte Brandungsfläche oder Brandungsplattform. Sie schließt sich seewärts an die sogenannte Uferlinie an.

Schot: zum → laufenden Gut gehörendes Tauwerk, das dazu dient, die Stellung der Segel zum Wind zu regulieren. Man spricht von Großschot, Fockschot, Klüverschot usw., je nachdem, für welches Segel eine Schot genommen wird. Allgemein greifen die Schoten am → Schothorn des Segels an und werden durch → Blöcke als → Talje geschoren. Bei → Rahsegeln sind die Schoten jene Taue, welche die beiden unteren Ecken des Segels zu den → Nokken der darunter befindlichen Rah ausholen, beim → Untersegel ist die Schot jenes Tau, das an der unteren Lee-Ecke des Rahsegels angeschlagen ist. Die Gegenseite, also die Luv-Ecke, heißt → Hals. Beim Trimmen der Rahsegel führen die Schoten nach achtern, die Halsen nach vorn. Früher wurden Schoten aus Baumwolle bevorzugt, heute wird Kunststofftauwerk genommen, das außerdem verschiedenfarbig ist, um die jeweiligen Schoten besser unterscheiden zu können.

Schothorn: die hintere untere Ecke eines → Schratsegels, wo → Achterliek und → Unterliek zusammenstoßen. Bei Rahsegeln eine der beiden unteren Ecken oder immer jene Ecke, an der jeweils die Leeschot (→ Schot) angeschlagen ist. Alle Segel sind an dieser Ecke besonders verstärkt, da dort große Kräfte auftreten. Üblicherweise ist bei den meisten Segeln das Schothorn in Form einer → Kausch ausgearbeitet.

Schotklemme: → Curry-Klemme

Schotknechte: Ähnlich der → Nagelbank dienen Schotknechte zum Belegen des → laufenden Gutes am → Schanzkleid. Die aus Hartholz gefertigten Ständer sind an der Innenseite des Schanzkleids befestigt.

Schotrah: die untere oder auch Fußrah genannte Spiere an einem → Vierkant-Toppsegel. An der Schotrah greift die Toppsegelschot an.

Schotstek: Knoten, um zwei ungleich starke Trossen oder Leinen zu verbinden. Er wird häufig doppelt ausgeführt, wenn der Stärkenunterschied zwischen den beiden Trossen sehr groß ist oder wenn es sich um glattes Tauwerk handelt.

Schott: eine Art Scheidewand im Schiffsinneren. Die Schotten werden in Quer- und Längsschotten geteilt. Die durch die Querschotten erzielte Teilung des Schiffsinneren in eine Anzahl wasserdicht voneinander getrennter Räume dient einerseits zur Verstärkung des Querverbandes, andererseits zur Beschränkung des durch ein → Leck einströmenden Wassers auf einen kleinen Teil des Schiffes. Die Längsschotten haben die gleiche Aufgabe. Entsprechend ihrer Lage sind die Schotten benannt – Vorspieksschott, Achterspieksschott, Maschinenraumschott usw. Im seemännischen Sprachgebrauch hat sich Schott auch als Bezeichnung für Tür, Durchgang eingebürgert.

Schottendeck: meistens das → Hauptdeck eines Schiffes, bis zu dem alle wasserdichten Querschotten hinaufgeführt sind.

Schottür: eine wasserdicht verschließbare Tür in einem Schott, meist mit Vorreibern ausgestattet, die die Tür an die Füllung pressen.

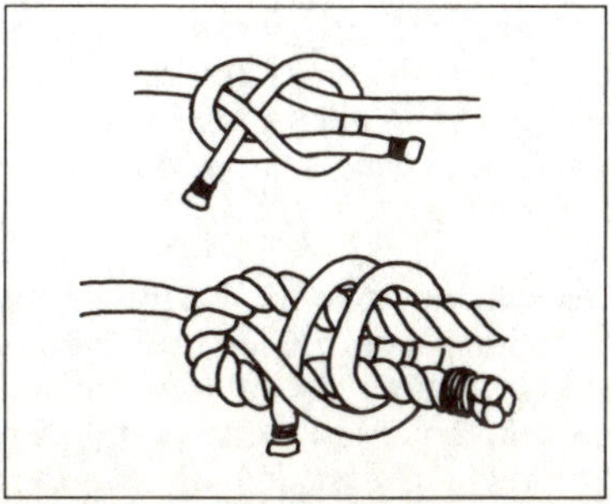

Mit dem einfachen (oben) oder doppelten Schotstek (unten) werden zwei ungleich starke Leinen verbunden

Schotwinsch, auch Schotwinde: Vorrichtung zum Durchholen von → laufendem Gut wie → Schoten, → Fallen usw.

Schralen: Der Wind schralt, wenn er vorlicher einfällt. Das bedeutet in den meisten Fällen, daß ein Segler dann → abfallen muß, um dieser ungünstigen Winddrehung zu begegnen. Das Gegenteil ist → Raumen.

Schratsegel: Kollektivbezeichnung für alle dreieckigen und trapezförmigen Segel, die in Längsrichtung zum Schiff gefahren werden. Alle modernen Segelboote und Yachten sind schratgetakelt, seien es die am Mast gesetzten Segel, wie → Großsegel, → Besansegel, → Hochsegel oder → Gaffelsegel, oder seien es alle → Stagsegel, wie → Fock, → Klüver, → Flieger usw. Im Gegensatz zu ihnen stehen die viereckigen → Rahsegel der → Vollschiffe. Sie werden an den Rahen in Querschiffsrichtung gefahren. (Bild siehe S. 250.)

Schraube: → Propeller

Schricken: eine Trosse, Leine oder Schot stückweise losegeben, das heißt → auffieren.

Schubschiff, auch Schubboot genannt: Fahrzeug mit breiter Stirnfläche, das die Funktion eines → Schleppers im umgekehrten Sinn erfüllt. Der Verband der Transporteinheiten wird nicht geschleppt, sondern geschoben. Schubschiffe haben einen vollen, pontonförmigen Schiffskörper mit am Bug angebrachter Vorrichtung (Schubschul-

Die Schratsegel des Segelschulschiffs NIOBE (1932 gesunken)

ter) zur starren oder gelenkigen Kopplung mit dem Schubverband.

Schulschiff: für Ausbildungszwekke vorgesehenes Schiff, wie z. B. das → Segelschulschiff.

Schute: prahmartiges Transportfahrzeug (→ Prahm) im Schlepperbetrieb und im Hafen, meist ohne eigenen Antrieb, aber mit großem Laderaum.

Schwanzwelle: der hintere Teil der Welle, auf dem der → Propeller angebracht ist.

Schweberuder: ein → Ruder, das nur im oberen Spurenlager angebracht ist, unten hingegen frei hängt.

Schweinsrücken: Durchbiegung der Schiffsenden nach unten. Dieser Fall tritt bei Holzschiffen von über 80 m Länge auf, weil die Plankennähte die in der Außenhaut wirkenden großen Scherkräfte kaum noch abzufangen vermögen. So gibt und gab es kaum hölzerne Segelschiffe, die länger als 80 m waren. Das änderte sich erst, als Ende des 19. Jahrhunderts Eisen bzw. Stahl als Baumaterial genommen wurde.

Schwell: Dünung, wie sie an Strände, Ufer oder in Häfen läuft, teils vom Seegang oder – wie in Häfen – vom ständigen Schiffsverkehr hervorgerufen.

Schwert: metallene, hölzerne, aus Sperrholz oder Kunststoff hergestellte Platte, die versenkbar im → Schwertkasten speziell von Jollen untergebracht ist und wie der Kiel eines → Kielbootes einer Abdrift entgegenwirkt. Ein Kentern – wie häufig angenommen wird – verhindert das Schwert nicht. Nach der Art der Bedienung unterscheidet man das Mittel- oder → Senkschwert und das → Steckschwert. Nach der Art der Unterbringung gibt es das → Seitenschwert, das Senkschwert als Mittelschwert, das Kimmschwert (→ Kimmschwerter) und das Kielschwert (→ Kielschwerter).

Schwertboot: andere Bezeichnung für Jolle. Es hat statt eines festen Kiels das aufholbare Schwert, ist formstabil und kenter-, aber aufrichtbar. Durch die heute üblichen und zum Teil vorgeschriebenen Auftriebskörper ist das Schwertboot unsinkbar.

Schwertfall: das → Fall, mit dem das Schwert aufgeholt bzw. abgefiert wird. Es kann mittels des Schwertfalls in jeder beliebigen Position fixiert werden, wenn es z. B. über eine → Klemmklampe geführt wird. Auf Kursen mit achterlichem bis → raumem Wind wird das Schwert mit dem Schwertfall aufgeholt.

Schwertkasten: sitzt über dem Schwertschlitz im Kiel und nimmt das Schwert auf, das in ihm drehbar aufgehängt ist oder als → Steckschwert einfach hineingesteckt wird. Bei den meisten Jollentypen ist der achtere obere Teil des Schwertkastens mit dem → Reitbalken verbunden, der ihm mehr Stabilität verleiht und meist mit den Klemmen für das Schwertfall versehen ist.

Schwert-Zugvogel: Jolle der → Einheitsklasse des Deutschen Segler-Verbandes, die als Wanderboot und für Regatten gleichermaßen gut geeignet ist. Der Schwert-Zugvogel, den es auch als Kiel-Zugvogel gibt, ist ein → Knickspanter und wird in Kunststoff, Vollholz oder Sperrholz gebaut. Länge über Alles: 5,80 m, Breite: 1,88 m, Gewicht: 250 kg, Segelfläche: 15 m^2. Das → Klassenzeichen ist ein stilisierter Zugvogel. (Bild siehe S. 252.)

Schwichten: zwei bereits gespannte Taue mittels einer Leine – der

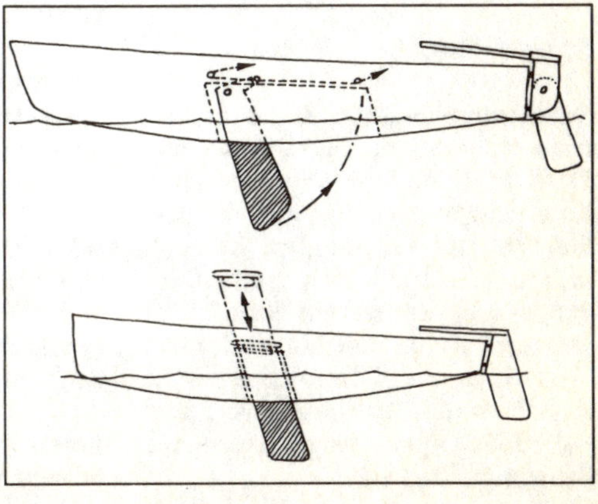

Senkschwert (oben), Steckschwert (unten)

Seitenriß und Draufsicht des Schwert-Zugvogels

Schwichtleine –, die im Zickzack von einem zum anderen Tau fährt, zusammenziehen und dadurch noch mehr spannen.

Schwimmdock: → Dock

Schwimmfähigkeit: Ist der Auftrieb eines Schiffes größer als sein Gewicht, dann ist es schwimmfähig. Es taucht nur so weit ein, daß das Gewicht des verdrängten Wassers, also sein Auftrieb, gleich seinem Eigengewicht ist. Ist ein Schiff aber schwerer als das von ihm verdrängte Wasser, dann sinkt es. Wasserdichte → Schotten, Auftriebstanks und Auftriebskörper garantieren die Schwimmfähigkeit.

Schwimmkran: Kran für den Werft- und Hafenbetrieb. Er ist auf einen → Ponton gebaut und hat entweder eigenen Antrieb oder muß zu seiner Einsatzstelle geschleppt werden.

Schwimmweste: Schwimmkörper, der seinem Träger genügend Auftrieb verleiht, um sich lange Zeit mit dem Kopf über Wasser zu halten. Voraussetzung dafür ist, daß die Schwimmweste nach den SOLAS-Bestimmungen (internationales Übereinkommen zum Schutz des menschlichen Lebens auf See) ohnmachtssicher ist. Das heißt, sie muß den Körper im Wasser in einer Lage stabilisieren, die verhindert, daß er – gemäß seiner Gewichtsschwerpunkte – vornüber im Wasser hängt, wobei Mund und Nase unter Wasser wären. Aus der Vielzahl der im Handel angebotenen Schwimmwesten erfüllen erschreckend wenige diese Voraussetzungen. Schwimmwesten gehören zur Sicherheitsausrüstung an Bord eines jeden Schiffes. Bei Regatten, vor allem Seeregatten, müssen sie angelegt werden, wenn es vorgeschrieben bzw. das Wetter härter wird. Jollensegler tragen Schwimmjacken, die zwar keine vollwertigen Schwimmwesten sind, aber für einen Kurzaufenthalt im Wasser reichen.

Schwitzwasser: bei mangelnder Durchlüftung des Schiffsinneren durch Kondensation entstandene Feuchtigkeit an den Innenbordwänden und der Decksunterseite.

Schwojen, auch Schwoien: die Pendelbewegungen eines vor Anker oder an einer Boje liegenden Fahrzeugs, hervorgerufen von Wind und/oder Strömung. Schwertboote an der Boje müssen mit hochgezogenem → Schwert liegen, um gut schwojen zu können – wenn nicht, besteht Kentergefahr bei starken Böen.

Scow: Segeljollentyp, vor allem in Amerika, der extrem breit und flach ist, ein geringes → Freibord und einen flachen, abgerundeten Bug hat. Scows sind sehr schnelle Jollen.

Sechsergruppe: sechs Schiffstypen, die nach der → Seestraßen-Ordnung aufgrund spezieller Aufgaben Wegerecht haben und dies durch besondere → Sichtzeichen anzeigen. Zu dieser Gruppe gehören: Kabelleger, Tonnenleger, Vermessungsschiffe, Fahrzeuge für Unterwasserarbeiten, Versorgungsfahrzeuge und Flugzeugträger.

See: im seemännischen Sprachgebrauch das Meer.

Seeamt: in Bremen, Emden, Flensburg, Hamburg und Lübeck bestehende Seegerichte zur Untersuchung von Ursachen und Schuldfragen von Seeunfällen. Berufungsinstanz der Seeämter ist das Oberseeamt in Hamburg, das der Bundesregierung untersteht.

Seebeben: Erschütterungen des Meeresbodens, z. B. durch unterseeische Vulkanausbrüche, besonders im Pazifikgebiet, wodurch Flutwellen von außerordentlicher Ausbreitungsgeschwindigkeit (700–800 km/h) entstehen können.

See-Berufsgenossenschaft: 1887 in Hamburg gegründete Organisation, die heute Trägerin der gesetzlichen Unfallversicherung für Seeleute ist. Als solche ist sie eine Körperschaft des öffentlichen Rechts. Die SBG überwacht ferner die Einhaltung der von ihr erlassenen Unfallverhütungsvorschriften, prüft Ausrüstung und technischen Zustand der Schiffe und stellt Fahrterlaubniszertifikate für die deutschen Seeschiffe aus.

Seefahrt: im Sinne des Flaggenrechtsgesetzes (→ Flaggenführung) die Schiffahrt seewärts der Staats-Landgrenze (politische Grenze, bis zu der ein Staat seine uneingeschränkte Herrschaft ausüben kann).

Seefahrtkreuzer: eine Gruppe von → Seekreuzern, die ursprünglich eine deutsche → nationale Klasse war und heute zu den sogenannten → Altersklassen zählt. (Bild siehe S. 254.)

Seefahrtsbuch: das vom → Seemannsamt ausgestellte Arbeitsbuch des Berufsseemanns vom Kapitän bis hinunter zum Seemann. Es gilt als Reisepaßersatz und ist gleichzeitig gegenüber der → See-Berufsgenossenschaft bei der Rentenversicherung der Nachweis für die geleistete Seefahrtszeit.

Seefahrtschule: Fachhochschule für die Ausbildung von Schiffsoffizieren, Schiffsingenieuren usw.

Seefest: 1. Jemand ist seefest, wenn er nicht oder nicht mehr seekrank

Foto: Archiv Tölzel

Der 100-m²-Seefahrtskreuzer HADUMOTH mit großem Spinnakersegel

wird. 2. Etwas seefest zurren heißt, alles Bewegliche an Bord so festsetzen und sichern, daß es sich in See nicht lösen kann.

Seefunk: der Funkverkehr zwischen einer Küstenfunkstelle und der Funkstelle eines in See befindlichen Schiffes oder zwischen zwei in See befindlichen Schiffen. Der Funkverkehr findet im Kurzwellen-, Mittelwellen-, Grenzwellen- und UKW-Bereich statt.

Seegang: die Oberflächenbewegung der See, hervorgerufen durch Wind, Dünung und/oder Strom. Gemessen wird der Seegang wie die Windstärke nach einer Skala von Seegang 0 bis Seegang 9 (siehe Tabelle S. 255).

Seehandbücher: Handbücher für die Küstennavigation, die vom Deutschen Hydrographischen Institut in Hamburg herausgegeben werden (→ auch Nautische Bücher). Es handelt sich um Teilbände jeweils für ein bestimmtes Revier, die sich wie bei den Seekarten ergänzen. Sie enthalten die für den Navigator wichtigen Angaben über Fahrwasserverhältnisse, Ansteuerungen, Skizzen von Küstenansichten, Seezeichen, Landmarken, ferner Angaben über Lotsenstationen, Gezeiten, Hafenliegeplätze, Werften, Zoll, Bunkerstationen usw.

Seekarte: Karte mit allen für die Seefahrt wichtigen Informationen über das Gebiet oder Revier, das sie umfaßt, wie Betonnung, Verlauf der Küstenlinie, Untiefen usw. Zu einem Satz Seekarten eines bestimmten Gebiets gehört ein sogenannter Übersegler – eine Übersichtskarte. Ein großes Gebiet wird hier in kleinem Maßstab abgebildet, so daß man leicht lange Strecken → absetzen (1.) kann. Zum Anlaufen von Häfen gibt es Sonderkarten, die einen großen Maßstab haben. Die Seekarte selbst ist eine winkeltreue, flächenähnliche Karte nach der → Mercator-Projektion. Die Seekarten sind nach ihren Maßstäben in verschiedene Gruppen eingeteilt: Ozeankarten kleiner als 1:5 Mill., Übersichtskarten 1:5 Mill. bis 1:1 Mill., Segelkarten 1:1 Mill. bis 1:250 000 und größer. Die Seekarten werden vom Deutschen Hydrograpischen Institut herausgegeben und sind im Verzeichnis der Nautischen Karten und Bücher nach

Seegang-Skala	Bezeichnung des Seegangs	Auswirkung
0	Vollkommen glatte See	Spiegelglatte See
1	Ruhige, gekräuselte See	Kleine schuppenförmig aussehende Kräuselwellen, keine Schaumkämme
2	Schwach bewegte See	Wellen noch kurz, aber ausgeprägter. Kämme sehen glasig aus und brechen sich nicht. Vereinzelt weiße Schaumköpfe
3	Leicht bewegte See	Wellen noch klein, werden aber länger. Ziemlich verbreitet treten weiße Schaumköpfe auf. Die sich brechende See rauscht
4	Mäßig bewegte See	Wellen länger, ausgeprägter. Überall weiße Schaumköpfe. Vereinzelt schon Gischt. Brechen der See hört sich wie Murmeln an
5	Grobe See	Größere Wellen, Kämme brechen sich und hinterlassen größere weiße Schaumflächen. Dumpfes, rollendes Geräusch der sich brechenden See
6	Sehr grobe See	See türmt sich. Der beim Brechen entstehende weiße Schaum beginnt sich in Streifen in die Windrichtung zu legen. Das Geräusch der sich brechenden See in größerer Entfernung hörbar
7	Hohe See	Mäßig hohe Wellenberge mit Kämmen von beträchtlicher Länge. Von den Kanten der Kämme beginnt Gischt abzuwehen. Der Schaum legt sich in gut ausgeprägten Streifen in die Windrichtung
8	Sehr hohe See	Hohe Wellenberge mit langen, überbrechenden Kämmen. See weiß durch Schaum. Schweres, stoßartiges Rollen der See. Sicht durch Gischt stark beeinträchtigt
9	Außergewöhnlich schwere See	Außergewöhnlich hohe Wellenberge. See völlig weiß. Luft mit Schaum und Gischt angefüllt. Jede Fernsicht hört auf. Rollen der See wird zum Getöse

Nummern und Seegebieten geordnet.

Seekartenberichtigung: Jede Seekarte weist am unteren Rand das Datum ihrer Herausgabe durch das Deutsche Hydrographische Institut auf. Änderungen in der jeweiligen Seekarte werden in dem Mitteilungsblatt „Nachrichten für Seefahrer“ (ebenfalls vom Deutschen Hydrographischen Institut herausgebracht) wöchentlich bekanntgegeben und müssen entweder selbst oder von einem Seekarten-Berichtigungs-Institut auf die Seekarte übertragen werden. Die Berichtigungen betreffen aufgetretene Veränderungen seit der Herausgabe einer Seekarte. So können sich Wassertiefe, Leuchtfeuer, Fahrwasserbezeichnungen, Küstenbauwerke usw. verändert haben und müssen dementsprechend auf der Seekarte korrigiert werden, damit diese auf dem neuesten Stand ist. Verantwortlich für die Berichtigungen ist die Schiffsführung.

Seekartennull: wie beim → Kartennull die Nullebene, auf die in einer Seekarte die Tiefenangaben bezogen sind.

Seekartenwerk: die Gesamtheit der vom Deutschen Hydrographischen Institut herausgegebenen und betreuten Seekarten.

Seeklar: Ein Schiff ist seeklar, wenn es fertig zum Auslaufen (nicht in See stechen, wie der Laie sagt!) ist, das heißt, alle Mann befinden sich an Bord, Ladungen und Proviant sowie Trinkwasser sind übernommen, Segel sind klar zum Setzen bzw. die Maschinen klar zum Angehen, die Luken sind dicht, bewegliche Gegenstände sind → seefest gezurrt.

Seekrankheit: infolge der → Schiffsbewegungen auftretende Störungen der Gleichgewichtsorgane des Menschen, die Übelkeit, Schwindelgefühle, Brechreiz, Schweißausbrüche, Erbrechen und bei längerer Dauer auch Apathie hervorrufen. Am besten schützt man sich gegen Seekrankheit durch gute Kondition, trockene Kleidung, warme Füße, frische Luft und einen gefüllten Magen, wobei letzteres auch wiederum schiefgehen kann. Beschäftigung ist ein erprobtes Mittel. Die Einnahme von Medikamenten ist nicht zu empfehlen.

Seekreuzer: Sammelbegriff für seegehende Kreuzeryachten (→ Kreuzer, 1.) in Unterscheidung zum → Jollenkreuzer, → Schärenkreuzer usw. Der Seekreuzer muß so gebaut und ausgerüstet sein, daß er uneingeschränkt seetüchtig und für das offene Meer geeignet ist.

Seele, früher auch Herz genannt: bei vierschäftigem Tauwerk (aus vier → Kardeelen bestehend) der in der Mitte befindliche, dünnere Faserstrang, der durch die ganze Länge des Taus führt und den Leerraum ausfüllt. Beim → Drahttauwerk ist die Seele meist aus Hanf und stark gefettet, um den Draht geschmeidig zu halten und ihn außerdem zu konservieren. Unter starker Zugbeanspruchung pressen die Drahtkardeele das Fett aus der Seele, das sich auf diese Weise in den Draht verteilt.

Seemann: Sammelbezeichnung für jemanden, der beruflich in der Schiffahrt über Deck tätig ist.

Seemannsamt: Behörde der Landesregierungen, die für Musterung, Fürsorge, Versicherungs- und Rentenfragen, Überwachung der Richtlinien für die Schiffsbesetzungsordnung usw. zuständig ist. Im Ausland übernehmen diese Funktionen die diplomatischen und konsularischen Vertretungen der Bundesrepublik.

Seemannschaft: Sammelbegriff für die praktischen und theoretischen Kenntnisse des Seemanns. Gute Seemannschaft ist nach dem Erlernbaren aber auch eine Sache der Erfahrung und des Instinkts.

Seemannskiste: kofferartige Kiste des früheren Seemanns, in der seine gesamte Ausrüstung verstaut war. Ihr Innendeckel war häufig kunst-

G-980

Vordere Seite: Hochsee-Yacht vor dem Wind mit buntem Spinnaker und zusätzlichem Leespinnaker
Oben: Der Katamaran segelt „auf einem Bein" im Licht der Abendsonne
Links: Der Vorschotmann steht im Trapez eines 505ers, um die Jolle aufrecht zu halten

Fotos: ZEFA

Oben: Mit dem kurzen und leichten Fun-Board können die Surf-Experten bei bestimmten Wind- und Wellenverhältnissen sogar springen
Unten: Zwei Surfer bei Wind und Wellen vor der Küste Fotos: ZEFA

Das internationale Flaggenalphabet

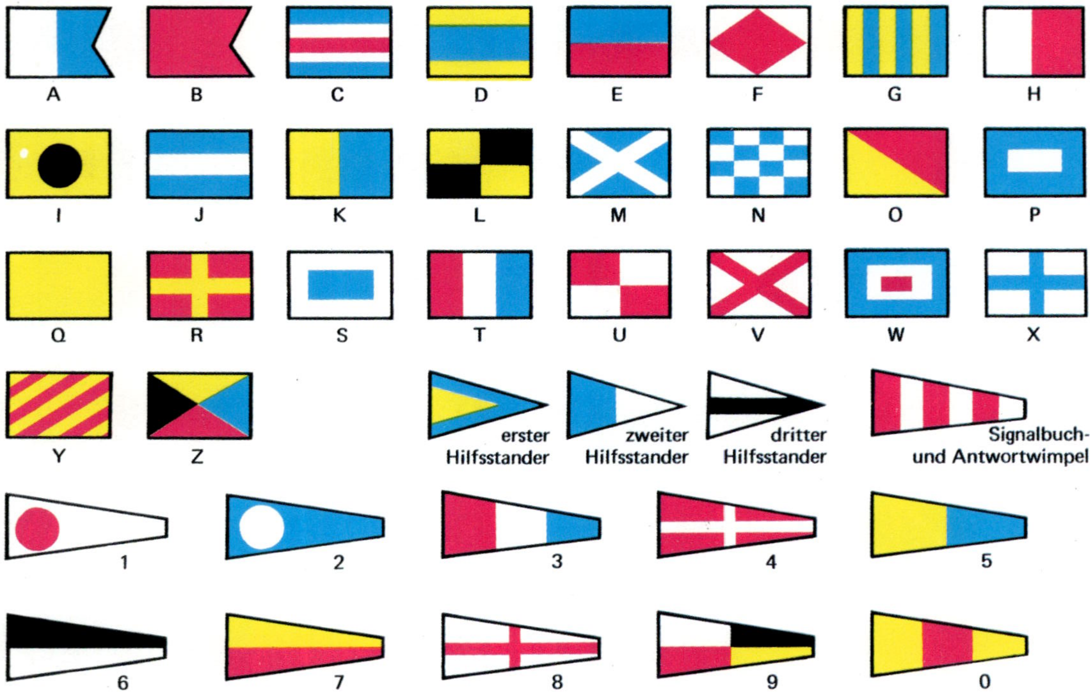

voll bemalt. Die Kiste diente im Logis auch als Sitzbank.

Seemeile: Einheitsmaß für die Abstandsmessung auf der → Seekarte. Die Länge einer Seemeile beträgt 1852 Meter und entspricht einer Bogenminute. Man teilt einen Großkreis (→ Koordinatensystem), der genau wie der → Äquator einen Umfang von ungefähr 40 000 km hat, in 360 Grad ein und jeden Grad in 60 Minuten. Die Länge einer Bogenminute ist dann $40\,000 : (360 \times 60) = 1{,}852$. Der senkrechte Kartenrand zeigt dieses Maß als eine Minute eines Längenkreises.

Seenot: Gefahrensituation auf See, aus der die Besatzung sich selbst und das Schiff nicht mehr aus eigener Kraft befreien kann und fremde Hilfe angefordert werden muß (→ Notsignale).

Seenot-Rettungskreuzer: Spezialfahrzeuge der → Rettungsstationen zur raschen Rettung schiffbrüchiger Besatzungen und Fahrgäste. Sie sind mit wasserdichten → Schotten und Luftkammern versehen und mit allen Arten von Rettungshilfen ausgestattet. Die Besatzung setzt sich aus besonders für diesen Dienst geschulten Mitgliedern zusammen.

Foto: Süddt. Verlag

Seenot-Rettungskreuzer mit Tochterboot

Seeoffizier: Bezeichnung für einen Berufsoffizier bei der Marine. Die Ränge der Seeoffiziere sind Admiral, Kapitän und Leutnant mit den diversen Zwischenstufen.

Seepocken: kleine Krebsart, die sich mit ihrem kegelförmigen Kalkgehäuse als → Bewuchs an der Schiffshaut festsetzt und dort regelrechte Kolonien bildet, wenn das Unterwasserschiff nicht regelmäßig abgekratzt oder mit bewuchshemmenden Mitteln behandelt wird.

Seerecht: Rechtsgrundlage und Rechtsnormen als Teil des Völkerrechts, die sich auf Schiffahrt und Seehandel beziehen.

Seesack: der „Koffer" des Seemanns aus festem Segeltuch, der mit zwei Tragegurten versehen ist. Darin wird Kleidung usw. verstaut.

Seeschiffahrtsstraßen: Bereich, auf dem die → Seeschiffahrtsstraßen-Ordnung Geltung hat. Seeschiffahrtsstraßen sind die Wasserflächen zwischen der Küstenlinie bei mittlerem → Hochwasser (1.) oder der seewärtigen Begrenzung der Binnenwasserstraßen (das sind die deutschen Bundeswasserstraßen, auf denen die Binnenschiffahrtsstraßen-Ordnung gilt) und der seewärtigen Begrenzung des Küstenmeeres sowie zwischen den Ufern der im § 1 der Seeschiffahrtsstraßen-Ordnung speziell aufgeführten Teile der angrenzenden Binnenwasserstraßen.

Seeschiffahrtsstraßen-Ordnung (abgekürzt: SeeSchStrO): enthält alle Bestimmungen und Verordnungen für die deutschen → Wasserstraßen wie Zeichen, Signale, Fahrregeln usw.

Seeschiffer: der Führer eines Fahrzeugs, das auf See eingesetzt wird, also der verantwortliche Führer eines seegehenden Schiffes. Er muß das Kapitänspatent haben. Auf Sportbooten ist er Inhaber des → Führerscheins BK (Küstenfahrt) oder C bzw. Absolvent der Seefahrtsschule mit dem Patent des → Sportseeschiffers.

Seeschlag: massives → „grünes" Wasser, das im Gegensatz zum Spritzwasser über Deck rauscht und Aufbauten, Luken usw. zerschlagen kann.

Seestraßen-Ordnung (abgekürzt: SStrO): enthält die „Internationalen Regeln zur Verhütung von Zusammenstößen auf See". Die von einer UNO-Unterorganisation ausgearbeitete Fahrvorschrift ist auf hoher See und in Küstengewässern für alle Unterzeichner-Staaten verbindlich. Eine Ausgabe der Seestraßen-Ordnung sowie der → Seeschiffahrtsstraßen-Ordnung muß an Bord jedes Schiffes und auch auf jedem größeren Sportfahrzeug vorhanden sein. Eine neue, 1972 verabschiedete Fassung der SStrO ist am 15. Juli 1977 in Kraft getreten.

Seetörn: die von einem Schiff vom Auslaufen bis zum Einlaufen auf See verbrachte Zeit und zurückgelegte Distanz.

Seetüchtigkeit: Zustand des Schiffes und seiner Besatzung, der sie in

Feste Seezeichen (oben), schwimmende Seezeichen (unten)

die Lage versetzt, die Seegefahren zu bestehen, wozu ordnungsgemäße Ausrüstung, Beladung und Stauung gehören und bei der Besatzung gute → Seemannschaft und qualifizierte Schiffsführung. Oft ist ein Schiff seetüchtiger als seine Besatzung!

Seeverhalten: die Gesamtheit der Eigenschaften und Fähigkeiten eines Schiffes auf See. Dazu zählen Schwimmfähigkeit, Tragfähigkeit, Stabilität, Geschwindigkeit, Reichweite, Wendigkeit beim Manövrieren, Wohnlichkeit, Seefähigkeit und Festigkeit des Schiffsrumpfes.

Seewasser: das Salzwasser des Meeres. Es hat einen durchschnittlichen Salzgehalt von 3,5 Prozent – anteilmäßig am meisten davon Kochsalz. Es fördert die Korrosion der Metalle, vermindert jedoch die Holzfäulnis.

Seewetterbericht: vom Seewetteramt in Hamburg – einer deutschen Bundesbehörde – täglich mehrmals herausgegebener Bericht über die Wetterlage sowie Vorhersage für die Wetterentwicklung. Die Seewetterberichte werden über den Deutschlandfunk und über die Küstenfunkstellen Kiel-Radio sowie Norddeich-Radio ausgestrahlt.

Seewind: → Land- und Seewind.

Seezeichen: Sammelbegriff für alle Zeichen, die ein von Seeschiffen benutztes Fahrwasser oder einzelne Gefahrenstellen markieren. Dabei unterscheidet man feste und schwimmende Seezeichen sowie die Systeme der Seitenbezeichnung (→ Lateralsystem) und der Richtungsbezeichnung (→ Kardinalsystem). Feste Seezeichen sind: → Leuchttürme, → Baken, → Dalben, → Pricken und Stangen. Schwimmende Seezeichen: Bakentonnen, Leuchttonnen, Heultonnen, Glockentonnen, Spitztonnen, Spierentonnen, Stumpftonnen, Faßtonnen, Kugeltonnen, Klotzbojen sowie → Feuerschiffe.

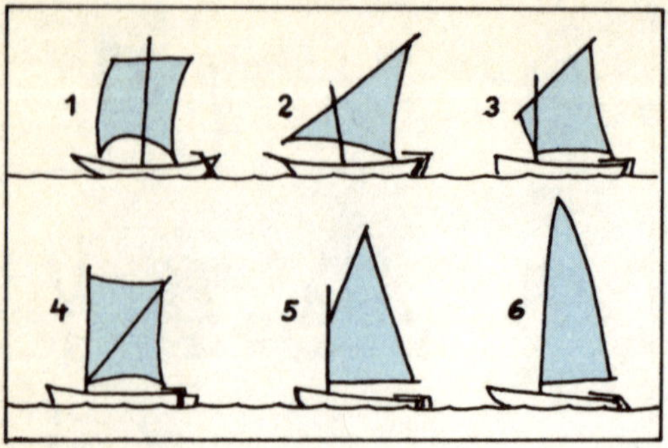

1 = Rahsegel,
2 = Lateinersegel,
3 = Luggersegel,
4 = Sprietsegel,
5 = Gaffelsegel,
6 = Hochsegel

Segel: allgemein die aus mehreren Segeltuchbahnen (→ Bahn 1.) zusammengenähte Tuchfläche, die bei entsprechendem Anstellwinkel zum Wind einem Schiff dazu dient, sich vorwärtszubewegen. Sie werden an Masten, Spieren (Rahen und Gaffeln sowie Bäumen) und Stagen angeschlagen, um zu einer Fläche ausgespreizt zu werden. Das wiederum ermöglicht es, den Segeln eine aerodynamisch günstige Form zu geben, das heißt, sie mehr oder weniger aufgrund ihres Schnitts flach oder bauchig zu spannen. Da die Kanten eines Segels in → Lieken eingefaßt sind, kann dort ein Zug zum Spannen der Segel ausgeübt werden. Das Material der Segel wechselte vom Leinen über Baumwolle zum Kunststoffgewebe. Von der äußeren Form her unterscheidet man dreieckige, rechteckige und trapezförmige Segel. Nach der Art der Fixierung an Masten und Spieren gibt es zwei Hauptgruppen: die → Rahsegel und die → Schratsegel. Bei letzteren unterscheidet man → Lateinersegel, → Luggersegel, → Sprietsegel, → Gaffelsegel, → Hochsegel sowie die diversen an → Stagen gesetzten → Beisegel, unter die auch die → Vorsegel fallen.

Segelanweisung: 1. in → Seehandbüchern (früher Segelhandbücher) ausgegebene Empfehlungen für Reiserouten auf See sowie Hinweise auf meteorologische und nautische Gegebenheiten in den jeweiligen Seegebieten, 2. Angaben in Ausschreibungen zu einer Regatta wie Wettfahrtbahnen, Bahnmarken usw.

Segelboot: ein kleineres, mit Segeln ausgestattetes Boot im Gegensatz zum → Segelschiff. Ein Segelboot unter 12 m Länge gehört laut der → Seestraßen-Ordnung zu den sogenannten Kleinfahrzeugen.

Segeldinghy: mit Mast, Segel und Schwert – meist einem → Steckschwert – versehenes Boot, das auch als Beiboot zum Pullen benutzt wird.

Segelducht: die Bank in einem Boot – z. B. einem → Kutter oder Dinghy –, in welcher der Mast steht.

Segelfahrzeug: nach der → Seestraßen-Ordnung ein Fahrzeug, das im Gegensatz zum Maschinenfahrzeug ausschließlich den Wind als Vortriebskraft oder Antriebsenergie benutzt. In diesem Sinne gilt dann auch ein Maschinenfahrzeug, das bei ausgefallener Maschine mit einer → Hilfsbesegelung fährt, als Segelfahrzeug.

Segelfläche: allgemein der Flächeninhalt eines Segels. Bei Angaben über die Segelfläche einer Yacht oder einer Jolle ist meist die normale Am-Wind-Fläche gemeint, und zwar von → Großsegel und → Fock.

Segelgarn: ein starkes, 2- bis 7fädiges Garn. Es dient zum Nähen von Segeln und zum Betakeln (→ Takling aufsetzen) von → Kardeelen und → Tampen, bei denen es ein Aufdröseln verhindert.

Segelkarte: eine → Seekarte für die Schiffsführung auf hoher See außerhalb der Küstengewässer im Maßstab 1:250000 bis 1:1 Mill.

Segellatten: schmale, biegsame, aus Eschenholz oder Kunststoff hergestellte Latten, die in einer → Lattentasche am → Achterliek eines Segels eingeführt werden und den Zweck haben, das Liek auszustützen und eine Faltenbildung sowie das Umklappen des hinteren Teils des Segels zu verhindern. Beim → Lattensegel verlaufen die Latten vom Mast bis zum Achterliek – eine typische Einrichtung bei den Dschunkensegeln und heute bei fast allen Katamaransegeln.

Segelmacher: allgemeine Berufsbezeichnung für den Hersteller von Segeln. Zur Zeit der Segelschiffe bezeichnete man auch jenen Mann so, der für Zustand, Reparatur und Neuanfertigung von Segeln unmittelbar verantwortlich war.

Segelmacherhandschuh: praktisches Arbeitszubehör des Segelmachers. Es ist eine Schutzvorrichtung für die Hand, von der die dreikantige Segelnadel durch das sperrige Segeltuch oder durch → Lieken gedrückt wird. Der „Handschuh" besteht aus einem breiten Lederriemen mit Öffnung für den Daumen. An der Innenseite, wo sich der Daumenballen befindet, hat er eine geriffelte, runde Metallplatte, die als Widerlager das Einschieben der Segelnadel durch das Segeltuch ermöglicht bzw. erleichtert.

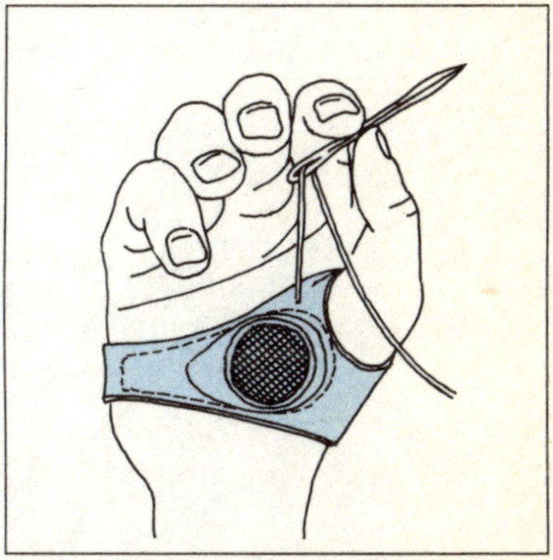

Segelmacherhandschuh und Segelnadel

Segeln: die Fortbewegung eines Fahrzeugs unter Segeln durch Ausnutzung der Windkraft. Je nach Windrichtung und geplantem Kurs ergeben sich unterschiedliche → Segelstellungen.

Segelnummer: beidseitig im oberen Drittel des Großsegels aufgeklebte oder aufgenähte Nummer, mit der die Jolle oder Kielyacht innerhalb ihrer → Klasse (2.) registriert ist. Sie wird unter dem → Klassenzeichen und neben dem Nationalitätszeichen angebracht.

Segelriß: die maßstabsgerechte zeichnerische Darstellung des → Riggs samt aller Segel eines Schiffes. Aus ihr kann die → Segelfläche berechnet werden.

Segelsack: Sack aus Segeltuch mit Haltegriffen und Verschnürung. Er dient zur Aufbewahrung des zusammengelegten Segels.

Segelschiff: Sammelbegriff für einen Großsegler im Gegensatz zum Segelboot und Dampfschiff.

Segelschlitten, auch Eisschlitten oder Eisyacht genannt: ein Kufenfahrzeug, das auf dem Eis durch Segel vorwärtsbewegt wird.

Segelschule: an Seen und der Küste angelegte Ausbildungsstätten zum Erlernen der Segelkunst und zum Erwerb entsprechender → Führerscheine. Zu empfehlen sind die vom Deutschen Segler-Verband anerkannten Segelschulen sowie die Segelschulen des Deutschen Hochseesportverbandes „Hansa". Gelehrt wird die Theorie und Praxis

Foto: Süddt. Verlag

Die Bark GORCH FOCK, Segelschulschiff der Bundesmarine

Mehrkufiger Segelschlitten

des Segelns, → Seemannschaft, Fahrwasserkunde, Betonnung, → Lichterführung usw.

Segelschulschiff: ein Segelschiff, das der Ausbildung seglerischen Nachwuchses dient und nicht in der gewerblichen Schiffahrt eingesetzt wird (siehe auch S. 242).

Segelschwerpunkt: der Schwerpunkt der Am-Wind-Segelfläche. Er ergibt sich aus den jeweiligen Schwerpunkten der einzelnen Segel. Bei einem einzelnen Dreieckssegel ist er der Schnittpunkt der Seitenhalbierenden. Die Lage des Segelschwerpunktes in Längsschiffsrichtung im Verhältnis zum → Lateralschwerpunkt des Rumpfes ist für die Segeleigenschaften eines Segelfahrzeugs ausschlaggebend.

Segelstellungen: Sie richten sich danach, von wo der Wind weht und von welcher Seite ihn ein Segelfahrzeug aufnimmt, um ihn in Vortrieb umzusetzen. Auf der Zeichnung unterscheiden wir folgende Segelstellungen: beim Wind oder am Wind über Backbord- bzw. Steuerbordbug (1, 2); halber Wind über Backbord- bzw. Steuerbordbug (7, 3); raumer Wind über Backbord- bzw. Steuerbordbug (6, 4) und vor dem Wind oder mit achterlichem Wind über Steuerbord- bzw. Backbordbug (5). Der Sektor zwischen 1 und 2 ist für ein Segelfahrzeug nicht befahrbar. Es kann nur bis zu einem Winkel von 45 Grad (mehr oder weniger) gegen den Wind segeln. Von 1 zu 2 oder umgekehrt muß ein Segler also → wenden. Will er einen Punkt zwischen 1 und 2 ansteuern, muß er → kreuzen. Die Kurse von 7 über 6 bis 3 bieten mehr Möglichkeiten und höhere Geschwindigkeiten als beim

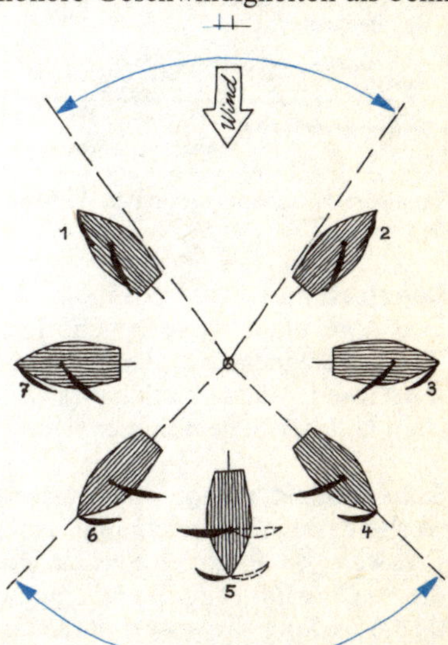

Segelstellungen zum Wind bei verschiedenen Kursen

oder am Wind. Der → Spinnaker wird auf dem gesamten Sektor von 6 über 5 bis 4 gefahren. In 5, genau vor dem Wind, muß gehalst (→ Halsen) werden.

Segelsurfer: offizielle Bezeichnung für ein Sportgerät, das aus Brett, Mast und Segel besteht. Daś → Windsurfen ist das Segeln auf diesem Brett.

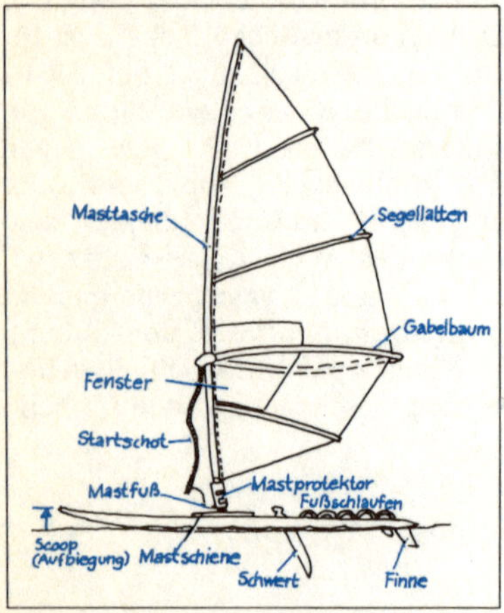

Segelsurfer, das Sportgerät des Windsurfers

Segelzeichen: die Symbole im Großsegel einer klassenzugehörigen Yacht, bestehend aus dem → Klassenzeichen, dem Nationalitätszeichen und der Segelnummer.

Seitenbezeichnung: die unverwechselbare Kennzeichnung eines Fahrwassers durch → Seezeichen, die von See her beginnt und eindeutig die beiden Fahrwasserseiten markiert – links die Backbord-Fahrwasserseite, rechts die Steuerbord-Fahrwasserseite.

Segelzeichen: Stern = Klassenzeichen (Starboot), G = Nationalitätszeichen (Germany), 6512 = Segelnummer (Registriernummer innerhalb der Klasse)

Seitendeck: die Decks auf der Backbord- und Steuerbordseite neben dem Kajütaufbau einer Yacht.

Seitenhöhe: auf halber Schiffslänge gemessene Höhe von Seite Deck bis zur Oberkante Kiel. Anders ausgedrückt: Die Seitenhöhe ist die Summe von Tiefgang plus → Freibord.

Seitenpeilung: die → Peilung auf ein gesichtetes Objekt, wobei die Schiffslängsachse richtungweisend ist. Daraus ergibt sich ein voller Kreis, der von 0 bis 360 Grad im Uhrzeigersinn gemessen wird – der

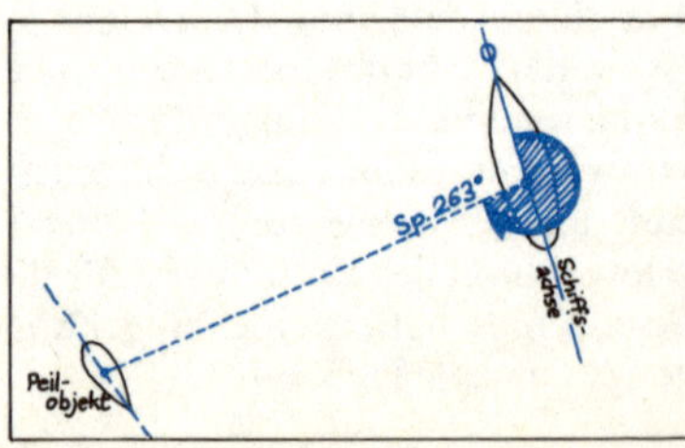

Die Seitenpeilung dient zur Richtungsangabe eines gesichteten Objekts

Bug mit 0, Steuerbord querab mit 90, über das Heck achteraus mit 180 und Backbord querab mit 270 Grad. Die Seitenpeilung von Bord aus wird vorgenommen, um die Richtung eines gesichteten Objekts zu bestimmen und anzusprechen. So meldet z. B. der → Ausguck: „Fünfundvierzig Grad Steuerbord voraus eine Rauchfahne!"

Seitenschwert: ein → Schwert, das in Lee außerhalb der Bordwand abgefiert wird, um die Abdrift so weit wie möglich einzuschränken. Das Luvschwert, das bei krängendem Fahrzeug keine Wirkung haben würde, bleibt indessen aufgeheißt. Seitenschwerter waren bei Küstenseglern und Fischereifahrzeugen der Nordsee üblich – heute werden sie bei zu Yachten umfunktionierten gleichen Typen, die in Wattengewässern segeln, verwendet.

Sektor: Kreisausschnitt oder Winkelbereich bei → Leuchtfeuern oder in der Funknavigation (→ Navigieren), auch der Ausschnitt, den ein → Ausguck ständig zu beobachten hat.

Sektorenfeuer: Feuer, dessen Lichterscheinung in verschiedenfarbige Sektoren unterteilt ist, die in der Seekarte angegeben sind. An der beobachteten Farbe kann man feststellen, in welchem Sektor – laut Seekarte – man sich befindet.

Selbststeueranlage: 1. eine automatische Steueranlage, die auf großen Schiffen elektromechanisch oder elektronisch über den Kompaß arbeitet und den → Rudergänger ersetzt, 2. auf Segelschiffen (Einhandsegler) eine Anlage, bei der die Schotkraft bei Kursabweichungen über Leitblöcke auf die → Pinne einwirkt – eine relativ einfache Selbststeueranlage. Eine andere Anlage ist die → Windfahnenselbststeueranlage.

Semaphor: optische Signaleinrichtung an den Zufahrten der großen Seehäfen (Cuxhaven). Mit ihrer Hilfe werden u. a. Sturmwarnungen, Gezeitenhinweise, Windrichtungen und Windstärken mitgeteilt. Heute ist diese Einrichtung durch die Funktechnik überholt.

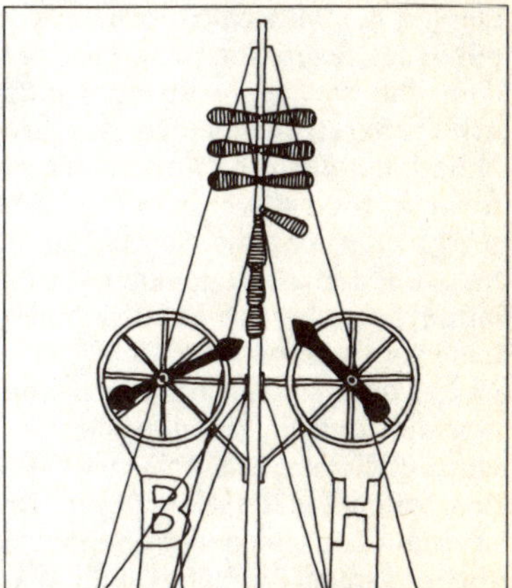

Der Semaphor von Cuxhaven gibt Windstärke (oben, 1 Flügel = 2 Beaufort-Windstärken) und Windrichtung (unten) für Borkum Riff (B) und Helgoland (H) an. B hat NOzO 6, H hat NW 6–7

Senkruder: bei → Schwertbooten benutzte Ruderanlage, bei der im Gegensatz zum feststehenden Ruder das → Ruderblatt beliebig mittels eines Aufholers und eines Niederholers höhenmäßig verstellt werden kann. Beim Starten und Landen am Strand ist dies von Vorteil.

Senkschwert: ein im → Schwertkasten einer Jolle oder eines Jollenkreuzers untergebrachtes → Schwert, dessen Achse der sogenannte Schwertbolzen ist, um den es mittels des → Schwertfalles aufgeholt oder weggefiert werden kann. Auf diese Weise kann es in jeder beliebigen Stellung fixiert werden.

Senten: im → Linienriß eines Schiffes zusätzliche Umriß-Kurvenlinien, die von der Mittschiffsebene aus so durch den Schiffsrumpf geführt werden, daß sie die → Spanten möglichst senkrecht schneiden. Mit ihrer Hilfe kann der Linienriß als fehlerfrei kontrolliert werden. Im Holzschiffbau waren die Senten dünne biegsame Latten (sogenannte Straklatten), welche die Schiffszimmerleute vom Vor- bis zum Hintersteven in bestimmten Entfernungen voneinander auf die Spanten nagelten, um die Biegung oder den → Strak der Seitenplanken festzulegen. Im Spantenriß erschienen die Senten als gerade Linien, im Längs- und Wasserriß als Kurven.

Septireme: ein siebenbankiges Ruderkriegsschiff der Römer.

Setzbord, auch Waschbord genannt: eine senkrecht stehende Abschlußplanke, die den → Freibord erhöht und bei Krängung oder Seegang gegen überkommendes Wasser einen gewissen Schutz bietet.

Sextant: Navigationsgerät zum Messen von Horizontal- und Höhenwinkeln, von Winkeln zwischen zwei Gestirnen und zur Höhenmessung eines Gestirns über der → Kimm. Das leicht zu handhabende Gerät besteht aus einem Kreisbogenrahmen (Gradbogen mit 60 Grad – einem Sechstel des Kreisbogens, daher der Name Sextant), an dessen Mitte ein verstellbarer Schenkel (Alhidade) zum Ablesen der Grade auf dem Gradbogen (Limbus) angebracht ist, ferner einem Index- und einem Horizontalspiegel, einem Okular oder Fernglas, einer Sonnenblende für den Indexspiegel und Vorschlagblenden für den Horizontalspiegel. Der kleinere, halbdurchlässige Horizontalspiegel ist fest vor dem Okular angebracht, der große Indexspiegel hingegen ist mit der Alhidade drehbar gelagert. Bei einer Höhenmessung wird das Objekt (anvisiertes Gestirn) im kleinen halbdurchlässigen Spiegel mit der Kimm in Deckung gebracht. Am Limbus kann man dann den gemessenen Winkel ablesen.

Shanty: Arbeitslied der Seeleute – in der Regel ein Wechselgesang, bei dem der Shantyman (Vorsinger) die veränderlichen Texte und die Crew den Refrain sang (siehe S. 294).

Sicherheitsgurt, auch Lifebelt oder Lifeline genannt: Er besteht aus einem Brustgurt und zwei Schultergurten aus festem Perlongewebe, eventuell auch noch aus einem Schrittgurt. In den Brustgurt ist ein stabiler Metallring eingebaut, der die etwa zwei Meter lange Sicherheitsleine aus Perlon aufnimmt. Am

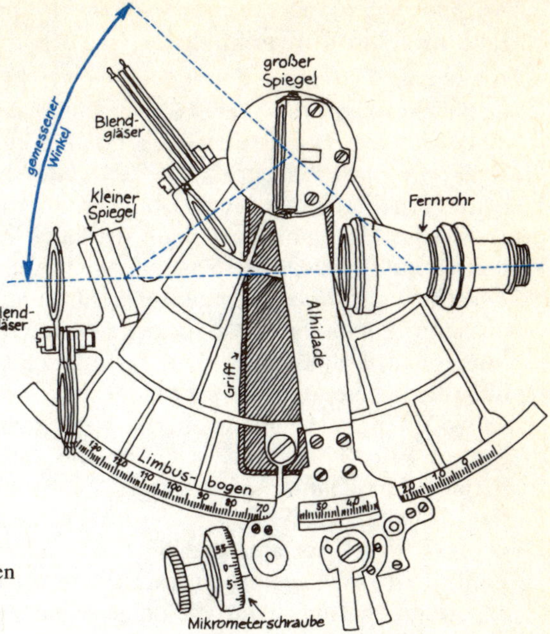

Mit dem Sextanten werden Horizontal- und Höhenwinkel gemessen

freien Ende befindet sich ein Karabinerhaken. Er wird beim Arbeiten an Deck überall dort eingepickt, wo auch die Gewähr besteht, daß er hält oder nichts herausreißt. Sicherheitsgurte müssen für alle Besatzungsmitglieder an Bord sein und werden bei Bedarf bereits unter Deck angelegt.

Sichtbarer Horizont: im Gegensatz zum → scheinbaren und zum → wahren Horizont in der astronomischen Navigation der natürliche Horizont, also auf See die → Kimm (2.), wo Erde und Himmel scheinbar zusammenstoßen.

Sichtweite: 1. geographische Sichtweite, derjenige Abstand, aus dem man ein in bestimmter Höhe über dem Meeresspiegel befindliches Objekt – bei Nacht und guter Sicht ein Leuchtfeuer, bei Tage ein Seezeichen oder ähnliches – eben noch über die Kimm hinweg sehen kann. Die Sichtweite eines Feuers z. B. ist abhängig von der Feuerhöhe und dem Standort des Beobachters. In Seekarten gibt man die Sichtweite eines Feuers für 5 m Augenhöhe an. 2. Meteorologische Sichtweite, jene in Seemeilen angegebene Entfernung, in der ein (in der Nacht beleuchtetes) Objekt vor dem Horizontalhimmel als Hintergrund gerade noch gesehen werden kann. Sie ist abhängig von den atmosphärischen Bedingungen des Tages oder der Nacht. Allgemein spricht man von Dunst bei einer Sichtweite von

Eine rätselhafte Krankheit

An Vasco da Gamas erster Reise nach Indien (1497–1499) nahm ein Mann teil, der anonym blieb, der Nachwelt aber einen Augenzeugenbericht dieser Fahrt hinterließ. Auf der Rückreise nach Portugal befiel die Mannschaften eine rätselhafte Krankheit. Der Augenzeuge schilderte sie so:
„Für diese Überfahrt brauchten wir lange Zeit. Es vergingen drei Monate weniger drei Tage, bis wir wieder Land sahen. Die Ursache dafür waren häufige Windstillen und Gegenwinde, die unser Vorankommen so stark behinderten, daß uns die ganze Mannschaft krank wurde. Das Zahnfleisch wucherte ihnen so über die Zähne, daß sie nicht mehr essen konnten; außerdem schwollen ihnen die Beine an, und sie bekamen auch sonst am ganzen Körper große Geschwüre, die einen Mann so weit herunterwirtschafteten, bis er starb, ohne an irgendeiner anderen Krankheit zu leiden. Auf diese Weise starben uns während der Zeit der Überfahrt dreißig Leute, unerachtet derselben Zahl, die bereits gestorben waren, ehe wir unsere Rückreise angetreten hatten. Und diejenigen, die auf den einzelnen Schiffen noch Dienst taten, mochten sieben oder acht Mann sein, und sie waren weit davon entfernt, so gesund zu sein, wie sie es hätten sein sollen. Und ich versichere Euch, wenn dieses Wetter noch vierzehn Tage lang angehalten hätte, hätten wir auf der Stelle gewendet und wären übers Meer zurückgefahren, weil wir dann keinen Mann mehr gehabt hätten, der auf den Schiffen hätte Dienst tun können. Wir waren an dem Punkt angelangt, an dem alle Manneszucht aufhörte. Während wir so in Todesnot weiterfuhren, taten wir auf den Schiffen viele Gelübde an Heilige und Fürsprecher. Die Kapitäne hatten schon den Entschluß gefaßt, daß wir, wenn uns günstiger Wind zu Hilfe käme, der uns nach Indien, von wo wir ja eigentlich hatten wegfahren wollen, zurückführte, dort gerne wieder landen würden. Da gab uns Gott in seiner Gnade einen Wind, der uns in ungefähr sechs Tagen an Land brachte ..."
(Zitiert aus „Vasco da Gama – Die Entdeckung des Seewegs nach Indien – Ein Augenzeugenbericht – 1497–1499", herausgegeben von Gernot Giertz.)

mehr als 1000 m und bei weniger als 1000 m von Nebel. Wenn die Kimm außerordentlich scharf erkennbar ist, beträgt die Sichtweite 20 sm und mehr.

Sichtzeichen: alle Signalkörper, Lichter, Flaggen und Tafeln, die auf Schiffahrtsstraßen der Regelung des Verkehrs dienen.

Sieben Meere: Dieser alte Begriff entspricht eher der Zahlensymbolik mit der magischen Zahl Sieben (die sieben Weisen, die sieben Tage der Schöpfung usw.) als der tatsächlichen Anzahl der Ozeane. Immerhin ergibt sich die Zahl Sieben mit folgenden Meeren: Nordatlantik, Südatlantik, Nordpazifik, Südpazifik, Indischer, Arktischer und Antarktischer Ozean.

Siel: Deichschleuse, ein verschiebbarer Durchlaß in einem → Deich, durch den bei → Niedrigwasser das eingedeichte Land entwässert werden kann.

Signal: Zeichen, das der Nachrichtenübermittlung von Schiff zu Schiff, Schiff zu Land und umgekehrt bei größerer Entfernung dient. Das geschieht mittels optischer oder akustischer Zeichen oder durch Funksignale.

Signalflaggen dienen der Verständigung von Schiff zu Schiff und Schiff zu Land zur Übermittlung von Befehlen, Nachrichten, Warnungen usw. Ein Satz Signalflaggen besteht aus 26 Buchstabenflaggen (rechteckig), 10 Zahlenwimpeln und 1 Antwortwimpel (dreieckig, lang) sowie 3 Hilfsstandern (dreieckig, kurz). Um mit diesen Signalflaggen schnell eine Nachricht übermitteln zu können, wurde ein spezieller Code entwickelt. Jeder Flagge oder Flaggenkombination ist eine bestimmte Bedeutung zugeordnet. Alle verwendeten Zusammenstellungen von 1-, 2- und 3-Buchstaben-Signalen sind mit der dazugehörigen Bedeutung im → Internationalen Signalbuch enthalten.

Skeg: eine am Kielbalken angebrachte Flosse, die der Abdrift entgegenwirkt und die Kursstabilität verbessert sowie das Ruder (oder den Propeller) schützt.

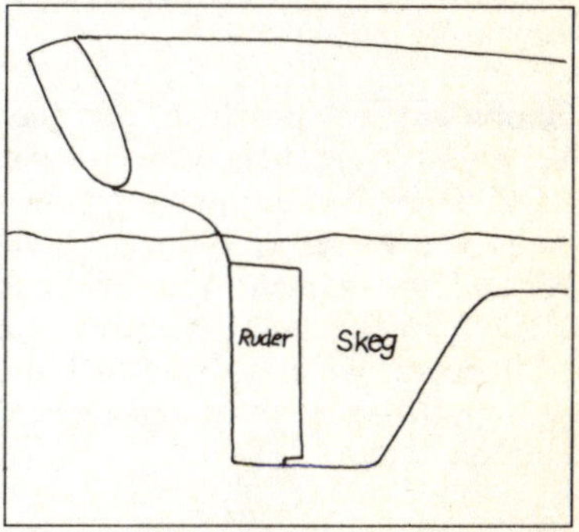

Der Skeg einer Yacht wirkt kursstabilisierend

Skipper: die englische Bezeichnung für den Kapitän eines Handelsschiffes, jedoch hauptsächlich für den Führer von kleinen Fahrzeugen. Im internationalen Segelsport wurde diese Bezeichnung für den Führer einer Segelyacht übernommen.

Skorbut, früher Scharbock genannt: Vitaminmangelerkrankung, die auf den langen Seereisen der frühen Segelschiffe auftrat und innerhalb der Besatzungen zu hohen Verlusten führte. Erst allmählich erkannte man, daß Frischobst und Gemüse (Sauerkraut) gute Mittel gegen den Skorbut waren (siehe auch S. 268).

Skysegel: das auf einigen → Klippern des 19. Jahrhunderts noch über dem Royalsegel (→ Royal) gesetzte Segel, also das siebente Segel am Mast.

Slip: eine auf schiefer Ebene angelegte Gleitbahn vom Land zum Wasser, ausgestattet mit Gleisbahn und Rollschlitten, um Schiffe zu Wasser zu lassen (abslippen) oder an Land zu ziehen (aufslippen).

Sliphaken: ein Beschlag, der auch bei Belastung leicht geöffnet werden kann. Dient der Verbindung zweier Teile und ist seiner Form nach ein Mittelding zwischen → Schäkel und Haken. Verwendet wird er auf Schleppern, wo er als Endstück der Schlepptrosse leicht geslipt (gelöst) werden kann.

Slipstek: ein Knoten, der nichts weiter als eine halbe Schleife ist, die bei einigen Knoten zum Schluß angebracht wird – so beim → Kopfschlag, beim → Webeleinstek, beim → Kreuzknoten –, um diese schnell lösen zu können.

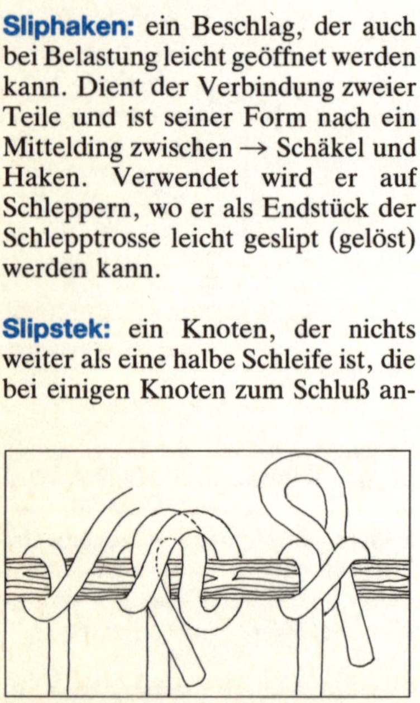

Der Slipstek ist schnell zu lösen

Slup: Jolle oder Kielboot mit → Sluptakelung, hervorgegangen aus der einmastigen → Schaluppe, die früher als Rettungsboot oder Beiboot auf großen Schiffen, als Frachtensegler oder Fischereifahrzeug diente.

Sluptakelung: Takelungsart mit einem Mast, Großsegel und Vorsegel. Fast alle Jollen und Regattayachten sind heute slupgetakelt.

Smut, auch Smutje: der Koch an Bord eines Schiffes.

Sog: saugende Turbulenzbewegung hinter und neben einem in Fahrt befindlichen Schiff, besonders spürbar in Kanälen und engen Fahrwassern. An den Ufern wird er sichtbar am Zurückströmen des Wassers und Abfallen des Wasserspiegels.

Soling: internationale Kielbootklasse, seit 1972 Olympiaklasse, ein → Rundspanter mit angesetztem Kiel. Sie wird mit einer Besatzung von drei Mann gesegelt. Länge über Alles: 8,15 m, Breite: 1,90 m, Verdrängung: 1 t, Segelfläche: 21,70 m^2. Das → Klassenzeichen ist der griechische Buchstabe Omega.

Sonnenhöhe: in der → astronomischen Navigation der vertikale Abstand der Sonne über der → Kimm (2.), das heißt, der Winkel zwischen Sonne und Horizont, der mit dem → Sextanten gemessen wird.

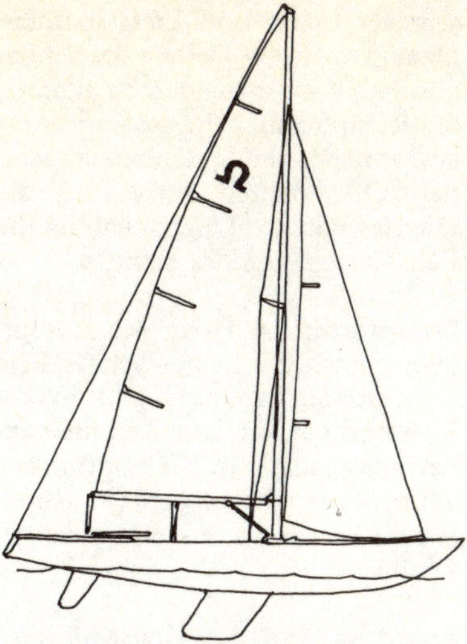

Seitenriß der Olympiaklasse Soling

Sonnensegel: aus Segeltuch hergestellter Schutz, der gegen die Sonneneinstrahlung zeltartig über Teile des Decks (auf größeren Schiffen) oder das Cockpit (auf Sportsegelschiffen) gespannt wird. Es kann mit Seewasser getränkt werden, um durch Verdunstung Kühle zu erzeugen.

SOS: internationales Seenotzeichen, das mit dem jeweiligen Signalmittel – akustisch oder optisch – gegeben werden kann. Die Buchstaben S (...) O (– – –) S (...) des internationalen Morsealphabets (→ Morsen) werden hintereinander gegeben.

Spake: 1. die Handspake, ein meist hölzerner Hebebaum zum Anlüften schwerer Lasten, 2. die Spillspake, ein speichenförmiger Hebelarm in einem Spillkopf, der zum Drehen des → Gangspills dient, 3. die Steuerradspake, die speichenartig im Steuerrad eingesetzt ist und die Handhabung erleichtert.

Spanischer Reiter: Spreize, um den Winkel zwischen → Bugspriet und → Wasserstag zu vergrößern. Wenn die Spreize am Bugspriet angreift, nennt man sie spanischer Reiter, sitzt sie gegen den → Vorsteven, dann heißt sie → Stampfstock.

Spanische Winsch: eine Art Winde, mit der man auf einfache Weise Zugkraft ausüben kann. Die Winde besteht aus einem Rundholz oder einer drehbar gelagerten Achse, einem Drehknüppel als → Spake (1.) und einem Seil. Das Seil wird in zwei, drei Umdrehungen um das

Die spanische Winsch ist eine einfache Winde

Rundholz genommen, dann wird durch die nächste Bucht der Drehknüppel gesteckt, und darauf werden noch einmal zwei, drei Umdrehungen des Seils über das Rundholz gelegt. Das eine Seilende wird an den zu ziehenden Gegenstand (ein Boot, das man auf Land ziehen will) angeschlagen, das andere z. B. um einen Baum genommen. Stellt man das Rundholz – in der Mitte von Boot und Baum – jetzt senkrecht auf den Boden, kann man durch Herumholen des Drehknüppels das Boot an Land ziehen.

Spannschraube, auch Wantenspanner genannt: ein Beschlag, bestehend aus einer Schraubhülse mit zwei gegenläufigen Gewinden. Die Spannschraube wird zwischen → Wanten bzw. → Stagen und den → Püttings befestigt. Durch Drehen der Hülse werden die beiden Schraubstifte in der Hülse zusammengezogen – das Want wird auf die gewünschte Spannung gebracht.

Spant: wichtigster Bestandteil in einem Schiff, an dem alle Außenhautteile befestigt werden. Man unterscheidet Quer- und Längsspanten. Querspanten mit kleinen Zwischenabständen voneinander bestimmen die Rumpfform. Längsspanten werden vor allem im Serienbau verwendet. Querspanten verbessern die Querfestigkeit, Längsspanten die Längsfestigkeit eines Schiffes.

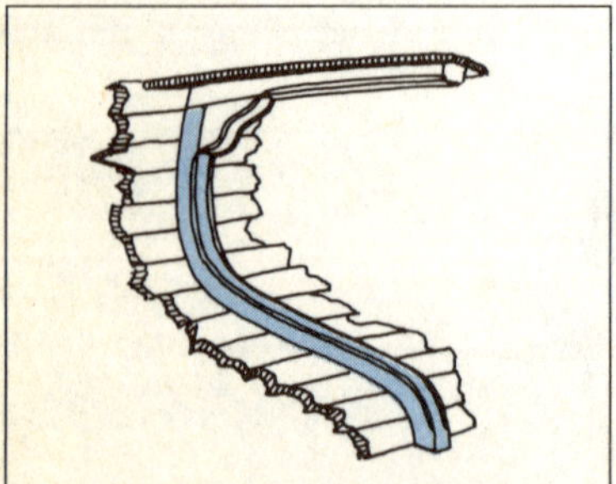

Die Querspanten sind die „Rippen" des Bootsrumpfes

Spantform: die Form des Rumpfquerschnitts auf halber Schiffslänge oder größter Breite. Es gibt diverse Spantformen, die zum Teil ineinander übergehen. Als Hauptformen kann man den Rundspant (→ Rundspanter) und den → Knickspant bezeichnen.

Spantriß: Teil der Konstruktionszeichnung des Schiffsrumpfes (→ Linienriß). Der Spantriß bildet die Grundlage für die Form des Schiffsrumpfes. Die Spantlinien entstehen, indem man sich den Rumpf des Schiffes in gleichen Abständen der Länge nach in senkrechte Schnittebenen gelegt denkt, deren äußere Begrenzungslinien die Außenhaut des Schiffes sind und so die Breitformen des Rumpfes an den betreffenden Schnittebenen (Begrenzungslinien) erkennen lassen. Da der Rumpf auf der Backbord- und Steuerbordseite die gleiche Form hat, sind im Spantriß regelmäßig links von der Mittellinie die Spanten vom Heck bis zum → Hauptspant und rechts von der Mittellinie die Spanten vom Hauptspant bis zum Bug eingezeichnet. Die Spanten werden immer vom Heck zum Bug hin gezählt.

Spatenruder: frei unter dem Schiffsrumpf hängendes spatenför-

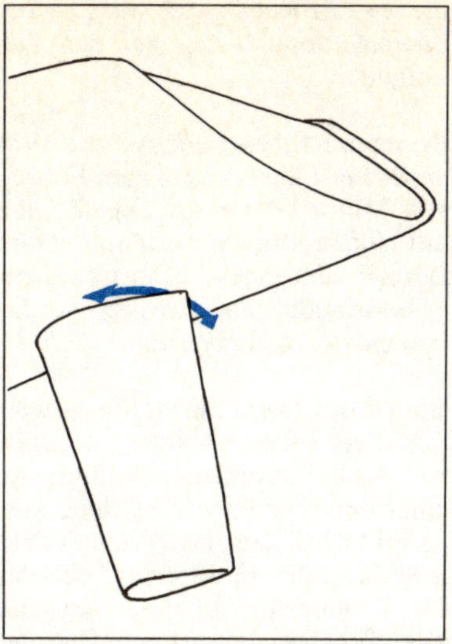

Das Spatenruder hängt frei unter dem Rumpf

miges Ruder ohne Stütze an der Unterseite.

Speigatt: Öffnung im → Schanzkleid, um Spritz-, Spül- oder Regenwasser über die Außenhaut ablaufen zu lassen oder im → Wassergang selbst, wo das Wasser dann durch Speigattrohre und entsprechende Öffnungen über der → Wasserlinie außenbords läuft. Größere Öffnungen im Schanzkleid werden → Wassergang genannt.

Spiegel: gerader oder leicht gebogener Querschiffsabschluß des Achterschiffs. Das Spiegelheck ist also nicht rund oder spitz geformt, sondern ähnelt einer Platte. In der Regel ist dort der Name des Schiffes sowie sein Heimathafen (oder Segelverein) angebracht.

Spieren: Sammelbezeichnung für alle Rundhölzer an Bord mit Ausnahme des Mastes und der → Stengen.

Spierentonne: konische, schlanke, hohe Tonne – sie markiert die Backbordseite eines Fahrwassers. Die gleiche Funktion erfüllt die Spierenbake.

Spill: Vorrichtung an Bord eines Schiffes zum Hieven des Ankers, zum Verholen, zum Einholen von Schlepptrossen usw. Dies geschieht maschinell (elektrisch, hydraulisch oder mit Dampf) oder – wie früher – mit Muskelkraft. Man unterscheidet Spills mit horizontal liegender Achse (→ Bratspill) und mit vertikal liegender Achse (→ Gangspill).

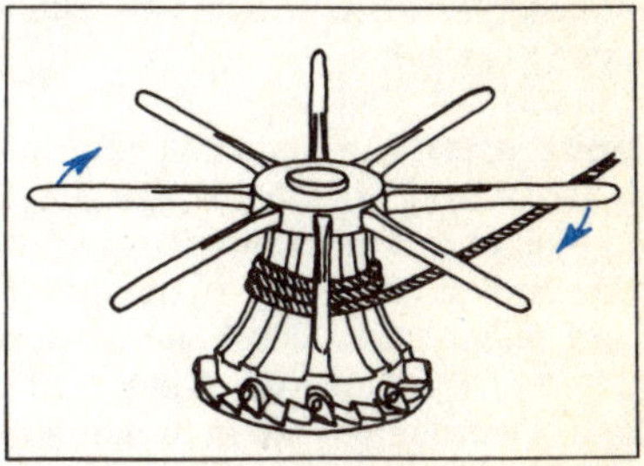

Das Gangspill mit vertikaler Drehachse

Spinnaker: ein leichtes – heute meist vielfarbiges – nahezu ballonförmiges Beisegel für Kurse mit raumem oder achterlichem Wind, in der Kurzform auch „Spi“ genannt. Der Spinnaker wird nicht an einem → Stag gefahren wie ein → Vorsegel, sondern an seinen drei Ecken. Die obere heißt Spinnakerkopf und wird vom Spinnakerfall gehalten bzw. vorgeheißt oder niedergeholt.

Die beiden anderen Ecken werden wie bei jedem anderen Dreieckssegel → Hals und → Schothorn genannt, wechseln aber die Bezeichnung, wenn geschiftet wird (→ Schiften). Mit dem Spinnakerbaum wird der Spinnaker nach Luv ausgebaumt. Sein eines Ende wird am Mast in den Spinnakerbaumbeschlag, sein anderes Ende am Spinnakerhals eingehakt. Beim Schiften hakt der → Vorschotmann den Spinnakerbaum am Baumbeschlag aus und dieses Ende am neuen Hals (vorher Schothorn) ein. Das Ende des Spinnakerbaums, das vorher am Hals (jetzt Schothorn) eingehakt war, wird nun am Mastbeschlag eingepickt. Getrimmt wird mit der Spinnakerschot. Auf der Luvseite bezeichnet man sie als Achterholer, auf der Leeseite schlicht als Schot oder Leeschot.

Spitzgatter: ein Segelfahrzeug mit Spitzgattheck, das heißt, das Heck läuft über und unter Wasser spitz zu, das Ruder hängt am Achtersteven und reicht von Deckshöhe bis fast zum tiefsten Punkt des Kiels. Spitzgatter werden vor allem in den nordischen Ländern gebaut.

Spitztonne: ein kegelförmiges Seezeichen mit nach oben gerichteter Spitze. Die Spitztonnen gehören zu den schwimmenden → Seezeichen und markieren im → Lateralsystem die Steuerbordseite des Fahrwassers.

Spleißen: das Verflechten mehrkardeeligen Tauwerks und Drahttauwerks, wobei der bruch- oder reißsichere Effekt darin besteht, daß sich die → Kardeele gegenseitig → bekneifen, sobald Zug auf das Tau kommt.

Sportbootführerschein: seit 1974 amtlicher Führerschein zum Führen von Motorbooten und Segelbooten mit Hilfsmotor von mehr als 5 PS im Bereich der Seeschiffahrtsstraßen. Mindestalter zum Erwerb ist das vollendete 16. Lebensjahr.

Sporthochseeschiffer: Sportsegler mit dem entsprechenden Zeugnis, das nach bestandener Prüfung an einer deutschen Seefahrtschule ausgestellt wird. Zugelassen zu der Prüfung ist jeder Sportsegler, der das 21. Lebensjahr vollendet hat und durch Vorlage des → Logbuchs oder einer anderen Bescheinigung nachweisen kann, daß er auf einem → Seekreuzer mindestens 300 sm auf See zurückgelegt hat. Prüfungsfächer sind terrestrische und astronomische → Navigation, Umgang mit dem → Sextanten, Wetterkunde, Gesetzeskunde, → Seemannschaft usw.

Sportseeschiffer: Sportsegler mit dem entsprechenden Zeugnis, das nach bestandener Prüfung an einer deutschen Seefahrtschule ausgestellt wird. Zugelassen zu der Prüfung ist jeder Sportsegler, der das 18. Lebensjahr vollendet hat und im Besitz des → Führerscheins A für Binnenfahrt ist. Prüfungsfächer sind terrestrische → Navigation, → Seemannschaft, Gesetzeskunde usw.

Spriet: eine Spiere, die ein → Sprietsegel in seiner Diagonale ausspannt.

Sprietsegel: das Segel der Spriettakelung, ein viereckiges → Schratsegel, das mit einer → Reihleine am Mast angeschlagen und mit der → Spriet ausgespannt wird. Seine vier Ecken heißen: vorn oben Kopf, vorn unten Hals, hinten oben Sprietshorn oder Piek und hinten unten Schothorn.

Spriettakelung: ein → Rigg mit einem viereckigen Großsegel ohne Gaffel und Baum, aber mit einem diagonal stehenden Rundholz – der → Spriet. Sie verläuft unten vom Hals des Segels schräg nach oben zum Spriethorn oder der Piek. Dieses Rigg wurde früher viel auf deutschen Küstenfahrern und Fischereifahrzeugen gefahren. Heute ist es vereinzelt bei kleinen Jollen wie z. B. dem Jüngstenboot, dem → Optimisten, üblich.

Foto: Archiv Tölzel

Spriettakelung beim Jüngstenboot Optimist

Spring: → Vor- und Achterspring, zwei Festmacher (→ Festmachen), die ein längsseits der Pier liegendes Schiff so vertäuen, daß es in der Längsrichtung festliegt.

Springflut, auch Springtide genannt: Bei Voll- und Neumond, wenn Sonne und Mond in einer Linie stehen und sich ihre Anziehungskräfte addieren, treten die Springtiden auf und bewirken besonders hohe Hochwasser bzw. besonders niedrige Niedrigwasser (→ Gezeiten).

Spritzwasser: fein verteiltes Wasser, das aufspritzt und überkommt, wenn ein Schiff in der See arbeitet oder bei kräftigem Wind gegen die Wellenrichtung anfährt.

Sprung: der Verlauf der Deckslinie in der Seitenansicht eines Schiffes. Stellt er eine gewölbte Linie dar, spricht man von einem negativen Sprung oder „Katzenbuckel". Steigt das Deck nach vorn und achtern an, spricht man von positivem Sprung.

Spur: eine Verklotzung aus Holz, Eisen oder Stahl, die als Lager unter dem Fuß eines → Mastes, → Bugspriets, einer Stütze usw. angebracht wird.

Stabilität: das Vermögen oder die Fähigkeit eines Schiffes, einer drängenden Kraft (→ Krängen) entgegenzuwirken und wieder in seinen ursprünglichen Gleichgewichtszustand zurückzukehren. Abhängig ist die Stabilität von der → Spantform und der Verteilung der Gewichte im Rumpf. Kielboote mit → Ballastkiel richten sich durch ihre → Gewichtsstabilität selbst wieder auf. Ballastlose Jollen haben nur eine → Formstabilität (→ auch Längsstabilität, → Metazentrische Höhe, → Querstabilität).

Stag: das zum stehenden → Gut gehörende Drahttauwerk, mit dem Masten in der Längsrichtung abgestagt, das heißt gestützt werden. Entsprechend seiner Funktion oder Lage spricht man von → Vorstag, → Achterstag und → Backstag.

Stagfock: ein Vorsegel – die Fock –, das an einem Stag gefahren wird. Dort ist es z. B. mit → Stagreitern befestigt. Auf kleinen Booten wird die Fock meist fliegend geführt, das heißt, ohne mit einem Stag verbunden zu sein. In diesem Fall ist ihr → Vorliek besonders kräftig ausgeführt.

Stagreiter: Beschlag, um das Vorliek eines Segels mit einem Stag zu verbinden. Die Stagreiter werden am Segel eingenäht oder festgebändselt und können je nach ihrer Ausführung mit einem Schnappverschluß, durch Festdrehen oder Verhaken am Stag befestigt werden.

Stagsegel: Pauschalbezeichnung für alle an einem → Stag gefahrenen Segel. Auf den Großseglern wurden üblicherweise vor dem Fockmast vier Stagsegel gefahren, und zwar von innen nach außen: Vorstenge-

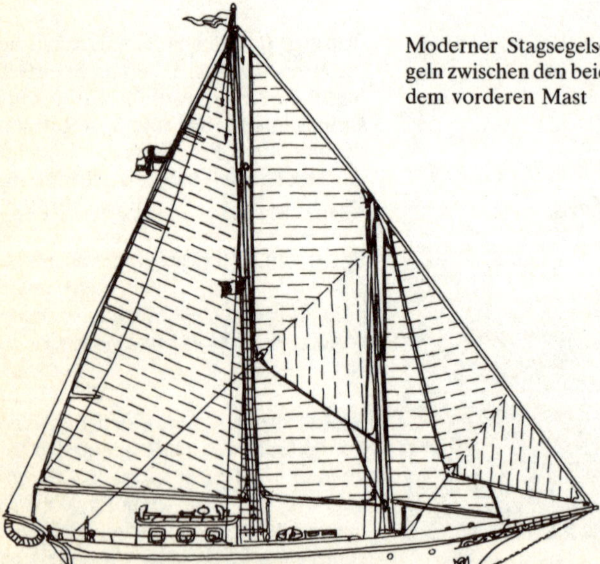

Moderner Stagsegelschoner mit Stagsegeln zwischen den beiden Masten und vor dem vorderen Mast

stagsegel, Binnenklüver, → Klüver und Außenklüver. Zwischen den Masten setzte man zumeist drei, seltener vier Stagsegel.

Stagsegelschoner: Yacht mit → Schonerrigg, bei der nicht nur vor dem Fockmast Stagsegel gesetzt werden, sondern auch zwischen den beiden Masten, und zwar nicht zusätzlich, sondern statt des → Schonersegels.

Stampfen: Schiffsbewegung bei Seegang von vorn, wobei Vor- und Achterschiff Vertikalbewegungen ausführen.

Stampfstag: ein vom → Klüverbaum über den Stampfstock zum Vorsteven führendes Tau zum Abstützen des Klüverbaums.

Stampfstock: Spiere unter dem Klüverbaum, die das Stampfstag abspreizt (→ Spanischer Reiter).

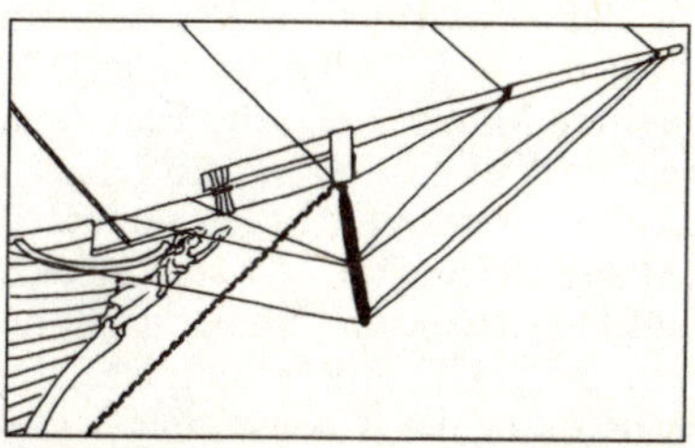

Der Stampfstock spreizt das Stampfstag nach unten aus

Stander: eine viereckige oder dreieckige Flagge, die zum Beispiel als Vereins- oder Klubstander im → Masttopp gesetzt wird. Auch die → Rennflagge ist ein Stander.

Standerschein: Ausweispapier einer Yacht, das ihre Zugehörigkeit zu einem dem Deutschen Segler-Verband angeschlossenen Segelverein dokumentiert und Angaben über den Eigner, das Schiff, Heimathafen usw. enthält.

Standlinie: in der Navigation die Linie, auf der sich ein Schiff befindet. In der → terrestrischen Navigation wird sie durch → Peilungen von Landmarken usw., in der → astronomischen Navigation durch die mit dem → Sextanten gemessene Gestirnshöhe gewonnen. Zwei zur selben Zeit ermittelte Standlinien, die sich schneiden, ergeben den Schiffsort. Genauer sind drei Standlinien.

Stangenseezeichen: in den meist flachen Grund gerammte Stangen oder Pfähle zur Begrenzung eines → Nebenfahrwassers. Stangen ohne Anstrich oder mit abwärtsgerichtetem Besen als → Toppzeichen bezeichnen die Steuerbord-Fahrwasserseite, auf der Backbord-Fahrwasserseite sind bei den Stangen die Besen aufwärts gerichtet.

Stapellauf: das Ins-Wasser-Gleiten eines neu gebauten, schwimmfähigen, jedoch meist noch nicht voll ausgerüsteten Schiffes, nachdem es getauft worden ist. Man unterscheidet den Längs- und den Querablauf. Der Längsablauf erfolgt auf zwei Bahnen, der Querablauf auf mehreren Ablaufbahnen. Der Querablauf ermöglicht einen Stapellauf bei beengtem Gewässer und vermindert im Gegensatz zum Längsablauf die Biegebeanspruchung des Schiffsrumpfes.

Foto: Süddt. Verlag

Querstapellauf des Passagierschiffs RINJANI, das auf einer deutschen Werft für Indonesien gebaut wurde

Starboot: die älteste → Einheitsklasse der Welt mit internationalem Status, von 1932–1972 und seit 1980 wieder Olympiaklasse. Es handelt sich um ein knickspantgebautes (→ Knickspant) Kielboot, das mit einer Besatzung von zwei Mann gesegelt wird. Länge über Alles: 6,92 m, Breite: 1,73 m, Gewicht: 750 kg, Segelfläche: 26,13 m^2. Das → Klassenzeichen ist ein Stern.

Start: der Beginn einer Wettfahrt. Er erfolgt fliegend und bei den heutigen Regatten immer gegen den Wind, so daß die erste Strecke zur Bahnmarke ein Kreuzkurs (→ Kreuzen) ist. Zehn Minuten vor dem Start wird das Ankündigungssignal (meist ein Böller) gegeben, fünf Minuten später erfolgt das → Vorbereitungssignal, bei dem gleichzeitig der → Startball auf das unterste Feld des → Startmasters fällt. Jede weitere Minute steigt der Ball dann ein Feld weiter, bis er das letzte – fünfte – Feld erreicht hat und nach Ablauf der letzten Minute zugleich mit dem Startschuß wieder nach unten fällt. Der Startschuß ist jetzt gleichzeitig das Ankündigungssignal für die nächste Bootsklasse, wenn mehrere Klassen starten. Die Schwierigkeit beim fliegenden Start besteht darin, genau bei „Null“ über die Startlinie zu laufen, die ungefähr rechtwinklig zur Windrichtung liegt und von einer Boje und einem Startschiff begrenzt ist. Ein guter Start ist fast ein gewonnenes Rennen.

Startball: optischer Signalkörper am → Startmast, der beim Vorbereitungsschuß nach unten auf das unterste Feld fällt und dann nach Ablauf einer Minute ein Feld weitersteigt, bis er bei Beginn der fünften Minute das letzte – fünfte – Feld erreicht und nach Ablauf der Minute mit dem Startschuß wieder nach unten fällt. Gewöhnlich wird der Ball von Hand über eine Vorheißleine bedient.

Startmast: ein einfacher Pfahlmast – meist auf dem Startschiff, einer Art → Prahm –, der entsprechend der Größe des Startballs mit fünf Feldern farbig schwarz-weiß oder rot-weiß markiert ist, so daß der Regattasegler mit einem Blick feststellen kann, in der wievielten Minute der Vorbereitung er sich befindet bzw. beim Uhrenvergleich, wann der Startball ein Feld weitersteigt.

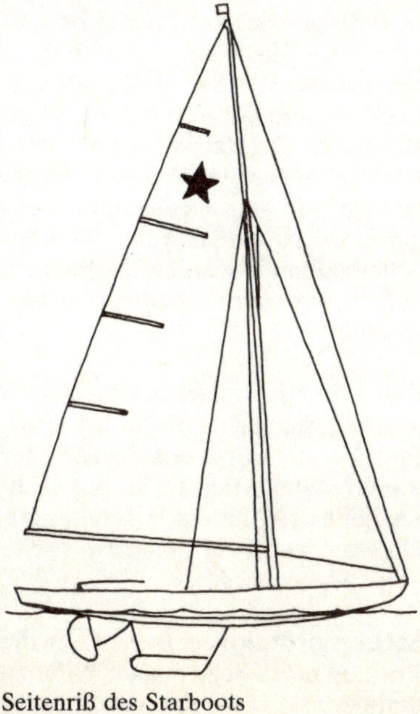

Seitenriß des Starboots

Stauwasser, auch Stillwasser genannt: die Zeit zwischen den → Gezeiten, wenn der Strom kentert, also zwischen Ebbe und Flut oder Flut und Ebbe. Zur Stauwasserzeit herrscht in → Tidengewässern kaum Strömung.

Stecken: 1. beim Ankern mehr Kette oder Trosse stecken, das heißt, mehr fieren, 2. ein → Reff stecken, das heißt, einlegen, eindrehen, 3. ein Tau in ein anderes stecken, das heißt, miteinander verbinden, 4. beim → Spleißen ein Kardeel unter das andere stecken, das heißt, dort hineinschieben, hindurchziehen.

Steckmast: ein → Mast, der durch das Mastloch im Deck geht und in einer Mastspur unten auf dem Kiel steht. Er war früher auf Fischereifahrzeugen und ist auch heute auf seegehenden Yachten üblich. Nachteil: man kann ihn nicht legen. Dafür steht er in einer soliden Konstruktion. Gegenteil: → Klappmast.

Steckschwert: ein Schwert, das nur auf kleinen, besegelbaren Beibooten und Kleinstjollen gefahren wird und nicht verstellbar ist. Es wird einfach in den → Schwertkasten gesteckt, ist also nicht wie das → Senkschwert drehbar gelagert.

Steg: Verbindungsstück in der Mitte eines Kettenglieds (→ Ankerkette). Er dient dazu, das Kettenglied zu versteifen.

Stehende Part: bei der Bildung eines Knotens oder bei einer → Talje die feste Part im Gegensatz zur holenden oder losen Part.

Stehende Peilung: Eine Peilung steht, wenn sie sich nicht mehr verändert (auswandert), so z. B. bei zwei Schiffen, die → Kollisionskurs steuern. Bleibt der Winkel zwischen Kurs und → Seitenpeilung zu dem anderen Schiff stets gleich bei Annäherung, dann spricht man von stehender Peilung, und es besteht Kollisionsgefahr (→ auch „Peilung steht!“).

Stehendes Gut: → Gut

Steilgaffel: eine → Gaffel, die nahezu senkrecht gefahren wird, also praktisch den Mast nach oben verlängert. Sie wurde erstmals bei der → Huaritakelung verwendet und verdrängte das → Gaffeltoppsegel.

Die Steilgaffel wird nahezu senkrecht gesetzt

Die Steilgaffeltakelung wirkt nahezu wie eine → Hochtakelung.

Stek: soviel wie Knoten, heute noch erhalten in → Pahlstek, → Schotstek usw.

Stell: soviel wie eine Garnitur, ein „Satz“, z. B. ein Stell Segel, ein Stell Signalflaggen.

Stelling: ein Laufsteg zwischen Schiff und Pier oder von Schiff zu Schiff.

Stenge: Kollektivbezeichnung für alle beweglichen Verlängerungen der → Untermasten. Bei Sturm kann man die Stenge abfieren, um das Toppgewicht zu verringern. An der Stenge wird bei gaffelgetakelten Schiffen ein drei- oder viereckiges Gaffeltoppsegel gefahren. Ein vollgetakelter Mast hat zwei Stengen – die untere ist die → Marsstenge, darüber befindet sich die → Bramstenge. Abgestützt werden die Stengen vom Stengestag und den Stengewanten. Mit dem sogenannten Stengewindreep, einem Tau, das über Scheiben läuft, werden die Stengen aufgebracht oder niedergeholt (gestrichen).

Steuerbord: von achtern nach vorn gesehen die rechte Seite des Schiffes. In der Frühzeit wurde der schwere Steuerriemen an der rechten Seite des Achterschiffs befestigt. Dadurch wurde die rechte Bordseite zum „Steuerbord“.

Steuerbordbug: ein Begriff, um die Position eines Seglers zum Wind zu definieren. Ein Schiff segelt mit oder über Steuerbordbug, wenn die Segel auf der Steuerbordseite stehen, der Wind also von Backbord einfällt (→ auch Backbordbug).

Steuerbordhalsen: → Backbordhalsen

Steuerkompaß: der → Kompaß im Cockpit oder Steuerstand, nach dem der → Rudergänger steuert oder den angegebenen Kurs hält.

Steuerkurs: der am Magnetkompaß oder Steuerkompaß anliegende Kurs.

Steuerrad: das mit Griffen (Spaken) versehene Handrad, mit dem der → Rudergänger bei einer Radsteuerung das Ruder bedient.

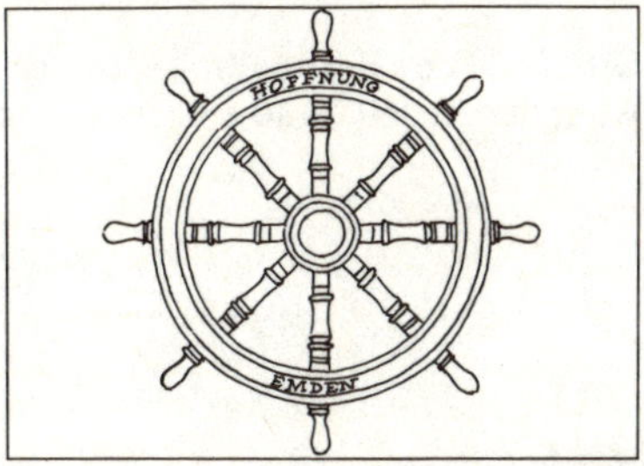

Das Steuerrad eines Schoners um 1890 mit eingeschnitztem Namen und Heimathafen

Steuersäule: die Säule, an der Steuerrad und Steuerkompaß angebracht sind.

Steuerstand: der Platz auf einem Schiff, wo das Steuerrad oder die Ruderpinne und der Steuerkompaß untergebracht sind.

Steven: Bauteile, die als Vor- und Achtersteven ein Schiff vorn und achtern begrenzen. An den Steven enden die Platten- oder Plankengänge.

Stevenrohr: führt durch den Achtersteven und bildet das Lager für die → Schwanzwelle, an deren Ende der → Propeller sitzt.

Stockanker: → Admiralitätsanker

Stoppen: die Fahrt aus dem Schiff nehmen, bis es stilliegt. Auf einem Segelfahrzeug fiert man zum Stoppen die → Schoten oder dreht in den Wind. Auf Motorfahrzeugen wird der Motor ausgeschaltet.

Stopper: Vorrichtung zum → Bekneifen – das heißt Abstoppen und Festhalten – belasteter Taue oder Ketten.

Stopperstek: dient zum Anstecken der Vorleine an eine Schlepptrosse, zum Abstoppen eines Endes, auf das Kraft steht, und hält auch an Stangen bei nach unten gerichteter Kraft. Das anzusteckende → Ende muß schwächer sein als das laufende (Schlepptrosse). Der → Stek bekneift sich auf dem stärkeren Ende, solange Kraft auf ihm steht.

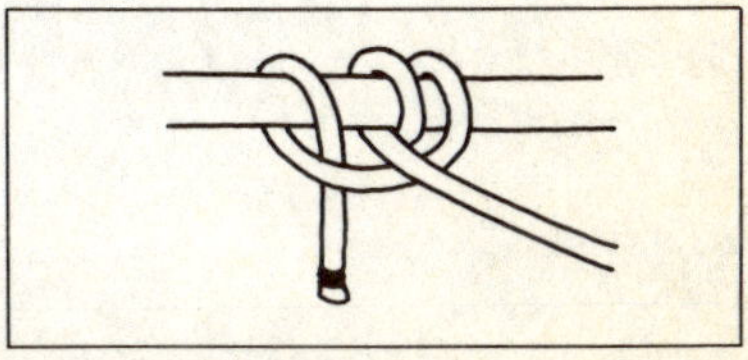

Mit dem Stopperstek wird z. B. die Vorleine an eine Schlepptrosse abgesteckt

Stoppstrecke, auch Stoppweg: die Distanz, die ein Fahrzeug noch von der Einleitung des Stoppens bis zum tatsächlichen Stillstand in Fahrtrichtung zurücklegt.

Störtebeker, Klaus: Ost- und Nordseefreibeuter, geb. (?), hingerichtet in Hamburg 1401. Er segelte zuerst im Dienst der → Hanse, wandte sich dann gegen sie, gründete mit Gleichgesinnten die Vereinigung der „Vitalienbrüder" (→ Likedeeler), betrieb den Seeraub in Ost- und Nordsee und scheute auch nicht vor einem Angriff auf die Hansestadt Bergen (Norwegen) zurück. 1401 gelang es einer Hamburger Flotte unter Simon von Utrecht, die Vitalienbrüder zu stellen und zu vernichten. Die Gefangenen, darunter Störtebeker, wurden hingerichtet.

Strak: der fließende, fehlerfreie Verlauf einer gekrümmten Linie.

Strand: allgemein die flache, sandige Zone an einer Dünenküste, die zum Teil während der Flutzeit mit Wasser bedeckt ist und dementsprechend ihre Breite verändert. Parallel zur Strandlinie sammelt sich als Streifen das Treibsel, das von den Wellen dort angespült wird – Muscheln, Tang, Algen sowie sonstiges Treibgut (Strandgut).

Stranden, auch Strandung: das Auflaufen oder Aufkommen eines Schiffes auf Grund (Strand, Untiefe, Klippe, Barre, Bank usw.).

Streckbug: → Holebug

Strecktau: ein gespanntes Sicherheitstau, das bei stürmischem Wetter zusätzlich zum Festhalten oder Längshangeln dient.

Strich: Die Kompaßrose ist gewöhnlich in 360 Grad eingeteilt. Sie

Foto: Archiv Tölzel

Die Bark Glenbervie strandete 1902 bei Cape Lizard/Cornwall

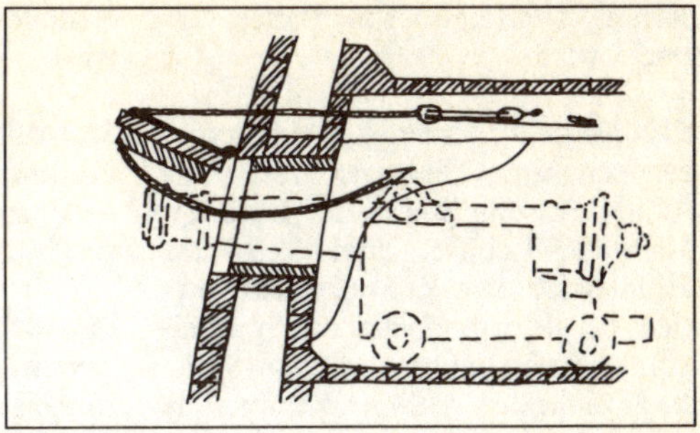

Durch die Stückpforten wurden die Kanonen ausgerannt

kann auch in 32 Striche unterteilt sein, jeder Strich umfaßt dann einen Bogen von 360 : 32 = 11¼ Grad. Man unterscheidet: 4 Hauptstriche (Nord, Ost, Süd und West), 4 Hauptzwischenstriche (NO, SO, SW und NW) und 8 Zwischenstriche (NNO, ONO, OSO usw.). Werden diese Zwischenstriche wieder halbiert, gelangt man zu den 16 Nebenstrichen: Nord zu Ost (NzO), Nordost zu Ost (NOzO) usw. Erhalten hat sich die Stricheinteilung bei Sicht- oder Richtungsangaben, so etwa bei der Positionslaterne (→ Lichterführung), die z. B. von recht voraus „bis zwei Strich achterlicher als dwars“ leuchtet.

Strom: Wasserbewegung als Folge von Gefälle (auf Flüssen) oder durch die Gezeitenbewegungen. Die Stromgeschwindigkeit wird auf See in Seemeilen/Stunde (sm/h), auf Flüssen in Kilometern/Stunde (km/h) angegeben. Die → Stromrichtung wird mit kleinen Pfeilen in der Stromkarte oder dem Stromatlas markiert.

Stromanker: ein Heckanker, der zusätzlich zum Buganker achtern beim Ankern im Strom ausgebracht wird, wenn das Schiff beim → Kentern des Stroms nicht → schwojen soll. Es ist auch die Bezeichnung für den größten Reserveanker nach den beiden Bugankern.

Stromrichtung: im Gegensatz zur Windrichtung jene Richtung, in die der Strom fließt – beim Wind ist es die Richtung, aus der er weht. Westwind und Oststrom haben also die gleiche Richtung!

Strömung: im Gegensatz zum Gezeitenstrom die Wasserbewegung auf den Weltmeeren. Sie ist klimatisch-geographisch bedingt.

Stromversetzung: die Versetzung eines Schiffes von seinem errechneten Ort infolge Meeresströmung oder Tidenstrom.

Stropp: ein kurzes Stück Tauwerk.

Stückgut: in der Handelsschiffahrt Ladegut, das im Gegensatz zum Schüttgut (Ladung, die lose in die Laderäume geschüttet wird, wie Getreide, Kohle, Erz usw.) nicht einheitlich ist und verschiedenartig in

Kisten, Tonnen oder als Ballen verpackt wird.

Stückpforten, auch Geschützpforten genannt: Öffnungen oder Einschnitte in den Seiten der früheren Kriegssegelschiffe, aber auch auf Handelsfahrern. Zum Gefecht wurden die Pfortendeckel nach oben geklappt und gaben somit die „Stükke" frei für den Artilleriekampf. Zur Abschreckung des Gegners waren sie häufig mit Fratzen oder Löwenköpfen „verziert". (Bild siehe S. 283)

Stumpftonne: ein schwimmendes → Seezeichen, das über Wasser die Form eines stehenden Zylinders oder abgestumpften Kegels aufweist. Rote Stumpftonnen bezeichnen die Backbordseite eines Fahrwassers.

Stundenglas: → Glas (2.)

Sturm: Wind, der nach der → Beaufort-Skala mit den Stärkegraden 8–11 bezeichnet wird. Danach folgt der Orkan.

Sturmflut: bei → auflandigem Sturm eine außergewöhnlich hohe Flut zur sogenannten Springzeit – bei den Gezeiten die Tage nach Neumond oder Vollmond.

Sturmsegel: Segel, die bei Sturm gesetzt werden, wie etwa die → Untermarssegel eines Großseglers, die besonders klein geschnitten sind und aus festem Segeltuch bestehen. Andere Sturmsegel sind die Sturmfock, eine kleinere → Fock, welche die übliche Fock bei rauhem Wetter ersetzt, oder das Sturm-Trysegel, das anstelle des → Großsegels gesetzt wird.

Sturmtief: ein Tief oder ein Wirbelsturm ab Windstärke 9 nach der → Beaufort-Skala mit einer Windgeschwindigkeit von 21 m/sec.

Sturmzentrum, auch Auge eines Orkans genannt: ein vergleichsweise ruhiges Gebiet im Zentrum eines Sturms. In den meisten Fällen hat es einen Durchmesser von etwa 8 Meilen (ca. 13 km). Dort herrschen leichte, wechselnde Winde oder gar Flauten, jedoch gefährliche → Kreuzseen. Der Himmel über dem Zentrum ist meist blau.

Stützen: soviel wie Gegenruder (Stützruder) geben, um die Drehbewegung eines Schiffes abzufangen, wenn auf einen neuen Kurs gegangen wird.

Südwester: Wetterhut des Seemanns mit breitem Rand, der im hinteren Teil weit über den Nacken reicht und dort ein Eindringen des Wassers verhindert.

Süll: senkrechte, versteifte Abgrenzungen von Decksöffnungen, an Türen, → Schotten und Niedergängen, die dazu dienen, über Deck spülendes Wasser abzuhalten.

Sund: eine Meerenge, gebildet zwischen dem Festland und einer Insel, wie z. B. der Fehmarnsund.

Synthetisches Tauwerk: Sammelbegriff für Tauwerk aus Nylon, Polyester, Polyäthylen und Polypropylen.

Taifun: ein vorwiegend im Oktober auftretender tropischer Wirbelsturm der ostasiatischen Gewässer in der Umgebung der Philippinen sowie der Chinasee und der Japansee.

Takel: schwere → Talje mit meist dreischeibigen Blöcken.

Takelage: andere Bezeichnung für → Rigg.

Takelgarn: kräftiges geteertes oder ungeteertes Segelgarn für Takelarbeiten wie z. B. das Aufsetzen eines Taklings.

Takelplan, auch Takelriß: die maßstabsgerechte Zeichnung für die Bemastung und Takelung eines Segelschiffs samt aller Details über Längen, Stärken, Durchmesser, Materialien usw.

Takelung: Art und Weise des Aufbaus der Takelage (→ Rigg) eines Segelschiffs. Die Takelung bestimmt den Typ des Segelschiffs, wie → Vollschiff, → Bark, → Gaffelschoner u. a. m.

Takelungsarten: eine Takelung mit einem Mast, an dem ein Segel geführt wird, heißt Kat- oder Cattakelung (→ Catboot). Das Segel kann viereckig oder dreieckig sein. Eine andere Möglichkeit besteht darin, daß hinter dem Mast eine → Sprietttakelung oder → Luggertakelung geführt wird. Bei einer → Sluptakelung befindet sich vor dem Mast ein Vorsegel: die Fock. Wenn die Fock bis zum Masttopp reicht, spricht man von einer → Masttopptakelung. Das Großsegel wiederum kann als → Hoch- oder → Gaffelsegel ausgeführt sein. Man spricht dann von Hochtakelung oder Gaffelsluptakelung. Ist die Gaffel sehr steil gestellt, bezeichnet man das als → Huaritakelung. Bei Zweimastern unterscheidet man Ketsch- und Yawltakelung. Bei der → Ketsch steht der Besanmast vor dem Ruder. Bei der → Yawl steht er hinter dem Ruder. Ist der hintere Mast höher, spricht man von einem → Schonerrigg. Insgesamt fallen die bisher genannten Takelungsarten unter den Begriff der Schrattakelung (→ Schratsegel), da alle Segel in ihrer normalen Segelstellung längsschiffs gerichtet sind. Im Gegensatz dazu gibt es die → Rahtakelung wie bei Vollschiff, Bark und Brigg, bei denen die Mehrzahl der Segel an Rahen gefahren werden. Der Begriff vollgetakelt oder Volltakelung besagt, daß an allen Masten Rahsegel gefahren werden.

Takling aufsetzen: Ein sogenannter Takling verhindert das Aufdröseln oder Aufdrehen der → Kardeele eines Tampens. Dabei wird das betreffende Ende mit → Takelgarn (Segelgarn) fest umwickelt, und zwar mittels des einfachen Taklings

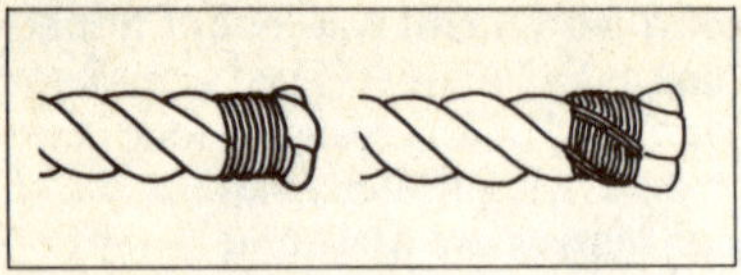

Einfacher Takling (links), genähter Takling (rechts)

oder des genähten Taklings. Letzterer hält besser.

Taktfeuer: Leuchtfeuerkennung, bei der im Gegensatz zum → Festfeuer Schein und Verdunklung einander abwechseln.

Talje: eine Vorrichtung zum Ziehen und Heben von Lasten, die wie ein Flaschenzug funktioniert. Sie besteht aus einem oder mehreren → Blöcken und einem durch diese Blöcke geschorenen Tau. Ein Ende

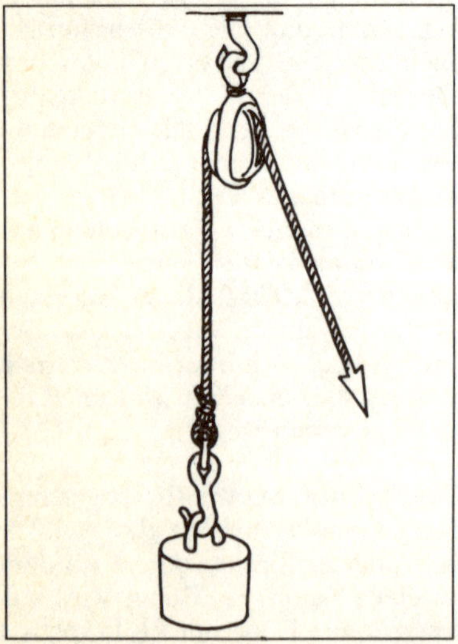

Einfache Talje, bei der nur die Zugrichtung verändert wird

ist dabei befestigt – die feste Part –, und das andere Ende – die holende Part – kann dichtgeholt oder gefiert werden. Die Blöcke werden als fester oder loser Block verwendet. Ein fester Block ändert die Zugrichtung, wobei die auszuübende Kraft jedoch gleich groß bleibt. Ein loser Block vermindert die benötigte Zugkraft dadurch, daß er sie auf mehrere Taue verteilt. Man unterscheidet verschiedene Arten von Taljen, so z. B. das → Jolltau, den → Klappläufer, das → doppelte Jolltau und die → Gien.

Taljereep: ein kurzes Stück Tau, das dazu diente, die Jungfer (→ Juffer) eines Wanttaus (→ Wanten) oder einer → Pardune mit der entsprechenden Jungfer am → Rüsteisen zu verbinden – eine Funktion die heute der → Wantenspanner übernommen hat.

Tampen: 1. ein kurzes Stück Tauwerk, auch → Ende genannt, 2. das Endstück eines Taus. Jede Leine, Trosse und jedes Tau hat also zwei Tampen.

Tanker, auch Tankschiff: Schiffstyp mit spezieller Raumaufteilung zur Aufnahme von flüssiger Ladung für den Seetransport. Der Maschinenraum und der Aufbau befinden sich achtern. In der Schiffsmitte verläuft die bei Tankschiffen übliche → Laufbrücke von achtern nach vorn.

Tasman, Abel Janszoon: holländischer Seefahrer und Entdecker, 1603–1659. Van Diemen, der holländische Generalgouverneur von Nie-

Foto: Süddt. Verlag

Der Turbinentanker LAGENA der Deutschen Shell AG mit einer Tragfähigkeit von 315 000 t

derländisch-Indien (dem heutigen Indonesien), beauftragte 1642 Tasman, eine Erkundungsfahrt von Batavia (Djakarta, Java) nach Australien zu unternehmen, um die Umrisse des Kontinents festzustellen. Auf dieser Fahrt entdeckte er Tasmanien, das er allerdings dem Gouverneur zu Ehren „Van-Diemens-Land" nannte, und Neuseeland, das er für einen Teil Australiens hielt. Dann durchsegelte er die spätere Cook-Straße und erreichte die Tonga-Inseln. Über die Fidschi-Inseln und die Bismarck-Inseln kehrte er nach Batavia zurück. Er gilt als der eigentliche Entdecker des fünften Kontinents, obwohl er dort nicht gelandet ist. Allerdings war er der erste Seefahrer, der Australien umrundete.

Tau: seemännischer Ausdruck für Strick oder Seil.

Tauwerk: die Gesamtheit aller Leinen, Trossen und Drahtseile an Bord. Tauwerk wird ineinandergedreht, geschlagen oder geflochten (→ Spleißen). Fasern werden im Uhrzeigersinn (rechtsherum) zu Kabelgarnen ineinandergedreht. Eine Anzahl Kabelgarne wird wieder zusammengedreht – diesmal linksherum zu einem → Kardeel. Drei Kardeele, rechtsherum zusammengedreht, bilden das Tauwerk, wie man es an Bord verwendet. Man nennt sie Trossenschlag. Werden vier Kardeele im Uhrzeigersinn zusammengedreht, so spricht man von Wantschlag. Dickeres Tauwerk wird hergestellt, indem man drei Taue Trossenschlag linksherum zum Kabelschlag zusammendreht (Ankertrosse, Schlepptrosse usw.). Unter Schlagen von Tauwerk versteht man die Drehrichtung: beim rechtsgeschlagenen Tauwerk spricht man von Z-Schlag, beim linksgeschlagenen von S-Schlag. Der Raum zwischen den Kardeelen wird Keep genannt.

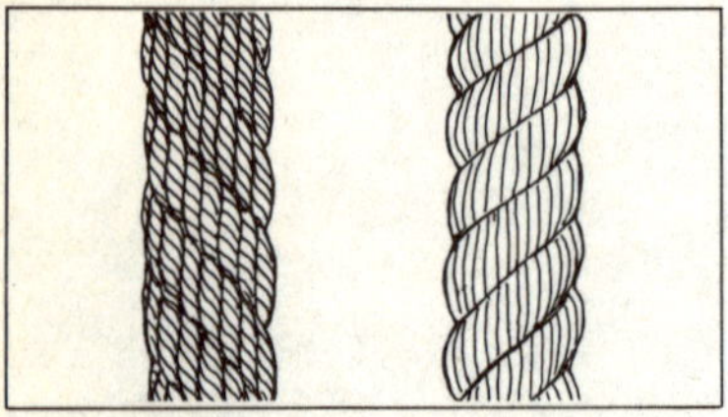

Kabelschlag (links), Trossenschlag (rechts)

Tee-Klipper: Sammelbezeichnung für jene Schnellsegler, die im vorigen Jahrhundert die erste Tee-Ladung der neuen Ernte von China nach England (London) brachten und sich dabei harte Rennen lieferten (siehe auch S. 336).

Terminal: auf das Ende eines Drahts aufgesetzter Beschlag, in der Regel mit einem → Auge versehen, durch das eine Verbindung mit einem anderen Teil hergestellt wird.

Terrestrische Navigation: die Standortbestimmung eines Schiffes im Küstenbereich oder in Sicht der Küste, und zwar mittels → Peilung fester Landmarken oder schwimmender → Seezeichen, Lotungen, Horizontal- und Höhenwinkelmessung, Doppelpeilungen, Schallmessungen usw.

Tide: → Gezeiten

Tidengewässer: Gewässer an Küsten und Flußmündungen, wo die → Gezeiten regelmäßig und deutlich spürbar auftreten – wie zum Beispiel an der Nordseeküste.

Tief: Kurzform für Tiefdruckgebiet, auch Zyklone genannt, ein Gebiet, in dem ein niedrigerer Luftdruck als in der Umgebung herrscht, hervorgerufen durch eine stärkere Erwärmung in diesem Bereich. Ein Tief kündigt sich mit dem Entstehen hoher und dichter werdender Wolken an sowie durch ein Fallen des Luftdrucks, der am Barometer abgelesen wird. In der Folge treten starke Bewölkung, Niederschläge und mehr Wind auf. Gegenteil: → Hoch.

Tiefenlinien: in den Seekarten eingezeichnete Linien gleicher Wassertiefe, bezogen auf das → Kartennull. Sie sind verschieden gezeichnet durch Punkte, Striche, Strichpunkte usw. und werden allgemein in Metern angegeben.

Tiefgang: die Eintauchung eines Schiffes von der → Wasserlinie bis zur Unterkante Kiel.

Tiefsee: der Bereich des Meeres, der ab einer Wassertiefe von 800 m beginnt.

Titanic: 1911 vom Stapel gelaufener englischer Schnelldampfer der White Star Line mit 46 329 BRT, einer Länge von 270 m und einer Geschwindigkeit von 25 Knoten. Die Lebenszeit der TITANIC war kurz und tragisch: Auf ihrer Jungfernreise

Foto: Archiv Tölzel

Die TITANIC vor ihrer ersten und einzigen Ausfahrt

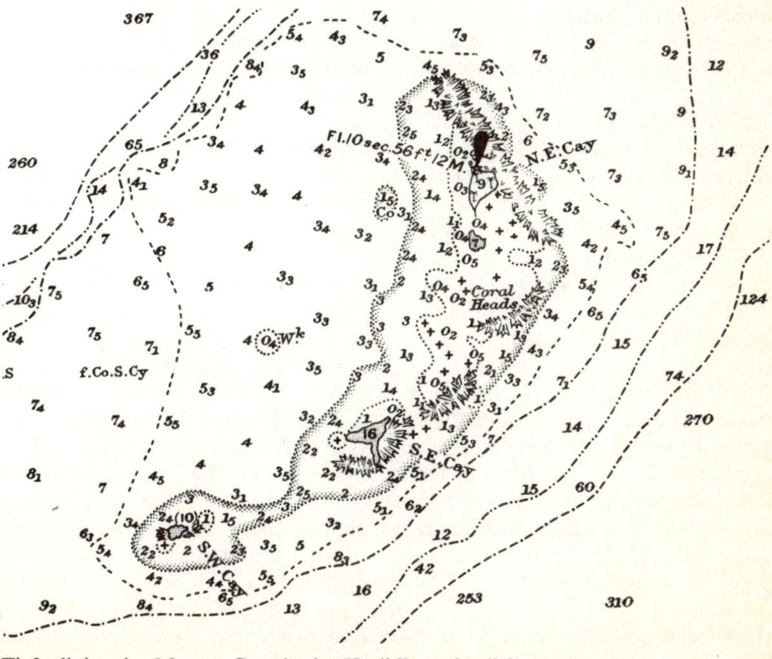

Tiefenlinien der Morant Cays in der Karibik, südöstlich von Jamaika

von Southampton nach New York stieß sie am 14. April 1912 um 23.40 Uhr mit einem Eisberg zusammen, der ihre Steuerbordseite vom Vorschiff bis fast zur Schiffsmitte aufschlitzte. Trotz der für sicher gehaltenen Einrichtung mit Querschotten sank die TITANIC nach Mitternacht um 02.20 Uhr und riß 1503 Menschen mit in die Tiefe. Sie war mit 2206 Menschen an Bord aus Southampton ausgelaufen – 703 Personen, meist Frauen und Kinder, konnten gerettet werden. Das Wrack der TITANIC wurde am 1. September 1985 von einem amerikanisch-französischen Tiefseeforscherteam unter Leitung des amerikanischen Meeresforschers Bob Ballard in 4000 m Wassertiefe geortet und mit einem unbemannten, ferngeleiteten Unterwasserschlitten, der mit Farbfotokameras bestückt war, gefilmt.

Tjalk: ein langer, relativ schmaler Frachtensegler der Nordsee mit geringem Tiefgang und → Seitenschwertern sowie einem breiten, abgerundeten Bug. Als Besegelung wurde meist eine → Stagfock und ein niedriges, sehr breit auslaufendes Großsegel an kurzer Gaffel und langem Baum gefahren.

Tochterkompaß: Zusatzrichtungsweiser bei einer Kreiselkompaßanlage (→ Kompaß), der an einem beliebigen Ort an Bord aufgestellt werden kann und vom → Mutterkompaß elektrisch gesteuert und mit den jeweiligen Richtungsangaben versorgt wird.

Tonnage: der zumeist in → Registertonnen (zu je 2,8317 m^3) vermessene Brutto- oder Nettoraum eines Schiffes.

Tonne: 1. ein → Seezeichen in Form eines verankerten Schwimmkörpers, verschieden nach Aussehen (Spitz-, Faß-, Kugel-, Spierentonne usw.) und Zweck (Wrack-, Ansteuerungs-, Fahrwassertonne usw.). Nach der Art ausgesandter Signale unterscheidet man ferner Leucht-, Glocken- und Heultonnen. 2. Gewichtseinheit für die Tragfähigkeit eines Schiffes, für das Gewicht der beförderten Ladung sowie die → Wasserverdrängung (1 t = 1000 kg). 3. Raummaß als Registertonne. Als solche mißt die Registertonne 100 Kubikfuß = 2,8317 m^3 (→ Tonnage).

Tonnenleger: Spezialfahrzeug, das schwimmende → Seezeichen auslegt oder aufnimmt.

Tonnenstrich: gerade Verbindungslinie zwischen zwei Tonnen derselben Fahrwasserseite, zugleich Begrenzung des → Fahrwassers.

Tonner-Klassen: Yachten für Hochseeregatten, die nach einem bestimmten → Rating entworfen und gebaut werden. Dazu zählen heute: die Vierteltonner mit maximal 18 Fuß (ca. 5,4 m Länge), die Halbtonner mit maximal 21,7 Fuß (ca. 6,5 m), die Dreivierteltonner mit maximal 24,5 Fuß (ca. 7,4 m), die Eintonner mit maximal 27,5 Fuß (ca. 8,3 m), und die Zweitonner mit maximal 32 Fuß (ca. 9,6 m). Der Ausdruck „Tonner“ hat in diesem Fall nichts mit der Gewichtseinheit Tonne zu tun.

Tjalk um 1768 mit Seitenschwertern

Topp: die oberste Spitze eines Mastes oder einer Stenge.

Topplastigkeit: ein Segelschiff bezeichnet man als topplastig, wenn es einen zu schweren Mast oder zuviel Gewicht in der → Takelage hat. Das wirkt sich verstärkt beim → Krängen aus.

Topplicht: ein weißes Licht, das entsprechend der → Seestraßen-Ordnung unbehindert über 20 Kompaßstriche (225 Grad) scheint, und zwar nach jeder Seite 10 Strich (112,5 Grad) von recht voraus bis 2 Strich (22,5 Grad) achterlicher als querab.

Toppmast: ältere Bezeichnung für → Stenge.

Toppnant: ein Tau, das vom Mast oder einer → Stenge zur Rahnock (→ Nock) führt und dazu dient, die → Rah in vertikaler Richtung zu bewegen, das heißt, auf- oder abzutoppen.

Toppsegel: allgemein Segel, die im → Topp gefahren werden.

Toppsegelschoner: ein Zweimast- oder ein Dreimastschoner, der am Fockmast über dem → Schonersegel ein oder mehrere Rahtoppsegel fährt. (Bild siehe S. 292.)

Topp und Takel: Bezeichnung für ein Schiff, an dessen Masten und Spieren keine Segel geführt werden (→ Lenzen vor Topp und Takel).

Toppzeichen: auf → Baken oder → Tonnen (1.) angebrachte Kennzeichnung in Form von Kegel, Ball, Zylinder, Kreuz und ähnlichem.

Dieser Toppsegelschoner hat über dem Schonersegel am Vormast zwei Rahtoppsegel gesetzt

Diese Zeichen und ihre Kombinationen dienen zur Information und Warnung.

Torfeuer: je zwei Leuchtfeuer, die sich zu beiden Seiten eines Fahrwassers paarweise gegenüberliegen und die gleiche Feuerhöhe, Lichtstärke und → Kennung haben. Sie bezeichnen eine Durchfahrt.

Törn: 1. die Schlinge um eine Spiere, Klampe oder einen Poller (Rundtörn), 2. soviel wie Reihenfolge, Turnus im Sinne von Wachtörn, Seetörn usw.

Tornado: 1. Wirbelsturm an der Südküste der Vereinigten Staaten, 2. internationale und olympische Katamaranklasse, die mit zwei Mann gesegelt wird. Länge über Alles: 6,10 m, Breite: 3,05 m, Gewicht: 165 kg, Segelfläche: 21,80 m^2. Das → Klassenzeichen ist ein etwas gebogenes T.

Tote Dünung, auch tote See genannt: Seegang, der bei völliger Windstille noch herrscht und aus Nachbargebieten, wo Wind vorhanden ist, übertragen wird.

Totes Werk: der Teil des Schiffsrumpfes, der sich über dem Wasser befindet. Der unter Wasser befindliche Teil heißt dagegen → lebendiges Werk.

Tragfähigkeit: die Fähigkeit eines Schiffes, eine Nutzlast an Bord mitführen zu können. Sie hängt von der → Wasserverdrängung eines Schiffes ab.

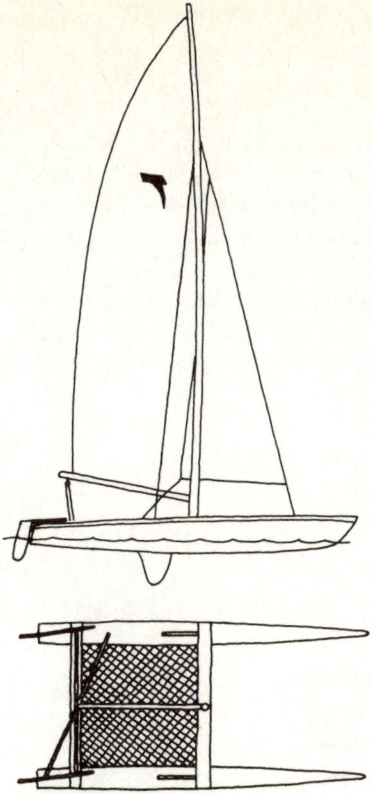

Seitenriß und Draufsicht der Olympiaklasse Tornado

Tragflügelboot, auch Tragflächenboot: Fahrzeug, an dem ganz oder teilweise unter Wasser bleibende Flügel (Flächen) angebracht sind, die bei Vorausfahrt einen Aufwärtsdruck bewirken, so daß der Rumpf aus dem Wasser gehoben wird, was eine höhere Geschwindigkeit ermöglicht. Tragflügelboote werden im Nah- und Fernverkehr auf Flüssen, Seen und Meeresbuchten eingesetzt.

Tragweite: die von der Lichtstärke eines Leuchtfeuers, der Augenhöhe des Beobachters und der herrschenden Sichtigkeit abhängige Entfernung, in der dieses Feuer noch zu sehen ist – nicht zu verwechseln mit der → Sichtweite.

Trailer: zwei- oder vierrädriger Anhänger für den Transport von Wasserfahrzeugen über Land.

Trajekt: → Fährschiff

Trampschiffahrt: an keine festen Linien gebundene Schiffahrt, die sich nach Angebot und Nachfrage richtet und dort fährt, wo sie nicht durch Tarife gebunden ist. Das Gegenteil ist die → Linienschiffahrt.

Trapez: am Mast – meist von Gleitjollen – befestigter Stahldraht, den der → Vorschotmann in einen Trapezgurt einhakt. Beim → Krängen der Jolle kann er sich damit nach außenbords „hängen" und sein Gewicht als lebenden Ballast einsetzen, damit die Jolle so aufrecht wie möglich segelt.

Traveller: mit Laufrollen versehener Beschlag für die Travellerschie-

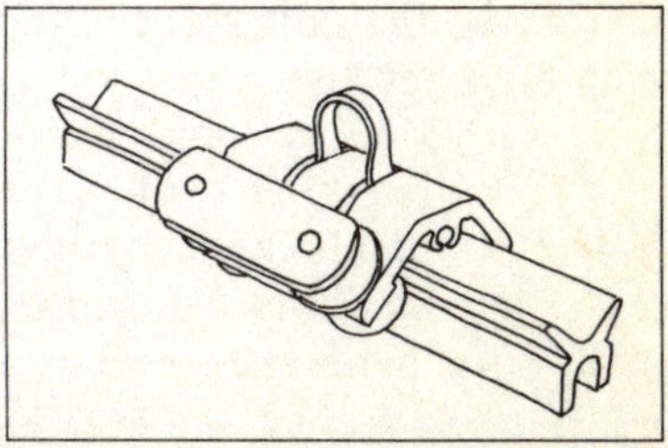

Der Traveller ist ein verschiebbarer Beschlag

Rolling home

Die Shanties – sie entstanden aus dem Rhythmus der Schiffsarbeit, beim endlosen Trab rund um das Gangspill, beim stundenlangen Scheuern der Decksplanken mit dem „Gebetbuch“, beim Brassen, beim Heißen der Segel.
Ein alter Fahrensmann sagte über die Shanties: „A song is ten men on the rope!“ – „Ein Lied entspricht zehn Männern am Tau!“ Hier ist ein Original-Shanty, jenes, das wohl am häufigsten gesungen wurde – und wird: „Rolling home“ – Heimwärts!

Call all hands to man the capstan,
See the cable run down clear,
Heave away, and with a will, boys,
For old England we will steer;
And we'll sing in joyful chorus
In the watches of the night.
And we'll sigh the shores of England
When the grey dawn brings the light.
  Rolling home, rolling home,
  Rolling home across the sea;
  Rolling home to dear old England,
  Rolling home dear land, to thee.
Many thousand miles behind uns,
Many thousand miles before,
Ancient ocean heave to waft us
To the well remembered shore.
Cheer up, Jack, bright smiles await you,
From the fairest of the fair,
And her loving eyes will greet you
With kind welcomes everywhere.
  Rolling home, rolling home,
  Rolling home across the sea;
  Rolling home to dear old England,
  Rolling home sweetheart, to thee.

Foto: Archiv Tölzel

Seitentrawler BERLIN aus Bremerhaven

ne, die quer über dem Cockpit angebracht ist. An dem Traveller ist der untere Block der → Großschot angeschlagen. Durch Verschieben des Travellers nach Luv oder Lee kann das Großsegel getrimmt werden, dies vor allem auf → Am-Wind-Kursen.

Trawler: für den Fischfang auf hoher See ausgerüstetes Schiff. Man unterscheidet Seitentrawler und Hecktrawler. Auf Seitentrawlern wird das Fangnetz seitlich an Bord gehievt, auf Hecktrawlern achtern über eine schräge Aufschleppe und einem Portal (Verbindungssteg) darüber.

Treibanker: ein meist kegelförmiger Sack aus schwerem Segeltuch, der an der breiten Seite offen und dessen Spitze abgeschnitten ist. Die breite Seite wird durch eingenähte Eisenringe offengehalten. Dort ist ein doppelter → Hahnepot (1.) angeschlagen, an den die Schleppleine angesteckt wird. Die Einholleine an der Spitze des Segeltuchsackes dient dazu, den Treibanker nach Gebrauch wieder an Bord zu ziehen. Der Treibanker hat die Funktion, den Bug oder das Heck des Schiffes im Wind zu halten – z. B. bei schwerem Wetter. (Bild siehe S. 296.)

Treibeis: frei in der See schwimmende Eisschollen, die sich vom Festeis gelöst haben und durch Wind, Strömung und Seegang vertreiben. Als Treibeisgrenze wird jene Linie bezeichnet, ab der man mit Eisschollen rechnen muß, die aus den Polarzonen in niedere Breiten treiben.

Treideln: das Vorwärtsziehen eines Wasserfahrzeugs mit einer langen Treidelleine vom Ufer aus. Neben den Ufern waren früher sogenannte Treidelpfade angelegt, die den Zugtieren, die das Fahrzeug schleppten,

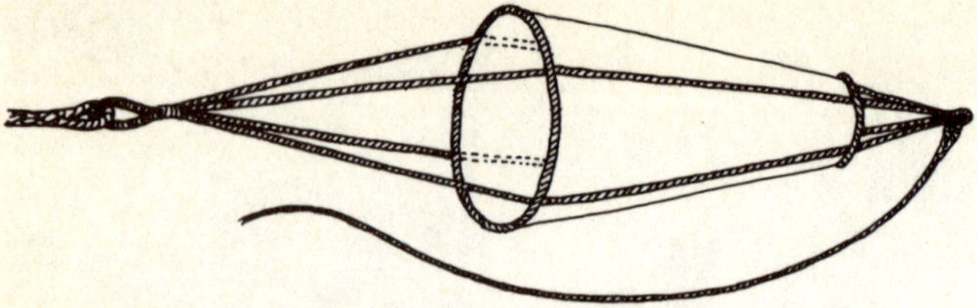

Ein ausgebrachter Treibanker hält ein Schiff im Wind

genügend Platz boten. Den „Treidler" mit Körperkraft ersetzt heute der Motor.

Trensen: → Bekleeden

Triere: antikes Ruderschiff (siehe S. 318).

Trimaran: Fahrzeug, das aus drei miteinander verbundenen Rümpfen besteht, wobei der mittlere Rumpf der größte ist.

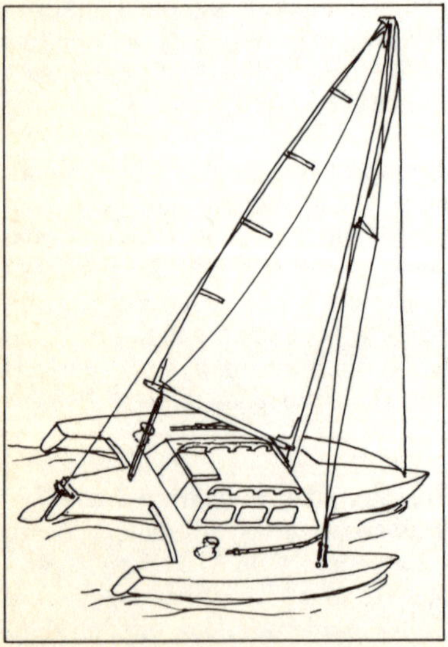

Der Trimaran hat drei Rümpfe

Trimmen: das „In-Trimm-Halten" eines Schiffes durch gute Gewichtsverteilung und ein Anpassen der Segel an die Verhältnisse von Wind, Wasser und Kurs. Auch das Aufeinandereinspielen der Mannschaft für bestimmte Manöver.

Trimmlage: die Schwimmlage eines Schiffes im Wasser.

Trockendock: → Dock

Trombe: ein Wirbelwind, der über dem Land als Windhose und über dem Wasser als Wasserhose bezeichnet wird.

Trompete: ein Knoten, der dazu dient, eine Leine oder ein → Ende zu verkürzen.

Trosse: schweres Tauwerk ab 40 mm Durchmesser, das als Festmacher, Schleppleine, Ankertrosse usw. benutzt wird. Auch Drahttauwerk wird zu Trossen verarbeitet.

Trossenschlag: → Tauwerk

Trossenstek: Ein Knoten, mit dem zwei schwere, sperrige Leinen oder Trossen verbunden werden. Die Tauenden werden mit einem → Bändsel aneinandergebunden.

Der Trossenstek verbindet zwei schwere Leinen

Trysegel: allgemein ein kleines, dreieckiges Segel, das bei Sturm statt des Großsegels gesetzt und ohne Baum gefahren wird (→ Sturmsegel).

Turbine: Dampfkraftmaschine für den Schiffsantrieb sehr großer Schiffe mit einer Leistung von über 40 000 PS.

Tsunami: Bezeichnung aus dem Japanischen für eine plötzliche Flutwelle, die durch Seebeben im Pazifik entsteht und sich schnell ringförmig ausbreitet.

Türkischer Bund: ein Zier- und zugleich Nutzknoten, mit dem runde Gegenstände wie Riemen, Pinne, Spieren usw. umflochten werden.

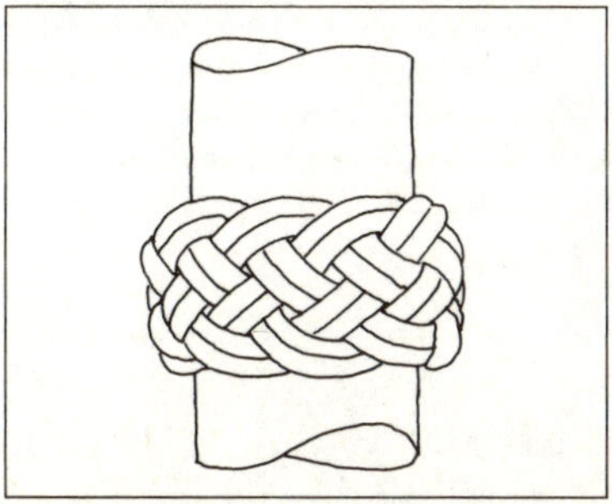

Der türkische Bund ist ein Zier- und Nutzknoten

Typhon: Schallsignalgeber auf Motorschiffen, der mit Preßluft betrieben wird.

Über-die-Toppen-Flaggen: die → Flaggengala bei festlichen Anlässen, wobei die → Signalflaggen längsschiffs aneinandergereiht über die Masttoppen gesetzt werden.

Überhang: Teil des Rumpfes vorn und achtern, der über das Wasser hinausragt.

Überholer: das Boot oder Schiff, das im Sinne des → Wegerechts ein langsameres Fahrzeug überholt und sich von ihm frei halten muß.

Über-Kopf-Gehen: Ein Schiff geht über Kopf, wenn sein Heck in schwerer See angelüftet und sein Bug steil ins Wasser gedrückt wird, so daß es aus dem Ruder läuft und querschlägt. Ein Kentern oder auch Mastbruch ist dabei nicht ausgeschlossen. (Bild siehe S. 298)

Übersegler: üblich gewordene Bezeichnung für eine Übersichtskarte im Maßstab 1 : 1 000 000 bis 1 : 5 000 000, auf der die Gewässer zwischen den Ländern dargestellt sind.

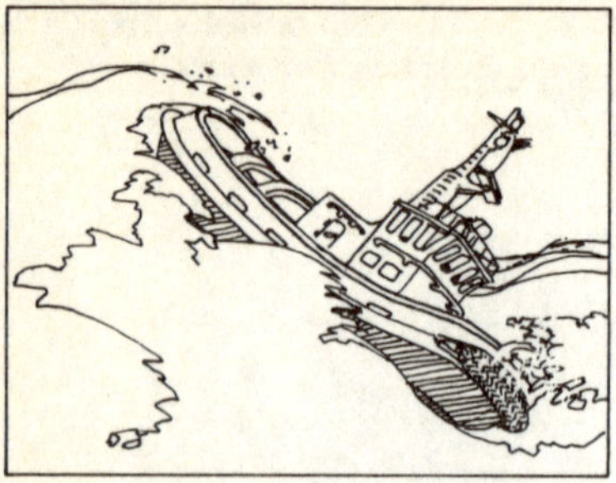

Dieser Hochseeschlepper „geht über Kopf“

Auf ihr werden Kurse über weite Distanzen abgesetzt.

Übertakelt: so nennt man ein Segelfahrzeug, wenn es mehr Segel trägt, als vernünftigerweise zu verantworten ist.

Überwasserschiff, auch → totes Werk genannt: alle Teile des Schiffsrumpfes, die sich oberhalb der → Wasserlinie befinden.,

U-Boot: Kurzform für Unterseeboot (siehe auch S. 362).

Uferfeuer: Leuchtfeuer, die den Verlauf eines Ufers markieren.

Umiak: das Familien-, Frauen- und Reiseboot der Eskimos.

Umlaufender Wind: ein leichter Wind, der nicht konstant aus einer Richtung weht, sondern ständig wechselt.

Umspringender Wind: als typisches Zeichen einer durchziehenden Front (Zusammenstoßen verschieden warmer Luftmassen) das plötzliche Wechseln der Windrichtung.

Unsinkbar: die Schwimmfähigkeit eines Bootes oder Schiffes, die auch dann noch gegeben ist, wenn Teile von ihm voll Wasser gelaufen sind. Für diesen Zweck muß das Fahrzeug mit wasserdichten → Schotten und Auftriebskörpern – wie z. B. Kenterschläuchen usw. – ausgerüstet sein.

Unterbramsegel: auf Rahseglern gewöhnlich das vierte Segel von unten.

Unterbrochenes Feuer: ein Leuchtfeuer, dessen Lichterscheinung durch umlaufende Blenden regelmäßig oder in Gruppen unterbrochen wird.

Unterfangen: ein havariertes, manövrierunfähiges Schiff, das unter Umständen auch nicht mehr auf eigenem Kiel schwimmen kann, über Wasser halten, indem es zwischen zwei anderen Schiffen oder Bergungsfahrzeugen auf Stahltrossen aufliegt. Diese Trossen führen unter dem Kiel des Havaristen durch und zu den beiden Seitenfahrzeugen.

Dieser Havarist wird von zwei anderen Schiffen unterfangen

Auf diese Weise kann das Schiff in den Hafen bugsiert werden.

Unterfeuer: bei einem → Richtfeuer das vordere untere Feuer. Das hinter ihm höher gelegene Feuer ist das → Oberfeuer.

Unterliek: die Unterkante eines Segels.

Untermarssegel: bei geteilten Marssegeln eines Rahseglers das untere Segel. Es ist kleiner als das Obermarssegel (→ Marssegel) und wird daher auch als → Sturmsegel gefahren. Von unten gerechnet ist es das zweite Segel am Mast.

Untermast: bei aus mehreren Teilen bestehenden Masten der unterste Mast, der vom Kiel bis zum → Eselshaupt bzw. über den → Mars reicht. Die angesetzten Verlängerungen sind die → Stengen.

Unterrah: bei vollgetakelten Masten die unterste → Rah, an der Fock, Großsegel usw. angeschlagen werden.

Untersegel: Sammelbezeichnung für die untersten Segel eines Rahseglers, die an der Unterrah gefahren werden, also Fock, Großsegel, → Bagien usw.

Unterwanten: auf Rahseglern die bis zum → Mars reichenden seitlichen Abstützungen des Untermastes.

Untiefe: Bezeichnung für eine seichte oder flache Stelle innerhalb oder außerhalb des Fahrwassers, wo die Gefahr einer Grundberührung besteht oder sich auch Brecher der → Grundseen aufbauen. Die Lage wird durch Untiefentonnen markiert.

Verbotszeichen: zumeist rotumrandete und mit schwarzen Symbolen ausgestattete Tafeln auf den See- und Binnenschiffahrtsstraßen, die ein Verbot ausdrücken, wie z. B. Ankerverbot, Überholverbot, Festmachverbot usw.

Verdränger: Schiff mit relativ großer → Wasserverdrängung, jedoch im Gegensatz zum Gleiter wesentlich geringerer Geschwindigkeit.

Verholen: den Liegeplatz eines Schiffes verändern.

Verkatten: eine Sicherheitsmaßnahme beim Ankern vor einer Leeküste (→ Legerwall), bei Sturm und Seegang, bei schlechtem oder unsicherem Ankergrund. Dabei wird ein zusätzlicher zweiter Anker ausgebracht, der hinter dem Hauptanker (jetzt → Kattanker genannt) an derselben Kette oder Trosse angesteckt wird. Der Abstand zwischen den

Beim Verkatten wird ein zweiter Anker ausgebracht

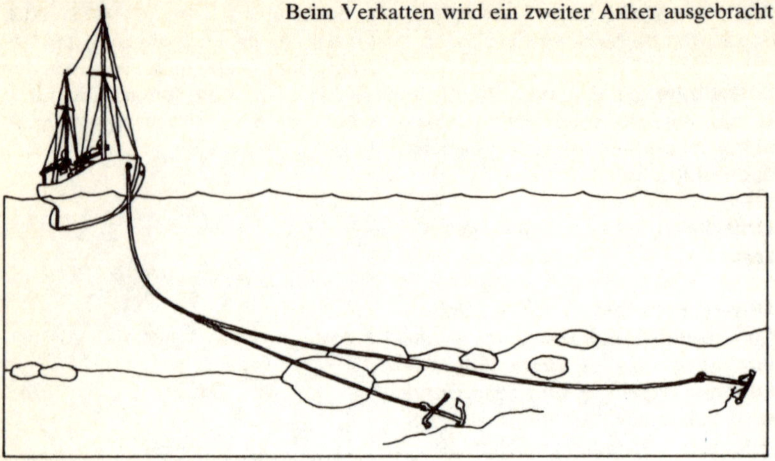

beiden Ankern soll dabei etwas mehr als die Wassertiefe betragen.

Verklicker: Windrichtungsanzeiger, Drehvorrichtung im Masttopp in Form eines kleinen Standers aus leichtem Stoff.

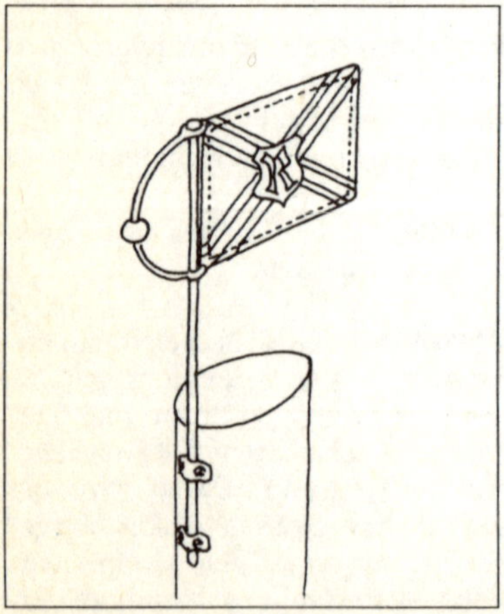

Der Verklicker im Topp zeigt die Windrichtung an

Vermessungsschiff: Spezialschiff zur Erforschung und Vermessung der Meere, ausgerüstet mit Laboratorien, speziellen Meßinstrumenten, Taucherausrüstungen usw.

Verstagen: einen Segelschiffsmast mittels der → Wanten, → Stagen, → Backstagen und → Preventer so verspannen, daß er nach allen Seiten abgestützt ist. Eine lockere oder straffe Verstagung hat Einfluß auf die Biegung des Mastes und damit auf den Segeltrimm.

Vertäuen: das Festmachen eines Schiffes an der Pier, am Kai, an Bojen, Pfählen usw.

Vierhundertsiebziger: internationale Zwei-Mann-Rundspantjolle, seit 1976 → olympische Klasse. Länge über Alles: 4,70 m, Breite: 1,64 m, Gewicht: 110 kg, Segelfläche: 12,70 m^2. Das → Klassenzeichen ist die Zahl 470.

Vierkant: soviel wie rechtwinklig.

Vierkant-Toppsegel: ein meist trapezförmiges Toppsegel bei gaffelgetakelten Kuttern und Anderthalbmastern, das mit zwei Rahen – der Kopfrah am Oberliek und der Fußrah am Unterliek – ausgespreizt und noch über Gaffelnock und Masttopp vorgeheißt werden kann.

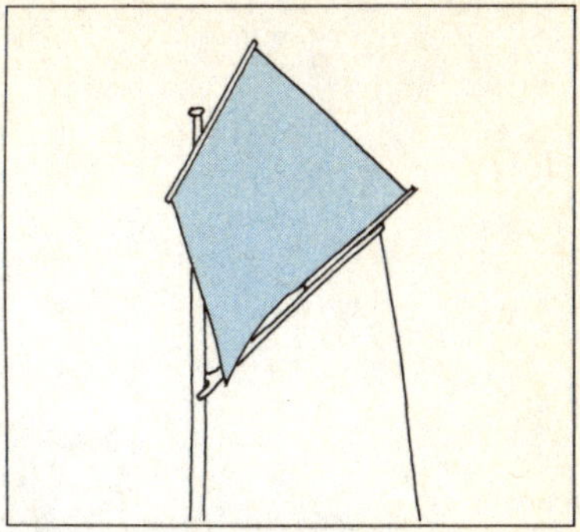

Vierkant-Toppsegel mit Kopfrah und Fußrah

Viermastbark: ein Segelschiff mit drei vollgetakelten Masten und einem → Besanmast mit Gaffeltakelung. Die Masten heißen von vorn nach achtern: Fockmast, Großmast, Hauptmast und Besanmast. PASSAT und PAMIR der → Flying P-Liner waren bzw. sind Viermastbarken (siehe auch S. 340).

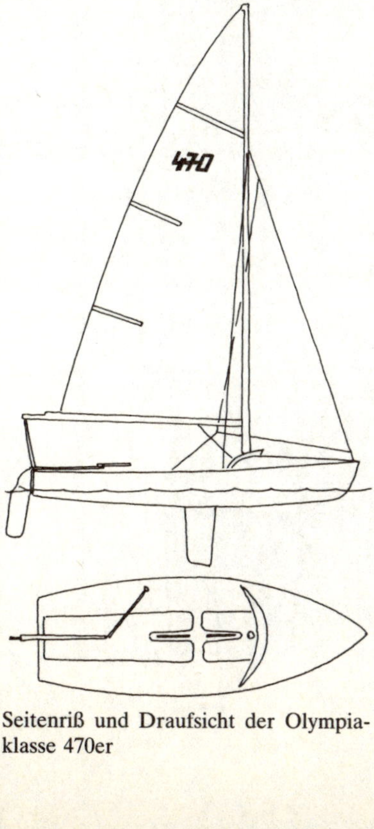

Seitenriß und Draufsicht der Olympiaklasse 470er

Viermastvollschiff: ein „Vollrigger", bei dem alle vier Masten vollgetakelt sind. Die Masten heißen von vorn nach achtern: Fockmast, Großmast, Hauptmast und Kreuzmast.

Vitalienbrüder: Seeräuber in der Ost- und Nordsee, die 1389–1395 das von den Dänen belagerte Stockholm mit Viktualien (Lebensmitteln) versorgten und danach zur reinen Seeräuberei übergingen.

Vollbrassen: die Rahsegel so → brassen, daß sie der Wind voll trifft.

Vollgetakelt: So nennt man die Takelung eines Segelschiffs, das nur mit → Rahsegeln ausgestattet ist.

Vollschiff: ein Segelschiff mit drei Masten, die alle vollgetakelt sind.

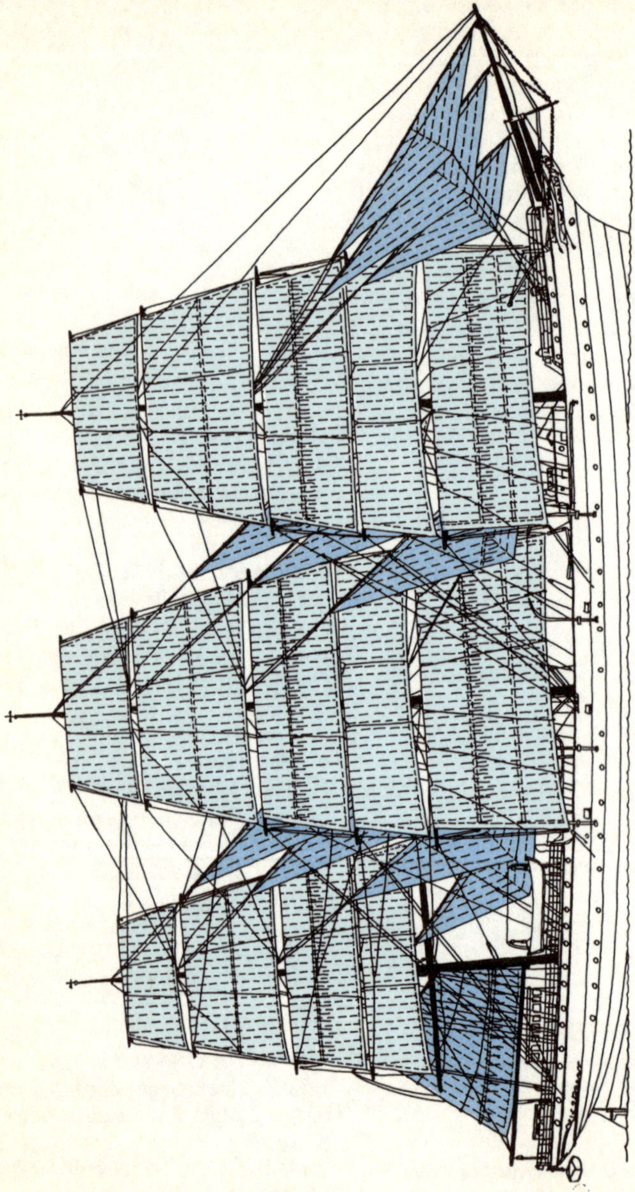

Ein Vollschiff mit seinen Rahsegeln (hell getönt) und dem Besan sowie den Stagsegeln (dunkler getönt)

Schiffe mit vier oder fünf vollgetakelten Masten werden dementsprechend als Viermast- bzw. Fünfmastvollschiff bezeichnet.

Vollzeug: Ein Schiff segelt mit Vollzeug, wenn alle normalen Segel gesetzt sind und keins gerefft ist.

Voraus: Bezeichnung für alles, was vom Schiff aus gesehen vorlicher als → querab liegt.

Vorbereitungssignal: Vor dem Start zu einer Wettfahrt werden ein optisches Signal – Signalflagge P – und ein Böllerschuß oder Signal mit dem Nebelhorn gegeben. Ab dem Vorbereitungssignal gelten alle teilnehmenden Yachten als in der Wettfahrt befindlich und unterliegen den Wettsegelbestimmungen.

Vorliek: die Vorderkante eines Segels.

Vorschotmann, auch „Fockaffe" genannt: auf Zwei-Mann-Jollen derjenige, der die Vorschot – die → Fockschot – bedient, für den → Spinnaker zuständig ist und auch ins → Trapez steigt.

Vorsegel: 1. bei einem einmastigen (→ Sluptakelung) Segelschiff die Fock, → Sturmfock und → Genua, 2. bei mehrmastigen Seglern alle Segel, die sich vor dem Großmast und am → Bugspriet befinden, also die Focksegel, die Vorstengestagsegel, → Innen- und Außenklüver und → Jager.

Vorspring: Festmacherleine, die vom Bug aus schräg nach achtern an Land führt und zusammen mit der → Achterspring verhindert, daß sich das Schiff bei ungünstigem Wind oder Strom in Längsrichtung bewegt. Beim → Eindampfen bleibt sie bis zuletzt belegt, um das Vorschiff an der Pier zu halten, während das Heck abschert.

Vorstag: Teil des → stehenden Gutes. Es fixiert den Mast, so daß er nicht nach hinten kippen kann.

Vorstengestagsegel: bei Rahseglern das am weitesten innen befindliche → Stagsegel vor dem Fockmast.

Vorsteven: der vordere Abschluß des Rumpfes (→ Steven). Von der äußeren Form her unterscheidet man den senkrechten geraden Steven, den schrägen Steven, den Löffelbug und Klipperbug.

Der Vorsteven als vorderer Abschluß des Rumpfes

Vor-Wind-Kurs: das Absegeln eines Kurses, bei dem das Segelschiff vor dem Wind liegt, das heißt, es empfängt den Wind von → achtern (→ auch Segelstellungen).

Wache: 1. der jeweilige Dienst eines Wachgängers, 2. die Gesamtheit der Wachgänger, eingeteilt in Backbordwache und Steuerbordwache, 3. der Zeitraum, in dem die Wache gegangen wird – meist über einen Zeitraum von vier Stunden von Ablösung zu Ablösung. Die Wachen haben folgende Namen: die Vormittagswache von 8 bis 12 Uhr, die Nachmittagswache von 12 bis 16 Uhr, der erste Plattfuß von 16 bis 18 Uhr und der zweite Plattfuß von 18 bis 20 Uhr, die Abendwache von 20 bis 24 Uhr, die Mittel- oder Hundewache von 24 bis 4 Uhr und die Morgenwache oder „Diana" von 4 bis 8 Uhr.

Wahre Höhe: der Winkelabstand eines Gestirns über dem → wahren Horizont.

Wahrer Horizont: der größte Kreis an der Himmelskugel senkrecht zum Lot, in dessen Ebene der Erdmittelpunkt liegt. In der → astronomischen Navigation ist der wahre Horizont die Bezugslinie für die Höhenmessung eines Gestirns.

Wahrer Kurs: der Winkel zwischen → rechtweisend Nord und dem Weg eines Schiffes über Grund, der mit dem rechtweisenden Kurs identisch ist, wenn weder Abdrift noch Stromversetzung herrschen.

Wahrer Ort: der durch → terrestrische und/oder astronomische Navigation oder Funkpeilungen ermittelte Schiffsort im Gegensatz zum → gegißten Ort, der durch → Koppelnavigation ermittelt wurde.

Wahrer Wind: die tatsächliche Windrichtung und Windstärke, die an Bord nur wahrgenommen wird, wenn sich das Schiff nicht in Fahrt befindet (→ Scheinbarer Wind).

„Wahrschau!" Warnruf in der Bedeutung: Achtung! Vorsicht!

Walfangmutterschiff: siehe S. 360

Wangen: zwei Holz- oder Metallbacken, zwischen denen ein Mast (Mastwangen) oder ein Ruderblatt (Ruderwangen) befestigt ist.

Wanten: die Teile des → stehenden Gutes, die Masten und Stengen nach den Seiten hin abstagen, das heißt, ihnen die seitliche Befestigung geben. Untereinander sind sie mit den sogenannten → Webeleinen treppenartig zum Auf- oder Abentern verbunden.

Wantenspanner: eine → Spannschraube, um einen Stahldraht auf die gewünschte Länge oder Spannung zu bringen und so zu fixieren.

Wantschlag: → Tauwerk

Warmfront: in der Wetterkunde die Grenze, an der strömende Warmluft

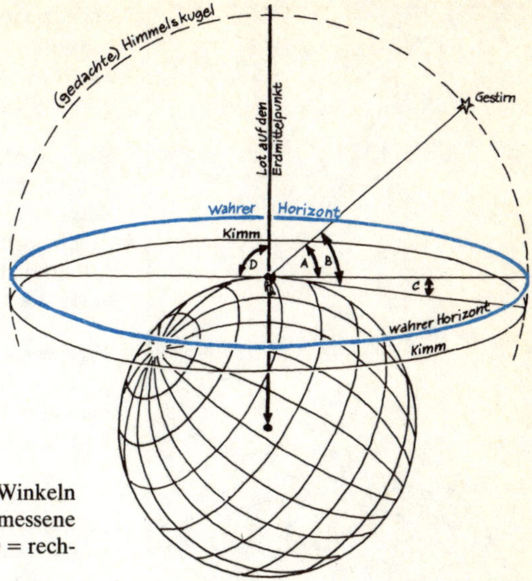

Wahrer Horizont mit den Winkeln A = wahre Höhe, B = gemessene Höhe, C = Kimmtiefe und D = rechter Winkel zum Lot

auf ruhende Kaltluft trifft und an ihr aufgleitet. Die angehobene Warmluft wird kälter und damit feuchter. Es bilden sich → Schichtwolken, aus denen Regen fällt.

Warnsektor: bei Leucht- oder → Leitfeuern jener Sektor, der meist durch rotes Licht gekennzeichnet ist und davor warnt, daß man den Leitsektor (der das Fahrwasser bezeichnet) verlassen hat und einen gefährlichen Kurs steuert.

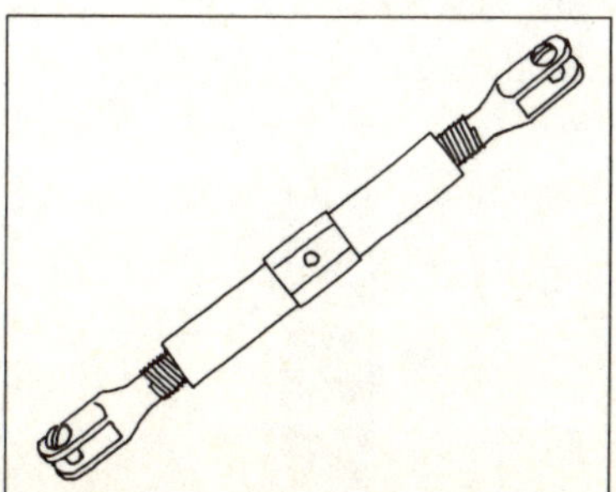

Mit dem Wantenspanner wird ein Want mehr oder weniger gestrafft

Wassergang: der äußerste verstärkte Gang (Planke) der Decksplanken am → Schanzkleid hölzerner Schiffe, der zum Abfluß von übergekommenem Wasser etwas gekehlt ist.

Wasserhose: kleiner Windwirbel mit vertikaler Achse, der rüsselartig aus einer Wolke nach unten zum Wasser wächst (Bild siehe S. 306).

Wasserlinie: die Linie um ein Schiff, die von der Oberfläche des Wassers beschrieben wird.

Wasserlinienriß: eine der Konstruktionszeichnungen des Schiffs-

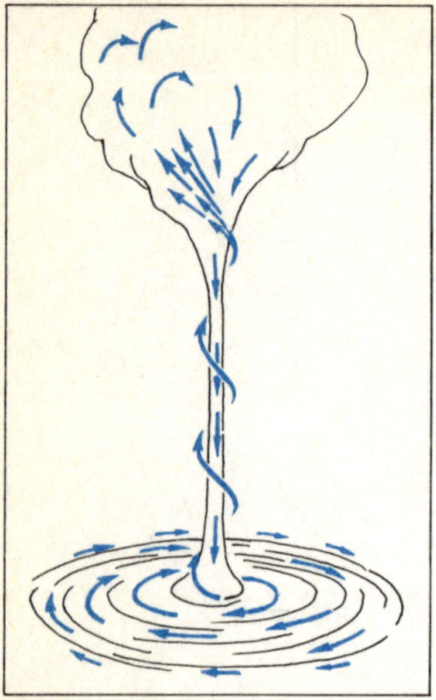

Die Wasserhose ist ein kleiner Windwirbel mit vertikaler Achse über dem Wasser

rumpfes. Wasserlinien entstehen, indem man von der → Konstruktionswasserlinie aus durch den Rumpf in gleichen Abständen Schnittebenen legt. Deren Begrenzungslinien schneiden die Außenhaut des Rumpfes in Kurven, die Wasserlinien genannt werden.

Wasserpforte: mit Klappen versehene Öffnungen im → Schanzkleid – größer als → Speigatten –, durch die übergekommenes Wasser von Brechern oder Sturzseen sofort wieder abfließen kann.

Wasserstag: von der → Nock des → Klüverbaums oder → Bugspriets schräg nach unten zum → Vorsteven verlaufendes → Stag, das dazu dient, den Zug der → Vorstagen nach oben abzufangen.

Wasserstraßen: alle von der Schifffahrt befahrenen und benutzten Gewässer einschließlich der Kanäle. Nach ihrer jeweiligen Lage unterscheidet man See- und Binnenwasserstraßen.

Wasserverdrängung: das Volumen der durch den Schiffsrumpf verdrängten Wassermenge in m^3 (Tonnen) oder dm^3 (Liter, Kilogramm).

Webeleinen: dünne, geteerte Leinen, mit denen die → Wanten horizontal und von unten nach oben in einem jeweiligen Abstand von 40 cm „ausgewebt“ werden, so daß Taustufen zum Auf- und Abentern entstehen.

Webeleinstek: dient dazu, eine Leine oder Trosse an einem Rundholz oder die Webeleine an den Wanten zu befestigen. Er besteht aus zwei → Rundtörns, die symmetrisch gegeneinander gelegt werden und sich unter Zug bekneifen.

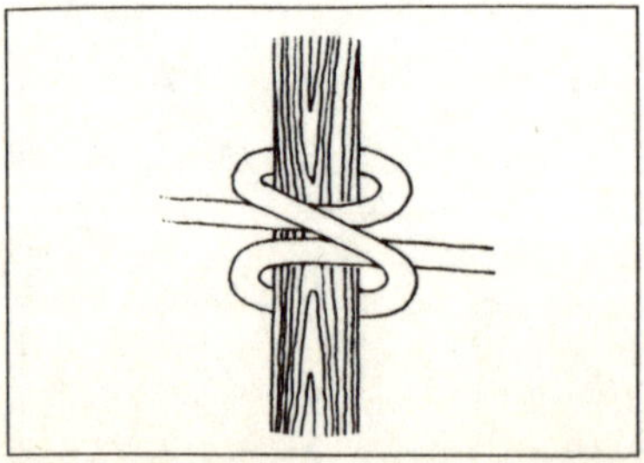

Mit dem Webeleinstek kann ein Boot vertäut werden

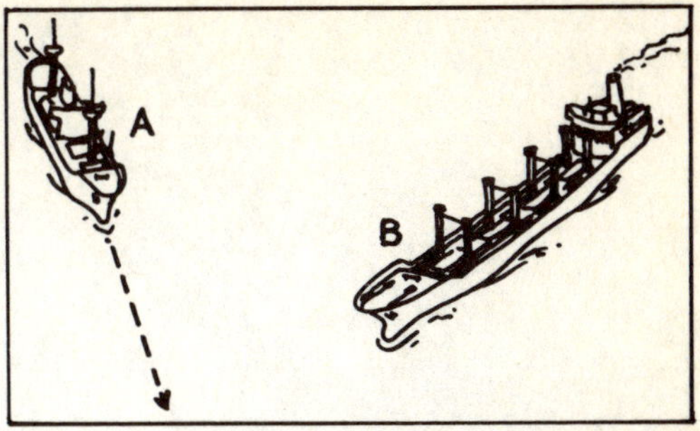

Fahrzeug A hat Wegerecht, Fahrzeug B muß ausweichen (es hat A an Steuerbord)

Wechselfeuer: ein Leuchtfeuer, das einen wechselnden Schein zeigt, und zwar meistens weiß-rot.

Wegerecht: Begriff innerhalb der Regeln über die Ausweichpflicht sich begegnender Schiffe. Ein Schiff mit Wegerecht hat Vorfahrt vor einem ausweichpflichtigen Schiff.

Wendekreis: die → Breitenparallele 23° 27′ Nord und Süd, zwischen denen die Tropen (feuchtheiße Gebiete des Äquatorgürtels) liegen. Für alle Orte des nördlichen Wendekreises (Wendekreis des Krebses) steht die Sonne zur Zeit der Sommersonnenwende am 21. Juni mittags im → Zenit. Gleiches gilt für alle Orte des südlichen Wendekreises (Wendekreis des Steinbocks) zur Zeit der Wintersonnenwende am Mittag des 21. Dezember.

Wenden: ein Segelmanöver, bei dem ein Segelschiff, das am Wind segelt, mit dem Bug durch den Wind dreht, bis der Wind von der neuen (Luv-)Seite einfällt. Als Wende bezeichnet man die jeweiligen Kursänderungen beim Kreuzen (→ Durch den Wind gehen).

Werft: Platz, auf dem Schiffe gebaut, repariert oder ausgebessert und zu Wasser gebracht werden. Zur Werft zählen Konstruktionsbüros, Werkstätten, Materiallager, Docks und Hellinge, Kräne usw. (Bild siehe S. 308).

Wetterkarte: die Darstellung der Wetterlage für ein bestimmtes Gebiet mit Angaben über Luftdruck, Windstärke und Windrichtung, Temperaturen, Niederschläge, Bewölkung, Sicht usw. Für diese Angaben werden auf der Wetterkarte verbindliche Wettersymbole benutzt,

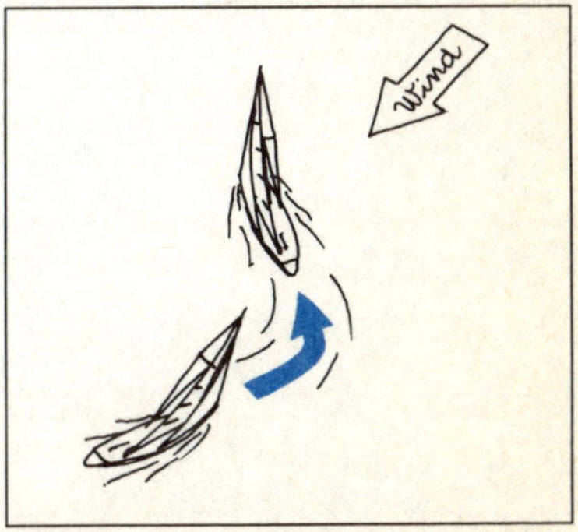

Beim Wenden geht das Segelschiff mit dem Bug durch den Wind

Wetterkarte

Foto: Süddt. Verlag

Blick auf die Seebeckwerft AG Weser in Bremerhaven, wo das Vollcontainerschiff MONTE ROSA gebaut wird

○	wolkenlos, windstill	✱	Schneefall
	viertelbedeckt, Nord(wind) 1 Bft	∞	dunstig
	halbbedeckt, Südost 3 Bft	═	diesig
	dreiviertel bedeckt, West 8 Bft	≡	Nebel
	bedeckt, Nordwest 10 Bft		Gewitter
•	Regen		Regengebiete
,	Sprühregen		Kaltfront
▽	Schauer		Warmfront
▲	Hagel		Okklusionsfront
△	Graupeln		warme / kalte Luftströmung

Die unterschiedlichen Wettersymbole, wie sie für die Darstellung der Wetterlage auf einer Wetterkarte benutzt werden.

z. B. ein Sternchen für Schneefall, ein gezacktes Blitzzeichen für Gewitter usw.

Wetterseite: allgemeine Bezeichnung für die Luvseite, also jene Seite, die dem Wind zugewandt ist.

Wettfahrt: das einzelne Rennen innerhalb einer Wettkampfserie, wie sie bei Meisterschaften und Olympischen Spielen ausgetragen werden (→ Regatta).

Wettfahrtleitung: für die Abwicklung einer Wettfahrt verantwortliches Gremium.

Wiederkehr: bei einem Leuchtfeuer die Zeit vom Beginn der Taktkennung (der typische Wechsel zwischen Licht und Verdunklung) bis zum Beginn der darauf folgenden Taktkennung.

Wieling: im → Kabelschlag geschlagene Trosse aus drei oder vier → Kardeelen, die als Stoßkante oder „Puffer" um Beiboote usw. herumgelegt und mit → Bändseln fest verzurrt ist. Sie erfüllt die Funktion einer → Scheuerleiste.

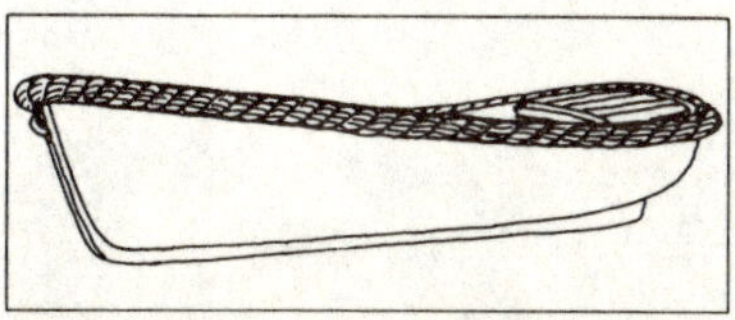

Die Wieling dient als „Puffer"

Wind: horizontale Luftbewegung, die durch den Luftdruckunterschied zwischen zwei verschiedenen Orten ausgelöst wird: Die Luft strömt von

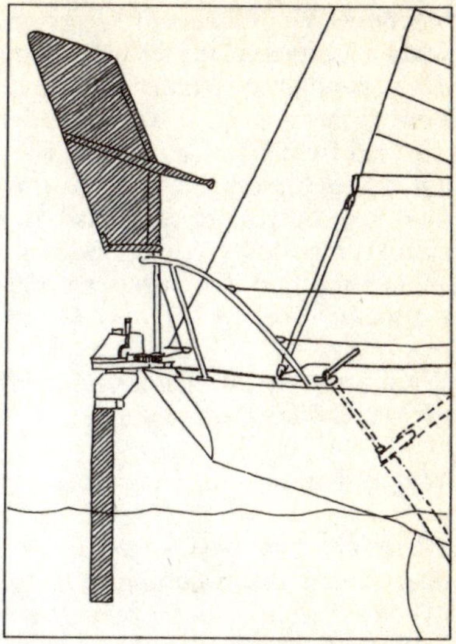

Die Windfahnenselbststeueranlage hält eine Yacht selbsttätig auf Kurs

dem Gebiet höheren Luftdrucks zum Gebiet niedrigeren Luftdrucks. Beschrieben wird der Wind nach Richtung und Stärke (→ Beaufort-Skala).

Windfahnenselbststeueranlage: Vorrichtung, die es einer Yacht ermöglicht, einen bestimmten Kurs relativ zum → scheinbaren Wind zu segeln. Ganz allgemein besteht die Windfahnensteuerung aus einer am Heck montierten Windfahne aus steifem Segeltuch oder Leichtmetall, die über ein Gestänge oder Zahnradgetriebe auf das Ruder (oder zusätzliche Ruder) einwirkt. Auf Yachten mit angehängtem Ruder wird ein Trimmruder mit dem Ruderblatt verbunden. Durch einstellbare Hebel und Lager wird dieses mit einer am → Spiegel angebrachten Windfahne mit Gegengewicht verbunden, die die Richtung des scheinbaren Windes ermittelt. Bei Yachten mit → Balanceruder wird ein freihängendes Trimmruder am Spiegel montiert. Das Ganze muß so konstruiert sein, daß der einmal eingestellte Winkel zwischen Windfahne und Trimmruder erhalten bleibt.

Windjammer: Bezeichnung für einen Rah- oder Großsegler.

Windmesser: → Anemometer

Windrichtung: bei Angaben darüber immer die Richtung, aus der der Wind weht – im Gegensatz zur → Stromrichtung.

Windrose: außer der Einteilung des Horizontes in 360 Grad auf der Kompaßscheibe gibt es auch noch die alte sogenannte Windrose, die in 32 Striche (→ Strich) eingeteilt ist und nach der auch heute noch die Windrichtungen benannt werden, wobei nach internationaler Vereinbarung die englischen Bezeichnungen üblich sind, also bei den Hauptrichtungen: N = Nord, E = Ost, S = Süd und W = West.

Windstärke: → Beaufort-Skala

Windsurfen: das Segeln auf dem sogenannten Surfbrett, einem hydrodynamischen, flachen Schwimmkörper mit Schwanzflosse, einem kleinen → Steckschwert, Mast (teilbar) und einem Segel, dessen → Vorliek – als Tasche ausgebildet – über den Mast gezogen wird. Schoten und Ruderblatt gibt es nicht. Dafür ist der Mast mit einem Kardangelenk am Mastfuß ausgerüstet und nach allen Richtungen dreh- und kippbar. Er wird vom Windsurfer, der auf dem Brett steht, gehalten, und zwar mittels des Gabelbaums, an dem auch das Segel ausgespreizt wird. Wird der Mast etwas nach hinten gekippt und das Segel gleichzeitig mit dem Gabelbaum dichter geholt, luvt das Brett an. Kippt man ihn nach vorn, fällt das Brett ab. Man steuert also mit dem Mast bzw. dem Gabelbaum. Auch mit einer Gewichtsveränderung unterstützt man das Anluven oder Abfallen. Weitere Kursveränderungen werden wie beim Segeln durch → Wende oder → Halse durchgeführt. Bei der Wende, die etwas schwierig ist, wechselt der Windsur-

Foto: Zefa

Windsurfer in Aktion

fer die Bordseite, indem er sich – im Wind stehend – schnell vorn um den Mast herumhangelt. Bei der einfacheren Halse wird das Segel lediglich nach vorn herumgeschwenkt und wieder dichtgenommen. 1984 wurde Windsurfen erstmalig als olympische Disziplin in den Wettkampf aufgenommen.

Winkern: das Signalisieren mit zwei Winkflaggen.

Winsch: eine Winde auf Sportsegelfahrzeugen, um → Schoten, → Fallen usw. leicht mit erheblicher Kraftersparnis bedienen zu können.

Wrack: ein manövrierunfähiges, zerstörtes und von der Besatzung verlassenes Schiff, das gesunken, gestrandet oder noch auf der See treibend ist. Ein gesunkenes Wrack, das die Schiffahrt gefährdet, ist auf → Seekarten mit seiner Position angegeben und wird durch Wracktonnen (→ Seezeichen) markiert, die gelb-schwarz angestrichen sind.

Wriggen: ein Boot mit einem am Heck ausgebrachten → Riemen vorwärtsbewegen. Der Riemen wird in die → Dolle oder → Rundsel als Drehpunkt gelegt und durch das Wasser schraubenartig hin und her geführt. Das Blatt wird dabei nach jedem Schlag um 90 Grad gedreht, was durch eine Drehung aus dem Handgelenk heraus bewirkt wird. Mit dem Wriggriemen wird gleichzeitig gesteuert.

Wulstkiel: eine Art Kielflosse, die aus einer starken, senkrecht unter dem Rumpf angebrachten eisernen Platte besteht, deren Unterkante wulstförmig ausgebildet ist und den eigentlichen Ballast bildet. Einen Wulstkiel hat z. B. das → Starboot.

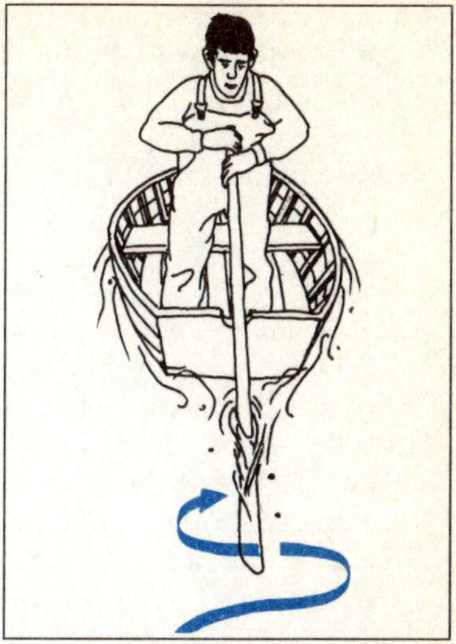

Beim Wriggen wird ein Boot mit einem einzelnen Riemen vorwärtsgetrieben

Wurfleine: dünne Leine, deren Ende mit einem Sandbeutel beschwert ist. Zum Werfen wird die Leine gut aufgeschossen, und zwar zunächst in kleinen Buchten an dem Beutel und dann in gleichmäßigen größeren Buchten. Beim Wurf fliegt der Sandbeutel los und rollt hinter sich erst die kleineren, dann die größeren Buchten ab. Eingesetzt werden Wurfleinen von Bord zu Bord oder von Bord zu Land meist, um Festmacher, die an das freie Ende der Wurfleine angesteckt werden, vom Empfänger herüberholen zu lassen. Mit der Wurfleine kann man 40 m und mehr überbrücken.

Sportsegeln seit vier Jahrhunderten

Es ist interessant, die Entwicklungsgeschichte der Yacht zu verfolgen, denn sie ist kein Segelschiffchen, das – wie man vielleicht meinen möchte – in den letzten hundert Jahren „auf den Markt“ kam. Bereits auf einer aus dem Jahre 1601 stammenden Zeichnung eines gewissen C. van Wieringen ist eine „Lust-Yacht“ abgebildet. Da ist also Holland im Spiel. Mit der Zunahme des dortigen Wohlstands im 16. und 17. Jahrhundert ließen sich immer mehr niederländische Kaufleute schnellsegelnde Yachten bauen, die ebenso wie andere schnelle Schiffe „Jacht“ oder „Jager“ genannt wurden.
Diese kleinen Schnellsegler setzte man allerdings auch für Geschäftsfahrten von Hafen zu Hafen oder als Späher- und Kurierschiffe sowie zum Schnelltransport von Personen ein. Nach und nach fand jedoch die Bezeichnung „Jacht“ speziell auf Schiffe Anwendung, die ihre Form, Geschwindigkeit, Einrichtung, Ausrüstung und Ausschmückung von rein sportlichen Erwägungen herleiteten.
Wegen der zahlreichen Untiefen hatten die holländischen Yachten nur geringen Tiefgang und dadurch einen ziemlich flachen Boden. Der Anbau eines Kiels war bei diesem geringen Tiefgang unmöglich. Deshalb mußten aufholbare Seitenschwerter der Abdrift entgegenwirken. Die Takelage war einmastig mit Sprietsegel sowie zwei Vorsegeln.
Die in Holland gebauten Yachten waren bereits im 17. Jahrhundert ein „Exportschlager“. Dann zogen die Engländer nach, und es waren Adlige, die sich Yachten bauen ließen. England und dann Amerika entwickelten die scharfgeschnittene Yacht, die Schiffe wurden größer und schneller und brauchten eine bezahlte Mannschaft – der Beruf des Yachtmatrosen entstand. Yachten mit Längen zwischen 20 und 60 m und Segelflächen bis zu 2000 m^2 erschienen auf dem Wasser – Selbstdarstellung gekrönter Häupter und der Oberschicht. In der ersten Hälfte des 20. Jahrhunderts wurde der Segelsport volkstümlicher. Die großen Yachten verschwanden, dafür erschienen Tausende kleiner, kompakter Yachten, bestimmt für den Renn- und für den Fahrtensport.

Yacht: ein Fahrzeug, das speziell der Vergnügungsfahrt, dem Sport oder auch der Repräsentation dient und dementsprechend gebaut, eingerichtet und ausgerüstet ist.

Yachtgebräuche: das angemessene Verhalten an Bord, beruhend auf exakter Seemannschaft, Gefühl für wohlverstandene Tradition, Respekt voreinander und dem Bestreben, das enge Zusammenleben an Bord für jeden so gut wie möglich zu gestalten. Zu den Yachtgebräuchen gehören u. a. die korrekte Flaggenführung und Hilfsbereitschaft.

Yachthafen: speziell eingerichteter Hafen, um den Yachten Liegeplätze und den Besatzungen Landeinrichtungen zu bieten. Sie sind erforderlich, seit die Yachten durch ihre verfeinerte Bauweise und ihre luxuriöse Ausführung zu empfindlich wurden, um zwischen den Berufsfahrzeugen zu liegen. In den meisten Yachthäfen findet jede Yacht ihren eigenen Liegeplatz, wo sie ein- und auslaufen kann, ohne andere zu behindern. In

Foto: Süddt. Verlag

Eine Viermastbark als Luxusyacht – die Sea Cloud im Mittelmeer

Foto: Archiv Tölzel

Die Yawl WEGA um 1910; der Treibermast steht ganz achtern

modernen Yachthäfen – nach amerikanischem Vorbild auch „Marina" genannt – findet man auf den → Schlengeln Wasser- und Stromanschluß. Außerdem gibt es an Land Dusch- und Toilettenräume, Brennstoffversorgung, Geschäfte mit Nahrungsmitteln und Bootszubehör, ein Restaurant, Wäschereien, Servicewerkstatt, Trailerablauf und einen großen Parkplatz.

Yachtheck: Achterschiffsform einer Segelyacht, bestehend aus einem schön geformten achterlichen → Überhang mit einem kleinen → Spiegel. Es ist am deutlichsten beim → Schärenkreuzer ausgeprägt.

Yawl: eine Yacht mit zwei bzw. anderthalb Masten, wobei der Besanmast (hier auch Treibermast genannt) relativ klein ist und hinter dem Ruder steht.

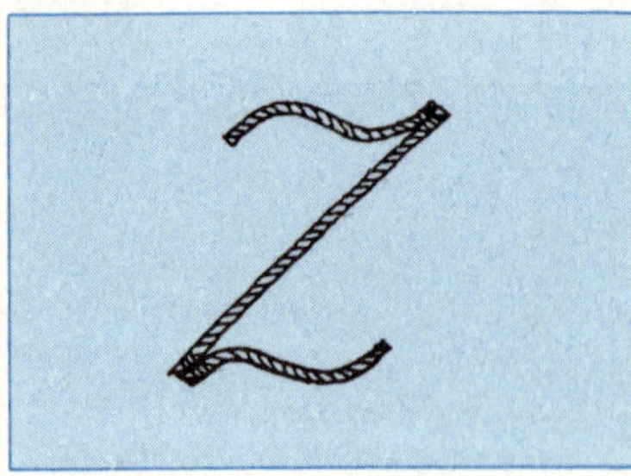

Zeising: Segeltuchbändsel (auch kurzer Stropp), mit denen ein aufgetuchtes Segel zusammengebunden („gezeist") wird.

Zeitberichtigungsfaktor, abgekürzt ZBF: eine Zahl, die anhand des Rennwerts (→ Rating) aus der Formel:

$$\frac{\text{Rennwert in Fuß} + 2{,}6}{10}$$

berechnet wird. Nach jeder Regatta wird die gesegelte Zeit einer Yacht mit ihrem ZBF zur Bestimmung der

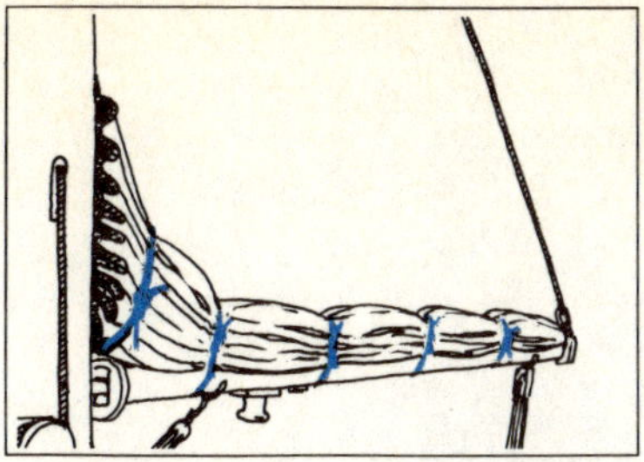

Mit Zeisingen wird ein aufgetuchtes Segel zusammengebunden

Placierung in ihrer Klasse multipliziert.

Zenit: der senkrecht über dem Beobachter befindliche Punkt der Himmelskugel, auch Scheitelpunkt genannt. Der Gegenpunkt (Fußpunkt) heißt → Nadir.

Zepter: eine Rudergabel zur Aufnahme des Riemens auf dem Dollbord (→ Dolle).

Zerstörer: kleinerer Kriegsschiffstyp, ausgerüstet mit Raketen- und Wasserbombenwerfern.

Zirruswolken: in über 6000 m Höhe auftretende weiße, faserige Federwolken, die meist auf eine Wetterverschlechterung hindeuten.

Zoll: 1. Abgabe auf Einfuhr-, Ausfuhr- oder Transitgüter, die beim Überqueren der Zollgrenze (häufig im Seehafen) nach den Sätzen des Zolltarifs erhoben wird. 2. Bezeichnung der Zollorgane eines Landes. Die Gesamtheit der Amtshandlungen einer Zolldienststelle zur Sicherung der Funktionen des Zolls wird als Zollabfertigung bezeichnet. Dazu gehören unter anderem die Zollkontrolle im Seehafen, die Anbringung des Zollbefunds, die Zollerhebung.

Zonenzeit: die mittlere Ortszeit (MOZ) für einen Meridian. Dabei ist die Erde in 24 Zeitzonen von 15° Längenunterschied eingeteilt.

Zugvogel: → Schwert-Zugvogel

Zurren: etwas festbinden oder festlaschen.

Zwischendeck: zwischen dem Oberdeck und dem Innenboden eines Schiffes befindliches Deck. Oberes und unteres Zwischendeck heißt es, wenn das Schiff zwei Zwischendecks hat. Bei Passagierschiffen heißen die Zwischendecks von oben nach unten: A-, B-, C-, D- und E-Deck.

Zwölfer: die 12-m-Klasse, in der die Regatten um den legendären → America's Cup ausgetragen werden. Die Abmessungen einer sol-

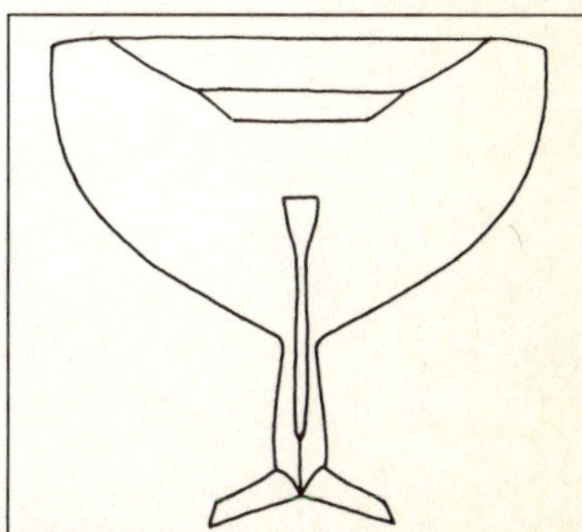

Der Flügelkiel eines modernen Zwölfers (AUSTRALIA II) von achtern gesehen

Foto: Süddt. Verlag

Die beiden Zwölfer-Kontrahenten KOOKABURRA III (links) und STARS AND STRIPES beim Start zum America's Cup 1987

chen Yacht betragen etwa: Länge über Alles: 21 m, Länge Wasserlinie: 14 m, Breite: 3,65 m, Tiefgang: 2,70 m, Segelfläche: 180 m^2. Das → Klassenzeichen ist eine 12. Die Bezeichnung „12-m-Klasse" hat nichts mit einer Länge von zwölf Metern zu tun, sondern die „12" ist das Ergebnis einer bestimmten Vermessungsformel, innerhalb derer gewisse Bauvorschriften beachtet werden müssen. Die heutigen Zwölfer, die um den America's Cup segeln, kosten im Schnitt mehr als eine Million Dollar, das einzelne Segel kann bis zu 20 000 Dollar kosten, der etwa 25 m hohe Mast hat einen Preis von 45 000 Dollar.

Zyklon: tropischer Wirbelsturm im nördlichen Indischen Ozean, meist zwischen April und Dezember.

Schiffe und Schiffstypen durch die Jahrhunderte

Griechische Kriegstriere

Diese Galeere war das Standard-Kampfschiff im Mittelmeer, insbesondere zur Zeit der antiken griechischen Seeherrschaft – mit diesem Kriegsschiffstyp wurde 480 v. Chr. die Seeschlacht von Salamis geschlagen, vernichtend für die Perser unter Xerxes, der Hellas unterwerfen wollte.

Triere oder Trireme – der Name leitet sich vom griechischen „trieres“ beziehungsweise dem lateinischen „triremis“ ab und heißt soviel wie „mit dreien ausgerüstet“, das heißt, jeweils drei Ruderer saßen auf einer Bordseite in einer Gruppe zusammen, zwei nebeneinander auf der oberen Ducht, der dritte auf einer Ducht darunter, und zwar auf Mitte und etwas hinter den beiden anderen. Diese Position hatte den einfachen Zweck, seinen beiden Vorderleuten nicht den Riemengriff ins Kreuz zu stoßen, wenn er ihn zum Durchziehen nach vorn brachte. Sein Riemen verlief durch ein Loch der Bordwand, eine sogenannte Pfortluke, die durch Manschetten gegen eindringendes Seewasser abgedichtet war. Die Riemen seiner beiden Vorderleute ruhten auf einem Auflager – ähnlich den Auslegern auf den heutigen Rennruderbooten. Der Riemen des äußeren Ruderers lag niedriger als der Riemen seines Nebenmannes auf der Innenseite der Triere. Diese Riemenanordnung verhinderte, daß sich die Riemen beim Rudern miteinander verfingen. Hier sei hinzugefügt, daß die Ruderer der griechischen Trieren Freiwillige waren, keine Sklaven. Und sie griffen in den Kampf mit ein, wenn es galt, den Gegner zu entern.

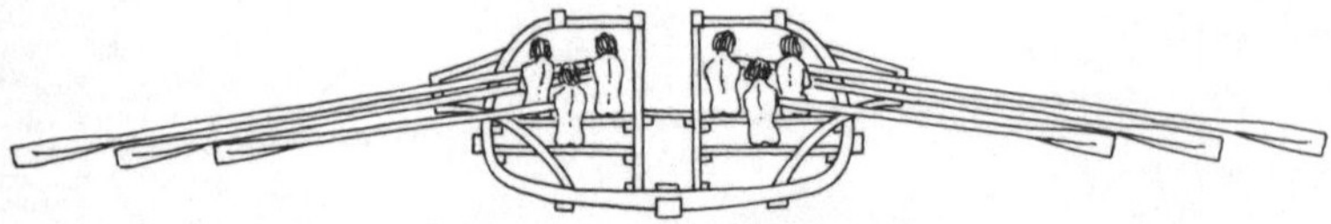

Trieren waren schnell und wendig – und leicht. Vermutlich – nach den Schätzungen von Schiffshistorikern – konnten sie „aus dem Stand“ heraus in dreißig Sekunden ihre Höchstgeschwindigkeit erreichen – 11,5 Knoten (21,3 Stundenkilometer) und mehr –, dies allerdings nur für eine begrenzte Zeit und für die Dauer des Angriffs, der im Rammstoß endete. Die Wendigkeit ergab sich aus der einfachen Tatsache, daß die Trieren „auf dem Teller“ drehen konnten: Auf der einen Seite wurde an- auf der anderen Seite gegengerudert.

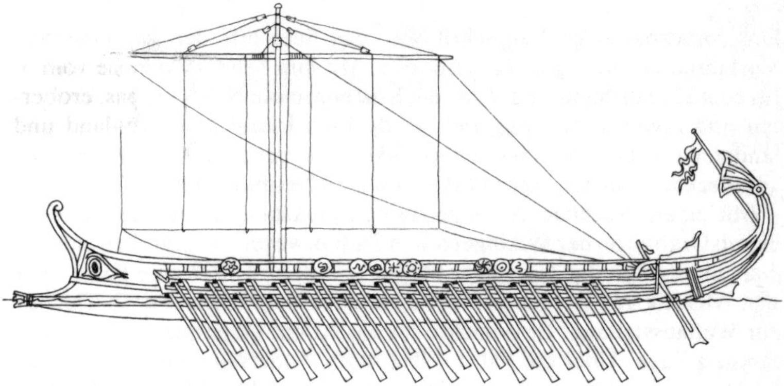

Der Rammsporn vorn war mit Bronze verkleidet und häufig verziert oder wie die Schnauze eines Ebers ausgebildet. Das Auge beidseits des Vorschiffs hatte symbolische Bedeutung. Es war ein magisches Abwehrzeichen gegen den „bösen Blick“, ein Schutzzauber gegen den Feind. Das Achterschiff, wo beidseits ein Steuerriemen mit großem Ruderblatt untergebracht war, ging in einen nach oben gebogenen Helmbusch oder Fächer über. Diese Aufwölbung verhinderte zum einen das Eindringen von achterlicher See und diente andererseits dazu, die Triere bei einer Bö in den Wind zu drehen, so daß von der Luvseite kein Wasser überkommen konnte – ein im Wind liegendes Schiff stampft allenfalls, krängt aber nicht.

Das rechteckige Segel an einer Rah war eher eine Hilfsbesegelung und wurde nur bei günstigen Winden gesetzt. Vor dem Kampf entfernte man die Takelage und ließ sie möglichst am Strand zurück, um nicht behindert zu sein. Immerhin waren die Mastverstagung sowie die Segelführung nicht anders als bei den Seglern späterer Jahrhunderte. Der relativ niedrige Mast wurde von einem Vor- und einem Achterstag gegen ein Umkippen in Längsschiffsrichtung abgesichert, die Rah konnte mit den Brassen geschwenkt werden, und das Segel trimmte man mit den Schoten bzw. den Halsen.

Die Trieren hatten durchschnittlich eine Breite von ca. 6 m und einen Tiefgang von ca. 1 m bei einer Gesamtlänge von etwa 36 m. Einschließlich der Krieger dürfte die Besatzung an die 200 Mann betragen haben. Armiert waren die Trieren meist mit Katapulten.

Hanseatische Kogge

Der Typ des mittelalterlichen Handelsfrachters im Nord- und Ostseebereich war die robuste Kogge, ein Name, der sich aus dem altgermanischen „kuggon“ oder „kukkon“ herausbildete, wobei „ku“ soviel wie sich krümmen, sich wölben bedeutet. Die friesischen Urkoggen des 9. und 10. Jahrhunderts waren kurze, gedrungene Fahrzeuge mit breitem und rundlichem Vor- und Achterschiff und großem Laderaum. Sie waren flach für die Wattfahrt gebaut und wurden nicht mehr mit Riemen vorangetrieben, sondern waren reine Handelssegler.

Aus ihnen gingen die Koggen des 1241 gegründeten Städtebundes der Deutschen Hanse hervor, und sie eigneten sich nicht nur zum Gütertransport, sondern erfüllten auch militärische Zwecke bei den Kämpfen mit den Nord- und Ostseepiraten sowie den konkurrierenden Staaten England und Dänemark. Aus der einmastigen Kogge entwickelten sich Dreimaster mit dem mittschiffs stehenden Großmast, dem kleineren Fockmast und dem noch kleineren Besanmast, an dem ein dreieckiges Lateinersegel gefahren wurde, im Gegensatz zum Großmast und Fockmast, an denen man je ein Rahsegel setzte. Großmast und Fockmast waren auf ihren Spitzen mit Mastkörben ausgestattet. Bei den Dreimastern gab es auch erstmals ein Vor- und Achterkastell.

Mit einem Vorkastell war die im Seitenriß dargestellte einmastige Kogge noch nicht ausgerüstet. Es handelt sich um die sogenannte „Bremer Kogge“ aus dem Jahre 1380, die 1962 zufällig bei Baggerarbeiten für den Bremer Hafen entdeckt, geborgen und restauriert wurde. Aus vielen Details konnte dieser Koggentyp rekonstruiert werden, so daß wir heute darüber ein sehr genaues Bild haben.

Sie hatte eine Länge (mit dem Kastelldeck) von 23 m, eine größte Breite von 7,60 m, eine Seitenhöhe mittschiffs von 4,10 m, eine größte Höhe von 7,50 m, eine Zuladung von 130 Tonnen und vermutlich eine Segelfläche von etwa 100 bis 150 Quadratmetern.

Diese Kogge war ein reiner Frachtsegler ohne jeglichen Luxus. Man nimmt an, daß er von einer vierköpfigen Besatzung gesegelt wurde – der Rudergänger stand unter dem Deck des Achterkastells, also geschützt, hatte jedoch durch die offene Vorderfront so viel Blickfeld nach vorn, daß er den Stand des Segels beobachten konnte. Erstmals war am Achtersteven ein Ruder aufgehängt, das der Rudergänger mit einer großen und wuchtigen Ruderpinne bediente.

Brassen und Schoten zum Schwenken der Rah und zum Trimmen des Segels waren genauso vorhanden wie bei der griechischen Triere und dem skandinavischen Wikingerschiff. Der Mast war nach vorn und nach achtern seitlich verstagt. Der Vorsteven war nach oben verlängert und

nahm das Vorstag auf. Hier deutet sich zum ersten Male der spätere Bugspriet an.

Das Bild von der plumpen und dickbauchigen Kogge wurde mit dem Fund des Bremer Schiffes erheblich verändert. Bei der schnittigen und scharfen Form des Vor- und Achterstevens waren die Experten, die sich mit dem Fund beschäftigten, eher geneigt, von den Linien einer Yacht zu sprechen als von denen eines behäbigen Frachters.

Bei einem Vergleich mit einem Dhau-Modell in einem Londoner Museum ergaben sich verblüffende Ähnlichkeiten zwischen der Bremer Kogge und den arabischen Dhaus. Außerdem vermutet man, daß diese Kogge relativ gut aufkreuzen konnte – eine Erkenntnis, die man bisher vom Koggentyp noch nicht gehabt hatte.

Karacke

Dieser Schiffstyp hatte sich im Mittelmeer als Gegenstück zu den Koggen herausgebildet. Im Unterschied zu diesen hatten die Karacken größere Ausmaße, eine bauchigere Form mit hohen Seiten und einen größeren Flächeninhalt an der Wasserlinie als am Oberdeck, das heißt, die Bordwände wölbten sich seitlich heraus. Mit der langen und schlanken Form von Triere und Wikingerschiff war es damit vorbei – reine Segelschiffe mit drei Masten brauchten als „Widerlager" einen massiven Rumpf, der imstande war, die auf das Rigg samt Segeln einwirkenden Kräfte aufzufangen. Man war abhängig geworden – von den Launen des Windes. Wenn er flau wurde oder einschlief, konnte man keine Riemen mehr einsetzen, um Vortrieb zu haben. Triere und Wikingerschiff konnten auf Land gezogen werden, die Wikingerschiffe sogar auf Rollen, die man unter den Kiel legte. Die Karacke – ebenso die spätere größere Kogge – brauchte einen Hafen, um anzulegen, und das unter schwieriger Ausführung unterschiedlicher Manöver. Trotzdem: Als die Karacken aus dem Mittelmeer im Atlantik und in der Nordsee auftauchten, wurden sie von den dortigen Seefahrern übernommen und bald verbessert.

Bug und Heck trugen gewöhnlich gegen die Decksmitte zurücktretende Aufbauten – die Kastelle. Das Bug- oder Vorkastell ging in den überhängenden dreieckigen Karackenbug über, das Heck- oder Achterkastell war rechteckig und in der Regel nicht höher als das Vorkastell.

Der Seitenriß zeigt eine Karacke um 1470, einen soliden Dreimaster mit Rahsegeln am Fockmast und am Großmast und mit einem Lateinersegel am Besanmast. Alle drei Masten hatten Marsen – kreisförmige, umkleidete Plattformen für die Ausgucks, aber auch für den Kampf, denn von da oben aus kämpften Bogenschützen und Speerschleuderer. Aus dem Vormars und dem Großmars ragen einige Speere, und auf dem Besanmars steht sogar eine Drehbasse, ein in der Höhe und zur Seite schwenkbares, leichtes Geschütz. Was die Armierung betrifft – auch achtern unter dem Kastelldeck ragen die Mündungen von fünf Kanonen hervor –: eine insgesamt recht kriegerische Ausstattung. Aber die Handelsfahrer im Mittelmeer und auch im Atlantik rechneten mit Überfällen von Piraten. Da wirkten solche „Stücke" im beginnenden Zeitalter der pulvergetriebenen Geschosse – und sei es auch nur als Drohgebärde.

Das „Häuschen" ganz achtern über dem Ruder, das mit einem Guckloch ausgestattet ist, war das gewisse Örtchen, das allerdings der Schiffsführung vorbehalten blieb. Die Mannen „vor dem Mast", das Vorschiffsvolk, mußte dieses Geschäft ganz vorn unter dem Bugspriet erledigen, der hier als eine schräg nach vorn ragende Spiere zu erkennen ist. Er diente zur Befestigung der Fockmaststagen.

Was die Verstagung der Masten angeht, fällt die starke Abstützung zu den Seiten auf – die Wanten. Es sind mehrere Stränge, die seitlich von stark außerhalb des Schiffes horizontal angebrachten Bohlen – den Rüsten – hinauf zum Mars führen. Diese Rüsten vergrößerten den Winkel zwischen Mast und Bordwand und boten damit einen besseren Halt als eine spitzwinklige Wantenführung.

Auch hier sieht man wieder Brassen und Schoten zur Bedienung von Rahen und Segeln – das Besansegel achtern wird über einen Papageienstock geschotet, eine Heckspiere, die das Achterliek des Besansegels ausspreizen soll. Und noch etwas Neues bei Großsegel und Focksegel ist zu entdecken: Von der Rah führen Taue hinunter zum Unterliek – die Geitaue, mit denen die Segel nach oben zusammengerafft wurden. Das Großsegel ist sogar mit Nockgordings ausgerüstet – Leinen mit Hahnepots, welche die Seitenlieks nach innen holten.

Eine Karacke kleineren Typs war das Flaggschiff von Christoph Kolumbus, die Santa Maria, mit der er seine erste Fahrt nach Westen antrat. Sie hatte eine Länge von 23 m, eine Breite von 6,7 m, einen Tiefgang von 2,8 m und eine Wasserverdrängung von 237 t.

Karavelle

Die Karavellen entstanden im Mittelmeerraum. Ihre Rumpfform und die dreieckigen Segel erinnern an die arabischen Segelschiffe. Ursprünglich waren es kleine, schnelle und wendige Segler mit einer Tragfähigkeit bis zu etwa 200 t, einem etwas nach vorn geneigten Mast und einem großen Lateinersegel. Die Karavellen der späteren Zeit hatten eine schlankere Form und zwei bis drei Masten mit Lateinersegeln. Nur das Achterschiff war im Sinne eines Kastells erhöht, das Vorkastell – wie bei der Karacke – fehlte. Die Außenhaut war glatt, die Planken stießen stumpf aufeinander. Daraus entstand die Bezeichnung der Karweelbeplankung, die noch heute ihre Gültigkeit hat.

Das dreieckige Lateinersegel, das im Gegensatz zum Rahsegel dichter geholt werden konnte, machte die Karavelle hoch am Wind schneller und ließ sie höher aufkreuzen als den Rahsegler, der wiederum auf Kursen mit achterlichem Wind schneller lief.

Zum Geschwader von Christoph Kolumbus gehörten auch zwei Karavellen, die NINA und die PINTA. Auf seiner ersten Reise ließ Kolumbus die NINA umrüsten. Sie erhielt am Vormast und Großmast Rahsegel, mit denen die Passatwinde, die westwärts wehten, besser ausgenutzt werden konnten. Damit war auch die NINA – wie die PINTA – zu einer sogannten „Caravella Redonda" geworden. Sie konnte jedoch jederzeit auf Karavellen-Takelung umgestellt werden.

Bei einem Tiefgang von nur 1,5 m konnte sie zur Erkundung unbekannter Gewässer vorgeschickt werden und war dann, wieder lateinergetakelt, das ideale Fahrzeug für Küstengewässer oder Flußmündungen. Notfalls konnte man auf der Karavelle Langriemen ausbringen, um besser in engen oder unbekannten Fahrwassern zu manövrieren. Hier wird eine Anlehnung an die Triere und das Wikingerschiff wieder deutlich.

Kolumbus rühmte die Karavelle als seetüchtig, schnell und flachgehend – bis auf ihre Nachteile bei achterlichen Winden. Ihre Vorzüge hatte bereits Heinrich der Seefahrer (1394–1460) erkannt, der zwar nie über Gibraltar hinausgekommen war, aber den Grundstein für die portugiesische Seeherrschaft dieser Zeit legte und eine „Nautische Akademie" auf dem Felsplateau von Kap Sao Vicente, der südwestlichsten Spitze Europas, gründete.

Er schickte zu Beginn des 15. Jahrhunderts Karavellen südwärts, die an den Küsten Afrikas entlang den Seeweg nach Indien finden sollten. Die Karavellen waren es, auf denen die portugiesischen Kapitäne immer weiter nach Süden vordrangen. Von den drei Schiffen, mit denen Vasco da Gama nach Indien segelte und 1497 Kalikut erreichte, war die 50 Tonnen große BERRIO eine Karavelle.

Von der Nina wissen wir, daß sie 21 m lang war und eine Breite von etwa 7 m hatte. In ihrem Laderaum konnte sie eine Fracht von 51 Tonnen aufnehmen. Der Rumpf war mit zweieinhalb Zoll starken Eichenbohlen beplankt.

An ihrem Freibord angebrachte vertikale Balken – sogenannte Löschbords – verhinderten eine Beschädigung der Bordwände, wenn sie gekielholt werden mußte. An Armierung führten die Karavellen von Kolumbus vierzöllige Bombarden mit. Sie verschossen Granitkugeln.

Galeone

Waren die Karacke und die Karavelle jene Segelschiffe, mit denen die Entdecker im 15. Jahrhundert von Europa aus nach Westen vorstießen oder den Seeweg nach Indien suchten, so folgte ihnen im 16. Jahrhundert die Galeone. Diese Segelschiffe entwickelten sich aus der Karacke, entsprachen den Bedürfnissen der Kolonisationszeit und dienten gleichermaßen Handels- und Kriegszwecken. Sie wurden zum Kern der spanischen Kriegs- und Handelsflotte. Wegen ihrer guten Fahreigenschaften wurden auch sie von den übrigen seefahrenden Nationen übernommen, besonders von den Engländern, die sie noch mehr armierten und weiter verbesserten.

Eine kleine englische Galeone war es, mit der Francis Drake (1540–1596) als erster Europäer die Welt in drei Jahren (1577–1580) umsegelte (Fernando Magellans Karacke VICTORIA war zwar das erste Schiff, mit dem die Welt umsegelt wurde, aber Magellan überlebte die Weltumsegelung nicht!).

Im Unterschied zur Karacke waren die Galeonen allgemein größer und schlanker – und sie führten mehr Segelfläche. Zwar blieb am achteren Besanmast das dreieckige Lateinersegel erhalten, aber am Großmast und Fockmast wurden zum Großsegel und Focksegel noch die Marssegel und bei noch größeren Galeonen die Bramsegel über den Marssegeln gefahren. Und noch ein Segel kam hinzu: die sogenannte Blinde, ein rechteckiges Rahsegel, das unter dem schräg aufragenden Bugspriet gesetzt wurde. Blinde hatte man dieses Segel genannt, weil es die Sicht nach vorn verdeckte. Sie ermöglichte es den Galeonen, schneller abzufallen – insofern kann man dieses Segel als Steuersegel bezeichnen, so wie auch das Lateinersegel achtern am Besanmast unter anderem den Zweck hatte, die Galeone zum Anluven zu bringen.

Das System der Schoten und Brassen zum Bedienen der Segel und Rahen blieb erhalten, ebenfalls die Wanten und Stagen zur Abstützung der Masten, aber nunmehr wurden die Wanten verwebt, das heißt, sie erhielten „Quersprossen“ in Form der Webeleinen, über die man zu den Marsen aufentern konnte.

Aus dem vorragenden Karackenbug wurde bei den Galeonen ein regelrechtes kleines Deck – das Galionsdeck als Fortsetzung der Back bzw. des Vorkastells. Vom Galionsdeck aus, das meist allerdings nur als hölzerner Rost – als sogenannte Gräting – ausgeführt war, bediente man das Blindesegel. Im übrigen benutzte man das Galionsdeck auch als (Frischluft-)Zelle für arme Sünder – und das war kein Erholungsort für einen Delinquenten, wenn er dort festgebunden war und die See beim Stampfen des Schiffes von unten durch die Gräting stieg.

Die kleine Galeone von Francis Drake – ihr entspricht der Seitenriß –, die der Kapitän nach Durchsegelung des Magellan-Kanals von Pelican in Golden Hind umtaufte, war mit 18 Kanonen armiert. Drei leichtere Stücke standen an Oberdeck auf der sogenannten Kuhl, sechs schwerere Stücke mit Stückpforten wie die drei oberen befanden sich ein Deck tiefer. Unter dem Achterkastell über dem Ruder war eine umlaufende Galerie angebracht. Die Länge der Golden Hind wird auf 20,20 m geschätzt, Breite 5,60 m, Tiefgang 2,20 m.

Die Mannschaft der Golden Hind schlief zum einen Teil in Hängematten, die zur Zeit der Königin Elisabeth in der englischen Marine eingeführt worden waren, und zum anderen Teil auf Schlafmatten. Man nimmt an, daß sich nach Überquerung des Pazifiks auf der Rückreise noch 58 Personen an Bord des kleinen Schiffes befunden haben.

Zum Ruhm des damaligen Englands wurde die Golden Hind nach ihrer Rückkehr renoviert und in einem Dock in Deptford aufgelegt. Dann wurde sie Gaststätte und verrottete zum Wrack.

Galeasse

Die vereinigten Flotten Spaniens, Maltas, Genuas, Venedigs und des Papstes besiegten 1571 bei Lepanto im Golf von Patras die türkische Galeerenflotte. Es war eine Seeschlacht der Galeeren, und dabei spielten die mächtigen, schweren Galeassen eine gewichtige Rolle.

Dieser merkwürdige Schiffstyp entwickelte sich im 16. Jahrhundert im Mittelmeer und erhielt sich auch noch im 17. Jahrhundert, obwohl er keineswegs dem entsprach, was sich die Schiffsbaumeister von ihm versprochen hatten.

Die Galeasse war ein Zwitter, nämlich ein Kompromiß zwischen Galeere und Segelschiff. Man wollte die Manövrierbarkeit mittels der Riemen mit dem größeren Aktionsradius des Segelschiffs verbinden. Gleichzeitig sollte dieser Zwitter schwerer armiert werden und größere Laderäume für Materialien und Vorräte haben – die Galeassen entstanden aus den venezianischen Handelsgaleeren.

So bepackte man denn die Galeasse – zum Teil in Breitseitenaufstellung (auf der Rißzeichnung ist die Armierung nicht zu sehen) – mit etwa 25 schweren und 80 bis 100 leichteren Geschützen. Das nordische Konzept einer Kombination von Riemen und Segel wie bei den Wikingerschiffen war ausgewogen gewesen, und man hatte die langen und relativ leichten Drachen nicht überladen. Anders lag der Fall bei den Galeassen.

Das beachtliche Gewicht der Galeasse plus dem der Geschütze begrenzte beim Riemenantrieb die Geschwindigkeit, und die Besegelung mit drei lateinergetakelten Masten und dem Blindesegel entpuppte sich bei der Rumpfform der Galeasse auch nicht gerade als optimal. Der Segelantrieb konnte den Riemenantrieb nicht vollständig ersetzen.

Bei der Seeschlacht vor Lepanto mußten die Galeassen von Galeeren auf ihre Position vor der Linie der christlichen Flotte geschleppt werden, weil ihr eigener Riemenantrieb nicht ausreichte. Allerdings erfüllten sie dann ihren Zweck und konnten mit ihren schweren, weitreichenden Geschützen bei den Türken beträchtlichen Schaden anrichten.

Die Galeasse, die auf dem Riß gezeigt wird, entspricht einer italienischen Zeichnung von 1669. Man nimmt an, daß sie eine Länge von 50 m und eine Breite von 13 m hatte. Auf beiden Seiten wurden je 25 Riemen geführt, und man schätzt, daß für die insgesamt 50 Riemen 300 bis 350 Ruderer eingesetzt wurden – 6 bis 7 Mann bedienten einen Riemen! Das waren größtenteils keine Freiwilligen wie bei den griechischen Trieren, sondern Sklaven, Zwangsarbeiter oder zum Galeerendienst verurteilte Galgenvögel. Rechnet man zu der Masse der Ruderer noch die Kämpfer, die Seeleute und die Schiffsführung hinzu, dann stellt sich die Galeasse als ein Schiff dar, das man schlicht als unwirtschaftlich bezeichnen muß – für

längere Seereisen untauglich, zumal nun auch die Lagerräume für die Versorgung einer etwa 500köpfigen Besatzung nicht mehr ausreichten.

Zur äußeren Schiffsform ist noch zu sagen, daß das Achterkastell – anders als bei der Karacke und Galeone – weit über das Ruder hinausragte, während das Galionsdeck vorn so wie bei den Galeonen ausgeführt war.

Die Masten waren seitlich zwar auch von Wanten abgesichert und gestützt, aber es fehlten die Webeleinen zum Aufentern.

Trotz ihrer Mängel war die Galeasse, solange sie fuhr, das gefeierte und adlige Kriegsschiff. In Venedig durften nur Angehörige der ersten und vornehmsten Familien eine Galeasse befehligen. Sie durften sich keinem Kampf entziehen – auch nicht gegen eine Übermacht – und hafteten mit ihrem Kopf für das Schiff.

Noch einmal tauchte der Galeassentyp im schwedisch-russischen Krieg 1788–1790 auf. Beide Länder verfügten in den Schärengewässern über beträchtliche Galeerenflotten, darunter Galeassen. Die schwedischen Galeassen hatte der schwedische Schiffbauer Fredrik Henrik af Chapman (1721–1808) konstruiert. In der Seeschlacht von Svensksund 1790 wurden die Russen von den Schweden vernichtend geschlagen – die Galeassen hatten daran Anteil: sie wurden als schwimmende Batterien eingesetzt.

Fleute

Ein in jeder Beziehung nutzbringenderes Schiff als die Galeasse wurde von den Holländern gebaut, die sich Ende des 16. und im Verlauf des 17. Jahrhunderts mächtig ins Zeug legten, um Spaniern, Portugiesen und Engländern – was den Handelsverkehr über See betraf – den Rang abzulaufen. Kernstück der holländischen Handelsflotte wurde die sogenannte Fleute, die erstmals in den Chroniken im Jahr 1595 erwähnt wird, als auf den Werften der Stadt Hoorn (Nordholland) die ersten Schiffe dieses Typs vom Stapel liefen und schnell „Karriere machten". Zwanzig Jahre später waren sie bereits vollendet entwickelt.

Ihre wesentlichen Merkmale waren außer einer bedeutend schlankeren Bauweise als bisher – Länge und Breite standen jetzt in einem Verhältnis von vier zu eins, das heißt, sie war viermal so lang wie breit – ihre nahe der Wasserlinie weit ausbauchenden, oben jedoch stark eingezogenen Bordwände, so daß ihre Proportionen der einer Flöte (= Fleute) glichen – daher der Name für diesen Schiffstyp.

Die Fleuten waren leistungsfähig, seetüchtig und schnell. Ihre Decklinie verlief nicht waagerecht, sondern von vorn nach achtern ansteigend. Das Heck war rund und löffelförmig gestaltet: Unter dem senkrechten Abschluß des achteren Aufbaus krümmte sich das Heck nach innen zur querschiffs angelegten Ruderpinnen-Pforte, die viel Spielraum zur Bedienung der Pinne bot. Das Ruder war mit starken Ruderbeschlägen am Achtersteven befestigt. Der Bug lief über der Wasserlinie in einen weit vorragenden Galionsbalken aus, an den sich der Rumpf zu beiden Seiten sanft anschmiegte.

Der Tiefgang der Fleuten war wie bei allen holländischen Segelfahrzeugen gering, trotzdem waren sie gute Am-Wind-Segler. Ihre Masten – wie bei der Galeone und Karacke – waren rahgetakelt, jedoch im Verhältnis zum Rumpf ziemlich hoch. Die Rahen wurden kürzer, entsprechend änderte sich der Schnitt der Segel: Sie wurden schmäler und länger, unten breiter als oben, so daß sie eine Trapezform erhielten.

Die größeren Fleuten fuhren am Fockmast und am Großmast über den Marssegeln noch Bramsegel. Der Besanmast trug nach wie vor das Lateinersegel an der schrägen Rahrute, jedoch war darüber ein zweites Segel hinzugekommen: das an einer Rah gesetzte Kreuzmarssegel. Unter dem Bugspriet wurde wie bei der Galeone das Blindesegel gefahren, doch erhielt der Bugspriet nunmehr vorn noch eine Bugsprietstenge, an der die sogenannte Oberblinde gesetzt wurde.

Nach Überlieferungen und Erzählungen waren die Seeleute, von denen Blinde und Oberblinde bedient werden mußten, keineswegs entzückt über diese beiden Segel, über die Oberblinde am allerwenigsten,

denn mit ihr zu hantieren, bedeutete Akrobatik über dem Bugspriet und auf dem kleinen Bugsprietmars. Diese Bugsprietstenge mit ihrer Oberblinde behielt man anderthalb Jahrhunderte bei, obwohl sie sehr viele Opfer forderte.

Auch die Fleuten waren armiert. Die Steuerbordseite auf dem Riß zeigt 9 Stücke von vorn nach achtern verteilt und 2 Stücke im achteren Aufbau. Bekannt ist, daß man weitere Waffen, nämlich die Drehbassen, in entsprechenden Halterungen längs des Schanzkleides anbringen konnte.

Mit ihrer großen Ladekapazität waren die Fleuten hervorragend für die Ostindienfahrt geeignet und brachten ihren Reedern reichlichen Gewinn von den Gewürzinseln bei den Philippinen. Ferner ermöglichte die Fleute das holländische Walfang-Gewerbe – man schuf bereits 1614 eine privilegierte Gesellschaft „der Grönlandfahrer". Jene Fleuten, die man für den Walfang einsetzte, baute man breiter und robuster und verstärkte ihren Bug als Schutz gegen das Eis. Sie dienten als Walfangmutterschiffe, der Fang selbst wurde von Booten aus durchgeführt.

Dreidecker „Victory“

In der zweiten Hälfte des 18. Jahrhunderts begann die Legende der VICTORY, genauer gesagt: 1758 wurde dieses neue Flaggschiff der Royal Navy in England in Planung gegeben, und es schwamm am 7. Mai 1765 in seinem gefluteten Dock in Chatham erstmals auf. Dies war der Anfang einer Geschichte, die heute noch nicht beendet ist, denn die VICTORY hat die Zeiten überlebt und liegt heute – zur Besichtigung frei – auf ihrem Liegeplatz in Portsmouth.

Hier ist erstmals über den Holzaufwand zu sprechen, den ein Schiff von der Größenordnung der VICTORY für den Bau verschlang. Sie hat eine Verdrängung von 3500 Tonnen, ist von der Galionsfigur bis zum Achtersteven 68 m lang und hat eine Breite von 15,8 m. An ihren Rahen können 36 Segel gesetzt werden.

Für den Bau waren bereits vorher 2000 Eichen und etwa gleich viele Buchen und Ulmen gefällt worden – abgelagertes Holz, das schon 1744 geschlagen worden war. Allein das Ruderblatt aus Eichenholz ist 11,50 m hoch und unten 1,80 m breit. Der Kiel besteht aus Ulme, ist aus sieben Balken zusammengelascht und hat einen Querschnitt von etwa 53 mal 53 cm. Die Balken sind je 7,6 m lang. Der Hintersteven ist das größte Holzteil im Schiff. Er besteht aus einem mehr als 9 m langen Fichtenholz mit einer größten Breite von 92 cm. Die Spanten, massive Eiche, sind bis zu 60 cm stark. Die innere Beplankung ist durchschnittlich 13 cm und die äußere 18 cm dick.

Die Höhe des Großmastes beträgt 35 m, die Länge der Großrah 31 m. Die Untermasten haben eine Dicke bis zu 90 cm. Die Leinen des stehenden Gutes, mit denen Masten und Stengen abgesichert werden, haben insgesamt eine Länge von 8 Kilometern.

Genug der Zahlen – bis auf die Armierung: als sogenanntes Linienschiff der ersten Klasse war die VICTORY mit 102 Geschützen ausgestattet, davon dreißig 42-Pfünder, achtundzwanzig 23-Pfünder, dreißig 12-Pfünder, zwölf 6-Pfünder und zwei 60-Pfünder-Karronaden. Die Besatzung betrug 850 Mann.

Die VICTORY diente von 1778 an als Flaggschiff Admiral Keppels, dann setzte Sir Charles Hardy auf ihr seine Flagge, und ihm folgten Admiral Kempenfelt und Lord Howe. Beim Ausbruch der Französischen Revolution trug sie die Flagge Lord Hoods, und 1796 diente sie unter dem Kommando von Sir John Jervis. Nach der Seeschlacht von St. Vincent, die für die Engländer siegreich verlief – das war 1797 –, wurde das stolze Flaggschiff zur Gefangenen-Hulk degradiert, jedoch 1799 wieder in Dienst gestellt. Man baute sie um und reihte sie 1803 erneut in die Flotte ein.

1804 hißte Lord Nelson auf der VICTORY seine Flagge, und am 21. Oktober 1805 schlug er mit ihr die berühmte Seeschlacht von Trafalgar, bei der er fiel. Sein Flaggschiff war zum Wrack geschossen, Segel und Takelage bildeten ein wüstes Durcheinander. Die VICTORY wurde nach Gibraltar eingeschleppt, dort notdürftig repariert und nach Chatham ins Dock gebracht.

Im Jahre 1825 wurde die VICTORY als Flaggschiff des kommandierenden Admirals mit Station in Portsmouth eingesetzt – eine Ehrung, die sich darin ausdrückte, daß sie von passierenden Schiffen der Royal Navy gegrüßt wurde.

In den Anfangsjahren dieses Jahrhunderts nagte der Zahn der Zeit an Lord Nelsons Flaggschiff. 1921 begann ein Kreuzzug zur Rettung des Schiffes, und als man genügend Geld gesammelt hatte, wurde die VICTORY vom Topp bis zum Kiel gründlich überholt und so getakelt, wie sie vor Trafalgar ins Gefecht gegangen war. Während des zweiten Weltkriegs war es eine deutsche 250-Kilo-Bombe, die ein Loch ziemlichen Ausmaßes in ihre Backbordseite riß. Auch das überstand dieses legendäre Schiff. Am 21. Oktober 1945, dem 140. Jahrestag der Schlacht bei Trafalgar, wurde die VICTORY wieder zur Besichtigung freigegeben.

Tee-Klipper „Cutty Sark“

Auch dieser Name wurde Legende, denn ihn trug einer der schnellsten Klipper seiner Zeit, den sich Kapitän John Willis 1868/69 auf einer Werft in Dumbarton (Schottland) bauen ließ, um dem Teufel ein Ohr abzusegeln, das heißt, er war entschlossen, mit ihm die Tee-Rennen zu gewinnen: Wer – von China kommend – in London seine Teeladung zuerst auf den Markt brachte, konnte ein Vermögen machen.

„Cutty Sark“ bedeutet nicht mehr und nicht weniger als „kurzes Hemdchen“, wie es nach den damaligen viktorianischen Moralbegriffen nur die Damen der Halbwelt zu tragen pflegten. Den Kapitän Willis focht das nicht an. Ihn inspirierte die Nannie, eine Hexenfigur aus der schottischen Ballade „Tam O-Shanter“:

Danach kehrte Tam nach nächtlicher Zecherei heim und passierte, etwas angeduselt, einen Kirchhof, auf dem der Teufel einer Schar von Hexenweibern zum Tanz aufspielte. Eine dieser Hexen war jung und verführerisch und trug das „kurze Hemdchen“, eben jene Nannie in der Ballade. Dem guten Tam wurde es ganz warm ums Herz, aber als Nannie ihn so knapp geschürzt verfolgte, riß er aus – Nannie hinter ihm her. Doch Tam konnte sich gerade noch retten.

Diese Nannie mit ihrem „Cutty Sark“ ließ Kapitän Willis als Galionsfigur für seinen Klipper schnitzen – eine knapp bekleidete hübsche Frauenfigur, deren linker Arm in die Ferne weist, Sinnbild für den Wettlauf um Tod, Leben und Seelenheil.

1872 segelte die CUTTY SARK gegen die THERMOPYLAE, einen anderen schnellen Tee-Klipper, von China nach England, um die erste Tee-Ladung der neuen Ernte nach London zu bringen. Beide Klipper liefen am selben Tag von Shanghai aus. Die CUTTY SARK hatte 1 303 000 Pfund Tee geladen, die THERMOPYLAE 1 196 460 Pfund Tee. Die CUTTY SARK übernahm zweimal die Führung, und es sah ganz nach Sieg aus. Dann verlor sie in einem Sturm ihr Ruder. Sie stand das Rennen mit einem Notruder durch, erreichte London jedoch eine Woche nach der THERMOPYLAE, die diese Reise in 115 Tagen bewältigt hatte. Immerhin: Die CUTTY SARK hatte in Ehren verloren.

Was in ihr steckte, zeigte sie dann auf ihren Reisen als Woll-Klipper auf der Route Sydney – London. In den Jahren 1887/88 schaffte sie diese Strecke in nur 71 Tagen. In derselben Saison brauchte die THERMOPYLAE für diese Fahrt 79 Tage: Die Ehre war wiederhergestellt. Kapitän Willis, nunmehr ihr Eigner und Reeder, schenkte vor lauter Freude dem damaligen Kapitän, Richard Woodget, einem hervorragenden Seemann und Schiffsführer, ein goldbesticktes Nachthemdchen, das am Flaggenknopf des Großmastes gehißt wurde.

Die Cutty Sark war ein Vollschiff (full-rigger), das heißt, sie hatte drei vollgetakelte Masten mit Rahsegeln. Bei einer Länge von 65 m und einer Breite von ca. 11 m konnte sie eine Segelfläche von 2976 Quadratmetern Tuch tragen. Ihr Rumpf war schwarz, das Schanzkleid weiß, die Reling aus Messing (da mußte viel geputzt werden!).

Auch sie überlebte – wie die Victory. Nach wechselvollem Lebenslauf wurde sie nach dem zweiten Weltkrieg restauriert und 1954 in einem eigenen Dock an der Themse als britisches Nationalheiligtum für Besucher ausgestellt.

Noch ein Wort zu dem Begriff Klipper. Es leitet sich von dem englischen Zeitwort „to clip" ab – in der Bedeutung von rennen, sausen. Ein Klipper ist also ein Schiff, das die Fähigkeit hat, schnell zu segeln – und die Cutty Sark war es: 1893 zeigte sie dem Postdampfer Britannia, der damals als das schnellste Schiff der Welt galt, das Heck und zog auf und davon.

Amerika war das Ursprungsland der Klipper, und zwar bezeichnete man so die schnellen Schoner, die in der ersten Hälfte des 19. Jahrhunderts hauptsächlich in Virginia und Maryland gebaut wurden. Berühmt wurden die Schnellsegler aus Baltimore (Maryland). Sie dienten beim Krieg mit England als schnelle Blockadebrecher, als Kaper- und letztlich als Sklavenschiffe. Kennzeichnend für sie waren der weit vorragende Klippersteven und das überhängende Heck sowie die schlanken Linien.

Schoner

Dieser Segelschiffstyp entstand Anfang des 18. Jahrhunderts in den Vereinigten Staaten von Amerika, obschon die sogenannte Schonertakelung bereits im späten 16. Jahrhundert und im 17. Jahrhundert von den Holländern und im 18. Jahrhundert auch von den Engländern für kleine zweimastige Segler benutzt wurde. Nur waren es die Amerikaner, die den Schoner weiterentwickelten und vervollkommneten.

Sie übernahmen die schlanke Form des Rumpfes mit dem verhältnismäßig kleinen Freibord und dem fast glatten Deck von den französischen Fregatten, die während der Zeit des Unabhängigkeitskrieges (1775–1783) häufig die amerikanische Küste anliefen.

Typisch wurde jetzt der scharf geformte Bug statt des vollen Vorschiffs der älteren Schiffstypen. Insbesondere aber unterschied sich der Schoner von den bisher gebräuchlichen Typen durch die Art seiner Takelung – durch die Schonertakelung: An den Masten wurden keine Rahsegel mehr geführt, sondern Schratsegel. Dies ist eine Sammelbezeichnung für alle Segel, die in der Ruhestellung nicht querschiffs wie die Rahsegel stehen, sondern in Längsschiffsrichtung. Die Bezeichnung entstand aus dem niederdeutschen Wort „schrad“, was soviel wie schräg, winklig bedeutet.

Die typischen Schoner waren Zweimaster, später Drei- oder auch Viermaster. Der erste viermastige Schoner war die 1880 in Bath/Maine (USA) gebaute WILLIAM L. WHITE, der erste fünfmastige, an der Atlantikküste der USA gebaute Schoner die GOVERNOR AMES von 1888, der erste sechsmastige Schoner, die 1900 wieder in Bath/Maine gebaute ELEANOR A. PERCY und der einzige siebenmastige Schoner, die THOMAS W. LAWSON, die in Quincy/Massachusetts im Jahre 1902 gebaut wurde.

Zu den Gaffelsegeln der Schoner kamen später dreieckige Toppsegel hinzu. Das Bild des Schoners wandelte sich. Durch verschiedenartige Zusammenstellungen von Gaffelsegeln und Rahsegeln entstanden weitere Typen, wie z. B. die Schonerbrigg (Brigantine) oder die Schonerbark (Barkentine).

Die Schonerbrigg war ein Zweimaster mit vollgetakeltem vorderem Mast und Gaffelsegel am Großmast, und die Schonerbark hatte drei Masten, von denen der vorderste vollgetakelt war, während die beiden anderen Masten Gaffelsegel führten.

Die Schoner segelten mit Holz- und mit Kohlefracht, dienten in der Fischerei – wie die berühmten Neufundland-Schoner – und nahmen am Kaffee- und Fellhandel mit Südamerika teil oder wurden im westindischen Zuckerhandel eingesetzt. Was sie so rationell machte, das war bei guter Schnelligkeit die einfache Bedienung der Segel, die wiederum keine große Besatzung erforderte.

Bei der siebenmastigen THOMAS L. LAWSON – der Schiffskörper aus Stahl hatte eine Länge von 120,5 m und eine Breite von 15 m – besorgte man das Setzen und Trimmen der Segel mit Hilfe von Dampfkraft. Dazu benutzte man zwei größere Winden und vier kleinere. So ausgerüstet, brauchte das 5000-tons-Schiff nur eine Besatzung von 16 Mann – eine unglaublich niedrige Zahl für ein so großes Schiff. Dieser Siebenmaster fuhr im Ölhandel zwischen Texas und Philadelphia und wurde 1907 für eine Atlantiküberquerung mit Öl in Fässern gechartert. Bei einem Sturm ging er zwischen den Scilly-Inseln vor Anker, kenterte jedoch. Nur zwei Überlebende konnten geborgen werden.

Die Rißzeichnung stellt einen kleinen Gaffelschoner dar, wie er zu Hunderten gebaut wurde – Länge 34 m, Breite 6,2 m, Tiefgang 2,35 m. An seinen beiden Masten führt er insgesamt 474 Quadratmeter Segel – davon: Großsegel 158 m^2, Großgaffeltoppsegel 38 m^2 (hinterer Mast), Großstengestagsegel 32 m^2 (oben zwischen den beiden Masten), Schonersegel 124 m^2 (vorderer Mast), Stagfock 45 m^2, Klüver 42 m^2 und Außenklüver 35 m^2.

Viermastbark

Ende des 19. Jahrhunderts und über die Jahrhundertwende hinweg begann die eigentliche Zeit der Dampfschiffahrt, aber noch waren die Großsegler nicht von den Meeren verschwunden. Von den Segelschiffsleuten sprach man als von „den eisernen Männern auf hölzernen Schiffen". Ihnen folgten „die eisernen Männer auf stählernen Schiffen", denn nun nahm man Eisen bzw. Stahl zum alleinigen Baumaterial bei Segelschiffen. Der Holzbau großer Segelschiffe gehörte der Geschichte an. Masten, Stengen und Rahen wurden aus Stahlrohr hergestellt, Stahldraht ersetzte die Hanftaue der Takelage. Die Wanten wurden mit Spannschrauben festgesetzt, und zwar innerhalb des Schanzkleids, nicht mehr außerhalb an Rüsteisen mittels der Jungfern.

Durch den Einsatz von Stahl, der nicht teuer war, belebte sich der Bau von großen Segelschiffen noch einmal, und man schuf in den neunziger Jahren und danach Segelschiffe, die gute Segeleigenschaften hatten und auch bei schwerer Ladung schnelle Reisen unternahmen. Da konnten sie durchaus mit den Klippern konkurrieren.

Hinzu kam, daß man mit dem System der Winden Arbeitskräfte einsparen, das heißt, die Besatzung verkleinern konnte. Mit den neuen Braß-Winden zum Beispiel konnten ganze zwei Mann die Backbord- und Steuerbordbrassen der drei unteren Rahen gleichzeitig trimmen – fieren oder holen. Bei den früheren Braß-Taljen mußten mehrere Männer „an die Brassen", und das einzeln für jede Rah.

In dieser Zeit war bei den Stahlschiffen die drei- und viermastige Barktakelung üblich. Eine Bark muß mindestens 3 Masten haben, davon 2, die vollgetakelt sind, und einen – den Besanmast – mit Gaffelsegeln. Der Längsriß stellt eine Viermastbark dar. Die Masten von achtern nach vorn heißen: Besanmast, Kreuzmast, Großmast und Fockmast. Der Besanmast ist gaffelgetakelt, die drei anderen Masten sind vollgetakelt und führen jeweils 6 Segel, wobei die Mars- und die Bramsegel – im Gegensatz zu früheren Zeiten – geteilt sind. So ergibt sich z. B. am Großmast eine Besegelung von unten nach oben mit: Großsegel, Großuntermarssegel, Großobermarssegel, Großunterbramsegel, Großoberbramsegel und Großroyalsegel. Analog heißen die Segel am Kreuzmast und Fockmast, wobei man bei letzterem allerdings üblicherweise zwar vom untersten Segel als der Fock spricht, aber die folgenden Segel dann Voruntermarssegel, Vorobermarssegel usw. nennt.

Eine typische Viermastbark war die 1905 in England gebaute ARCHIBALD RUSSELL, die mit 2385 tons eine Länge von 89 m und eine Breite von 13 m hatte. Wie bei den Viermastbarken üblich, hatten Fock-, Groß- und Kreuzmast die gleiche Höhe, nur der Besanmast war kleiner. Diese Bark

wurde bekannt für schnelle Reisen, z. B. brauchte sie für eine Fahrt von Sydney nach Falmouth 93 Tage oder von New York nach Melbourne 92 Tage. 1924 wurde die ARCHIBALD RUSSELL von Kapitän Erikson in Mariehamn/Ålandinseln gekauft, der sie in seine berühmte Getreideflotte einreihte, die er im Getreidetransport von Südaustralien nach britischen Häfen einsetzte. Zu dieser Getreideflotte gehörten z. B. auch die früheren Flying P-Liner PAMIR und PASSAT. Die ARCHIBALD RUSSELL wurde 1949 verschrottet, ein unrühmliches Ende für eines der letzten großen Segelschiffe.

Um mit den immer stärker aufkommenden Dampfern konkurrieren zu können, baute man bei den großen Handelssegelschiffen Hilfsantriebe ein – mit wenig Erfolg. Die Propeller hinten am Rumpf beeinträchtigten die Segeleigenschaften. Und wie sahen sie aus, diese „Segel-Dampfer", aus deren Schiffsmitte ein stinkender, rauchender Schlot ragte!

Die beiden deutschen Viermastbarken PAMIR und PASSAT fuhren nach dem zweiten Weltkrieg wieder unter deutscher Flagge und wurden bis zum Jahre 1957 als frachtfahrende Segelschulschiffe eingesetzt. Auf der Heimreise vom La Plata nach Europa im Herbst 1957 geriet die PAMIR westlich der Azoren in das Zentrum eines Hurrikans. Sie kenterte und versank wenig später. Achtzig Besatzungsangehörige ertranken, sechs Mann wurden gerettet. So ist die PASSAT die letzte deutsche Viermastbark. Sie liegt am Priwall in Travemünde – an der Kette.

Raddampfer „Savannah"

Das erste Schiff, das mit Dampfantrieb den Atlantischen Ozean überquerte, war die SAVANNAH, die von der amerikanischen Firma „Savannah Steamship Co." in Dienst gestellt wurde. Sie war auf einer Werft in New York erbaut worden und sollte ursprünglich für den Paketdienst in der Umgebung von Le Havre eingesetzt werden. So gesehen, war sie ein Holzschiff mit drei vollgetakelten Masten. Doch sie hatte an Bord eine Dampfmaschine von 90 PS Nennleistung, die eine Art Hilfskraft darstellte und es dem Schiff ermöglichen sollte, bei ruhigem Wetter mit 4 Knoten zu fahren.

Die Dampfmaschine trieb zwei Schaufelräder an Backbord und Steuerbord an, die einen Durchmesser von 4,65 m hatten. Die zehn Schaufeln an jedem Rad waren abmontierbar – für den Fall, daß der Dreimaster Segel setzte!

Am 26. Mai 1819 verließ die SAVANNAH ihren Heimathafen Savannah und traf am 20. Juni 1819 in Liverpool ein. Sie war mehr gesegelt als motort! Unterwegs hatte sie den Dampfantrieb nur etwa insgesamt 85 Stunden eingesetzt – dies insbesondere, als Irland in Sicht kam, da qualmte sie nämlich munter drauflos.

Dort bemerkte der Ausguck des Flaggentelegraphen auf dem Kap Clear (Südirland) südlich auf See dicke Rauchwolken eines offenbar brennenden Schiffes. Er alarmierte die entsprechenden Stellen, und ein Zollkutter lief aus, um Hilfe zu leisten. Aber auf der SAVANNAH brauchte man keine Hilfe – man gestattete den Zollbeamten, an Bord zu kommen und die Maschinenanlage zu besichtigen.

Wir wissen nicht, ob der Kapitän der SAVANNAH – er hieß Moses Rogers – den staunenden Iren ein bißchen Seemannsgarn vorspann und ihnen verklarte, er habe das Schiff mit dem neumodischen Antrieb über den Atlantik „geschaufelt".

Erst recht wissen wir nicht, ob den Iren klar war, was hier tatsächlich passiert war – nämlich der Einbruch eines neuen Antriebsmittels in das bisherige System der Bewegung über das Wasser mittels Muskel- oder Windkraft oder beidem zugleich.

In der damaligen Presse hingegen stand zu lesen: „Unter den gestern in diesem Hafen angekommenen Schiffen bot ein schönes Dampfschiff einen völlig neuartigen Anblick, der uns Befriedigung und Erstaunen bereitete. Um 19.30 Uhr kam das Schiff ohne jegliche Segelunterstützung in einer Art herangefahren, die die Kraft und den Vorteil des Dampfantriebes für die größten Schiffe wie diesem mit seinen 350 Ladetonnen bewies. Es heißt SAVANNAH, verließ am 26. Mai Savannah und erreichte vor fünf Tagen den Kanal, während der Überfahrt arbeitete die Maschine

18 Tage (!) hindurch. Die Schiffsform ist sehr schön, und die Passagierunterkünfte sind elegant und gut ausgestattet; es ist bisher das erste solchermaßen konstruierte Schiff, das eine Reise über den Atlantik unternommen hat."

Das Ausrufungszeichen hinter den 18 Tagen stand nicht in diesem Presseartikel – es wurde von mir angebracht. Wer hier mogelte, dürfte unerheblich sein – sicher ist es ein Zeichen dafür, wie leichtgläubig die Menschheit zu jeder Zeit ist, besonders dann, wenn sie „etwas Neues" erlebt.

Nach erfolglosen Versuchen der Schiffahrtsgesellschaft, die SAVANNAH an die Regierung der USA zu verkaufen, wurde sie 1820 versteigert und nach Demontage von Maschinen und Rädern als Paketsegler zwischen Savannah und New York in Dienst gestellt. Im November 1821 scheiterte sie bei einem Sturm an der Küste von Long Island. Sie hatte eine Länge von 33,5 m und eine Rumpfbreite von 7,86 m. Ihre Breite über den Radkästen betrug 10,97 m.

Raddampfer „Great Eastern“

Die Dampfschiffahrt war in der zweiten Hälfte des 19. Jahrhunderts auf dem Vormarsch. Am 1. August 1854 begann der Bau des bis dahin größten Schiffes der Welt, das nach den Entwürfen des französischen und nach England gegangenen Ingenieurs Isambard Kingdom Brunel gebaut wurde und am 31. Januar 1858 vom Stapel lief.

LEVIATHAN sollte dieses Monster heißen, aber der Name wurde beim Stapellauf auf GREAT EASTERN geändert. Das Schiff war für den Transport von Personen und Frachten nach Indien und Australien bestimmt und sollte wegen seiner Größe und Geschwindigkeit die Rentabilität der Fernfahrten sichern. So entstand eine volleiserne Konstruktion, vierdekkig, mit doppeltem Kastenboden und doppelter Außenhaut. Der Rumpf war durch Querschotten in zwölf wasserdichte Abteilungen unterteilt. Fünf Schornsteine „zierten“ den Giganten. Hinzu gesellten sich 6 Masten mit gemischter Takelung von insgesamt 5435 m^2 Segelfläche. Das Schiff hatte eine Besatzung von 400 Mann und konnte 4000 Fahrgäste in drei Klassen und neben 12200 t Kohle 6000 t Ladung aufnehmen.

Die GREAT EASTERN hatte zum Antrieb (außer der Segelfläche) zwei Schaufelräder mit einem Durchmesser von je 17 m und eine vierflügelige Schraube achtern unter dem Heck. Die Schaufelräder wurden von 2 Dampfmaschinen mit 4000 PS Gesamtleistung, die Schraube von einer vierzylindrigen Dampfmaschine mit 1622 PS Nennleistung angetrieben.

Die Maße betrugen: 211 m Länge, 25,2 m Breite (36 m über den Schaufelrädern), 9 m Tiefgang, Wasserverdrängung 18915 t.

Bei einer Kesselexplosion auf der Probefahrt kamen zehn Menschen um. Wenige Tage darauf verstarb Brunel, aufgerieben von den vielen Sorgen und Aufregungen beim Bau dieses Schiffes. Auf der ersten Fahrt nach New York 1860 – sie dauerte 11 Tage mit einer Durchschnittsgeschwindigkeit von 14 Knoten – ertrank der Kapitän. Auf der zweiten Fahrt lief die Great Eastern bei einem Sturm vor New York auf einen Felsen. Bei der dritten Fahrt trieb sie tagelang manövrierunfähig in einem Sturm, weil sie Ruderbruch hatte und die Schaufelräder beschädigt waren.

Das Mißgeschick verfolgte dieses Schiff und trieb die Great Eastern Company 1864 mit hohen Schulden in den Konkurs. Es hatte sich weder im Fahrgast- noch im Frachtentransport bewährt und bei stürmischem Wetter sowie starkem Seegang versagt. Die Company verkaufte es.

Darauf diente es als Kabelleger, Spekulationsobjekt, Ausstellungsschiff, schwimmendes Hotel, Kohlendepot und Schaustück für Neugierige. 1885 wurde es außer Dienst gestellt und 1888/89 abgewrackt. Dieses unglückliche Schiff, das für die Segel- und die Maschinenfahrt gleichermaßen ungeeignet war, kann als der Vorläufer der großen Ozean-Liner bezeichnet werden.

„Merrimack“ und „Monitor“

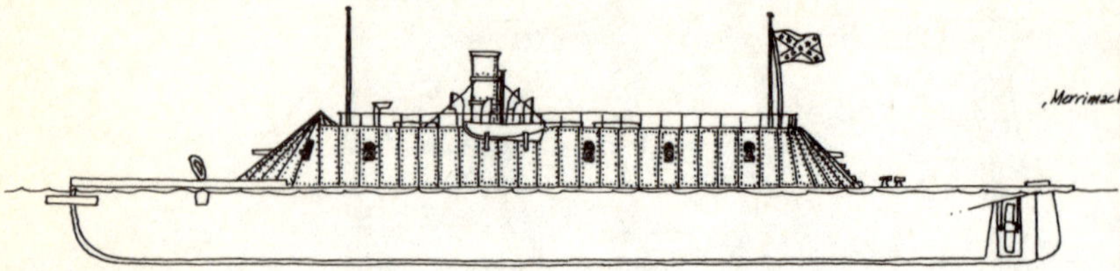

Den Beginn des Zeitalters gepanzerter Seekriegsfahrzeuge mit Maschinenantrieb kann man auf einen einzigen Tag fixieren: auf den 9. März 1862. An diesem Tag fochten die MERRIMACK der Südstaaten und die MONITOR der Unionsstaaten im Sezessionskrieg ein Duell aus, das zwar unentschieden verlief, aber auf etwas Neues hindeutete: daß nämlich in Zukunft hölzerne Schiffe mit starren Batterien nicht mehr die Gefechte entscheiden würden.

Diese beiden Kriegsfahrzeuge waren merkwürdig genug – in einer Zeit, in der die Marinen der seefahrenden Nationen noch Segelschiffe mit Kanonenbatterien bauten, die in mehreren Decks untergebracht waren.

Lästermäuler bezeichneten die MERRIMACK als „eine sehr große Scheune, die Rauch ausspuckt“, und den MONITOR (der Name wurde zum Typenbegriff) als „eine auf ein Floß montierte Käseschachtel“. Der Spaß war ernst genug.

Als sich die Unionstruppen aus Norfolk (nördlich von Kap Hatteras und südlich von New York) zurückziehen mußten, verbrannten und versenkten sie alle Schiffe im Hafen, darunter die MERRIMACK, eine Dampffregatte. Sie wurde von den nachrückenden Konföderierten geborgen, mehr oder weniger abgetakelt und zerschnitten und in eine schwimmende Kasematte aus Eichenbohlen, die man mit Eisenbahnplatten und Eisenbahnschienen abdeckte, umgewandelt. Dieser gepanzerte Aufbau lag knapp über der Wasserlinie, der Rumpf darunter blieb aus Holz. Der Aufbau wurde mit sechs 23-cm-Vorderladern, zwei 16,3 cm gezogenen sowie zwei 17,8 cm glatten Vorderladern bestückt. Als weitere Angriffswaffe trug der Bug einen Rammsporn aus Gußeisen, der unterhalb der Wasserlinie 60 cm hervorragte. Über den Maschinenantrieb wissen wir nur, daß er die MERRIMACK auf eine Geschwindigkeit von 2 bis 3 Knoten brachte – für einen vollen Kreis brauchte sie eine halbe Stunde!

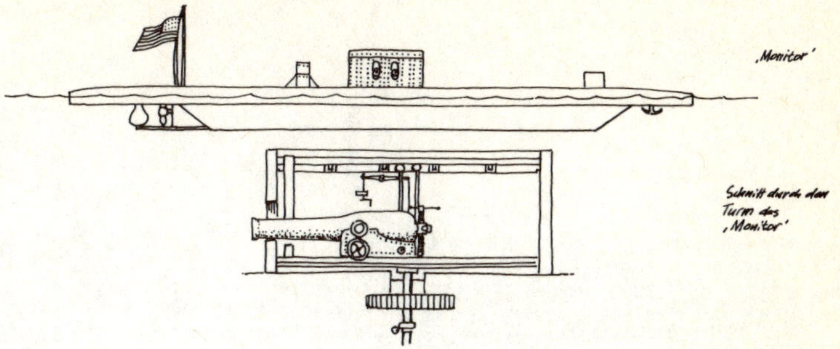

Der MONITOR der Unionstruppen war eine Konstruktion des gebürtigen Schweden John Ericsson. Das Fahrzeug hatte die Form eines Floßes, in dessen Mitte ein drehbarer gepanzerter Turm von 6 m Durchmesser aufragte, der mit zwei 28-cm-Vorderladern bestückt war. Die Drehung dieses ersten Geschützturms in der Geschichte der Panzerschiffe erfolgte durch Dampfkraft. Das Schiff wurde von zwei Propellern von 2,94 m Durchmesser angetrieben. Die Dampfmaschine befand sich unterhalb der Wasserlinie im Rumpf. Die Länge des MONITOR betrug 52,5 m, die Breite 12,65 m, die Seitenhöhe 3,45 m, der Tiefgang 3,2 m – die MERRIMACK hatte 7 m – und die Wasserverdrängung 1200 t.

Am 6. März 1862 verließ der MONITOR mit einer Besatzung von 53 Mann den Hafen von New York, um die MERRIMACK zu stellen, der es seit ihrem Einsatz bei Norfolk bereits gelungen war, mehrere Fahrzeuge der Union zu zerstören oder zu versenken.

Am Morgen des 9. März stießen die beiden gepanzerten Fahrzeuge vor Norfolk aufeinander. Das Gefecht begann, beide Schiffe erhielten Treffer, aber ohne ernstliche Wirkungen. Immerhin hielt der MONITOR dem größeren Gegner stand; beide trennten sich am frühen Nachmittag, ohne den anderen versenkt zu haben. Menschenleben hatte dieses erste Duell zwischen Panzerschiffen nicht gefordert. Nur wenige Männer waren verwundet worden.

Das weitere Schicksal dieser beiden Schiffe war unterschiedlich. Die MERRIMACK wurde aufgegeben und brannte zum zweiten Male – jetzt völlig – aus, als sich die Konföderierten aus Norfolk zurückziehen mußten. Der MONITOR sank in einem Sturm mit einem Teil seiner Besatzung vor Kap Hatteras.

Als Folge dieses Gefechts erbauten auch die großen seefahrenden Nationen Monitoren. Sie dienten zumeist der Küstenverteidigung.

Schnelldampfer „Mauretania“

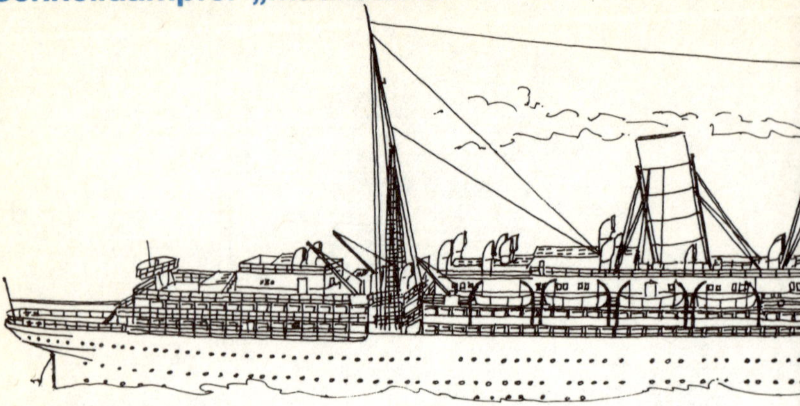

Etwa ab 1890 verschwand die Besegelung bei den maschinengetriebenen Fahrzeugen – die Maschinen waren zuverlässiger geworden, der Wettkampf – besser: das Rennen – war entschieden. Die großen Segelschiffe begannen zur Legende zu werden, die Schiffahrtsgesellschaften wetteiferten im Bau immer größerer und schnellerer Passagierdampfer.

Im Halten von Geschwindigkeitsrekorden lösten sich englische und deutsche Mammutschiffe wechselseitig ab, bis am Beginn des 20. Jahrhunderts das Schiff der Cunard-Line, die MAURETANIA, im Jahre 1907 den deutschen Schnelldampfer KAISER WILHELM II. im Kampf um das Blaue Band entthronte und ihren Titel als schnellster Atlantiküberquerer bis 1929 verteidigte.

Die Kolbenmaschine wurde bei den Schnelldampfern am Anfang des neuen Jahrhunderts bereits von der Dampfturbine verdrängt, bei der die Drehbewegung unmittelbar durch den gegen Schaufelräder aus Düsen ausströmenden Dampf erzielt wurde. Der Effekt war höchste Ersparnis an Betriebsstoff, größte Ausnutzung an gebrauchter und geringster Verlust an erzielter Kraft.

Die MAURETANIA war mit Dampfturbinen ausgestattet. Sie trieben 4 vierflügelige Propeller von 5,1 m Durchmesser mit einer Gesamtleistung von 70 925 PS an. Den Dampf erzeugten 25 Dampfkessel. Das Schiff hatte eine Länge von 241 m über Alles, eine Breite von 26,8 m, eine Seitenhöhe von 17,4 m und eine Wasserverdrängung von 31 938 t. Im Mittelschiff befanden sich 7 Decks, von achtern nach vorn durchlaufend waren es 4 Decks, die man durch 15 wasserdichte Querschotten unterteilt hatte. Sie konnte 560 Passagiere in der 1. Klasse, 475 in der 2. Klasse und 1300 in der 3. Klasse befördern. Die Besatzung betrug 812 Mann.

Während des ersten Weltkriegs diente die MAURETANIA anfangs als Hilfskreuzer und später als Lazarettschiff – wie viele dieser Passagierdampfer. Nach dem Krieg wurde sie wieder auf ihrer alten Route eingesetzt und 1922 mit Ölheizung ausgestattet. Ihren Geschwindigkeitsrekord konnte sie noch einige Male verbessern. Im Oktober 1934 wurde sie außer Dienst gestellt und verschrottet.

Ein anderes Schicksal hatte ihr Schwesterschiff, die LUSITANIA. Sie wurde im Mai 1915 an der irischen Südküste von dem deutschen „U 20“ torpediert und versenkt. Das Schiff stand zwar in der Liste der britischen Hilfskreuzer, aber es war zu dieser Zeit im englisch-amerikanischen Passagierdienst tätig, was der deutsche U-Boot-Kommandant nicht wissen konnte. Mit dem Schiff verloren 1198 Menschen ihr Leben, darunter 785 Reisende, Frauen und Kinder. Es kam zu heftigen Notenwechseln zwischen den Regierungen, und man verurteilte den von den Deutschen geführten U-Boot-Krieg. Allerdings verschwieg man, daß die LUSITANIA sechs Millionen Schuß Munition geladen hatte.

Wir erwähnen diese tragische Episode, die letztlich zum Kriegseintritt Amerikas führte, um aufzuzeigen, wie technische Umwälzungen – für friedliche Zwecke gedacht – leider auch dazu dienen, für den Krieg nutzbar gemacht zu werden.

Technische Umwälzungen drücken sich auch in Zahlen aus: 1870 hatte Deutschland für den Ozeanverkehr 127 Dampfer und 4320 Segelschiffe. 1890 waren es 815 Dampfer und 2779 Segelschiffe und 1899 1066 Dampfer und 538 Segelschiffe. In England sank zwischen den Jahren 1888 bis 1908 die Zahl der Segelschiffe von 15 111 auf 9510, die Zahl der Dampfer stieg von 6636 auf 11 361.

Schlachtschiff „Dreadnought“

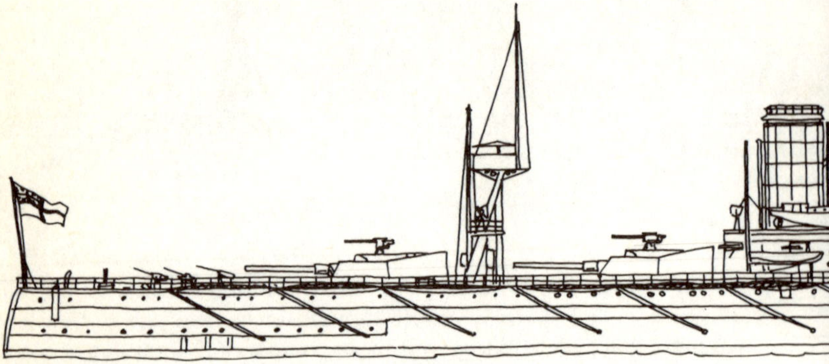

Dieses englische Wort bedeutet „Fürchtenichts“, und es wurde der Name für das erste Großkampfschiff – das „All-Big-Gun-Ship“.

Der russisch-japanische Krieg, insbesondere die Niederlage der Zaren-Flotte bei Tsuschima (Inselgruppe in der Korea-Straße) 1905 in der ersten großen Seeschlacht des Jahrhunderts hatte einen tiefgreifenden Einfluß auf die Konstruktion der Kriegsschiffe aller Seemächte.

Besonderer Nachdruck wurde auf die Feuerkraft und die Fahrtgeschwindigkeit gelegt, weniger berücksichtigt wurde der Schutz der Schiffe durch Panzerung. Als erster Staat realisierte Großbritannien diese Erkenntnis mit dem Bau des Schlachtschiffes DREADNOUGHT. Es wurde im Oktober 1905 auf der Marine-Werft in Portsmouth auf Kiel gelegt und in der Rekordzeit von nur 130 Tagen unter größter Geheimhaltung gebaut. Am 2. Februar 1906 lief es von Stapel und wurde am 1. September 1906 für die Erprobungen in Dienst gestellt.

Die DREADNOUGHT war das erste große Kriegsschiff, das mit Dampfturbinen ausgestattet wurde. Sie brachten es auf eine Leistung von 23 000 PS und trieben 4 Schrauben an. Die Geschwindigkeit betrug 21 Knoten.

Sie war mit zehn 30,5-cm-Kanonen armiert, die mit je zwei Rohren in fünf Geschütztürmen untergebracht waren. Ein Turm stand mittschiffs vorn vor der Gefechtsbrücke, zwei an Backbord und Steuerbord etwa auf der Höhe des Dreibeinmastes, einer mittschiffs hinter dem achteren Schornstein und der letzte ebenfalls mittschiffs hinter dem kleineren

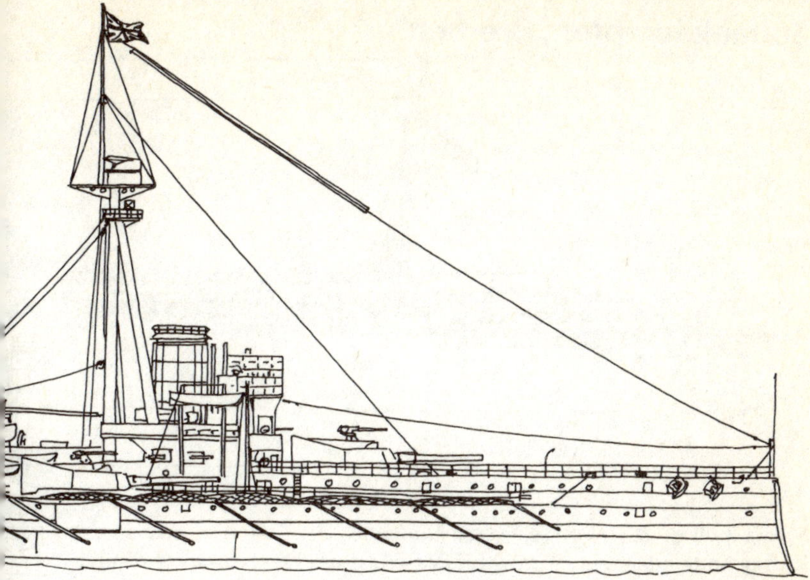

Gefechtsmast. Ferner verfügte die DREADNOUGHT noch über vierundzwanzig 7,6-cm-Geschütze über das Schiff verteilt sowie über fünf Torpedorohre unter Wasser. Von den Geschütztürmen konnten aufgrund ihrer Position drei voraus und vier achteraus feuern, für die jeweiligen Breitseiten konnten vier Türme eingesetzt werden.

Das Schlachtschiff war im Mittelteil des Rumpfes mit Platten von 28 cm, am Bug von 15 cm und am Heck von nur 10 cm Dicke gepanzert. Diese Panzerung erwies sich im Verlauf der Zeit als ungenügend. Gegen feindliche Torpedos war sie durch die damals üblichen Drahtnetze geschützt, die seitlich an drehbaren Spieren ausgebracht wurden.

Die Hauptmaße waren eine Länge über Alles von 161 m, eine Breite von 25 m, ein Tiefgang von 9,5 m und eine Wasserverdrängung von 22 500 t. Die Besatzung zählte ca. 800 Mann.

Insgesamt erwies sich der Bau der DREADNOUGHT als gelungener Wurf, und England gewann im Schlachtschiffbau einen Vorsprung gegenüber den anderen Seemächten, deren Konstruktionsbüros nach Bekanntwerden des Baus eifrig nachzuziehen begannen. Das Wettrüsten ging los! Bei den Deutschen, bei den Italienern, Franzosen und Russen sowie den Amerikanern. Und auch Japan stürzte sich in diesen Rüstungswettlauf. Deutschland und England setzten den Dreadnought-Typ, der zum Gattungsbegriff des „All-Big-Gun-Ships“ wurde, im ersten Weltkrieg gegeneinander erstmals ein – mit wechselndem Erfolg.

Schnelldampfer „Bremen“

Mit dem Bau des Norddeutschen-Lloyd-Schiffes BREMEN, das unsere Rißzeichnung darstellt, wurde auf der Werft der Deutschen Schiff-und-Maschinenbau-Aktiengesellschaft in Bremen im Juni 1927 begonnen. Der Stapellauf erfolgte am 16. August 1928.

Gegenüber den Fahrgastschiffen aus der Zeit vor dem ersten Weltkrieg konnten die BREMEN und ihr Schwesterschiff EUROPA, das am 15. August 1928 bei Blohm und Voß an der Elbe von Stapel lief, viele Konstruktionsverbesserungen und eine modernere Schiffsarchitektur aufweisen.

Der Vorsteven war nicht mehr senkrecht wie z. B. bei der MAURETANIA, sondern abgeschrägt, die Deckaufbauten waren geschlossen, es gab nur zwei breite Schornsteine, die sich elegant und harmonisch in die Gesamtsilhouette des Schiffes einfügten. Zwischen den beiden Schornsteinen stand eine Katapultanlage für den Start eines Wasserflugzeugs.

Die Bremen hatte insgesamt 11 Decks, davon 4 durchführende im Rumpf und 4 in den Aufbauten. Den Rumpf unterteilten 14 wasserdichte Querschotten, die mit hydraulischen Türen versehen waren. Das luxuriös ausgestattete Schiff bot 2224 Fahrgästen in 4 Klassen während der Überfahrt ein Höchstmaß an Bequemlichkeit. Die Besatzung zählte 999 Mann.

Den Antrieb der 4 vierflügeligen Propeller von 5 m Durchmesser besorgten Dampfturbinen von 125 000 PS Gesamtleistung. Die 20 Wasserrohrkessel hatten Ölfeuerung.

Die Jungfernfahrt im Juni 1929 von Bremerhaven über Southampton nach New York legte die BREMEN in 4 Tagen, 17 Stunden und 42 Minuten zurück. Damit errang sie das Blaue Band. Im Jahre 1933 verkürzte sie

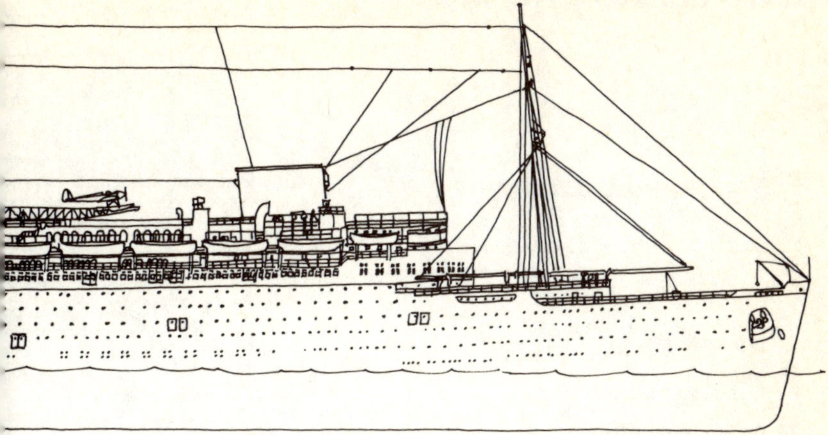

diese Fahrzeit noch um 3 Stunden. Ihre Durchschnittsgeschwindigkeit betrug 28 Knoten.

Was sie unter anderem für das Wohlbefinden ihrer Passagiere so mitnahm für die Hin- und Rückfahrt Bremen–New York, das veranschaulichen die folgenden Zahlen: 45 Zentner Kaffee, 3 Zentner Tee, 6 Zentner Kakao und Schokolade, 18 000 Zigarren und 120 000 Zigaretten.

Sie hatte eine Länge von 273,92 m, eine Breite von 31,06 m, eine Seitenhöhe von 14,69 m und eine Wasserverdrängung von 51 656 t.

Bei Ausbruch des zweiten Weltkrieges gelang es der BREMEN, New York zu verlassen, den lauernden englischen Schiffen zu entwischen und auf dem Umweg über Murmansk den Heimathafen unbehelligt zu erreichen. Diese Fahrt nahe der Eisgrenze machte viel Aufsehen. Dann erhielt das Flaggschiff des Norddeutschen Lloyd einen Tarnanstrich, und der Luxus-Liner wurde mit der Nummer 802 zum Truppentransporter für die geplante Invasion Englands umfunktioniert. Es kam anders.

Am 16. März 1941 wurde in Bremerhaven Feueralarm gegeben: Die BREMEN stand in Flammen. Das Feuer breitete sich im Nu aus, und die Versuche, das Schiff zu retten, schlugen fehl. Die BREMEN wurde geflutet und auf Grund gesetzt, um wenigstens die Maschinenanlage zu erhalten. Die sofort eingesetzte Geheime Staatspolizei vermutete einen Anschlag des britischen Geheimdienstes – bis sich herausstellte, daß der 15jährige Schiffsjunge Walter Schmidt das Feuer gelegt hatte, angeblich aus Rache wegen der Ohrfeige eines Vorgesetzten. Der Ozeanriese war vernichtet und wurde verschrottet. Das Gericht war erbarmungslos wie alles in diesen dunklen deutschen Zeiten und verurteilte den Jungen zum Tode.

Schlachtschiff „Yamato“

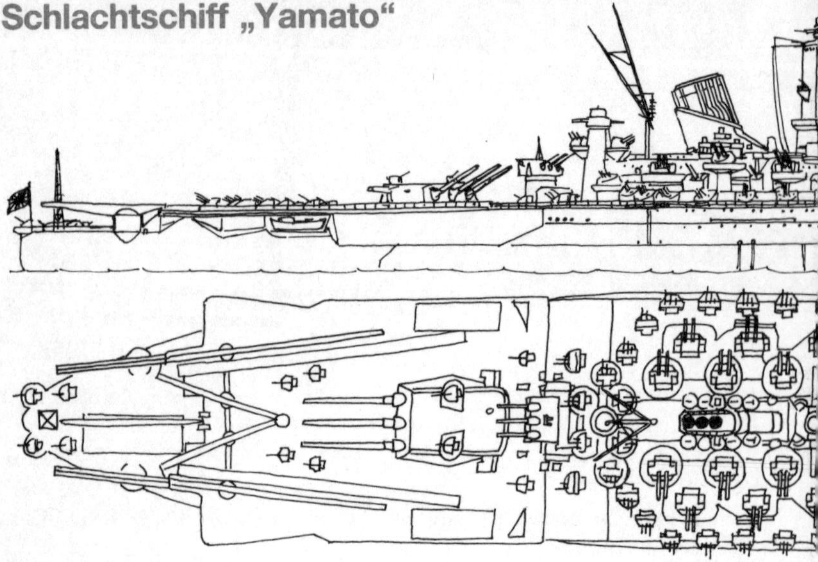

Zweiter Weltkrieg, Kampfplatz Stiller Ozean zwischen Japan und den Okinawa-Inseln. Gespeist von den letzten 2500 t Treiböl in Japan – es reicht gerade aus, um Okinawa zu erreichen –, laufen das Riesenschlachtschiff YAMATO, ein leichter Kreuzer und acht Zerstörer aus dem japanischen Binnenmeer von ihrem Stützpunkt südöstlich von Hiroshima zum Kampf gegen die Amerikaner auf Okinawa aus. Der Verband hat den Auftrag, in der Morgendämmerung des 8. April 1945 vor der Insel zu stehen, auf den Strand aufzulaufen und auf die amerikanischen Streitkräfte zu schießen, bis ihre Munition verfeuert ist oder sie selbst vernichtet sind.

Doch amerikanische U-Boote sichten den Verband, melden ihn, und am 7. April, gegen 12.45 Uhr, greifen die ersten US-Sturzbomber die YAMATO an. Und dann geht es Schlag auf Schlag, es hagelt Bomben und Bordwaffengeschosse. Die erste Angriffswelle der amerikanischen Flugzeuge erzielt bereits 4 Torpedotreffer. Es bleibt nicht dabei. Um 14.23 Uhr kentert die YAMATO über die aufgerissene Backbordseite.

Der Fähnrich Yoshida berichtet: „Granaten der großen Geschütze rutschten und polterten über das Deck der Munitionsräume, krachten gegen die Schotten, und so kamen die ersten einer Reihe von Explosionen. Dann schnitt das Schiff unter. Es sank mit seinen nicht abgefeuerten Tausenden Schuß panzerbrechender Munition. Aus dem sinkenden

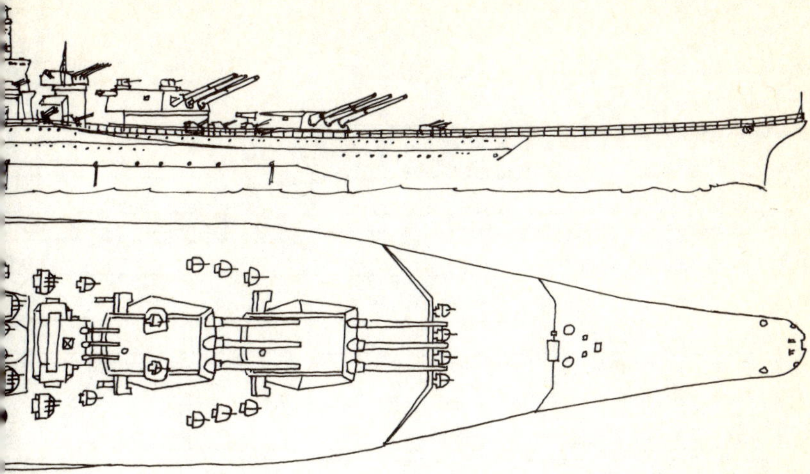

Riesenleib hörte man das Rumpeln und Poltern übergehender Gegenstände, das berstende Krachen der Schotten, die Explosionen aus den Munitionskammern. Als das kenternde Schiff untertauchte, stießen riesige Flammenfinger blitzend und raketengleich in die dunklen Wolken über uns ..."

Das größte und zugleich auch letzte Großkampfschiff, das im zweiten Weltkrieg auf See versenkt wurde, reißt 2498 Mann, fast die gesamte Besatzung, mit in die Tiefe.

Es waren insgesamt zehn Torpedos und fünf Bombentreffer, die ausreichten, um dieses Riesenschiff zu vernichten.

Die Yamato wurde 1937 auf der Werft der Firma Mitsubishi in Nagasaki auf Kiel gelegt und 1941 in Dienst gestellt. Ihre Bewaffnung bildeten neun 46-cm-Geschütze in drei Drillingstürmen (zwei vorn, einer hinten), zwölf 15,5-cm-Geschütze, zwölf 2,5-cm-Flugabwehrkanonen und acht Torpedorohre vom Kaliber 60,9 cm. Mittschiffs befanden sich zwei Katapulte für sieben Flugzeuge. Die Seiten waren durch eine 41 cm dicke Panzerung geschützt, das Deck mit 21,2 cm starken Panzerplatten und die Geschütztürme mit einem 65 cm starken Panzer. Mit 150 000 PS lief die Yamato eine Höchstgeschwindigkeit von 27 Knoten. Sie hatte eine Länge über Alles von 263 m, eine Breite von 36,9 m, einen Tiefgang von 10,9 m und eine Wasserverdrängung von 72 809 t.

Flugzeugträger „Yorktown“

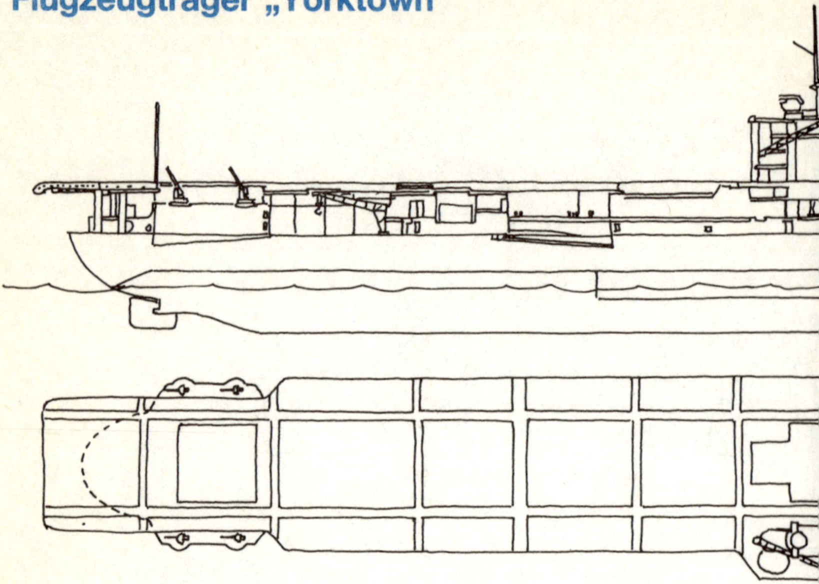

Immer wieder sind es Kriege, die eine technische Entwicklung vorantreiben, so etwa die, daß jemand die Idee hatte, ein Flugzeug mit einem Schiff von dem Punkt A nach dem Punkt B zu „tragen“, um es dort irgendwie zu starten. Diese Geschichte begann im September 1918. Da tauchte ein plumpes, viereckiges Schiff ohne Masten und Schornsteine und mit einem vom Bug bis zum Heck durchlaufenden Deck bei der englischen Flotte auf, und man nannte es freundlicherweise „flatiron“, was schlicht „Plätteisen“ bedeutet. Es war die ARGUS, der erste Flugzeugträger, auf dem Flugzeuge starten und landen konnten.

Die Idee war bereits 1910 geboren worden, genauer gesagt am 14. November des Jahres 1910. An diesem Tag war ein amerikanischer Zivilpilot mit einem 50-PS-Flugzeug von einer 25 m langen Plattform, die man auf das Vorschiff eines Kreuzers gesetzt hatte, gestartet. Er war mit Wasserberührung abgekommen, hatte die Maschine aber hochziehen und zum Landen auf das Festland fliegen können.

Das war der Anfang, aus dem im Laufe der weiteren Jahrzehnte die größten Einheiten einer Kriegsmarine wurden – die Flugzeugträger, deren Aufgabe es ist, Flugzeuge zu transportieren, zu warten und den Start und die Landung zu ermöglichen. Die Vorgänger dieser speziellen Schiffe nannte man noch Flugzeugmutterschiffe. Das waren Träger, die

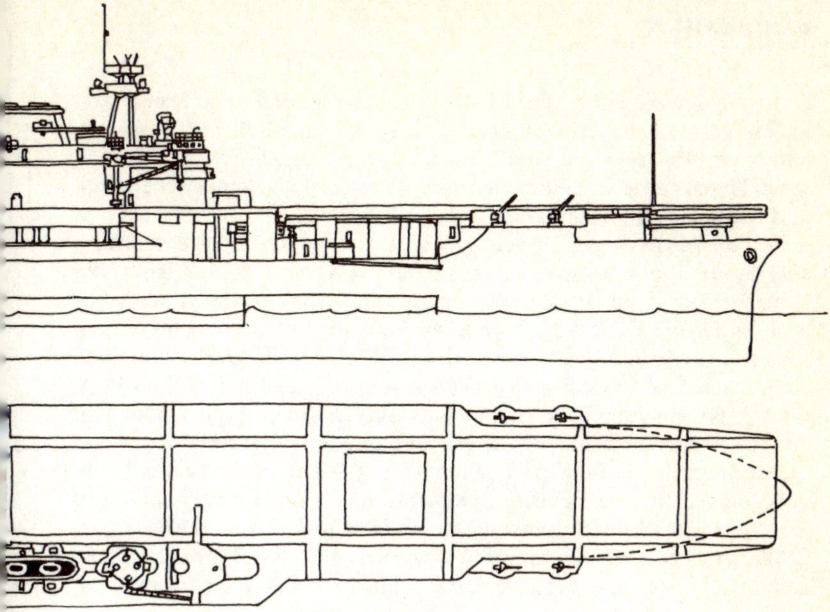

ihr Geschäft mit Wasserflugzeugen betrieben, die aus Laderäumen mittels Kran an Deck gehievt und zum Start außenbords gesetzt wurden. Bei der Rückkehr mußten sie wassern und wurden auf dem umgekehrten Weg wieder an Bord genommen.

Heute sind die Flugzeugträger vollautomatisierte Landeplätze für alle Arten von Flugzeugen. Ihre Decksaufbauten liegen als sogenannte „Insel" mittschiffs auf der Steuerbordseite. Als Starthilfen dienen Katapultanlagen, landende Flugzeuge werden mit Fanghaken und Fangseilen nach dem Aufsetzen gestoppt. Aufzüge führen zu den Hangars unter Deck, wo die Flugzeuge untergebracht und gewartet werden.

Die Rißzeichnung zeigt den 1937 in Dienst gestellten amerikanischen Flugzeugträger YORKTOWN. Er kostete 25 Millionen Dollar und hatte eine Wasserverdrängung von 25 500 t. Bei einer Länge über Alles von 247 m hatte er eine Breite von 33 m und einen Tiefgang von 6,6 m. Seine Maschinenleistung betrug 120 000 PS, die ihn auf eine Geschwindigkeit von 34 Knoten brachte. 1788 Mann bevölkerten den Träger, der 83 Flugzeuge und dazu weitere 100 im zerlegten Zustand an Bord hatte. Seine Bewaffnung bestand aus acht 12,7-cm-Flakgeschützen und sechzehn 2-cm-Flak-Maschinenwaffen. Der Riese sank am 6. Juni 1942 in der Schlacht bei den Midway-Inseln.

Eisbrecher

Diese wuchtigen und bulligen Fahrzeuge sind speziell dafür konstruiert und ausgerüstet, Fahrrinnen und Gewässer in den nördlichen Bereichen und in den Polarmeeren vom Eis freizuhalten. Sie sind in nordeuropäischen Häfen sowie an zahlreichen amerikanischen und kanadischen Seen und Küstengebieten stationiert.

Für ihre eisbrechende Arbeit haben sie eine leistungsstarke Antriebsanlage, ihr Rumpf ist ihrer Zweckbestimmung angepaßt, das heißt, der Vorsteven ist an der Wasserlinie stark zurückgeknickt, damit das Schiff leichter auf die Eisdecke fahren kann – die wird nämlich nicht „durchschnitten", sondern das Gewicht des Schiffes soll die Decke von oben einbrechen. Die Spanten sind erheblich gekrümmt, so daß die Eisschicht nicht senkrecht auf die Außenhaut einwirkt. Überdies ist die Außenhaut im Bugbereich und an der Wasserlinie besonders verstärkt.

Der abgebildete finnische Eisbrecher VOIMA hat an den Seiten Krängungstanks, die alle neunzig Sekunden 100 t Wasser von der einen Bordseite zur anderen pumpen können. Dadurch wird ein künstliches Schlingern erzeugt, was einerseits das Brechen des Eises erleichtert, andererseits aber auch dazu dient, das Schiff freizuschaukeln, wenn es auf dem Eis festsitzt, was häufig genug passiert.

Außer den beiden Schrauben am Heck hat die VOIMA am unteren Bug je eine weitere Schraube an Backbord und Steuerbord. Diese beiden Schrauben haben den Zweck, mit ihrem Wasserstrom das gebrochene Eis wegzuschieben, beziehungsweise das Wasser unter der Eisdecke wegzusaugen, so daß die Decke ihr Widerlager auf dem Wasser verliert und unter dem Gewicht des Schiffes einbricht.

Gegenüber den normalen Eisbrechern, die 2 m dickes Eis zerbrechen können, bewältigen die speziellen Polareisbrecher 6 m dicke Eisschichten und sind außerdem mit einem Hubschrauber für Eisbeobachtung ausgerüstet.

Die VOIMA, die 1955 für die finnische Regierung gebaut wurde, soll mit ihren Schwesterschiffen vornehmlich die Handelsschiffswege in den engen flachen Gewässern um Finnland offenhalten. Sie hat 3370 t Wasserverdrängung bei einer Länge von 74 m, einer Breite von 17,4 m und einem Tiefgang von 6 m. Ihre Maschinen haben eine Stärke von 7500 PS für 16 Knoten Geschwindigkeit.

Im Jahre 1960 wurde im nördlichen Eismeer der sowjetische Atom-Eisbrecher LENIN in Betrieb genommen – das erste Überwasserschiff mit Atomantrieb. Es ist mit drei Heckschrauben ausgestattet, die von drei Turbogeneratoren von 44 000 PS Gesamtleistung angetrieben werden. Den Dampf liefern drei autonome, im Druckwasser gekühlte Kernreak-

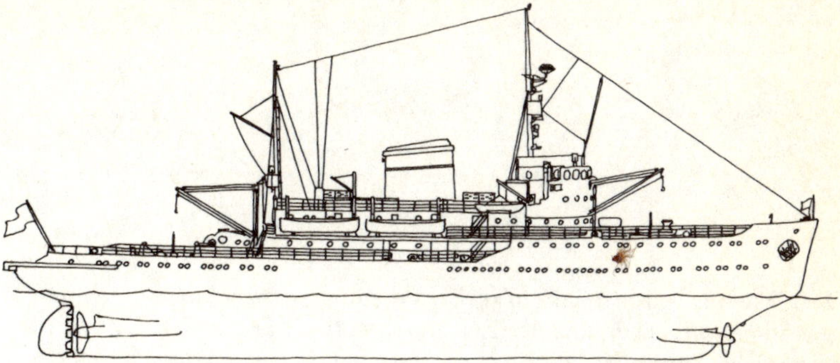

toren, die im Mittelteil des Schiffes in einem besonders geschützten Raum mit bis zu 42 cm dicken Wänden untergebracht sind. Dieser Eisbrecher kann ein Jahr ohne Auffüllung des Kernbrennstoffes fahren. Seine Geschwindigkeit in eisfreien Gewässern beträgt 18 Knoten, im Einsatz beim Brechen von 2,4 m dickem Eis 2 Knoten. Die LENIN hat die Schiffahrtsperiode im Norden von zweieinhalb auf viereinhalb Monate verlängert. Ihre Maße: Länge über Alles 134 m, Breite über Alles 27,6 m, Seitenhöhe 16,1 m, Tiefgang 9,2 m und Wasserverdrängung 16000 t.

Die Geschichte der Eisbrecher begann erst mit der Entwicklung der dampfbetriebenen eisernen Schraubenschiffe in der zweiten Hälfte des letzten Jahrhunderts. Der erste wirksame Eisbrecher in Deutschland wurde 1871 für Stettin gebaut. Bereits damals verfuhr man nach dem Prinzip: „Hinauffahren und zerbrechen."

In einem Konversations-Lexikon von 1894 wird der Eisbrecher wie folgt definiert: „... soviel wie Eisbock, ein Schraubendampfer, der das Eis auf Flüssen und in Häfen in Bewegung setzen soll, wobei es sich mehr um die Beseitigung der oft mehrere Meter dicken Geschiebe als fester Eisdecken handelt. Dementsprechend müssen die E. stark gebaute Schiffe mit kräftigen Maschinen sein, deren anderweitige Verwendung als Schlepper u. dgl. hierdurch sehr beschränkt ist. Ein 1892 in Hamburg erbauter E. leistet in seiner Maschine 1150 Pferdekräfte. Die Bugkonstruktion der E. ist gewöhnlich umgekehrt wie beim Panzerschiff, d. h., die E. werden möglichst hoch auf die Eis- und Schneemassen hinaufgetrieben und brechen dann deren Widerstand ..."

Walfangmutterschiff

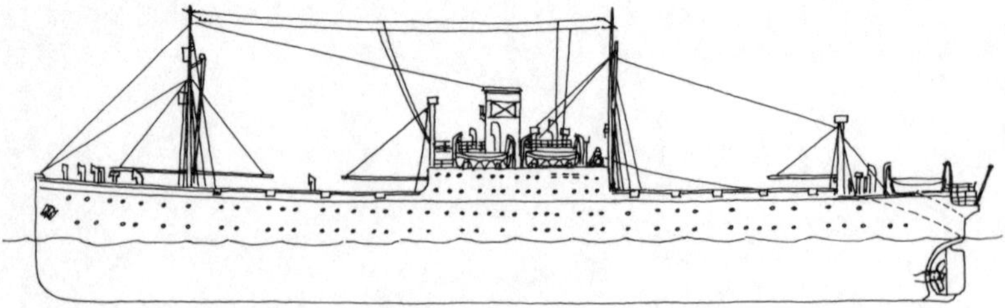

Der Walfang wurde bereits in grauer Vorzeit betrieben. Höhlenzeichnungen in Skandinavien aus der Zeit um 10000 v. Chr. beweisen das. Auf diesen Zeichnungen sind primitive Harpunen, mit Tierhäuten bespannte Boote und Wale zu sehen. Von einem einzigen Wal konnte sich ein ganzer Stamm den Winter über ernähren, ganz abgesehen von der Ausbeute an Knochen, Barten und Öl.

Die eigentliche Geschichte des Walfangs begann mit den Basken, jenem an der Biskaya lebenden Volk, das bereits im 9. Jahrhundert den Walfang „berufsmäßig" betrieb und für die nächsten Jahrhunderte beherrschend auf diesem Gebiet wurde. Die Wale waren der Reichtum der Basken. Sie ernährten sich nicht nur von Walfleisch, sondern sie schmolzen auch aus dem Körperspeck den Tran heraus und verkauften ihn in ganz Europa. Tran war in jener Zeit der wichtigste Brennstoff für Lampen.

Mit der Erfindung der Harpunenkanone – 1868 durch den Norweger Svend Foyn – erhielt der Walfang einen neuen und letzten Aufschwung. Es wurde ein trauriges Kapitel. Zwischen 1910 und 1967 z. B. wurden insgesamt 330000 Blauwale erlegt und zu Kosmetika, Schmiermitteln, Getriebeöl, Futtermitteln für Haustiere und Rinder, Düngemitteln und Margarine verarbeitet. Bis 1967 waren die Bestände an Blauwalen, die insgesamt einmal zwischen 400000 und 500000 gelegen haben dürften, auf ganze 14000 zusammengeschrumpft. Sorgfältigen Schätzungen zufolge wurden in fünfzig Jahren bis 1975 über 1,5 Millionen Wale getötet. In den dreißiger Jahren erließ die Internationale Walfangkommission verspätet ein absolutes Fangverbot für Nordkaper, Grönland- und Grauwale, in das später auch Blau- und Buckelwale mit einbezogen wurden. Für andere Arten wurden Fangquoten festgesetzt. Bleibt noch hinzuzufügen, daß z. B. Bartenwale alle zwei Jahre ein Junges zur Welt bringen. Pottwale gebären nur alle drei Jahre. Was diese Zahlen für den

Weiterbestand der Art aussagen, dürfte deutlich genug sein – angesichts der Ausrottungsquoten.

Auf den beiden Zeichnungen sind das deutsche Walfangmutterschiff JAN WELLEM und eins seiner sechs Fangboote, die den Namen TREFF I–VI hatten, abgebildet. Die JAN WELLEM hatte achtern am Heck eine Aufschleppe (gestrichelt gezeichnet), durch die der erlegte Wal mittels Winde auf das achtere Schlachtdeck zum Abspecken gezogen wurde. Ein weiteres Schlachtdeck befand sich zwischen Brücke und vorderem Mast. Beim Fangboot sind die wesentlichen Details die Harpunenkanone vorn am Bug, der Laufsteg zwischen Brücke und Kanone sowie das „Krähennest" im vorderen Mast für den Ausguck. Über dem achteren hüttenartigen Aufbau der TREFF befand sich ein Funkpeiler.

Die JAN WELLEM, die 1936 aus dem ehemaligen Fracht- und Passagierschiff WÜRTTEMBERG zum Walfangmutterschiff umgebaut wurde, hatte 11 776 BRT, eine Länge von 147 m und eine Breite von 21,7 m. Bei einer Maschinenleistung von 4500 PS lief die JAN WELLEM 11,5 Knoten. Zur Verarbeitung der Fangbeute hatte sie drei Speckkocher an Bord, ferner sechs Knochenkocher, zwei Fleischkocher, eine Fleischmehlanlage, Kühl- und Gefrierräume sowie eine Anlage für die Gewinnung von Fleischextrakt und Speckgrieben. Die Besatzung zählte ca. 250 Mann.

Das Fangboot TREFF hatte 330 BRT, eine Länge von 36,6 m, eine Maschinenleistung von 1260 PS und konnte 12 Knoten laufen. An Bord befanden sich 15 Mann.

Die Fangboote wurden im zweiten Weltkrieg als Vorpostenboote eingesetzt. Die JAN WELLEM wurde bei Kriegsausbruch zum Versorgungsschiff der Kriegsmarine umgerüstet, nahm am Narvik-Unternehmen (April 1940) teil, wurde schwer beschädigt nach Kiel geschleppt und nach dem Krieg an England zum Verschrotten verkauft.

Atom-U-Boot

Das Unterwasserfahrzeug ist – abgesehen von Forschungszwecken – als Kriegsschiff zu bezeichnen. Voraussetzungen für das Fahren unter Wasser sind der wasserdichte Druckkörper, die Tauchzellen und der Antrieb. Bedingt durch den E-Maschinenantrieb waren die konventionellen Unterseeboote eigentlich nur „Tauchboote", die eine beschränkte Zeit unter Wasser bleiben konnten, dann aber auftauchen mußten, um ihre Batterien nachzuladen. Für diesen Zweck waren die U-Boote mit Dieselmotoren ausgerüstet. Eine Neuerung des Diesel-Elektro-Bootes bedeutete der Schnorchel – eine deutsche Entwicklung während des zweiten Weltkriegs –, der als Luft- und Abgasmast konstruiert war und es den Booten gestattete, auf Seerohrtiefe mit Dieselmotoren zu fahren. Die Tauchzeit konnte mit diesem „Schnorchel"-Typ beliebig ausgedehnt werden.

Die deutschen U-Boote vom Typ XXI und XXIII, die erst zum Ende des zweiten Weltkriegs frontreif waren, können als die ersten echten Unterseeboote angesprochen werden, weil sie zum Nachladen der Batterien nicht mehr aufzutauchen brauchten. Der Typ XXI erreichte eine Unterwassergeschwindigkeit von 17,5 sm/h und konnte ohne Brennstoffergänzung 3–4 Wochen in See bleiben.

Eine neue Generation von „Unterwasserschiffen" begann mit der Indienststellung (1954) der amerikanischen NAUTILUS, die mit Atomantrieb ausgerüstet war und 50 Tage ununterbrochen unter Wasser fahren konnte. Dieses Unterwasserschiff (Wasserverdrängung 3180 t, Länge 98m, Breite 8,5 m) passierte am 3. August 1958 unter Wasser den Nordpol. Der Rumpf der NAUTILUS war spindelförmig mit einem stumpfen Bug. Als Wärmeenergiequelle diente ein durch Druckwasser gekühlter Kernreaktor. Den Brennstoff bildete angereichertes Uran U 235. Das Kühlwasser gab im Kessel die Wärme an das Wasser des zweiten Kreislaufs ab, wo Dampf von 17 atü Druck und einer Temperatur von 213 °C erzeugt wurde. Der Dampf diente zum Antrieb von Dampfturbinen, die über Reduktoren zwei Propeller bewegten. Neben dem Atomantrieb war die NAUTILUS auch mit einem normalen Antrieb durch Dieselmotoren ausgerüstet. Die Gesamtleistung der Antriebsanlage betrug rund 15 000 PS. Der Vorrat an Kernbrennstoff gewährleistete einen Fahrbereich von 130 000 km. Unter Wasser erzielte die NAUTILUS eine Geschwindigkeit von 20 Knoten, über Wasser von 25 Knoten. Ihre maximale Tauchtiefe betrug 230 m – eine Tiefe, die auch von den konventionellen U-Booten des zweiten Weltkriegs erreicht werden konnte. Die Bewaffnung bestand aus sechs am Bug angebrachten Torpedorohren.

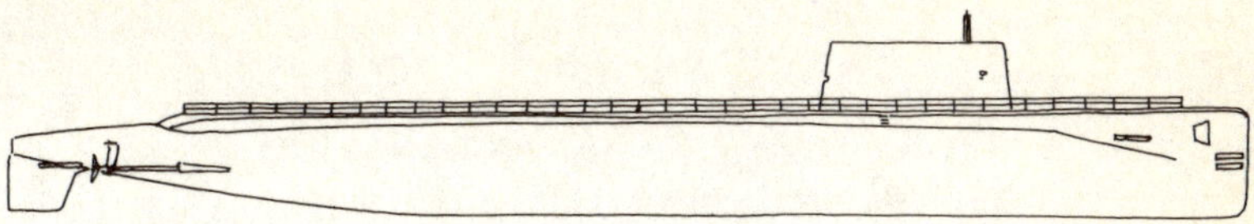

Triton

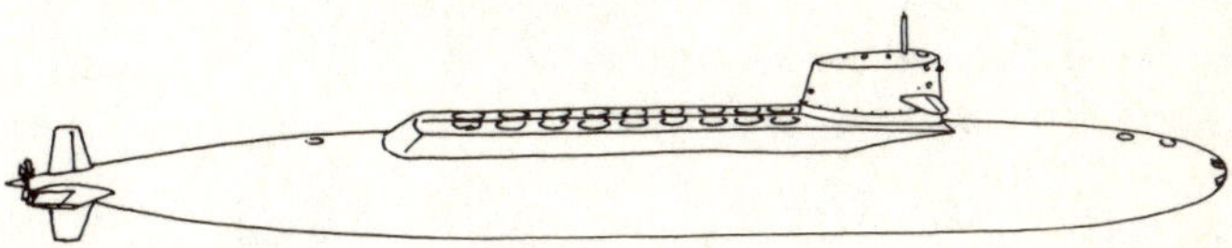

George Washington

Auf der Rißzeichnung sind zwei amerikanische Atom-U-Boote dargestellt – die größere Triton und die kleinere George Washington. Die Triton hat eine Länge von 136 m bei nur 11,3 m Breite. Über Wasser hat sie 5900 t, unter Wasser 7750 t. Innerhalb ihres Druckkörpers verfügt sie über drei Decks. Zwei Reaktoren liefern Energie für zwei Jahre unabhängiger Unternehmungen. Ihre Geschwindigkeit wird auf 30 Knoten geschätzt, bestückt ist sie mit vier Torpedorohren. Sie lief 1958 vom Stapel.

Die George Washington wurde 1959 in Dienst gestellt und hat mit 5400 t über und 6700 t unter Wasser eine Länge von 116 m bei einer Breite von fast 10 m. Sie ist mit 16 Polaris-Abschußschächten ausgerüstet. Die Raketen können getaucht abgefeuert werden. Ihre Reichweite: 1500 Seemeilen.

Waren die konventionellen U-Boote als Torpedoträger zur Zerstörung von Kriegs- und Handelsschiffen konzipiert, so ist die neue Generation der Atom-U-Boote mit zielsuchenden Raketen ausgerüstet, die unter Wasser abgefeuert werden und Landziele angreifen können. Dieser Typ erreicht unter Wasser nach bisher bekannten Angaben eine Geschwindigkeit von 40–50 Knoten und eine Tauchtiefe von ca. 600 m. Die Angaben darüber sind aus Gründen der Geheimhaltung reichlich spärlich. Die letzte Generation der Atom-U-Boote führt Polaris-Raketen mit Atomsprengköpfen an Bord. Sie sind unter Wasser ununterbrochen einsatzbereit – im Sinne einer Strategie, die in etwa besagt, daß diese Monster noch einen Vernichtungs- oder Vergeltungsschlag gegen den Gegner führen können, wenn dieser selbst angegriffen und das Heimatland mit Kernwaffen beschossen hat.

Foto: Süddt. Verlag

Tips für die Praxis

Segeln – warum?

Erinnern wir uns: Jene Menschen, die erstmals aufbrachen und sich auf die See hinauswagten, um hinter die Horizonte zu schauen, ließen sich auf ein Abenteuer ein, dessen Ausgang ungewiß war – so ungewiß wie der erste Vorstoß ins Weltall. Sie wußten nicht, wann und wo ihre Fahrt über die See zu Ende sein würde. Ob sie jemals zum Ausgangspunkt ihrer Reise zurückkehren würden, war genauso fraglich. Wie lange reichten Proviant und Trinkwasser? Und wenn sie selbst nicht versagten, würde das auch für ihr Schiff gelten? War es stark genug gebaut, den Stürmen und der Gewalt der See zu trotzen?

Eine vage Ahnung von dem Wagnis der frühen Seefahrt wird uns dann überkommen, wenn wir selbst erstmals das Land hinter uns verschwinden sehen und um uns herum nur noch die scheinbar unbegrenzte See ist. Diese Ahnung von einem ungeheuerlichen Abenteuer wird um so stärker sein, wenn wir für Augenblicke vergessen, was wir alles wissen und wieviel Technik wir an Bord haben, um jederzeit, Tag und Nacht, unseren Standort überprüfen und dabei berechnen zu können, wie viele Seemeilen wir noch von unserem Ziel entfernt sind. Und wenn wir vergessen, daß wir Elektrizität an Bord haben, ein Funkgerät, Radio, Barometer, Windmesser, Geschwindigkeitsmesser, Ölofen, Motor, Generator, Primuskocher, Zubereitungsanlage für Trinkwasser aus Seewasser, Klosett, Waschraum . . .

Wenn wir unter Segeln aufs Wasser hinausgehen, dann begleitet uns auch heute noch das Wagnis – trotz jeglicher Technik, die uns den richtigen Kurs finden läßt oder das Leben an Bord angenehmer gestaltet. Wir segeln, weil wir wie die frühen Seefahrer hinter die Horizonte schauen wollen. Wie sie benutzen wir den Wind, um ein Ziel zu erreichen, das wir uns gesteckt haben – den Hafen in Südnorwegen oder jenen an der irischen Westküste oder Visby auf der Insel Gotland in der Ostsee. Oder gar die Karibik auf den Spuren Francis Drakes? Sollten wir Santo Domingo an der Südküste Hispaniolas ansteuern, das der englische Freibeuter im Januar 1586 ausplünderte? Vielleicht aber folgen wir auch den Seewegen der Wikinger, etwa der Westroute von Norwegen über Island und Südgrönland und entdecken noch einmal Nordamerika? Oder wir stoßen weit hinunter in den Süden vor – im Kielwasser Fernando Magellans – und wagen uns in die gefährliche Straße, die seinen Namen trägt ...

Aber wir können auch seezigeunern, einfach so von Hafen zu Hafen. Wo es uns gefällt, bleiben wir. Vielleicht ankern wir zwischen Schären, setzen unser Beiboot aus und erkunden eine der vielen Inseln, die heute fast noch so erscheinen wie am ersten Schöpfungstag. Man muß sie nur finden, es gibt sie noch. Dort sind noch Stille und Ruhe, die wir nicht stören, weil wir auf unseren Motor verzichten. Wir entdecken auch unberührte Strände, oder wir fallen im Watt trocken und beobachten die eiligen Watvögel, die „Strandläufer", wie sie bei ihrer Nahrungssuche fast ununterbrochen über die Sände trippeln und ihre Flötenrufe hören lassen. Vielleicht wird uns dann bewußt, daß wir noch ein Stück Paradies gefunden haben, das zu erhalten eine Verpflichtung bedeutet.

Der Seezigeuner schindet keine Meilen. Er nimmt den Wind, wie er kommt, und beugt sich ihm, ohne ihn herauszufordern. Gleichviel bleibt auch er wachsam, weil er weiß, wie launisch Rasmus (die See) sein kann. Der Reiz, über die See zu vagabundieren, liegt darin, sich der See, dem Wetter und dem Wind anzupassen und dennoch sicher den nächsten Landfall anzusteuern – wo auch immer das sein mag. Mitnichten sind Seezigeuner Blätter im Wind. Sie sind Freie, weil sie nicht stärker als die Elemente sein wollen.

Wenn wir den Seezigeuner fragen, warum er eigentlich segelt, wird er bestimmt nicht antworten, weil er die Absicht habe, von A nach B zu gelangen. Er wird unsere Frage für sehr dumm halten, das aber nicht laut sagen, weil er viel zu höflich ist. Er wird denken: Mein Gott, wissen die nicht, wie schön das ist, draußen auf See allein zu sein und nur den Wind als Partner zu haben? Na ja, manchmal hat der Partner seine Mucken, aber auf die muß man eben eingehen. Und wenn er nach Westen umspringt – da weiß ich den kleinen Hafen an der dänischen Küste, wo es in der und der Pinte die lecker gebratene Scholle und den kühlen Klaren gibt. Darum: neuer Kurs West!

Also segeln wie Entdecker, Freibeuter oder Seezigeuner? Oder suchen wir den Kampf? Nein, nicht den Enterkampf, aber den sportlichen Wettkampf, bei dem es darum geht, schneller als die anderen zu sein. Man kann das mit dem Skilaufen vergleichen: Die einen wandern oder steigen mit Fellen auf, die anderen stürzen sich in den Wettkampf. Wir haben die Wahl.

Wettfahrten schulen den Segler. Unterlaufen ihm Fehler, dann kostet das Plätze – wie bei den alpinen Skiwettbewerben. In einer Regatta werden wir gezwungen, mit höchster Konzentration und Wachsamkeit zu segeln. Das Boot soll auf allen Kursen des Dreiecks der Wettkampfbahn optimale Geschwindigkeit laufen. Segel, Ruder und Trimmlage des Bootes müssen perfekt aufeinander abgestimmt sein, gleichgültig, ob wir als Einhandsegler oder mit einer Crew ins Rennen gehen.

Abgesehen von der ständigen Beobachtung von Wind und Wellen müssen wir auch den Gegner im Auge behalten, den wir angreifen oder abwehren, je nach der eigenen Position im Regattafeld. Wenn wir an der Spitze segeln, haben wir eine Meute von Jägern im Kielwasser. Sind wir schlecht gestartet und liegen im Mittelfeld, dann sind wir selbst die Jäger und müssen uns nach vorn kämpfen. Es geht ja um jeden Platz, denn alle Meisterschaften oder Pokalkämpfe oder olympischen Wettkämpfe werden in der Regel in fünf Wettfahrten ausgetragen. Sieger ist der Segler mit der niedrigsten Punktzahl, die sich aus seinen Plazierungen in den fünf Wettfahrten ergibt. Das kann spannend werden!

Wettkampfsegeln erfordert perfekte Seemannschaft, moralische Kraft und Härte, kühne Entscheidungen, blitzschnelle Reaktionen, körperliche Fitneß – und Fair play.

Segeln – warum? Das war die Frage. Es ist unsere Entscheidung, ob wir Seezigeuner oder Wettkämpfer werden – oder beides! Faszinierend bleibt, daß wir die Tradition der Seefahrt unter Segeln fortsetzen – in einer hochtechnisierten Welt!

Über das „Warum?“ und wie es bei ihm anfing, sagte der Däne Poul Elvström, der viermal olympisches Gold im Finn-Dinghy und sieben Weltmeisterschaften in anderen Klassen gewann, folgendes: „Ich fing an zu segeln, weil ich am Wasser geboren wurde und den Regatten zuschauen konnte; sehr bald war ich so begeistert, daß ich selbst wettsegeln wollte. Zu meinen frühesten Erinnerungen gehört, daß mein Bruder in einem Dinghy mit zwei anderen Dinghys um die Wette segelte. Es war ein Ruderboot mit einem Segel. Ich wollte das auch. Als ich zehn wurde, fing ich mit Tennis an und mit elf dann Fußball. Etwa um diese Zeit wurde ich Mitglied im Hellerup Segel Club – der Jugendabteilung –, aber sie hatten da keine Jollen, nur Kielboote. Ich segelte mit dem Junior, einem kleinen, geklinkerten Kielboot, das aussah wie eine Miniaturausgabe eines Folkebootes; es hatte drei Mann Besatzung.

Der Club hatte dreizehn Junioren. Zuerst war ich Crew. Aber selbst da interessierte mich nicht besonders, Crew zu sein, weil ich die ganze Zeit das Gefühl hatte, ich wäre besser am Ruder als der Steuermann.

Wenn ich in diesen Tagen nicht in der Schule war, wußte der Lehrer sofort, daß ich segelte. Ich war furchtbar schlecht in der Schule. Mein einziges Interesse war, schnell zu segeln, und wenn der Hellerup Segel Club eine vierzehntägige Sommerfahrt machte und man von Ort zu Ort segelte, dann segelte ich immer mit den anderen um die Wette. Ich wollte immer und unter allen Umständen der erste sein. Selbst wenn ich mit dem Wind Pech hatte, wollte ich der erste sein. Es war irgendwie in mir . . . Ich bereitete mich in allem darauf vor, zu siegen . . .“ (Zitiert aus: „Elvström – sein Leben – seine Erfolge“, herausgegeben von R. Creagh-Osborne, Bielefeld – Berlin 1972.)

Segeln – nur wie?

Wer diesen Bericht Poul Elvströms gelesen hat, wird gemerkt haben, mit welcher Hartnäckigkeit der Zehnjährige an das Segeln heranging (und in der Schule „furchtbar schlecht" war). Aber in ihm steckten Zähigkeit und der Ehrgeiz, „immer und unter allen Umständen der erste sein" zu wollen. Das war seine Motivation, und er trat in die Jugendabteilung seines heimischen Segelvereins ein, um das Segeln zu lernen. Dort begann seine „Lehrzeit", und zwar in einem kleinen, geklinkerten Kielbötchen mit einer Drei-Mann-Crew. Er wäre viel lieber in einer Jolle gesegelt.

Da wird etwas deutlich: Sein Lernen begann nicht auf einem großen Segelschiff mit vielleicht zwei oder drei Masten, sondern eben in einem Bötchen, und das empfehlen wir jedem, der das Segeln lernen möchte. Das Boot, die Jolle, ist für uns übersichtlicher, allerdings aber auch empfindlicher als das große, stabile mehrmastige Segelschiff.

In der empfindlichen, weil leichtgewichtigen Jolle spüren wir den Kontakt mit Wasser und Wind viel unmittelbarer als auf dem großen und schweren Kielschiff, das zum Beispiel auf eine Bö viel langsamer reagiert als die Jolle. Das Kielschiff setzt der krängenden Windkraft den schwergewichtigen Kiel entgegen. Auf der Jolle ist das anders, da muß die Crew auf der hohen Kante, der Luvseite, ihr Gewicht zum Einsatz bringen und das Boot „ausreiten", damit es auf der Leeseite kein Wasser übernimmt oder gar kentert.

Über Jugendabteilungen und eigene Jollen verfügen nahezu alle Segelvereine der Bundesrepublik. Und sie setzen erfahrene Segler zur Ausbildung ihres seglerischen Nachwuchses ein. Das Ziel der Ausbildung besteht letztlich im Erwerb eines Führerscheins, der den Schein-Inhaber dann berechtigt, eigenverantwortlich ein Boot zu führen (unser zehnjähriger Poul Elvström meinte, bereits als Anfänger besser als sein Steuermann zu sein!).

Wer keinen Segelverein in der Nähe seines Heimatortes hat, dem bietet sich die Möglichkeit, zum Beispiel in den Sommerferien einen Segelkursus für Anfänger in einer Segelschule zu belegen. So sagt zum Beispiel der Deutsche Hochseesportverband „Hansa“ e. V., 2000 Hamburg 36, Rothenbaumchaussee 58: „Seglern, die nicht den Wunsch oder die Möglichkeit haben, einem örtlichen Segelclub beizutreten, will der DHH eine Heimat sein.“ Der DHH hat Segelschulen in Glücksburg an der Ostsee, in Mardorf am Steinhuder Meer, in Lindau am Bodensee, in Prien am Chiemsee sowie auf Elba. Der Verband, der Mitglied des Deutschen Segler-Verbandes ist, unterhält ferner in allen größeren Städten Zweigstellen und Kameradschaften, so daß, über die ganze Bundesrepublik verteilt, Kontaktmöglichkeiten gegeben sind.

Auskünfte über andere Segelschulen (welche und wo) kann man beim Deutschen Segler-Verband, 2000 Hamburg 76, Adolfstraße 56, einholen.

Für den Anfang empfehlen wir den Besuch einer Segelschule im Binnenmeer, wo naturgemäß das Segeln in der Jolle mehr betrieben wird, während die küstennahen Gewässer die richtigen Reviere für Kielschiffe sind.

Gibt es Voraussetzungen für den Eintritt in einen Segelverein oder den Besuch einer Segelschule?

Ja! Man muß im Besitz des Freischwimmerzeugnisses sein. Das ist unabdingbar – und im Grunde auch selbstverständlich. Das Boot trägt seine Crew, aber wenn es kentert, wird es die Crew, im Bewußtsein, schwimmen zu können, gelassen hinnehmen. Schwimmen können bedeutet in einem solchen Fall, nicht kopflos zu werden. Außerdem bleibt die Crew bei ihrem gekenterten Boot, hält sich an ihm fest und tritt Wasser – oder richtet es wieder auf. Alles das lernt der Anfänger.

Er lernt noch etwas, wenn er einem Segelverein beitritt oder eine Segelschule besucht: das Unterordnen! Auch das ist eine Voraussetzung. Dafür gibt es eine sehr einfache Erklärung: Die Schiffsführung in der Gesamtheit ihrer Verantwortung für Schiff und Crew hat nur eine Person – der Kapitän. Es gibt nicht zwei Kapitäne für ein Schiff! Auch nicht drei oder gar einen Debattierklub, der darüber befinden möchte, eine Gefahrensituation erst einmal auszudiskutieren, bevor eine Entscheidung getroffen wird – und in der Regel muß das eine schnelle Entscheidung sein!

Freilich sind der Kapitän etwa eines Handelsfrachters, der Skipper einer größeren Yacht mit einer Acht-Mann-Crew oder der Bootsführer einer Zwei-Mann-Jolle (wir fassen sie alle unter dem Begriff „Kapitän“ zusammen) befugt, Befehle zu erteilen. Und sie dürfen erwarten, daß ihre Befehle widerspruchslos ausgeführt werden. Denn die Berechtigung zur Führung eines Schiffes, einer Yacht oder eines Bootes erwarben sie mit dem jeweiligen Befähigungsnachweis – dem Patent!

Was wir meinen: Wer im Besitz des Führerscheins für Kraftfahrzeuge ist, wird bestimmt nicht mit seinem führerscheinlosen Beifahrer darüber diskutieren oder gar streiten, ob er bei „Rot“ die Kreuzung überfahren oder in einer Feuerwehrausfahrt parken darf. Das ist in der Seefahrt – auch im Segelsport – nicht anders.

Wovor wir warnen: die ersten Segelversuche auf eigene Faust und allein zu unternehmen! Oder mit jemandem zu segeln, der vorgibt, bereits „ein alter Hase“ zu sein, jedoch noch nicht einmal den Unterschied zwischen Luv und Lee kennt. Gleiches gilt für das Windsurfen. Wer sich ohne die geringsten Kenntnisse über die Theorie und Praxis des Segelns aufs Wasser hinauswagt, handelt leichtsinnig und verantwortungslos. Er gefährdet nicht nur sich, sondern auch andere.

Der Verfasser erinnert sich jenes „Windsurfers“, der sein Brett und das Rigg über einen Kinderspielplatz an einem bayrischen See schleppte und dort aufzutakeln begann. Hinweise, hier sei ein Badeplatz für Kinder, ignorierte dieser Mensch. Die Zone für die Windsurfer zum Starten und Landen lag nur dreihundert Meter weiter östlich. Aber da hätte dieser Mensch sein Segelgepäck ja länger tragen müssen. Am Strand des Kinderspielplatzes war's bequemer.

Mit viel Fummelei schaffte es der Mensch, sein Brett aufzutakeln. Er schob es zwischen die badenden Kinder, die er anschnauzte, ihm gefälligst Platz zu machen. Als die Mütter energisch wurden – immerhin besagte ein nicht übersehbares Schild, daß hier eine Verbotszone für Surfer sei –, erwiderte er reichlich anmaßend, das interessiere ihn nicht, er surfe dort, wo es ihm passe.

Von „Surfen“ konnte nun überhaupt keine Rede sein, weil der Mensch nicht wußte, was er mit seinem Brett und dem Segel anfangen sollte, Der Wind wehte ablandig, und der Mensch „segelte“ torkelnd und eher zufällig seewärts, haarscharf vorbei an den Köpfen schwimmender Kinder. Er war nur mit sich selbst beschäftigt. Welche Gefahren er heraufbeschwor, war ihm offenbar gleichgültig.

Er wurde draußen auf dem See von der Wasserschutzpolizei aufgesammelt. Dort hatte er um Hilfe gerufen, weil ihm unbekannt war, wie er sein Brett gegen den Wind zum Land zurücksteuern sollte. Außerdem fror er und war abgeschlafft.

Von der Wasserschutzpolizei bekam er einiges zu hören, und das war nichts Erfreuliches. Für die Deutsche Gesellschaft zur Rettung Schiffbrüchiger durfte er einen erheblichen Betrag spenden. Was er hätte zahlen müssen, wenn ein Kind durch Rammstoß verletzt worden wäre (meist sind das Schädelfrakturen!), das hätte dann ein Gericht entschieden. Und das wäre keine milde Spende mehr gewesen – ganz abgesehen von einer Gefängnisstrafe wegen fahrlässiger Körperverletzung.

Das Patent

Wen es einmal gepackt hat, der wird nur bedauern, nicht schon früher angefangen zu haben. Doch vor dem nie mehr endenden Segelvergnügen steht nun einmal das Lernen – mit dem Ziel, das „Patent“ zu erwerben, nämlich den Befähigungsnachweis zum Führen eines Bootes oder einer Yacht.

Bitte nicht stöhnen! Auch unser Goldmedaillengewinner und mehrfacher Meister Poul Elvström fing einmal klein an – und dies gleich mit dem festen Willen, immer „der erste“ zu sein.

Es beginnt mit dem Jüngstenschein für alle Segler, die das 14. Lebensjahr noch nicht erreicht haben. Ein Mindestalter wird nicht gefordert. Voraussetzung zum Erwerb des Scheins sind das Freischwimmerzeugnis und die Zustimmung der Eltern. Laut den Richtlinien des Deutschen Segler-Verbandes berechtigt der Jüngstenschein zur Führung von Jollen mit bis zu zehn Quadratmetern Segelfläche. Die kleine Optimisten-Jolle hat zum Beispiel 3,50 m^2 Segelfläche. Etwas größer ist da schon die internationale

Cadet-Jolle mit 5,2 m^2 Segelfläche, die von einer Zwei-Mann-Crew gesegelt wird. Noch größer ist unsere nationale Piraten-Jolle mit 10 m^2 Segelfläche.

Prüfungsfächer zum Erwerb des Jüngstenscheins sind seemännische Arbeiten (Knoten und Spleiße, Tauwerk), Yachtbedienung (Kommandos, Manöver, Sicherheitseinrichtungen, Verhalten beim Kentern), Gesetzeskunde (Kenntnis der Verkehrsvorschriften der heimischen Gewässer, Grundkenntnisse der Wettsegelbestimmungen) und Grundkenntnisse der Yachtgebräuche.

Im übrigen empfehlen wir das Buch von Harald Schwarzlose: „Opti segeln, Der Weg zum Jüngstenführerschein“, das im Verlag Delius Klasing, Bielefeld, erschienen ist und DM 13,80 kostet. Die nächste Klippe, die wir zu umschiffen haben, ist der Erwerb des Führerscheins A des Deutschen Segler-Verbandes, der uns dann zur Führung von Segelbooten auf Binnenrevieren berechtigt. Da waren wir, wie oben gesagt, ja bereits clevere „Kapitäne“ auf Optis, Cadets oder Piraten und haben uns mit dem Jüngstenschein die ersten Sporen verdient. Voraussetzungen zum Erwerb des A-Scheins sind ein Mindestalter von 14 Jahren und ein ärztliches Zeugnis (Sehen, Hören, Farbunterscheidung).

Prüfungsfächer sind: seemännische Arbeiten wie Knoten und Spleiße, Behandlung der Segel, Instandhaltungsarbeiten am Boot, Beseitigung von kleinen Schäden mit Bordmitteln usw., ferner Yacht- und Schiffbaukunde, Theorie des Segelns, Yachtbedienung und Yachtführung mit den diversen Manövern von Wenden, Halsen, dem Ankern, dem Kentern (und Wiederaufrichten), dem Beibootsverkehr, dem Boje-über-Bord (Mann-über-Bord), dem Verhalten bei Havarien und Festkommen usw., ferner Gesetzeskunde mit Fahrregeln, Verkehrsvorschriften, Ausweichregeln, Lichterführung, Seezeichen usw. sowie schließlich Flaggenführung und Yachtgebräuche, Wetterkunde und Wettsegelbestimmungen.

Sicher, das läppert sich ganz schön zusammen, aber Lesen, Schreiben und Rechnen haben wir alle schließlich auch einmal gelernt, und wir wagen zu behaupten, daß das Segelnlernen – freiwillig, wohlbemerkt – sehr viel mit „Lust“ zu tun hat, vom Abenteuer gar nicht zu sprechen.

Zehn Gebote für den Moses

Moses, das ist der Jüngste an Bord – eine traditionelle Bezeichnung für den Schiffsjungen zur Zeit der Segelschiffe. Der Name leitet sich aus dem biblischen Text her: Der kleine Moses wurde von seiner Mutter in einem „Kästlein von Rohr" ausgesetzt...

1. Bevor du segeln lernst, werde zur Wasserratte, um Vertrauen zu gewinnen für das Element, das dich und dein Schiff tragen wird. Lerne schwimmen und tauchen und paddeln. Erwirb so früh wie möglich dein Freischwimmerzeugnis, und zögere nicht, dich später zum Rettungsschwimmer ausbilden zu lassen.

2. Wenn du dich freigeschwommen hast, setz dich in ein Ruderdinghy, nimm die Riemen und laß dir zeigen, wie gepullt wird, wie man dreht, wie man rückwärtspullt. Schaukele in dem Bötchen. Spring ins Wasser – zieh dich wieder an Bord. Auch die Luftmatratze, das Schlauchboot oder das ungeriggte Surfbrett sind „Geräte", mit denen du erstmals erprobst, wie man sich auf dem Wasser bewegt. Aber bleibe in der Nähe des Ufers. Und vergiß nie, daß es für dich im Wasser gefährlich wird, je länger du drinbleibst! Denn durch das kältere Wasser verlierst du deine körperliche Wärme, dein Gehirn wird schlechter durchblutet, du wirst müde und apathisch – im schlimmsten Fall geht das bis hin zur Lähmung des Gehirns und Herzstillstand!

3. Wenn du dich entschlossen hast, das Segeln zu lernen, dann werde Mitglied in einem Segelverein, oder nutze die Ferien für Segelkurse auf einer Segelschule. Nur im Segelverein oder auf einer Segelschule werden dir jene Kenntnisse vermittelt, die du haben mußt, um ein Schiff bei Wind und Wetter führen zu können. Ein Selbstunterricht wäre töricht, denn du brauchst die Erfahrung und das Wissen erprobter Segellehrer, wenn du das ganze komplexe Gebiet der sportlichen Seefahrt beherrschen willst.

4. Vertraue deinem Segellehrer und ordne dich unter. Er ist für einige Zeit dein Kapitän und trainiert dich, damit du bald ein vollwertiges Crew-Mitglied wirst. Sei dir darüber klar, daß du mit Maulen und Meckern schnell abseits stehen wirst, denn auf Schiffen wird an einem „Strang“ gezogen – an welchem und mit welcher Härte, das entscheidet dein Kapitän. Aus dem Begriff „Wir sitzen alle in einem Boot“ geht hervor, daß man auf See eine Gemeinschaft ist, in die sich jeder einfügt, in der einer dem anderen hilft und in der das gepflegt wird, was man allgemein mit Kameradschaft bezeichnet. Auf einem Schiff ist es enger als an Land, alles ist kleiner – vom Schapp (Spind) bis zur Kombüse (Küche). Da wird gegenseitige Rücksichtnahme zur selbstverständlichen Pflicht, ebenso Ordnung, Sauberkeit und Selbstbescheidung.

5. Dein Verein hat Boote, die instand gehalten werden müssen. Du wirst freiwillig eins übernehmen, als sei es dein eigenes. Und darum wirst du es besonders gut pflegen, nämlich die Bilge sauber und trocken halten, aufpassen, daß Tauwerk und Segel in Ordnung sind, daß beim Bordinventar alles stimmt und nichts verschwunden ist (meistens fehlen Schäkel!) und auch das Unterwasserschiff frei von Bewuchs bleibt. Mach dich auch sonst nützlich in deinem Verein. Pack mit an, wenn Boote ins Wasser gebracht oder an Land gezogen werden. Nimm die Vorleine wahr, wenn sich ein Segelboot dem Steg nähert. Pull mit der Stegjolle den Skipper und dessen Crew zu seinem Schiff, wenn es an einer Boje liegt, oder hol sie ab, wenn sie von ihrem Törn zurückkehren. Es gibt viel zu tun im Gelände deines Vereins. Und weil du fix bist und keine Aufforderung brauchst, da oder dort zuzupacken, wirst du sehr schnell eine „Heuer“ erhalten. Hattest du nicht schon immer einmal auf einem Drachen oder einer Yawl segeln wollen? Oder auf einer Rennziege im Trapez?

6. Es versteht sich von selbst, daß du an Bord nicht deinen besten Anzug anziehst. Was du brauchst, sind Jeans, hell, hellblau oder blau, und ein einfarbiges helles Hemd, möglichst mit Brusttaschen, in denen du allerlei unterbringen kannst. An den Füßen trägst du Segelschuhe oder bei schwerem Wetter Gummistiefel – beide mit rutschfester Profilsohle. Ein dunkelblauer Pullover sorgt für Wärme, wenn es kühler geworden ist – ebenso warmes Unterzeug. Ein wasserdichter Blouson, möglichst weit und mit eingearbeiteter Kapuze, sorgt für Schutz bei mehr Wind und vielleicht Nieselregen. Bei Schlechtwetter und für Jollensegler eignen sich Overalls aus wasserdichten Kunststoffgeweben sowie entsprechende Jacken, die über hochgeschnittenen Latzhosen getragen werden. Bei starker Sonne trägst du einen Sonnenhut aus Segeltuch und mit Krempe, die zugleich die Augen abschirmt. Der Brillenträger sichert seine Brille (sie ist beim Bücken schnell über Bord!) mit einer dünnen Kordel, die er an den Bügeln anknüpft oder befestigt und über den Kopf zieht. So bleibt die Brille um den Hals hängen, wenn sie von Nase und Ohren rutscht. Die verschiedenen Stücke deiner Segelkleidung führst du an Bord in einem wasserdichten Segelsack mit.

7. Viel zu lange hielt der Mensch die Gewässer für eine einzigartige Müllkippe. Was daraus geworden ist, wissen wir inzwischen, tun aber leider zuwenig dagegen. Gerade die Segler sind aufgerufen, ihre Revier gegen die Verschmutzung zu schützen. Das gilt genauso für die Naturschutzgebiete oder die immer mehr schrumpfenden Lebensbereiche der am Wasser lebenden Tierwelt (Schilfufer). An Bord anfallender Unrat oder Abfall wandert in eine Plastiktüte und gehört in den Container an Land, ebenso leere Flaschen, zerbrochenes Geschirr oder geleerte Konservendosen. Wir zerstören selbst unser Revier und verwandeln es in eine Kloake, wenn wir bedenkenlos unsere Bordabfälle ins Wasser kippen. Doch wir haben Vorbild zu sein. Wenn wir dieses Gebot nicht befolgen, wird unser Traum von der letzten Freiheit auf dem Wasser ausgeträumt sein. Hier bist du zum Kampf aufgefordert, etwas dagegen zu tun!

8. Es gibt auf See (das gilt für alle Gewässer) ein ungeschriebenes und doch selbstverständliches Gesetz – das der Hilfeleistung in Notfällen. Jüngst brach die Studenten-Crew einer an einem Hochseerennen teilnehmenden Yacht die Regatta ab und half einer in Seenot befindlichen Konkurrenz-Yacht. Sie verzichtete auf Platz und Sieg, denn es ging um Menschenleben. Das ist die Hilfeleistung, die von dir gefordert wird, und du darfst erwarten, daß sie auch dir zuteil wird, wenn du auf dem Wasser in Not geraten bist. Freilich – erst in solchen Fällen zeigt sich gute und richtige Seemannschaft.

9. Wenn du mit deinem Boot gekentert bist, gibt es für dich und deine Crew nur ein Gesetz: nicht davonschwimmen, sondern beim

Boot bleiben! Sei versichert, daß dir jemand Hilfe leistet. Und unterstütze du solange am Boot deinen schwächeren Kameraden – und wenn du ihn dort festbindest. Das Boot geht nicht unter. Es hat genügend Auftrieb und Stellen, wo ihr euch festklammern könnt. Und bedenke, daß das gekenterte Boot von jenen, die zu Hilfe eilen, besser gesehen wird als der Kopf eines Schwimmers in bewegter See.

10. Der Wind ist deine Antriebskraft, nicht irgendeine Maschine, die man beliebig an- oder abstellen kann (oder die im unpassenden Moment versagt). Der Wind ist das A und das O des Seglers, der Anfang und das Ende. Man spürt ihn, man riecht ihn, man sieht ihn. Es muß zu deiner Manie werden, ihn zu kennen, ihn zu ergründen – und ihm zuvorzukommen. Darum wirst du, sobald du mit dem Segeln anfängst, den Wind prüfen. Aus welcher Richtung weht er? Mit welcher Stärke? Weht er gleichmäßig, oder dreht er? Du siehst die Windrichtung an jenen Jollen und Kielschiffen, die nicht am Steg, sondern an einer Boje oder vor Anker liegen. Sie liegen immer mit dem Bug im Wind, vielleicht schwojen sie, aber sie pendeln sich immer wieder in die Hauptwindrichtung ein. Die Flagge am Flaggenmast zeigt dir die Windrichtung ebenso wie der Rauch des Schornsteins. Auch auf dem Wasser siehst du sie. Du mußt ihn auch einschätzen. Stark, weniger stark, böig? Du prüfst also, merkst dir deinen Wert, den du geschätzt hast, und nimmst dann den Anemometer zur Hand, den Windgeschwindigkeitsmesser, um deinen Schätzwert mit seiner Anzeige zu vergleichen. Das übst du, bis du merkst, daß eure Werte übereinstimmen. Den Wind erkennen – das muß dir in Fleisch und Blut übergehen. Denn sobald du die Leinen losgeworfen und die Segel gesetzt hast, stehst du unter den Gesetzen des Windes, dessen Kraft dein Schiff vorantreibt, der aber auch die Kraft hat, dein Schiff zu zerschlagen. Und weil du das weißt, wirst du ihm Respekt erweisen und dich ihm unterordnen . . .

Wir wünschen dir guten Wind, schöne Fahrten, siegreiche Regatten – und stets mindestens drei Faden Wasser unter dem Kiel!

Lexika aus dem Franz Schneider Verlag

Fußball A-Z	384 Seiten, mit Farbteil
Das Grüne Lexikon	384 Seiten, mit Farbteil
Handbuch der BASIC-Dialekte	480 Seiten
Hunde A-Z	320 Seiten, mit Farbteil
Jugend-Lexikon A-Z	576 Seiten, mit Farbteil
Katzen A-Z	288 Seiten, mit Farbteil
Kinder-Lexikon A-Z	352 Seiten, mit Farbteil
Motorrad A-Z	352 Seiten, mit Farbteil
Musik A-Z	384 Seiten, mit Farbteil
Physik A-Z	480 Seiten, mit vielen farbigen Abbildungen
Reiten A-Z	384 Seiten
Rock & Pop A-Z	416 Seiten, mit Farbteil
Tatsachen. SchneiderBuch der Rekorde	384 Seiten

Die Masten und Spieren sowie die Brassen (der Steuerbordseite) einer Viermastbark

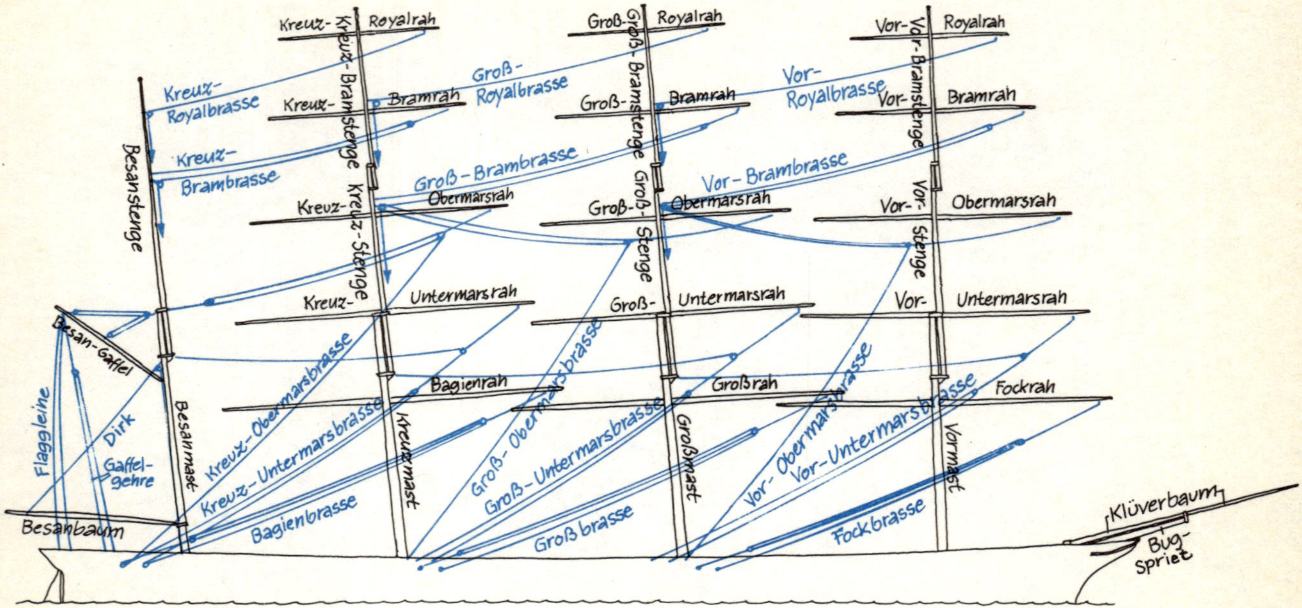